예결산 분석의 수

선보 유상조 지음

- 遂 : 드디어 / 마침내 수 Finally
- 愁 : 근심 수 Anxiety
- 守 : 지킬 수 Protect
- 數 : 셈 수 Number, Calculate
- 水 : 물 수 Water, Liquid
- 須 : 모름지기 수 Must
- 殳 : 몽둥이 수 Cudgel
- 修 : 닦을 수 Study
- 樹 : 나무 수 Tree
- 壽 : 목숨 수 Life

우리는 예결산 분석에서 수많은 수를 만나게 될 것이다. 그때마다 수의 진정한 의미를 생각해 보았으면 한다.

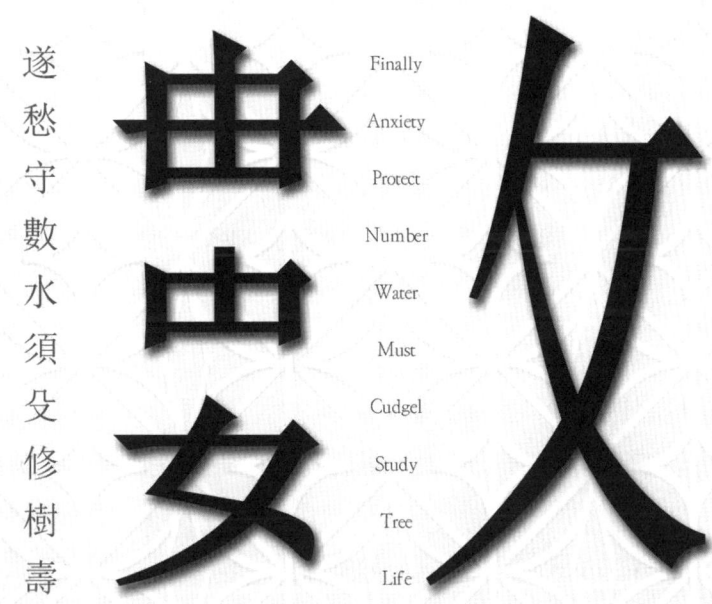

예결산 분석의 수

들어가며: 대한의 현실과 꿈

이 책을 쓰는 오늘, 21세기의 4분의 1 가량이 지나가고 있다. 오천 년 역사를 자랑하는 대한의 오늘, 대한의 아들·딸들은 절벽의 시대, 푸어의 시대를 보내고 있다. 자살률은 앞에서 세계 1위를 다투고 있고 출생률은 뒤에서 독보적 세계 1위이다. 이것은 무엇을 말하고 있는가? 과거는 추억이 없는 메마른 기억뿐이고, 현재는 바둥바둥 해보지만 너무나 버겁고, 미래는 나아질 것이라는 희망섞인 착각조차 갖기 힘들다는 의미이다. 그러니 극단적 선택을 하고 자식과 함께 미래를 꿈꿀 엄두조차 내지 못하는 것이다. 쉽게 이야기해서 어제도 싫고, 오늘도 싫고, 내일도 싫다는 것이다. 그야말로 다 싫다는 것이다.

여기에 대한은 급속도로 고령화되고 있고 저성장·양극화라는 늪에 빠져들고 있다. 젊은이들은 제대로 된 일자리가 없어 결혼과 출산을 미루고 미루다가 아예 포기하고 있다. 오, 불쌍한 대한의 젊은이들이여!

오래 사는 것이 사회에 부담이 된다는 것은 참으로 슬픈 일이다. 무병장수라면 좋으련만 아직 유병장수의 시대다. 젊은 시절에 자녀들 교육시키고 운 좋게 집 한 채 겨우 건졌는데 병원비로 다 날리고 저세상으로 가게 생겼다. 오, 불쌍한 대한의 어르신들이여!

이처럼 불쌍한 우리는 불쌍하게도 인구절벽, 재정절벽, 소득절벽, 소비절벽, 투자절벽, 고용절벽, 세수절벽 등 참으로 다양한 절벽 인근에서 이러지도 저러지도 못하면서 서성이고 있다. 아슬아슬하기가 이를 데 없다. 조금이라도 잘못하면 바로 낭떠러지로 수직강하다. 우리는 이런 무지막지한 절벽들을 무거운 짐을 짊어지고 점점 멀어지고 있는 저편으로 신속하고 안전하게 넘어가야 한다.

그러기 위해서는 다양한 능력을 갖추어야 한다. 그중 하나가 예결산 분석이다. 예결산의 지원이 없는 계획은 그저 종이 쪽지에 끄적댄 아이디어에 불과하다. 다양한 분야에서 아이디어가 분출되어야 하겠지만 결국 분출된 아이디어의 선택과 실현은 예결산 분석이라는 험난한 길을 한발한발 꾸욱 참고 걸어가야만 가능하다.

이 책은 예결산 분석이라는 딱딱한 주제를 실감나게 설명하기 위하여 조선시대 10만 양병설을 둘러싼 논쟁을 역사적 상상력으로 재구성하여 이야기를 풀어갈 것이다. 독자분들이 자연스럽게 예결산 분석의 가치와 방법을 시나브로 발견하게 되리라 믿어본다.

이편 절벽에서 저편 절벽으로 뛰어 넘다가 떨어지면
바닥에서 손을 툭툭 털고 일어서서
무슨 수를 써서라도 저편 절벽을 오를 각오로
선보 유상조 씀

일러두기

- 이 책은 주로 국가예산을 다루고 있으나 지방예산을 다룰 때에도 그대로 적용될 수 있다. 분석의 대상이 중요한 것이 아니라 분석의 시각이 중요하다. 예결산 분석의 기술보다는 예결산 분석의 철학에 가까운 책이다. 표피보다는 핵심을 다루고자 한다.

- 이 책에서는 예산의 편성, 심의·의결, 집행, 결산에 이르기까지 예결산 관련 업무에 종사하는 모든 분들을 '**예산분석가**'라고 부르고자 한다. 명예로운 명칭에 어울리는 진정한 예산분석가들을 늘 응원한다.

- 이 책 중간중간에 〈선보 생각〉을 만날 수 있다. 혹시 선보가 누구인지 궁금해할 것 같아 밝혀두고자 한다. 선보(善普)는 막내아들 지원(志沅)의 이름으로 강력하게 고려했던 이름이다. 학교에 들어가 놀림당할 가능성이 크다는 다수 의견을 받아들여 양보했던 이름이다. 선보를 다시 꺼내 든 것은 나의 분신인 막내아들 지원을 의미하므로 곧 나를 상징하는 것이요, 나는 우리의 일부로서 너와 만나 곧 우리로 확대될 것이요, 부르면 부를수록 이름의 뜻(善: 착할 선, 普: 널리 미칠 보)대로 착한 에너지가 샘솟기 때문이다. 책을 쓰면서 들었던 이런저런 생각이 착한 기운이 되어 세상을 맑고 밝게 만드는 데 기여하고자 하는 바람을 담았다. 이제 〈선보 생각〉이 없는 책은 유상조의 책이 아니라고 해도 과언이 아니다. 선보의, 선보에 의한, 선보를 위한 책이 유상조의 책이다.

- 이 책에 되도록 많은 〈예결산 분석사례〉를 넣었다. 저자가 전문위원과 수석전문위원으로 근무하면서 직접 다루었던 사례들 중에서 엄선한 것임을 밝혀둔다. 사례가 없으면 뭔가 빠진 것 같고 글이 헛도는 것 같다.

가능한 가볍게 읽되,

되도록 무겁게 받아들여주기 바란다.

목차
Table of Contents

예결산 분석의 수

■ 들어가며: 대한의 현실과 꿈 ·· 4

제1수

遂 드디어 | 마침내 · 수
사건의 발단

1장 '예산' 및 '예산분석'의 참뜻 ··· 13
2장 예산과정의 흐름 ·· 29
3장 돋보기: 중점사업 ··· 35

제2수

愁 근심 · 수
우리 집 살림살이(1)

1장 '우리 집 살림살이'의 참뜻 ·· 49
2장 '우리 집 살림살이'의 사례 ·· 52

제3수

守 지킬 · 수
우리 집 살림살이(2)

1장 정치로서의 예산 vs. 실용으로서의 예산 ·· 69
2장 기회비용으로서의 예산(1): 선택→정책조합 ······································· 71
3장 기회비용으로서의 예산(2): 형평성 ·· 82

제4수

數 셈·수 현미경

- **1장** '현미경'의 참뜻 · 94
- **2장** 현미경(1): 비용추계 · 95
- **3장** 현미경(2): 본질 vs. 비본질 · 109

제5수

水 물·수 사실과 의견

- **1장** 사실과 의견의 준별(峻別) · 120
- **2장** 사실 그리고 의견에게 각자의 길을 묻다 · 123
- **3장** 전문위원 예·결산검토보고서의 추구 가치 · 131

제6수

須 모름지기·수 이이와 삼삼의 논쟁(1)

- **1장** '예산집행'의 참뜻 · 143
- **2장** 예산집행의 방식 · 153
- **3장** 증세의 효과 분석 · 156
- **4장** 세원의 발굴: 일자리를 중심으로 · 167
- **5장** 변통(變通)의 시각 · 180

제7수

殳 몽둥이·수 이이와 삼삼의 논쟁(2)

- **1장** '결산'의 참뜻 · 192
- **2장** 결산의 기준: 성과 → 모내기 vs. 김매기 · 205
- **3장** 결산 3인방: 불용 / 이용·전용 / 이월 · 213
- **4장** 재정 건전성 논쟁 · 234

제8수

修 닦을·수
민생 그리고 감수성

- **1장** '민생' 예산의 참뜻 ······ 274
- **2장** 감수성: 민생 예산을 찾는 비법 ······ 290

제9수

樹 나무·수
까치집을 보라

- **1장** '점진주의'의 참뜻 ······ 308
- **2장** 점진주의의 가치(1): 계획과 예산 ······ 309
- **3장** 점진주의의 가치(2): 평가와 예산 ······ 314
- **4장** 점진주의의 가치(3): 지방분권과 예산 ······ 320

제10수

壽 목숨·수
예결산 분석의 정도(正道)

- **1장** 예산의 효율적·효과적 집행: "예산과 인력이 충분하지 않아서…?" ······ 336
- **2장** 현장조사: "Veni, Vidi, Vici (왔노라, 보았노라, 이겼노라)" ······ 339
- **3장** 예산결 분석에서의 중용(中庸): 검이불루(儉而不陋), 화이불치(華而不侈) ······ 347

■ 나가며: '수'의 참뜻 ······ 356

■ 감사의 글 ······ 358

제1수

사건의 발단

遂

드디어 | 마침내 · 수

遂자는 '드디어'나 '마침내'라는 뜻을 가진 글자이다. 遂자는 辶(쉬엄쉬엄 갈 착)자와 㒸(마침내 수)자가 결합한 모습이다. 㒸자는 豕(돼지 시)자에 八(여덟 팔)자를 더한 것으로 '드디어'나 '마침내'라는 뜻이 있다. 그래서 본래 '드디어'라는 뜻은 㒸자가 먼저 쓰였었다. 갑골문에 나온 㒸자를 보면 돼지머리 위로 八자가 그려져 있었는데, 이것은 돼지가 풀숲을 가르며 달아나는 모습을 표현한 것이다. 금문에서는 여기에 辶자가 더해지면서 돼지가 도망간다는 뜻을 더욱 강조하게 되었다. 遂자는 돼지가 마침내 탈출에 성공했다는 의미에서 '드디어'나 '마침내'라는 뜻으로 쓰이고 있다.

출처 : 네이버 한자사전, [한자로드(路)] 신동윤

드디어 10만 양병에 관한 논쟁에 불이 붙었다.
누구의 말이 맞는 것일까?

제1수 遂 사건의 발단

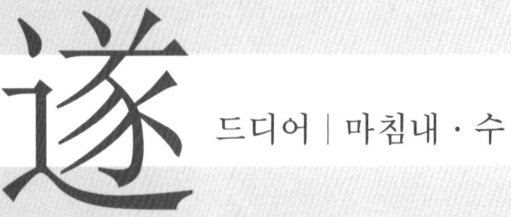
드디어 | 마침내 · 수

모내기가 한창인 5월 말 황제 선보는 변복을 한 후 계미년(癸未年) 예산안을 짜기 위해 불철주야 노력하고 있는 병조판서 이이를 찾아 광화문을 나섰다. 육조거리는 분주하게 움직이는 남녀노소가 어우러져 왁자지껄 소란스러우면서도 평화로웠다. 황제는 곧장 병조로 향했다.

황제가 왔는지도 모른 채 병조판서는 허리를 굽혀 **돋보기**로 **예산 편성안**을 이리저리 살펴보고 있었다. 몸이 많이 쇠약해진 이이의 모습을 보고 황제는 안쓰러운 표정으로 말문을 열었다.

"경이 내년도 예산안 편성에서 가장 **중점**을 두고 있는 것이 무엇이오?"

이이는 약간 머뭇거리다가 결심이 선 듯 입을 열었다.

"10만 양병이옵니다."

병조판서 이이가 황제 선보와 독대한 자리에서 종묘사직의 안위를 위해서는 10만의 군을 양성하여 국방을 튼튼히 하여야 한다고 **감히** 아뢰었다는 소식이 마파람을 타고 도성을 넘어 전국으로 퍼져갔다.

1장 '예산' 및 '예산분석'의 참뜻

예산을 굳이 어렵게 설명할 필요성을 느끼지 못한다. 「표준국어대사전」에 따르면, 세 가지 뜻으로 나온다.

> 1. 필요한 비용을 **미리** 헤아려 계산함. 또는 그 비용.
>   예산을 짜다
> 2. **진작부터** 마음에 두어 **작정**을 함. 또는 그 작정.
>   오늘은 꼭 그와 담판을 지을 예산이다.
> 3. 〈경제〉 국가나 단체에서 한 회계 연도의 수입과 지출을 **미리** 셈하여 정한 **계획**.

여기서 예산의 주요 **개념적 요소**를 추출할 수 있다.

하나, 예산은 국가의 '**살림살이**'[1]다. 어디서 얼마를 벌어서 어디다 얼마를 쓸 것인지를 **미리** 헤아려 숫자로 문서화한 것이다. 모든 국가의 바람이 있다면? 그것은 살림살이에 여유가 있는 것이리라. 예산분석은 잘 보이지 않는 그 길을 찾는 것이다.

둘, 예산은 단순히 사업을 나열하는 것을 넘어 국가의 '**의지**'(작정)를 반영하고 있다. 국민의 대표기관인 국회의 심의를 통해 예산안이 예산으로 확정된다는 점을 고려한다면 국민의 의지를 반영하고 있다고 볼 수 있다. 누군가 국민의 뜻이 진정 반영되고 있냐고 진지하게 물어온다면, 과연 여기서 말하는 국민은 누구냐고 구체적으로 파고든다면 쉬이 답할 수 없겠지만, 누가 뭐라 해도 대의민주주의가 가려는 길은 위대하다고 하겠다. 예산분석은 그 위대한 길을 찾는 것이다.

---

[1] 국가 또는 지방자치단체로 쓰면 아무래도 길다. 국가로 쓰고 국가에는 지방자치단체도 포함된다고 읽어 주기를 바란다. 꼬옥 구분할 필요가 있는 경우 외에는 국가로 통일하도록 하겠다.

셋, 예산은 '**계획**'이다. 고로 '**미래**'와 관련된다. 국가의 미래를 어디로 이끌고 갈 것인지의 문제이기도 하고, 예산의 편성, 심의, 집행에서 미래의 불확실성을 어떻게 극복하느냐의 문제이기도 하다. 미지의 세계인 미래는 현재를 살 맛나게 만들기도 하고 죽을 맛으로 만들기도 한다. 예산분석은 현재보다 나은 미래로 가는 길을 찾는 것이다.

예산과 예산분석의 의미를 다음의 두 사례를 통해 살펴보도록 하자.

예결산 분석사례
'지자체 적극행정 활성화' 사업[2]

□ '지자체 적극행정 활성화' 사업은 지방자치단체의 적극행정에 대한 종합적인 평가, 적극행정 컨설팅·교육, 적극행정 우수사례경진대회 개최 등을 실시하는 사업으로, 2025년도 예산안에는 전년과 동일한 9,600만 원이 편성되었음.

□ "적극행정"이란 공무원이 불합리한 규제를 개선하는 등 공공의 이익을 위해 창의성과 전문성을 바탕으로 적극적으로 업무를 처리하는 행위를 말하며,[3] 행정안전부장관은 지방자치단체와 지방공공기관의 적극행정을 총괄하고, 공직사회의 적극행정 문화 조성을

---

2) 2025년도 행정안전부 소관 세입·세출예산안 검토보고서 참조

3) 「적극행정 운영규정」(대통령령)
　제2조(정의) 이 영에서 사용하는 용어의 뜻은 다음과 같다.
　1. "적극행정"이란 공무원이 불합리한 규제를 개선하는 등 공공의 이익을 위해 창의성과 전문성을 바탕으로 적극적으로 업무를 처리하는 행위를 말한다.
　2. "소극행정"이란 공무원이 부작위 또는 직무태만 등 소극적 업무행태로 국민의 권익을 침해하거나 국가 재정상 손실을 발생하게 하는 행위를 말한다.

위하여 필요한 사업을 발굴·추진하고 있음.[4]

[적극행정·소극행정의 정의 및 유형]

■ 적극행정 정의
  ○ 공무원이 불합리한 규제의 개선 등 공공의 이익을 위하여 창의성과 전문성을 바탕으로 적극적으로 업무를 처리하는 행위

〈근거 규정〉

「행정기본법」

제4조(행정의 적극적 추진)

① 행정은 공공의 이익을 위하여 적극적으로 추진되어야 한다.

② 국가와 지방자치단체는 소속 공무원이 공공의 이익을 위하여 적극적으로 직무를 수행할 수 있도록 제반 여건을 조성하고, 이와 관련된 시책 및 조치를 추진하여야 한다.

③ 제1항 및 제2항에 따른 행정의 적극적 추진 및 적극행정 활성화를 위한 시책의 구체적인 사항 등은 대통령령으로 정한다.

「적극행정 운영규정」(대통령령)

제1조(목적) 이 영은 「행정기본법」 제4조 및 「국가공무원법」 제50조의2에서 위임된 사항과 그 시행에 필요한 사항을 규정하여 행정부 소속 국가공무원의 적극행정을 장려하고 소극행정을 예방·근절하는 등 국민에게 봉사하는 공직문화를 조성함으로써 국가 경쟁력의 강화와 국민의 삶의 질 향상에 이바지함을 목적으로 한다.

---

4) 「지방공무원법」
  제75조의2(적극행정의 장려) ④ 교육부장관 또는 행정안전부장관은 공직사회의 적극행정 문화 조성을 위하여 필요한 사업을 발굴하고 추진할 수 있다.

■ **적극행정 유형(예시)**
  ○ 행태적 측면
    - 통상적으로 요구되는 정도의 노력이나 주의의무 이상을 기울여 맡은 바 임무를 최선을 다해 수행하는 행위 등
    - 업무관행을 반복하지 않고 가능한 최선의 방법을 찾아 업무를 처리하는 행위 등
    - 새로운 행정수요나 행정환경 변화에 선제적으로 대응하여 새로운 정책을 발굴·추진하는 행위 등
    - 이해충돌이 있는 상황에서 적극적인 이해조정 등을 통해 업무를 처리하는 행위 등
  ○ 규정의 해석·적용 측면
    - 불합리한 규정과 절차, 관행을 스스로 개선하는 행위 등
    - 신기술 발전 등 환경변화에 맞게 규정을 적극적으로 해석·적용하는 행위 등
    - 규정과 절차가 마련되어 있지 않지만 가능한 해결방안을 모색하여 업무를 추진하는 행위 등

■ **소극행정의 정의**
  ○ 공무원의 부작위 또는 직무태만 등으로 국민의 권익을 침해하거나 국가 재정상 손실을 발생하게 하는 행위

■ **소극행정 유형**
  ○ 적당편의
    - 문제해결을 위한 대책마련 보다는 적당히 형식만 갖추어 업무를 처리하는 행태
  ○ 책임회피
    - 소관 업무를 불이행 또는 태만히 하거나, 책임을 지지 않은 행태
  ○ 불합리한 관례답습
    - 법령이나 지침 등의 변화에도 불구하고, 과거 규정에 따른 업무처리, 기존의 불합리한 업무관행 답습, 규정 본래의 취지를 벗어나는 등 업무행태

○ 기타 관중심 행정
- 직무권한을 부당하게 행사하거나, 본인이 처리해야할 업무를 명백한 이유 없이 처리하지 않거나, 대상자에게 전가하는 행태

※ 자료: 행정안전부 제출자료 바탕으로 재작성

□ 구체적으로 행정안전부는 지방자치단체 및 지방공공기관의 적극행정을 장려하기 위해 ①적극행정 우수사례 경진대회, ②적극행정 교육자료 제작, ③지자체 적극행정 성과점검, ④적극행정 종합평가, ⑤찾아가는 적극행정 역량강화 컨설팅 등의 사업을 수행하고 있음.

[지방자치단체 대상 행정안전부 적극행정사업 추진절차]

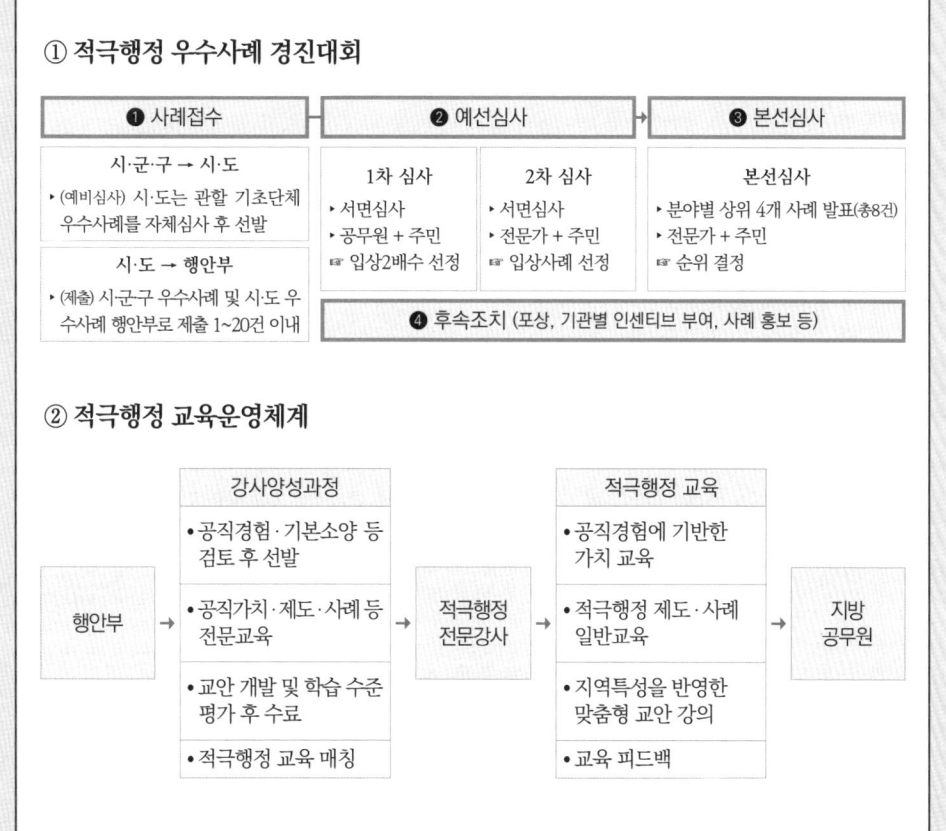

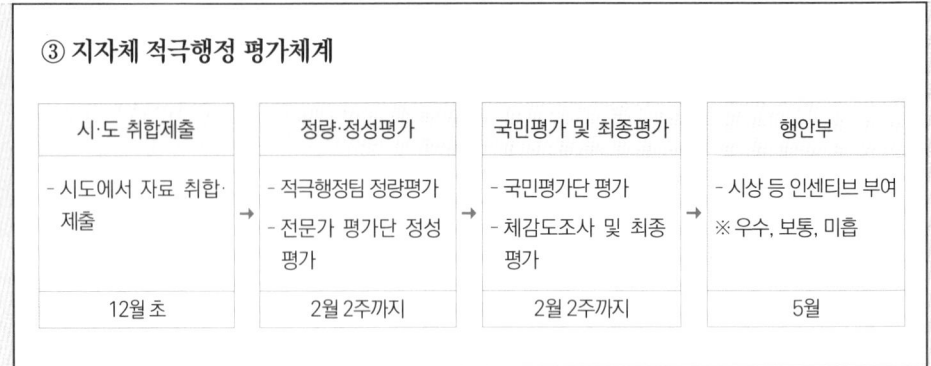

※ 자료: 행정안전부

□ 공무원이 적극적으로 일할 수 있는 공직여건을 조성하기 위해 행정안전부는 '지자체 적극행정 활성화' 사업의 방향을 점검하고 창의적인 방안을 마련하여, 지방자치단체의 일선 공무원들이 실패를 두려워하지 않고 마음 놓고 일할 수 있는 여건을 마련하고, 공무원의 인식과 공직문화의 실질적 개선을 위해 예산으로 뒷받침할 필요가 있음.

□ 적극행정을 실현하기 위해서는 공무원의 인식과 공직문화 등 공직사회 전반의 변화가 요구되는데, 구체적으로 공무원이 '사명감', '직무에 대한 만족감'을 갖추도록 하고, '감사·징계에 대한 두려움', '적극행정이 불이익이 된다는 인식'의 전환이 필요함. 또한, 공공부문 내부에 존재하는 '법과 규정에 의한 경직성', '엄격한 내부통제 문화'를 타파하여야 함.[5]

□ 이처럼 지방자치단체 및 지방공공기관의 적극행정을 활성화하기 위해서는 혁신적인 변화와 노력이 필요함에도 불구하고 '지자체 적극행정 활성화' 사업의 예산은 매년 1억 원 내외의 유사한 규모에서 정체되어 있음.[6]

---

[5] 「지방자치단체 적극행정 활성화 방안 연구」, 한국지방행정연구원, 2020, p.73-77.
[6] 참고로, 인사혁신처의 '공직사회인사혁신확산(1949-301)' 사업의 내역사업인 '적극적인 공직문화 조성' 사업의 예산은 2023년 3억 1,600만 원, 2024년 3억 1,400만 원이었으며, 2025년도 예산안에는 2억 7,700만 원이 편성되어 있음.

['지자체 적극행정 활성화' 사업 예산액 현황]

	2020	2021	2022	2023	2024	2025*
예산액	-	104	104	95	96	96

* 2025년도는 정부에서 제출한 예산안 규모임

□ 구체적으로 사업 수행 방식을 살펴보면, 현재 행정안전부가 추진하는 '적극행정 우수사례 경진대회'와 '지자체 적극행정 종합평가' 사업은 지방자치단체와 지방공공기관이 수행하는 적극행정 사례 및 적극행정 실패사례에 대한 평가를 통해 공무원 표창, 기관포상금, 특별교부세 지원 등의 인센티브를 부여하고 있으나, 개별 공무원에 대한 인센티브의 규모와 범위를 확대하고, 창의적인 도전에 따른 실패사례에 대해 보상을 강화하여 공무원이 실패를 두려워하지 않고 적극적으로 업무를 처리할 수 있는 환경을 마련할 필요가 있겠음.

[우수사례 경진대회 및 적극행정 종합평가 인센티브 현황]

	인센티브
적극행정 우수사례 경진대회	① 시상(지자체 18점, 지방공공기관 9점) ② 시상금(대상 2백만 원, 최우수상 1백만 원, 우수상 50만 원, 장려상 30만 원, 아름다운도전상 80만 원) 지급 ③ 공무원 표창 ④ 인사상 우대조치
적극행정 종합평가	① 우수기관 포상 ② 공무원 표창 ③ 특별교부세 6억 원 지급(2024년부터 미교부)

□ 또한 '찾아가는 적극행정 역량강화 컨설팅' 사업은 지방자치단체의 여건과 특성을 고려한 적극행정 활성화를 지원하기 위해 맞춤형 컨설팅을 제공하는 사업이지만, 예산상 제약으로 맞춤형 컨설팅이 실시되지 못하고 권역별 대규모 강의 형식의 교육만이 이루어지고 있음.

[찾아가는 적극행정 역량강화 컨설팅 추진실적]

(단위: 개, 천 원)

연도	개최실적	대상기관	소요예산	내역
'21	4회(온라인)	15	1,260	강사수당
'22	2회(서울, 천안)	25	740	강사수당
'23	2회(서울, 세종)	28	5,948	강사수당 + 컨설팅 자료집 제작(컬러)
'24	2회(서울, 세종)	32	2,920	강사수당 + 컨설팅 자료집 제작(흑백)

※ 자료: 행정안전부

□ 특히, 2024년도 '찾아가는 적극행정 역량강화 컨설팅' 사업에 대한 개선점으로 1:1 세부 컨설팅이 필요하다는 의견이 제시되었고, 향후 예산을 고려하여 기관별 1:1 컨설팅 제공을 하겠다고 계획하였으나, 2025년 예산안은 전년과 동일한 예산이 편성되어 있어 실질적인 1:1 컨설팅이 수행되지 못할 가능성이 있으므로 관련 예산을 증액할 필요가 있겠음.

[찾아가는 적극행정 역량강화 컨설팅 만족도 조사결과]

■ 종합 분석 및 주요 의견

  ○ (개선할 점) 지자체 참여 편의성 제고 및 맞춤형 컨설팅 강화 요청

    - (지자체 사례 공유) 더 많은 우수기관의 사례를 듣고 싶다는 의견

    - (개최장소) 이동 불편, 좀 더 근거리에서 컨설팅이 이루어지길 희망

    - (1:1 컨설팅) 미흡기관에 대해 1:1로 세부적으로 진행

  ○ (자유 의견) 행·재정적 지원 등 다양한 의견을 제시

    - 적극행정 우수 공무원 인센티브 확대를 위한 국비 예산 지원

    - 마일리지 관리 공통시스템 개발

> ■ 향후 계획
>
>   ○ '25년 컨설팅 추진시 의견 반영 검토 및 업무 개선 활용
>   - 컨설팅 운영 개최권역 세분화('24년 2개 권역 → 3개 권역 확대 등)
>   - <u>기관별 1:1 컨설팅 제공 방안(예산 고려 진행)</u>
>   - 마일리지 관리 시스템 구축(인사처 협의) 등
>
> ※ 자료: 행정안전부

　21세기 대한의 공직사회에서 가장 큰 문제는 소극행정 더 나아가 복지부동이다. 이 문제의 심각성을 인식하고 공유한 것은 꽤나 오래된 일이다. 하지만 예산은 1억 원 내외로 복지부동이다. 예산이 복지부동이니 공무원도 여전히 복지부동이다. 예산은 시대가 원하는 방향으로 나아가고자 하는 정책과 사업을 금액으로 뒷받침 해주는 것이다. 예산의 뒷받침이 없다면 정책은 맥을 못추고 만다. 아무리 적극행정하라고 한들 복지부동하던 공무원들이 하루아침에 적극행정을 하겠는가. 적극행정을 유도할 수 있는 창의적인 방안을 만들고 그 창의적인 방안을 예산으로 든든하게 뒷받침할 때 공무원들이 실패를 두려워하지 않는 적극행정을 하게 되는 것이다. 예산분석은 단순히 예산을 삭감하는 것이 아니다. 예산분석은 정책을 예산으로 뒷받침하여 정책성과를 달성하도록 돕는 길을 찾고자 하는 것이다.

예결산 분석사례

'인구감소지역 생활인구 지원' 사업[7]

□ '인구감소지역 생활인구 지원' 사업은 '지역활력제고' 내역사업에 포함된 신규사업으로, 공무원들의 지역 현장 근무를 통해 인구감소지역 생활인구 유입 및 현장 소통을 통한 창의적 기획 등 공직 생산성 제고를 목적으로 하고 있음.

['인구감소지역 생활인구 지원' 사업 개요]

■ 사업 개요
- (사업기간) 2025. 1월 ~ 12월
- (사업예산) 349백만 원
- (참여대상) 중앙부처 공무원 1,560명
  *19개 부처 및 국무조정실 1,200명, 30개 처·청·위원회 360명
- (운영방식) 용역업체 계약을 통해 운영

■ 사업 내용
- (운영내용) 각 부처별 프로젝트 과제를 공모하여 신청한 참여자를 대상으로 지역 공유 오피스에서 업무수행
- (근무형태) 현장 과제 수행으로 출장으로 운영
- (성과관리) 결과보고서 작성 및 정부혁신 우수사례 공모 등 성과 도출

※ 자료: 행정안전부

---

7) 2025년도 행정안전부 소관 세입·세출예산안 검토보고서 참조

《생활인구 개념[8]》

생활인구
- (주민) 「주민등록법」 제6조제1항에 따라 주민으로 등록한 사람
- (체류하는 사람) 통근, 통학, 관광 등의 목적으로 방문하여 체류하는 사람으로서 월 1회(시행령), 하루 3시간(고시) 이상 머무는 사람
- (외국인) 「출입국관리법」에 따라 등록한 외국인 또는 「재외동포법」에 따라 국내거소신고를 한 재외동포

---

8) 「인구감소지역 지원 특별법」 제2조(정의) 이 법에서 사용하는 용어의 뜻은 다음과 같다.
   1. (생 략)
   2. "생활인구"란 특정 지역에 거주하거나 체류하면서 생활을 영위하는 사람으로서 다음 각 목의 어느 하나에 해당하는 사람을 말한다.
      가. 「주민등록법」 제6조제1항에 따라 주민으로 등록한 사람
      나. 통근, 통학, 관광, 휴양, 업무, 정기적 교류 등의 목적으로 특정 지역을 방문하여 체류하는 사람으로서 대통령령으로 정하는 요건에 해당하는 사람
      다. 외국인 중 대통령령으로 정하는 요건에 해당하는 사람

「인구감소지역 지원 특별법 시행령」
제2조(생활인구의 요건) ① 「인구감소지역 지원 특별법」(이하 "법"이라 한다) 제2조제2호나목에서 "대통령령으로 정하는 요건에 해당하는 사람"이란 행정안전부장관이 정하여 고시하는 기준에 따른 체류횟수가 월 1회 이상인 사람으로 한다. 이 경우 1일 최대 체류횟수는 실제 체류횟수와 관계없이 1회로 한다.
② 법 제2조제2호다목에서 "대통령령으로 정하는 요건에 해당하는 사람"이란 다음 각 호의 사람을 말한다.
1. 「출입국관리법」 제31조에 따라 외국인등록을 한 사람
2. 「재외동포의 출입국과 법적 지위에 관한 법률」 제6조에 따라 국내거소신고를 한 사람

「생활인구의 세부요건 등에 관한 규정」
제2조(생활인구의 요건) 영 제2조제1항에 따른 "체류횟수가 월 1회 이상인 사람"이란 다음 각 호에 해당하는 시·군·구(자치구를 말한다. 이하 같다) 이외의 시·군·구에 1일 동안 머무른 시간의 총합이 3시간 이상인 경우가 월 1회 이상인 사람을 말한다.
1. 「주민등록법」 제6조제1항에 따라 주민으로 등록한 시·군·구
2. 「출입국관리법」 제31조에 따라 외국인등록한 시·군·구
3. 「재외동포의 출입국과 법적 지위에 관한 법률」 제6조에 따라 국내거소신고한 시·군·구

제1수 遂 사건의 발단

| 예결산 분석의 수 |

□ 최근 정부와 지방자치단체에서는 지방소멸 위기, 인구 이동성 증가 등 급변하는 정책환경을 반영하여 정주인구가 아닌 체류형 '생활인구'를 확보하기 위한 다양한 사업을 추진 중이며, 그 일환으로 근로자가 휴가지에서 일상적인 업무를 수행하면서 휴양을 동시에 즐기는 지역 체류 활동인 '워케이션[9]' 사업을 추진하고 있음.[10]

□ '인구감소지역 생활인구 지원' 사업은 중앙부처 공무원을 대상으로 프로젝트 과제를 공모하여 신청한 참여자가 지역 공유오피스 등에서 현장 과제를 수행하면서, 일과 후에는 지역 관광지 방문, 봉사활동 등 체험활동을 진행하여, 인구감소지역에 생활인구 유입을 지원하고, 워케이션 체험을 통해 지방자치단체에서 추진하는 워케이션 사업 활성화에도 기여하는 측면이 있음.

□ 다만, 좋은 아이디어에 바탕을 둔 해당 사업은 **예산 계획 수립**에 있어 면밀하지 못한 점이 있으며, **사업 추진 방식** 측면에서 행정안전부 주도로 민간 용역을 통해 사업을 추진할 예정이나, 의도한 성과를 얻기 위해서는 다음과 같은 점을 고려할 필요가 있겠음.

□ 행정안전부는 사업 참여 인원 산정시 부처별 수요조사를 거치지 않고, 전체 중앙부처를 대상으로 모든 '실' 단위 부서조직에서 상·하반기에 한 팀씩 참여하는 것으로 산정하고 있음.

---

9) 일(work)과 휴가(vacation)의 합성어로, 원하는 곳에서 업무와 휴가를 동시에 할 수 있는 지역체류형 근무형태
 - 「산으로 출근, 바다로 퇴근… 강원도 워케이션 성지 부상」, 연합뉴스, 2022.10.
 - 「오영훈지사, 기업하기 좋은, 워케이션 성지 제주로 오세요」, 제주도민일보, 2022.10.

10) "짧게 머물더라도 붙잡겠다" : 출산율은 떨어지고 인구유출마저 발생하는 기초 지자체 입장에서 인구 자연 증가를 기대하기는 어려워, 외부에서 유입해 중·장기간 머무는 인구라도 끌어모는 차원에서 워케이션식의 사업이 증가하고 있음.
 - 「지원센터 짓고, 워케이션 인구 유치하면 지방소멸 늦출 수 있을까」, 경향신문, 2022.09.

연번	중앙부처	참여 인원	비고(산정근거)
1	19개 부처 및 국무조정실	1,200명	실(총 100개) 단위 상하반기 한 팀씩 운영
2	처·청·위원회	360명	처·청·위원회(총 30개) 상하반기 한 팀씩 운영
총 예상 인원		1,560명	

※ 자료: 행정안전부

□ 그러나, 문화체육관광부, 식약처 등 일부 부처의 경우 자체적으로 시범사업과 유사한 사업을 추진하고 있고, 각 부처의 여비를 활용하여 사업이 추진되므로 여비 예산 현황에 따라 제약이 있을 수 있으며, 부처별 업무 특성으로 인해 참여가 어려운 경우가 있음을 고려할 때 부처의 상황을 고려한 운영이 필요할 것으로 보임.

□ 또한, '인구감소지역 생활인구 지원' 사업은 용역업체 계약을 통해 운영할 예정이며, 해당 프로그램의 참여자에 대한 지원을 위해 1인당 20만 원을 산정하고 있음.

[사업 소요예산안]

구분		금액(백만 원)	비고
프로그램 비용	오피스 이용료	187.2	120,000원(1인, 4일 기준)
	여행자 보험	23.4	15,000원(1인)
	체험 프로그램 참여	54.6	35,000원(1인)
	워케이션 키트 및 홍보자료 제작 등	46.8	30,000원(1인)
	숙박비, 일비, 식비 등	-	각 부처 여비 활용
	교통비	-	
	합계	312	200,000원(1인)
일반관리비 및 이윤율		37	민간 용역을 통해 수행
총 소요액		349	

※ 자료: 행정안전부

□ 그러나, 사업에 참여하는 공무원은 현장 과제를 수행하며, 각 부처의 여비를 활용하도록 하고 있는데, 여비에는 출장지에서 소요되는 각종 비용을 충당하기 위한 일비(10만 원, 3박 4일 기준)[11]가 지급되고 있어 프로그램 비용과 중복되는 측면이 있으므로, 여비로 충당할 수 없는 부분에 대한 지원 방안을 마련할 필요가 있음.

□ 한편, 각 부처에서 참여자가 직접 수행할 과제와 수행 지역을 선정하여 추진하고, 용역업체의 역할은 홍보자료 제작, 성과관리 등 한정된 역할에 불과한 점을 고려할 때, 별도의 용역예산으로 편성하여 추진하는 것에 대한 검토가 필요할 것으로 보임.

□ 또한, 2024년에 유사한 사업을 추진한 부처의 경우, 각 부처별 특성을 고려하여 다양한 방식으로 사업을 추진하고 있는 반면, '인구감소지역 생활인구 지원' 사업은 모든 부처를 대상으로 제한된 정책현장 관련 프로젝트 과제(참여기간 동안 결과 도출이 가능한 정책 현장 관련 과제 수행)를 수행하도록 하고 있어 각 부처의 업무 특성을 반영하기 어려운 점이 있음.

□ 특히, 사업 추진에 각 부처의 여비 예산이 가장 큰 비중을 차지함을 고려할 때, 해당 사업이 지속적으로 유지되기 위해서는 각 부처에서 여비 예산 및 업무 특성을 고려하여 자율적으로 추진할 필요가 있으며, 행정안전부에서는 장기적 발전방안 마련, 정보 제공, 성과 관리 등 보조적 역할로 지원하는 방안도 고려해 볼 수 있을 것임.

---

11) [여비의 종류](공무원여비업무 처리기준)

구분	내용
운임	여행 목적지로 이동하기 위해 교통수단을 이용함에 있어 소요되는 비용을 충당하기 위한 여비 (철도운임, 선박운임, 항공운임, 자동차운임)
숙박비	여행 중 숙박에 소요되는 비용을 충당하기 위한 여비
식비	여행 중 식사에 소요되는 비용을 충당하기 위한 여비
일비	여행 중 출장지에서 소요되는 교통비, 통신비 등 각종 비용을 충당하기 위한 여비
준비금	국외출장시 사전준비를 위한 비용을 충당하기 위한 여비로서 인사혁신처장이 정하는 항목 (비자발급비, 예방접종비, 여행자보험가입비, 풍토병 예방약 구입비, 법정감염병 진단검사비)

[2024년 부처별 유사 사업 추진 현황]

부처(사업명)	참여 인원	방식
행정안전부 (모티브 오피스)	12개 팀, 94명	① 팀 단위로 프로젝트 과제를 선정하여 수행, ② 과제와 관련된 지역 워케이션 센터를 활용하여 업무
식약처 (힐링일터)	총 4기, 63명	① 성과 우수직원 격려 및 조직문화/일하는 방식 개선을 위해 업무시간에는 원격근무를 수행하고, 업무 외 시간에는 힐링 ② 장소는 운영주체, 접근성, 시설현황 등을 종합적으로 고려하여 선정
문화체육관광부 (워케이션의 이해)	31명 ('24.3~6월)	① 워케이션 체험 및 정책현장 탐방을 통해 관광진흥 업무 이해도 제고 ② 평일 2박 3일 일정으로 개인 또는 팀 단위로 진행하고, 담당업무과 관련한 정책 현장 선정(부산, 강원, 전남, 경북 등)

※ 자료: 행정안전부

'지자체 적극행정 활성화' 사업에서 살펴보았듯이 아무리 좋은 아이디어라 하더라도 좋은 정책으로 자리잡기 위해서는 예산의 뒷받침이 있어야 한다. 하지만 예산의 뒷받침은 단순히 예산규모를 확대하는 것을 의미하지는 않는다. '인구감소지역 생활인구 지원' 사업을 예산으로 뒷받침하기 위해서는 필요한 예산규모는 물론이고 사업의 주체, 대상, 방식, 기간 등을 종합적으로 볼 수 있어야 한다. 사업의 구석구석을 모두 살펴 완벽한 조각상을 만들어 내는 것이 제대로 된 진정한 의미의 예산분석이라고 하겠다.

참고로, 한 가지 분명히 해둘 점은 **예산**과 **예산안**은 다르다는 점이다. 예산안은 예산으로 확정되기 전 단계의 초안과 같은 것이다. 국회에서 심의·확정되어야 예산안은 비로소 '안'을 떼어내고 당당히 예산이 될 수 있다.[12] 보다 정확한 이해를 위해서는 예산과정의 틀 속에서 살펴볼 필요가 있다.

---

12) 이런 면에서 본다면 입법부, 행정부, 사법부 등 관료들의 업무는 예산분석보다는 예산안분석이 보다 정확할 것이다. 하지만 아래에서는 특별한 경우가 아니면 예산분석이라는 말로 통일하고자 한다. 한 자라도 줄이면 그만큼 효율성이 좋다. 아무래도 예산안분석보다는 예산분석이 뭔가 더 예산스럽다.

제1수 遂 사건의 발단

예산분석과 모내기

황제 선보가 예산안을 짜기 위해 불철주야 노력하고 있는 병조판서 이이를 찾아 광화문을 나선 날은 **모내기**가 한창인 5월 말이다. 그러고 보니 예산은 모내기와 유사하다는 생각이 든다. 둘 다 내년도 먹을거리를 마련하는 일이니 그렇다. 예산분석가들은 허리를 굽혀 한 포기 한 포기 정성드려 모를 심는 농부처럼 성심성의껏 예산을 분석해야 한다. 잘 자란 벼가 황금색이듯 잘 짜여진 예산은 황금과 다를 바 없다.

2장 예산과정의 흐름

예산과정은 예산안 편성 → 예산안 심의·확정 → 예산 집행 → 결산이라는 3년 주기를 갖고 순환한다. 이 중 예산안 편성과 심의·확정을 중심으로 예산과정을 정리하면 다음의 표와 같다.

〈예산안 편성 및 심의·확정 과정〉

기간	사항	비고
1월 31일까지	■ 중기사업계획서	• 신규 및 주요 계속사업(5회계연도 이상) (「국가재정법」 제28조)
3월 31일까지	■ 예산안 편성지침 통보 (기획재정부→각 부처)	• 국가재정운용계획과 예산편성의 연계 • 중앙관서별지출한도* 포함 가능 • 편성지침의 국회보고 (「국가재정법」 제29조·제30조)
5월 31일까지	■ 예산요구서 제출 (각 부처→기획재정부)	• 예산조정 작업 착수
9월 3일까지	■ (정부) 예산안 및 국가재정 운용계획의 국회제출	• (정부) 예산안 확정: 국무회의 의결→대통령 승인 (「국가재정법」 제31조) • 회계연도 개시 120일 전(9월 3일)까지 제출 (「헌법」 제54조 및 「국가재정법」 제33조)
12월 2일까지	■ 예산안의 국회심의·확정	• **심의·확정**: 회계연도 개시 30일전(12월2일)까지 (「헌법」 제54조) ※예산 증액 및 새 비목 설치를 위해서는 정부 동의 필요 (「헌법」 제57조)
12월 초	■ 예산공고	• 확정된 예산의 정부이송 • 공고: 국무회의 의결 → 대통령 재가

* 중앙관서별지출한도: 지출한도와 같은 거시적 결정은 중앙예산기관이, 그리고 지출한도 내에서 자율적인 예산편성은 예산요구기관이 갖는 **'총액배분자율편성제도'**를 의미

제1수 遂 사건의 발단

모내기가 한 창인 5월 말, 선보 황제가 격려차 들렸을 때 이이는 호조(오늘날 기획재정부)에 보낼 예산요구서를 살펴보고 있었을 것이다. 위의 표에서 보듯이 예산안은 기획재정부가 정한 예산안 편성지침에 따라 각 부처가 예산요구서를 작성하고, 기획재정부가 각 부처의 예산요구를 통합·조정한 후 국무회의의 의결과 대통령의 승인을 얻어 확정된다. 이렇게 확정된 정부 예산안은 국회 심의를 통해 예산으로 확정되는 것이다. 예산안이 예산으로 전환되는 국회의 예산안 심의·확정 과정을 보다 자세히 들여다보면 아래의 표와 같다.

〈국회의 예산안 심의·확정 과정〉

기간	사항	비고
12월 2일까지	■ 본회의 보고 ■ 정부 시정연설 ■ 상임위원회 예비심사 • 위원회 상정 • 정부 제안설명 • 전문위원 검토보고* • 대체토론 • 소위원회 심사 • 토론 및 표결(의결): 증액·삭감 • 예비심사보고 ■ 예산결산특별위원회 (종합)심사 • 위원회 상정 • 정부 제안설명 • 전문위원 검토보고 • 종합 정책질의 • 부별심사 • 예산안조정소위원회 심사 • 예산안조정소위원회 심사보고 • 토론 및 표결(의결) ■ 본회의 심의·확정 • 예결위 심사보고 • 토론 • 표결(의결): 확정 • 예산안 정부이송	• 예산안 및 기금운용계획안에 대한 공청회

※ 「국회법」 제84조(예산안·결산의 회부 및 심사)의 내용을 요약 정리한 것임.
* **전문위원 검토보고**: 전문위원은 법률안, 예산안, 결산 등을 분석하여 검토보고서를 작성하여 국회의원에게 제공한다. 국회의안정보시스템을 통해 공개되고 있으니 관심있는 분들은 참고하기 바란다.

예산과정에서 몇 가지 설명하고 넘어가고자 한다.

하나, 「헌법」[13] 제57조이다.

「헌법」

제57조 국회는 정부의 동의 없이 정부가 제출한 지출예산 각항의 금액을 증가하거나 새 비목을 설치할 수 없다.

이에 따르면 국회는 정부의 동의 없이는 예산을 증액할 수 없다. 결국 국회의 예산심의·확정권을 반쪽 짜리로 만들어 놓았다. 「헌법」 제57조의 취지는 국회가 스스로의 판단으로 예산을 증액할 수 있도록 한다면 국회의원들이 지역 예산을 마구 챙겨 나라 살림이 엉망진창이 될 가능성을 배제할 수 없기 때문일 것이다. 하지만 이런 문제점은 예산과정을 보다 투명하게 공개함으로써 해결 가능하다고 본다. 「헌법」 제57조는 정부(기획재정부)가 국민의 대표기관인 국회에 와서까지 큰 소리를 칠 수 있도록 만들어 놓고 말았다. 무소불위의 권한을 갖게 된 기획재정부가 강자에 약하고 약자에게 강하다면 예산은 어찌되고 나라는 또한 어찌 되겠는가. 국회는 그럴 수 있지만 기획재정부는 그럴 리 없다고 말할 수 있을까. 「헌법」을 개정한다면 예산 증액의 권한에 관한 국회와 정부 간 균형점을 찾아 반영하여야 할 것이다. 예산과정에서의 무게 중심이 이제는 국회로 오는 것이 맞다.

---

13) 「헌법」의 정확한 이름은 「대한민국헌법」이다. 역시 대한민국헌법보다 헌법이 효율성이 좋고 더 예산스럽다. 그래서 「헌법」으로 쓰고자 한다. 하지만 이제 분명히 해 두고자 한다. 효율성만 강조하는 것이 예산분석의 전부가 아니라는 점이다. 효율성은 그저 예산분석의 하나의 기준일 뿐이다. 효율성을 강조하다가 더 중요한 가치를 잃어버릴 수 있음을 잊어서는 안되겠다. 우리는 앞으로 효율성과 어깨를 나란히 하는 가치들을 만나게 될 것이다.

둘, 정부 시정연설이다.

국회공무원으로서 정부 시정연설을 국회본의장에서 직접 들을 수 있었다. 국무총리가 대독하는 경우도 있었지만 대체로 대통령이 직접 자신의 국정철학과 이를 반영한 내년도 예산안의 주요 내용을 설명했다. 시정연설은 단순히 국회가 예산안 심의·확정권을 가지고 있기 때문에 잘 봐달라는 의미를 넘어 국민들에게 왜, 어떻게 나라 살림살이를 짰는지를 밝히는 소중한 자리라고 할 것이다.

대체로 시정연설은 현재의 상황이 매우 어렵지만 그래도 우리 정권이 잘 해내고 있다는 자화자찬으로 시작한다. 이에 대해 집권당에서는 박수가, 반대당에서는 야유가 터지곤 한다. 내용을 살펴보면 보수정권은 건전재정에, 진보정권은 재정의 적극적 역할에 조금 더 무게 중심을 두고 있다는 점에서 다소 차이가 있었지만 양자 모두 일자리, 미래 먹거리 그리고 사회적 약자에 대한 지원을 강조하였다. 연설을 마친 대통령은 몇몇 국회의원들과 악수를 나눈 후 홀가분하게 본회의장을 빠져 나간다.[14] 이제 국회는 본격적인 예산안 분석업무에 돌입하게 된다.

셋, 상임위의 **예비심사**와 예결위의 **종합심사**를 상세히 알아보도록 하자.

상임위는 증액 지향적이고 예결위는 감액 지향적이다.[15] 여기서 중요한 것은 감액, 증액보다는 관심사가 어떤 것인가에 달려 있다. 잘 되는 나라의 경우에는 나라와 미래에 관심을 가질 것이고 잘 안되는 나라의 경우에는 지역과 현재에 관심을 가질 것이다. 그러나

---

14) 시정연설에 대해 총평을 하자면 상징적이고 형식적이라는 점이다. 대통령이 직접 오지 않으면 국회를 무시하는 징표로 삼으니 상징적이고, 대통령은 자신의 말만 하고 질의 응답도 없이 국회를 떠나니 형식적이다. 이런 식이라면 서면으로 대체해도 될 것으로 보인다. 시정연설을 어떻게 하면 알차게 만들 것인지에 대해서는 깊은 고민이 있어야 할 것이다. 예를 들어, 대통령이 하루종일 국회에 머무르면서 국회의원들과 진실한 토론을 하는 것도 좋은 방안이 될 수 있을 것이다. 공부를 한 대통령은 실력으로 국정을 장악할 것이고 공부를 하지 않은 대통령은 공개적으로 망신을 당할 것이다. 대통령이 공부해야 장관부터 하급 관료까지 공부하지 않겠는가!

15) 물론 상대적으로 그렇다는 것이지 절대적으로 그렇다는 것은 아니다. 대체적으로 그렇다는 것이지 예외 없이 그렇다는 것은 아니다.

양자의 구분이 쉽지 않을 뿐만 아니라 우리나라 국민의 대다수는 자신이 거주하는 지역의 국회의원은 지역과 현재에 관심을 갖기 바라고, 자신이 거주하지 않는 지역의 국회의원은 나라와 미래에 관심을 갖기 바라는 엄청난 모순에서 별다른 긴장감을 느끼지 않고 있다. 예산분석가들이 어디에 관심을 가져야 할 지는 두말할 나위가 없다.

증액 지향적인 상임위가 어렵게 감액한 사업을 예결위에서 증액하거나 새 비목을 설치하기 위해서는 소관 상임위의 동의가 필요하다.

「국회법」

제84조(예산안·결산의 회부 및 심사) ① ~ ④ (생 략)
⑤ 예산결산특별위원회는 소관 상임위원회의 예비심사 내용을 존중하여야 하며, 소관 상임위원회에서 삭감한 세출예산 각 항의 금액을 증가하게 하거나 새 비목(費目)을 설치할 경우에는 소관 상임위원회의 동의를 받아야 한다. 다만, 새 비목의 설치에 대한 동의 요청이 소관 상임위원회에 회부되어 회부된 때부터 72시간 이내에 동의 여부가 예산결산특별위원회에 통지되지 아니한 경우에는 소관 상임위원회의 동의가 있는 것으로 본다.
⑥·⑦ (생 략)

정부 원안에 계상된 사업비를 소관 상임위가 삭감하였으나, 예결위가 상임위 삭감액보다 조금이라도 많게 조정하는 경우 소관 상임위의 동의가 필요하다. '세출예산 각 항'은 예산안 편성·심사에 있어 실질적인 사업단위인 '**세부사업**'을 기준으로 하고, 소관 상임위의 명시적 동의가 필요하며, 예결위에서 요청하는 시한까지 동의 여부에 대한 명시적 통지가 없을 경우 동의하지 않은 것으로 간주한다. 예를 들어, 상임위에서 A사업에서 50억 원을 감액하였는데 예결위에서 45억 원 감액으로 조정한 경우 상임위 삭감액 보다 5억 원을 증액시킨 경우에 해당하므로 소관 상임위의 동의가 필요한 것이다.

다음으로 정부 원안에 편성되지 아니한 '새 비목'으로 설치하는 경우 소관 상임위의 동의가 필요하다. 비목은 예산안 편성·심사에 있어 실질적인 사업단위인 '세부사업'을 기준으로 한다. 「국회법」 제84조제5항 단서 규정 다만, 새 비목의 설치에 대한 동의 요청이 소관 상임위원회에 회부되어 회부된 때부터 72시간 이내에 동의 여부가 예산결산특별위원회에 통지되지 아니한 경우에는 소관 상임위원회의 동의가 있는 것으로 본다. 에 따라 72시간 이내에 동의 여부에 대한 명시적 통지가 없을 경우 소관 상임위의 동의가 있는 것으로 간주한다. 다만, 소관 상임위에서 새 비목을 설치한 것을 예결위가 인정하거나 이를 증액하는 경우는 새 비목 설치에 해당하지 않는다.

3장 돋보기: 중점사업

1. 돋보기의 의미: 그래야 보인다

예산분석에 있어 돋보기란 무엇을 말하는 것일까? 아래의 시 〈돋보기: 그래야 보인다〉를 읽어보자.

돋보기: 그래야 보인다

모든 사업을
문제투성이라는 시각에서
구석구석
살펴봐야 한다
그래야 보인다

모든 예산안을
구멍투성이라는 시각에서
빈틈없이
살펴봐야 한다
그래야 보인다

예산이 늘어도,
그대로라도,
설사 줄었다고 할지라도
눈 부릅뜨고

살펴봐야 한다
그래야 보인다

몸뚱이를 숨기고
기어들어가 있는 것들은
죄다 의심의 눈으로
뚫어져라
살펴봐야 한다
그래야 보인다

예산분석가는 문제가 될 것 같은 사업들을 본능적으로, 감성적으로 그리고 논리적으로 죄다 골라낼 수 있어야 한다. 그래야 분석할 수 있다. 예산분석의 시작이 **돋보기**에서 시작하는 이유다. 그렇다면 도대체 어떤 사업들을 골라서 끄집어내야 하는 것일까? 선보 황제의 물음에서 시작해보도록 하자.

"경이 내년도 예산안 편성에서 가장 '**중점**'을 두고 있는 것이 무엇이오?"

이 물음은 무엇을 묻고 있는 것인가? 중점을 두고 있다는 것은 국가의 미래를 위해 가장 힘을 실어주어야 하는 사업이 무엇인지를 물은 것이다. 만약 선보 황제의 질문에 대해 이이가 "저에게 중요하지 않은 사업은 없습니다. 손가락 깨물어서 어디 안 아픈 손가락이 있겠습니까?"라고 대답했다면 어땠을까?

선보 황제는 "그렇구려. 병판이 수고가 많구려. 계속 수고해 주시구려."라고 대답하며 병조를 나왔을 것이다. 속으로는 '저자가 종7품 수준이구나……' 혀를 끌끌 차면서 말이다.

2. 구 중점사업 vs. 신 중점사업

돋보기를 통해 예산분석의 대상이 되는 중점사업을 찾아야 한다. 예산분석의 대상인 예산(사업)을 다 분석할 수는 없다. 어쩌면 그럴 필요도 없다. 인간 능력 밖이다. 인정할 것은 인정하는 것이 옳다. 그렇다면 선택과 집중이 필요하다. 그 많은 사업 중 어느 사업을 중점적으로 볼 것인가? 이 부분을 헛짚으면 예산분석은 백전백패다. 현실적으로 한 부처의 '중점'사업을 어떻게 파악할 수 있을까? 지속적으로 가장 많은 예산을 차지하고 있는 사업이 **구(舊, Old) 중점사업**이고, 새로운 환경 변화에 대응하기 위해 추진하는 사업이 **신(新, New) 중점사업**이다.[16]

---

16) 이런 시각에서 본다면 행정안전부의 전통적 중점사업은 **지방교부세**이고 신 중점사업은 **지방소멸대응**이 될 것이다.

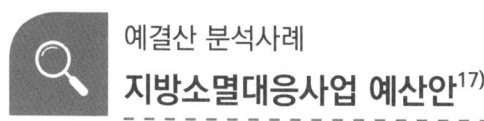

예결산 분석사례
지방소멸대응사업 예산안[17]

□ "지방소멸"은 일본 전 총무대신 마스다 히로야의 저서 『지방소멸』에서 지방자치단체의 인구감소 현상을 강조하기 위해 2014년 제시된 개념임. 이후 한국에서는 2020년대 들어 지역인구 감소 문제가 심화되면서 "지방소멸" 개념에 대한 관심도 높아지기 시작하였음.

□ 이에 2020년대부터는 국가 차원의 지방소멸대응 정책이 본격화되었음.

2020년 12월 8일 공포(2021년 6월 9일 시행)된 「舊국가균형발전 특별법」에 따라 행정안전부장관은 2021년 10월 총 89개의 시·군·구를 "인구감소지역"으로 지정하여 국가와 지방자치단체가 각종 행정적·재정적 지원을 하도록 하였음.

2021년 12월 7일 공포(2022년 1월 1일 시행)된 「지방자치단체 기금관리기본법」은 2022회계연도부터 17개 시·도가 공동 설립한 조합에 "지방소멸대응기금"을 설치하고 국가가 10년간(2022~2931년) 매년 1조 원씩 총 10조 원의 국비를 지원하여 지방자치단체들이 지방소멸대응사업을 추진할 수 있도록 하였음. 2022년 6월 10일에는 「인구감소지역 지원 특별법」이 제정·공포(2023년 1월 1일 시행)되어 각종 행정적·재정적 지원 및 특례를 구체화하였음.

□ 한편, 정부 재정사업 중에는 지방소멸대응을 직접 목적으로 하거나 지역을 지원하는 사업이 상당수 편성되어 있음.

우선, 「지방자치분권 및 지역균형발전에 관한 특별법」에 따라 "지방시대 종합계획 및 지역균형발전시책 지원 관련 사업을 효율적으로 추진"하기 위하여 설치된 "**지역균형발전특별회계**" 사업이 있음. 2025년도 예산안에는 동 특별회계 예산이 총 414개 세부사

---
17) 2025년도 행정안전부 소관 세입·세출예산안 검토보고서 참조

업에 14조 7,439억 원 편성되었음.

다음 지방자치단체에 교부되는 세목인 자치단체경상보조(330-01), 자치단체교부금(330-02), 자치단체자본보조(330-03), 자치단체대행사업비(330-04), 지방자치단체융자금(450-05) 등 5개 세목 예산이 있음.

2025년도 예산안에는 지역균형발전특별회계를 제외하고, **자치단체경상보조**(330-01)는 429개 세부사업에 73조 2,319억 원, **자치단체교부금**(330-02)은 12개 세부사업에 142조 4,252억 원, **자치단체자본보조**(330-03)는 305개 세부사업에 9조 9,167억 원, **자치단체대행사업비**(330-04)는 1개 세부사업(국방부 시설정책지원)에 1,270억 원, **지방자치단체융자금**(450-05)은 1개 세부사업(기획재정부 지방채 인수(융자))에 100억 원 등 총 236조 6,918억 원이 편성되어 있음.

다음 상기 "지역균형발전특별회계" 예산 및 "5개 세목" 예산 외에 "**지방행정·재정지원 부문**(013관)" 예산도 총 41개 세부사업에 1,038억 원 편성되어 있음.[18]

그 밖에 상기 "지역균형발전특별회계" 예산, "5개 세목" 예산 또는 "지방행정·재정지원 부문(013관)" 예산 외에, 지방소멸대응 또는 지역지원 목적을 지닌다고 해석될 여지가 큰 사업이 총 18개 세부사업에 3,947억 원 편성되어 있음.

☐ 상기 "지역균형발전특별회계" 예산, "5개 세목" 예산, "지방행정·재정지원 부문" 예산 등이 모두 지방소멸대응사업에 해당하는 것은 아닐 수 있으나, 지방소멸대응사업의 규모가 정부 예산안 전체에서 상당한 비중을 차지하는 것은 부인할 수 없는 사실로 보임.

☐ 그리고 국가적으로 중요한 정책분야의 예산은 통상 총괄부처를 설정하고 예산안 편성시 개별부처 예산요구를 사전 심의하도록 하는 등 총괄적인 관리체계가 별도로 설정되어 있음.

---

18) 전술한 자치단체경상보조(330-01), 자치단체교부금(330-02), 자치단체자본보조(330-03), 자치단체대행사업비(330-04), 지방자치단체융자금(450-05) 등 5개 세목 예산과 중복 금액 차감.

예를 들어, **R&D 예산**은 「과학기술기본법」에 따라 과학기술정보통신부가 대통령 소속 과학기술자문회의를 통해 개별부처 예산요구서를 사전 심의하면 기획재정부는 특별한 사유가 없는 한 이를 정부 예산안에 반영하여야 함.

재난 및 안전관리 사업 예산은 「재난 및 안전관리 기본법」에 따라 행정안전부가 개별부처 예산요구서를 사전 심의하고 기획재정부는 특별한 사유가 없는 한 이를 정부 예산안에 반영하여야 함.

국제개발협력 사업(ODA) 예산은 「국제개발협력기본법」에 따라 국무총리 소속 국제개발협력위원회가 개별부처 사업계획을 종합한 시행계획을 수립하면 기획재정부는 이를 존중하여 정부 예산안을 편성하여야 함.

☐ 그러나 지방소멸대응사업에 대한 총괄적인 관리 체계는 아직 미흡한 실정임. 지방소멸대응사업은 이를 총괄 조정하는 부처도 별도로 설정되어 있지 않을뿐 아니라 지방소멸대응사업의 분류기준도 아직 명확하지 않은 상황임.

따라서 정부는 별도 연구를 통해 지방소멸대응사업의 범위를 확정하고, 이에 대해서는 총괄 부처에 예산안 사전 심의권을 부여하는 등 총괄적인 관리 체계를 구축할 필요가 있을 것임.[19]

지방소멸대응이 21세기 대한민국의 가장 중요한 문제임에도 총괄부처조차 없는 상황을 예산분석가의 돋보기가 놓쳐서는 안 된다. 말로는 지방소멸로 나라 전체가 소멸하겠다며 난리법석을 떨지만 실상 어느 부처도 맨 앞에 나설 생각조차 못하고 있다. 지방소멸은 체계적인 총력전을 통해 서서히 고사시켜야 할 대상이다. 서두르면 이길 수 없는 대상이지만

---

[19] 참고로, 농림축산식품부는 2024년 9월 1일 농촌소멸 대응 추진전략 관련 2025년도 예산안(약 1조 9,494억 원 규모)에 대한 보도자료를 별도로 배포하고 있음(농림축산식품부, 「보도자료: 농촌소멸 대응 추진 전략 이행을 위한 2025 예산안 1조 9,494억 원 반영」, 2024.9.1.).

차일피일 미루다가 소멸의 늪에 빠지면 백약이 무효인 대상이다. 우선 전부처에 흩어져 있는 지방소멸대응 사업을 오롯이 지방소멸의 시각에서 계획하고 평가하는 부처가 필요하다. 지금처럼 수많은 사업과 예산을 각각의 부처에서 매년 경쟁하듯 만들어내고 제멋대로 써버리면 지방소멸을 결코 소멸시킬 수 없을 것이다.

3. 양적 기준 vs. 질적 기준

어느 사업을 분석대상으로 삼을 것인가의 기준으로 양적 기준과 질적 기준을 생각해 볼 수 있다. 신규사업, 시범사업, 증액사업, 감액사업 등은 없던 예산이 생겼거나 예산규모가 증가 또는 감소하는 등 양적 기준에 의해 중점사업 여부가 결정되므로 비교적 쉽다. 증액사업의 경우를 간단히 살펴보자. ㅇㅇㅇ사업의 예산이 5억에서 10억으로 5억 증액된 경우, 예산분석가가 중점적으로 보아야 할 부분은 기존의 5억이 아니라 증액된 5억이다.

신규사업 또는 증액사업은 한 번 예산에 반영되면 앞으로 매년 최소한 그 수준에서 반영될 가능성이 높다. 예산편성 및 심의 등 예산과정이 기존 사업의 지속성을 전제로 이루어질 뿐만 아니라, 이미 그 예산으로 수많은 이해관계자들이 생겼거나 생겨나기 마련이다. 이해관계자들이 사회적 강자일 때 국가를 위해 단칼에 삭감할 수 있는 강심장이 과연 얼마나 될 것인가? 이해관계자들이 사회적 약자일 때 국가를 위해서 단칼에 삭감할 수 있는 냉혈한 또한 얼마나 되겠는가? 어떤 때는 감히 못하고, 어떤 때는 차마 못한다.

또한, **예산 태우기 전략**에 넘어가서는 안 된다. 조금의 액수라도 일단 예산에 반영되면 내가 언제부터 신규사업 또는 증액사업이었냐는 듯이 다음 연도에 당당히 자리 잡고 있을 가능성이 높다. **예산은 비가역적**이다. 처음부터 안 주면 그 나름대로 버티고 살아가지만 줬다가 뺏는다고 하면 있는 힘을 다해 몸부림치게 마련이다. 싹수가 노란 것들은 초장에 잡아야 하는 이유다.

신규사업 또는 증액사업이 예산에 반영되기 위해서는 아래의 몇 가지 시험을 무사히 통과하여야 한다.

- 사업 목적 또는 성과 달성의 가능여부
- 우선순위 여부
- 유사중복 여부
- 법적근거 미비 여부
- 사업계획 부실 여부
- 사전절차 이행 여부
- 민간에게 맡기는 것이 나은지 여부
- 공공기관의 자체재원 활용 가능 여부 **'등등'**

추상적이기는 하지만 한 번 읽어둘 필요는 있는 내용들이다. 다만, 이런 식으로 나열하자면 그 수를 헤아리기 어려울 정도로 많을 것이다. 여기서 중요한 것은 예산분석가에게 이런 물음이 자연스레 체화되어져 있어야 한다는 점이다. '**등등**'에 어떤 것이 더 있을 것인지, 나만의 '**등등**'에는 무엇이 있는지를 차곡차곡 축적해 가는 것이 진정한 예산분석가가 되는 길이라 하겠다.

질적 기준으로 중점사업을 판단한다는 것은 쉽지 않다. 조금만 도와주면 일어설 수 있는 사업, 남에게 알려지기를 꺼리고 자꾸 숨으려는 사업, 폼 잡으며 나다니는 사업, 남의 집에 세를 들어 사는 것 같은 사업, 세 살면서 주인 행세하는 사업, 강 건너 불구경하듯 한가한 사업, 돈 먹는 하마같은 사업, 결산에서 매년 지적받았음에도 꿋꿋이 살아 남아 질긴 생명력을 자랑하는 사업, 돈으로 나누어주는 것만도 못한 생색내기식 한심한 사업, 사회적 약자를 일어설 수 있게 돕는 사업, 사회적 약자를 더 아프게 하는 사업, 민생 친화적 사업, 민생 비친화적 사업, 현실에 안주하는 사업, 미래 지향적 사업, 부조리를 양산하는 사업, 부조리의 숨을 끊어내는 사업 등을 구분해 낼 수 있어야 한다. 이것이 바로 돋보기이다.

예결산 분석사례

'지방자주재원확충을 위한 정책추진' 세부사업 중 어느 내역사업을 돋보기로 골라낼 것인가?

[2023회계연도 예산집행 실적]

(단위: 백만 원)

사업명	2023년									2024년
	예산액		전년도 이월액	이전용 등	예비비	예산 현액	집행액 [실집행]	다음연도 이월액	불용액	예산액
	본예산	추경								
지방자주재원확충을 위한 정책추진	942	942	-	-	-	942	920	-	48	1,178
지방세 전문가 네트워크 활성화	30	30	-	-	-	30	27	-	3	60
지방세 납세자 권익보호 사업 추진	32	32	-	-	-	32	32	-	-	32
개인지방소득세 지자체 신고 전환 개선	246	246	-	-	-	246	227	-	19	46
지방세 특례 예비타당성 조사 및 사후심층평가	504	504	-	-	-	504	504 [491]	-	-	504
지방세외수입 운영실적 분석·진단	-	-	-	-	-	-	-	-	-	137
재산세 분리과세대상토지 타당성 평가	100	100	-	-	-	100	100 [94]	-	-	400
특정금융거래정보 지방세 활용·지원	30	30	-	-	-	30	30	-	25	30

예산분석가들마다 돋보기를 통해 선택한 내역사업이 다를 것이다.[20] '지방세 전문가 네트워크 활성화' 사업은 예산이 3억 원에서 6억 원으로 100% 증액되었다는 점과 네트워크라는 단어가 주는 궁금증에서, '개인지방소득세 지자체 신고 전환 개선' 사업은 2억

---

20) 물론 반드시 세부사업 중 내역사업 하나를 선택해야 하는 것은 아니다.

4천 6백만 원에서 4천 6백만 원으로 91.3%가 감액되었다는 점에서, '지방세 특례 예비타당성조사 및 사후심층평가' 사업은 지방자주재원확충을 위한 정책추진 세부사업의 예산 53.5%를 차지하는 전통적 중점 내역사업이라는 점에서, '지방세외수입 운영실적 분석·진단' 사업은 신규사업이라는 점에서, '재산세 분리과세대상토지 타당성 평가' 사업은 10억 원에서 40억 원으로 300% 증액되었다는 점에서, '특정금융거래정보 지방세 활용·지원' 사업은 불용액이 예산현액 대비 85%(2천 5백만 원)에 달함에도 예산의 감액이 없었다는 점에서 각각 돋보기의 대상이 될 수 있을 것이다. 여기서 숫자에는 아무런 변동이 없는 '지방세 납세자 권익보호 사업 추진' 사업은 돋보기의 대상이 될 수 없을까? 그렇지 않다. 지방세 납세자 권익보호는 사회적 약자를 돕는 사업이기에 반드시 돋보기로 골라내어 분석을 해야 할 것이다. 이처럼 돋보기의 대상이 예산의 많고 적음에 따라 결정되는 것만은 아니라는 점을 주의해야 한다.

예산분석은 부조리를 야기할 수 있는 사업을 조리에 합당한 사업으로, 이념지향적 사업을 민생지향적 사업으로, 관행을 따라가는 사업을 미래지향적 사업으로 전환하는 작업이라고 할 수 있다. 우리는 그 방법들을 찾아 나설 것이다. 고단한 일이지만 반드시 찾아야 한다. 긴 말이 필요 없다. 그것이 예산분석가의 책무이다.

참고로, 예산분석가는 최대한 성능 좋은 자기 직위에 맞는 자기만의 돋보기를 가지고 있어야 한다. 병조판서의 돋보기와 종7품의 돋보기가 같을 수는 없다. 돋보기가 직위에서 벗어난 경우 즉, 병조판서가 종7품의 돋보기를 가지고 있고, 종7품이 병조판서의 돋보기를 가지고 있는 경우 얼마나 황당하고 웃지 못 할 일들이 벌어질지는 각자의 상상에 맡기겠다.

이해관계자: 감히 & 차마

'**이해관계**', 별거 아닌 것 같지만 결코 그렇지 않다. 조금 극단적 예에 해당하겠지만 담배를 생각해 보자. 담배가 몸에 나쁘다는 것은 이제 과학을 넘은 상식이다. 예산에도 악영향을 준다(담배로 인한 질병 치료에 들어가는 예산을 생각해보라). 그럼에도 불구하고 왜 담배 없는 세상을 만들기 위한 결단을 내리지 못하는 것일까? 이해관계자의 관점에서 살펴보자. 이해관계자들이 어디 한 둘인가? 담배 농사를 짓는 분, 담배를 제조하는 분(심지어 수출로 벌어들이는 수입이 상당하다), 담배를 판매하는 분(구멍가게에서 담배 판매로 생계를 이어가는 분 등), KT&G의 주식을 가지고 있는 분, 담배 없이는 하루도 살아가기 어려운 애연가, 국세와 지방세의 주요 재원이니 국가와 지방자치단체에 이르기까지 사실상 전 국민이 이해관계자들이다. 만약 담배의 해악을 일찍이 알아 아예 담배 농사 자체를 금지했다면 담배 없는 세상이 가능했을 것이다. 이처럼 신규사업은 엄격하게 심사를 받은 후에 예산에 들어와야 하는 것이다. 그래야 '**감히**' 못하는 경우와 '**차마**' 못하는 경우를 막을 수 있다.

참고로, 담배 제세부담금 현황은 다음과 같다.

(단위: 원, %)

구분		금액	비율	부과기준	귀속	부과근거
담배 판매가격 (일반궐련 1갑)		4,500	100.0	-	-	-
제세부담금 합계		3,323.4	73.8	-	-	-
국 세	개별소비세	594	13.2	20개비당 594원	국고 (일반회계) → 45%는 소방안전 교부세로 지자체 교부	「개별소비세법」
	부가가치세	409	9.1	공급가액의 10%	국고 (일반회계)	「부가가치세법」

지방세	담배소비세	1,007	22.4	20개비당 1,007원	지자체 (특·광역시 및 시·군)	「지방세법」
	지방교육세	443	9.8	담배소비 세액의 43.99%	지자체 (특·광역시 및 도) → 지방교육청 전액 전출	「지방세법」 ※한시규정: 2011년부터 2~3년 주기로 연장중
기타	국민건강증진 부담금	841	18.7	20개비당 841원	국고 (국민건강 증진기금)	「국민건강증진법」
	폐기물부담금	24.4	0.5	20개비당 24.4원	국고 (환경개선특별회계)	「자원의 절약과 재활용촉진에 관한 법률」
	연초생산안정화 기금	5	0.1	20개비당 5원	연초생산 안정화재단	「담배사업법」

※ 2023년 일반궐련 판매량 30억 갑

▍에필로그 Epilogue

    병조를 나선 선보 황제에게 육조거리의 평화로움이 섬뜩하게 다가왔다. 10만 양병, 이이의 말이 귀에서 웅웅 거렸다. 이이는 평화를 지키기 위해서는 전쟁을 준비해야 한다고 말하고 있다. 전쟁을 준비해야 전쟁을 막을 수 있다고 주장하고 있다. 평화의 시기에 전쟁을 입에 담는 것을 과연 어떻게 보아야 할 것인가? 10만 양병을 꺼내는 순간 신료들이 들고 일어날 것이 분명하다. 어쩌면 벌써 어디선가 들고 일어나고 있는지도 모른다.

    '10만 양병이 옳은 길인가? 옳은지 옳지 않은지는 어떻게 알 수 있단 말인가? 옳다 한들 어떻게 반대하는 자들을 설득해야 할 것인가? 과연 논리의 힘으로 가능할 것인가? 그렇지 않다면 무슨 힘을 동원해야 한단 말인가?'

    선보 황제는 종로로 나아가 시전 상인에게 쌀 한 가마니에 얼마나 하냐고 물은 후 궁으로 돌아왔다.

제2수
우리 집 살림살이(1)

근심 · 수

愁자는 '근심'이나 '시름'이라는 뜻을 가진 글자이다. 愁자는 秋(가을 추)자와 心(마음 심)자가 결합한 모습이다. 秋자는 '가을'이라는 뜻을 가진 글자이다. 그런데 '근심'을 뜻하는 愁자와 '가을'은 무슨 관계인 것일까? 그것도 가을은 풍성한 수확의 계절인데 말이다. 여기에는 많은 추측이 가능하다. 예전에는 추수가 끝나면 세금을 거둬갔으니 그것이 걱정일 수도 있고 곧 추운 겨울이 올 것이니 그것 또한 걱정일 수도 있다. 가을은 수확의 계절이면서도 근심이 늘어나는 계절이기도 했다.

출처 : 네이버 한자사전, [한자로드(路)] 신동윤

근심하라.
이를 통해 살아 있음을 즐겨라.

제2수 愁 우리 집 살림살이(1)

근심 · 수

잠을 설친 황제 선보는 조회(朝會)에서 대신들에게 10만 양병에 대한 의견을 물었다. 노회(老獪)한 대신들은 침묵하는 자와 반대하는 자, 둘로 나뉘었다. 침묵하는 자들은 대체로 병조판서 이이를 지지하는 짝수당 소속이었으나 섣불리 나섰다가 **평화**를 흔드는 자로 몰릴 것을 두려워했고, 반대하는 자들은 이이가 하려는 것은 곧, 짝수당이 하려는 일이니 일단 반대하고 보자는 심보가 있는 홀수당 소속이었다.

당시 조정은 홀수당과 짝수당이 당파를 이루고 있었다. 홀수당은 짝수당이 하는 일을, 짝수당은 홀수당이 하는 일을 무조건 반대하고 나섰다. 일단 반대해 놓고 보았다. 그 다음에 이유를 찾았다. 그래도 사서육경 등 고전을 수 천 번 읽어 달달 외우고 있어서인지 그럴듯한 이유를 찾는 데 시간이 그리 오래 걸리지는 않았다. 그들에게 백성, 나라의 이익은 손에 잡히지 않는, 언제 수금이 가능할지 모르는 어음 같은 것이었으나 당파의 이익은 손으로 바로 잡을 수 있는 따끈따끈한 현금이었. 어쩌면 지금의 우리와 그렇게나 달랐을까?

황제 선보는 또 시작이구나 싶었다. 이런 식으로는 도저히 합의에 도달할 수 없는 작금(昨今)의 사태에 이제 분노조차 하지 않는 자신을 발견하고 스스로 '이래서는 안 된다', '이래서는 안 된다'를 되뇌이며 퇴청 후 어머니를 뵈러 갔다.

어머니께서는 선보 황제를 애처로이 바라보며 속삭이듯 말하였다.

"황상, 그러니까 황제라는 자리가 있는 것임을 잊지 마세요. 마음을 굳건히 하세요. 아녀자의 소견으로는 한 나라의 **예산**이나 한 집안의 **살림살이**나 큰 차이가 없지 않겠나 싶구려…"

1장 '우리 집 살림살이'의 참뜻

제2수는 선보 황제의 어머니께서 하신 말씀에서 시작하고자 한다.

"황상, 그러니까 황제라는 자리가 있는 것임을 잊지 마세요.
마음을 굳건히 하세요.
아녀자의 소견으로는 한 나라의 예산이나 한 집안의 살림살이나
큰 차이가 없지 않겠나 싶구려…."

나라의 예산 즉, 나라의 살림살이를 분석함에 있어 첫 출발은 바로 **우리 집 살림살이**라고 생각하는 것이다. 아래의 예를 통해 좀더 선보 황제의 어머니 말씀에 한 발 더 다가가 보자.

> 공무원으로서 국민에게 봉사하는 재미로 하루하루 살아가는 남편 A와 가정주부로서 비정규적으로 아르바이트를 하는 아내 B, 그리고 무서울 것이 없어 다들 무서워하는, 자식 이기는 부모 없다는 옛말의 생명력을 오늘날까지 유지하는 데 한 몫하고 있는 중학교 2학년 아들 C로 이루어진 21세기 초반 어느 평범한(?) 대한민국 가정의 모습을 상상해보자.

이 가정의 살림살이를 살펴보면 국가재정의 원칙들을 이해할 수 있을 것이며, 예산분석의 기본적 시각을 얻을 수 있다. 만약 우리 집 살림살이 시각으로 이해할 수 없거나 뭔가 께름칙한 것이 있다면 국가재정 원칙의 수정이 필요하거나 예산분석을 집중적으로 해야 할 사업을 찾은 것이라고 하겠다.

A와 B는 **월급통장**을 각각 별도로 갖는 것이 좋을까, 하나로 합치는 것이 좋을까? 나라의

제2수 愁 우리 집 살림살이(1)

살림살이는 **예산총계주의**를 원칙으로 한다.[21] 한 회계연도의 모든 수입을 세입으로 하고, 모든 지출을 세출로 해야하는 것이다. 이를 우리 집 살림살이에 응용하자면 A와 B가 별도의 월급통장이 아니라 하나의 월급통장을 사용하라는 것이다. 나라의 살림살이나 우리 집의 살림살이나 한 눈에 알아보기에는 하나의 통장에서 관리하는 것이 좋다는 것이다. 그래야 돈 갖고 장난치지 못한다는 것이다.

남편 A는 연가보상비 등을 아껴 장롱 깊은 곳에 **비상금**으로 사용해 오고 있었다고 가정해 보자. 가정이지 사실이 아니라는 점을 분명히 해 두고자 한다. 그런데 아들 녀석 C가 그것을 알아내고 몰래 꺼내 쓰다가 아내 B에게 걸리고 말았다. 아들 C는 일단 이 순간을 벗어나기 위해 아빠 비상금의 존재를 실토하게 되고 퇴근한 남편 A는 아내 B로부터 추궁을 받게 되었다. 남편 A는 비상금은 **예비비**[22] 같은 것이라며 국가 예산에서도 일정 비율로 당당히 존재하는 것이라고 설명하여 가까스로 위기를 넘겼다. 아들 녀석 C는 공부방의 살짝 열린 문틈으로 살다보면 그럴 수도 있는 것 아니냐는 듯 아빠 A를 빠끔히 쳐다보고 있었다.

남편 A와 아내 B는 초과근무수당을 아들 녀석 C가 대학교에 들어가고 장가갈 때 필요한 돈을 마련하기 위해 월급 통장과 구별되는 별도 통장으로 관리하기로 결정했다. 국가 예산으로 보면 **특별회계** 또는 **기금**을 설치하기로 한 것이다. 국가나 집안이나 별도로

---

21) 「국가재정법」
  제17조(예산총계주의) ①한 회계연도의 모든 수입을 세입으로 하고, 모든 지출을 세출로 한다.
  ②제53조에 규정된 사항을 제외하고는 세입과 세출은 모두 예산에 계상하여야 한다.

22) 「국가재정법」
  제22조(예비비) ①정부는 예측할 수 없는 예산 외의 지출 또는 예산초과지출에 충당하기 위하여 일반회계 예산총액의 100분의 1 이내의 금액을 예비비로 세입세출예산에 계상할 수 있다. 다만, 예산총칙 등에 따라 미리 사용목적을 지정해 놓은 예비비는 본문의 규정에 불구하고 별도로 세입세출예산에 계상할 수 있다.
  ②제1항 단서의 규정에 불구하고 공무원의 보수 인상을 위한 인건비 충당을 위하여는 예비비의 사용목적을 지정할 수 없다.

관리할 필요가 있는 돈을 잘 축적해 두면 미래의 불확실성을 극복하는 유용한 방안이 될 수 있다.[23]

《후츠파로 일어서라》라는 책을 보면 다음과 같은 내용이 나온다.

> 유대민족 특유의 가족 중심 문화도 기업가 정신을 키우는 데 큰 역할을 한다. 웬만한 이스라엘 중산층 가정에서는 첫 생일잔치 때 아이의 장래를 위해 친척과 친지들이 십시일반 돈을 모아 우리나라 돈으로 수천만 원 정도의 기금을 모아 건네며 앞날을 축복한다고 한다. 나라를 잃고 2,000년 넘게 떠돌이 생활을 한 경험이 만들어낸 전통이다. 이렇게 받은 돈이 아이가 자라 성인이 되었을 때 주로 창업자금으로 활용되며, 일단 창업을 하면 가족 전체가 반기고 도와주기 때문에 청년들이 스스로 사업을 구상하고 도전하는 데 든든한 보탬이 된다.

우리도 이렇게 기금을 만들어 주면 좋을 것 같다. 누가 아는가, 아들 녀석 C가 나중에 이 기금을 창업 자본으로 하여 세계적 재벌이 되어 아빠 A에게 비상금의 수천, 수만 배를 갚을지!

---

23) 「국가재정법」
　제4조(회계구분) ①국가의 회계는 **일반회계**와 **특별회계**로 구분한다.
　②일반회계는 조세수입 등을 주요 세원으로 하여 국가의 일반적인 세출에 충당하기 위하여 설치한다.
　③특별회계는 국가에서 특정한 사업을 운영하고자 할 때, 특정한 자금을 보유하여 운용하고자 할 때, 특정한 세입으로 특정한 세출에 충당함으로써 일반회계와 구분하여 회계처리할 필요가 있을 때에 법률로써 설치하되, 별표 1에 규정된 법률에 의하지 아니하고는 이를 설치할 수 없다.

　제5조(기금의 설치) ①기금은 국가가 특정한 목적을 위하여 특정한 자금을 신축적으로 운용할 필요가 있을 때에 한하여 법률로써 설치하되, 정부의 출연금 또는 법률에 따른 민간부담금을 재원으로 하는 기금은 별표 2에 규정된 법률에 의하지 아니하고는 이를 설치할 수 없다.
　②제1항의 규정에 따른 기금은 세입세출예산에 의하지 아니하고 운용할 수 있다.

2장 '우리 집 살림살이'의 사례

우리 집 살림살이 시각이 예산분석에서 구체적으로 어떻게 실현될지 살펴보도록 하자. 다음 해외출장 현황 및 집행내역을 우리 집 살림살이로 여기고 분석해 보기 바란다.

〈독일 사회통합 및 민주시민교육 국외출장 현황〉

(단위: 백만 원)

출장명	출장 장소	출장 기간	집행액	출장자	출장목적
독일 사회통합 및 민주시민교육 현장 방문	독일	17.11.20 ~11.27	41	재단 직원(5명) 재단 위원(1명) 나우만재단(1명) 총 7명	통독 전후 과정에서 사회통합, 동독 난민을 위한 민주시민교육 정책 및 사업에 대한 심층적인 이해 도모 및 발전적인 탈북민 정착지원 방안 모색 등

〈독일 사회통합 및 민주시민교육 현장방문 집행내역〉

(단위: 천 원)

집행과목			집행액	상세내역	관련 규정
독일 사회통합 및 민주시민교육현장 방문	일반 수용비	기념품 및 번역, 물품비 등	1,800	• 기념품: 672천 원 • 물품비: 213천 원(문구류) • 번역비: 510천 원(독일기관자료) • 사례조사비: €65.5	
		차량임차비	6,640	• €5,090: 7일(베를린, 프랑크푸르트)	통일부 세출예산 집행지침
		통역사례비	4,696	• €3,600: 4일(10회)*€900 (=4일*$500+10회*$250 기준집행)	
		현지코디비	3,146	• €1,970: 7일(10회)*€280 • $503.62: 숙박비(사업진행비)→7일*$250+10회*$100내 총지출	
		소 계	16,282		

국외 여비	항공임	14,171	• 2,027천 원 * 7명	공무원 여비규정
	체재비	8,641	• 일비 및 식비 : €1,889 • 숙박비: $5,334	
	준비금	128	• 여행자 보험료(7명)	
	소 계	22,940		
사업 추진비	간담회비 등	1,627	• 간담회비: €1,232.55 - €218.8(11/21), €144.8(11/22) - €113.1(11/23), €135.0(11/23) - €310.0(11/24), €200.0(11/24) - €110.85(11/25)	
	예비비 및 기타	319	• 공항수화물 보관료: 30천 원 • 비상약,비상물품: 152천 원 • 다과비: 137천 원	
	소 계	1,946		
합 계		41,168		

앞의 집행내역에서 어떤 점이 눈에 띄는가? 그냥 보면, 그냥 그렇다. 일반인이 그냥 지나칠 수 있는 것을 보기 위해서는 우리 집 살림살이라는 안경을 끼고 보아야 한다. 안경의 도수를 **'내가 땀 흘려 힘들게 번 돈으로 내가 출장간다'** 수준으로 맞추기 바란다. 무엇이 보이는가?

꼭 갈 사람들이 엄선된 것인지? 이렇게 기념품을 구입하고, 이렇게 통역비를 쓰고, 이렇게 차량임차비를 쓰는 것이 합당한 것인지?

7명이 우르르 몰려다니듯이 출장을 다니는 것은 후진국의 전형적 행태다. 일당백의 자세로 소수의 인원이 출장을 가서 상세한 보고서를 작성하고 이를 출장가지 못한 인원들에게 상세히 설명하면서 정보를 공유하는 것이 옳다. 특히 인터넷이 발달된 현재 꼭 얼굴 마주보기(face-to-face) 형태를 가져야 하는 것인지도 의문이다. 이런 점에서 나이브 부켈레

제2수 愁 우리 집 살림살이(1)

엘살바도르 대통령의 말은 새겨들을 만하다.

"직접 모이는 형식은 점점 구식이 돼 가고 있다. 국내 중요한 문제를 해결할 수 있는 일주일이라는 시간 동안 유엔에 모이는 것은 시간 낭비다"[24]

여기서 한 가지 분명히 해두고 싶은 점이 있다. 출장에 관한 정보공유는 넓고 깊을수록 좋다는 점이다. 특히 조직 홈페이지에 올리는 나몰라 식의 공유보다는 통독 전후 과정에서 사회통합, 동독 난민을 위한 민주시민교육 정책 및 사업에 대한 심층적인 이해 도모 및 발전적인 탈북민 정착지원 방안 모색이라는 출장목적에 관심이 있는 조직·기관이나 사람들에게 직접 보내 주어야 한다. 그리고 그들의 따끔한 비판을 받아야 한다. 이것이 분야별 (전문가) 네트워크를 형성하는 첫 걸음이다.

기념품은 방문기관에 주는 것이다. 비싼 것을 주는 것은 우리나라 경제력이 미약할 때 하는 방식이다. 이제 대한민국 마크가 있는 자그마한 찻잔이면 충분하다. 그 어느 나라도 대한민국이 돈이 없어서 이런 것을 선물한다고 생각하지 않는다.

통역비의 경우에도 독일에 유학하고 있는, 애국심이 살아 있는 대학원생 또는 교포를 찾아보면 충분히 적은 돈을 지불할 수 있었을 것이다. 찾지 않았다는 것은 철저한 계획을 수립하지 않았던지 내 돈이 아니니 써도 괜찮다는 인식이 밑에 깔려 있다고 볼 수밖에 없다.

차량임차비도 내 돈이었다면 이런 식으로 집행했을까? 아니다. 분명 대중교통을 이용했을 것이다.

---

24) 매일경제, '2020신년기획/젊은 리더가 이끈다 ①' 중에서, 2020. 1. 1

규정대로 집행했으니 무엇이 문제냐는 것은 규정대로 집행하지 않는 것이 비일비재하던 시절의 논리로서는 충분할지 모르지만 이제는 부족해도 한 참 부족한 논리다. 그저 변명에 불과하다. 반납하는 것을 일상화해야 한다. 반납이 이상한 것이 아니라 반납하지 않는 것이 이상한 것이 되어야 한다. 다만, 반납을 유인하기 위한 제도적 방안이 필요할 것으로 생각한다. 인간의 이기심, 소유욕을 자극하면 예산의 낭비를 줄일 수 있다. 자기 것이라는 틀을 제공하면(비록 그것이 착각이라고 하더라도) 인간의 쓰임새는 달라진다. 만약 규정대로 지급돼오던 항공료, 숙박비, 일비 등을 아끼면 반은 반납하고 반은 개인이 가질 수 있도록 만든다면 인간은 어떻게 반응할까? 아마 저가 항공사를 탑승하고 저가 호텔에서 숙박하고 저가 음식을 먹으면서 아끼려 하지 않을까?

개인에게 노트북을 지급하고 보직 이동시 가지고 다니라고 한다면 인간은 어떻게 반응할까? 자리를 옮기면 누군가 쓰던 데스크 탑 컴퓨터가 떡하니 자리하고 있는 것과 비교하여 어떻게 반응할까? 훨씬 수명이 늘어날 것이 분명하다. 내용연수를 초과하여 사용하면 노트북을 개인소유로 전환시켜 준다면 어떤 일이 벌어질까?

작지만 꽤나 알찬 중소기업을 운영하는 분과 저녁에 소주를 한 잔 한 적이 있다. 이런저런 이야기를 하는 데 그러는 거다. 이 세상에서 제일 비효율적이고 낭비적인 것이 자기 돈이 아닌 돈으로 선심을 베풀 때라고……. 그 분 말씀의 취지는 정치인이나 공무원이 국민의 세금을 자기 스스로 힘들게 번 돈으로 생각하면 그렇게 펑펑 쓸 리가 없다는 것이었다. 예산을 편성하고 검토하고 집행하는 예산분석가들이 반드시 명심해야 할 이야기다. 이 돈을 자기가 피와 땀으로 벌었다고 생각해 보자. 과연 작년도 예산처럼 올해도 예산안을 짤 것인가? 그냥 그대로 확정되도록 모른 척 할 것인가? 그냥 그대로 집행되도록 놔둘 것인가?

참고로, 이 부분과 관련하여 **전문위원 검토보고서**의 내용은 다음과 같다.[25]

---

25) 2017회계연도 통일부 소관 결산 검토보고서 참조

동 사업은 00재단이 나우만재단 한국사무소와의 협업을 통해 추진하였는데 재단 대외협력부장을 포함한 직원 5명과 외부 위원(1명), 프리드리히나우만재단 부장이 동행하여 출장을 수행함.

00재단은 통독 전후 과정에서의 사회통합, 동독 난민을 위한 민주시민교육 정책 및 사업에 대한 심층적인 이해와 이를 통한 발전적인 탈북민 정착지원 방안 모색 등을 위하여 2017.00.00일부터 8일간 독일 연방교육청, 난민 정착 및 상담센터(KUBs), 프리드리히나우만재단 본부 등을 방문하였음.

해외출장 경비로 국외여비 2,290만 원, 일반수용비 1,580만 원 및 사업추진비 240만 원 등 총 4,120만 원을 집행하였음. 재단의 「여비규정」 제3조에서 국외여비는 공무원 여비규정을 따라 처리하도록 하고 있음. 그런데 공무원 여비규정은 해외출장과 관련한 항공운임, 체재비(일비, 식비, 숙박비), 준비금 등을 지급하도록 하고 있지만, 기념품, 차량임차비, 현지코디비 등에 대해서는 별도로 규정을 두고 있지 않음. 다만, 통역사례비 또는 면담·정보수집 사례비는 「통일부 세출예산 자체 집행지침」에서 일반수용비로 지급할 수 있도록 하고 있음.

그런데 재단은 통역사례비를 지급함에 있어 「통일부 세출예산 자체 집행지침」이 정한 기준을 초과하여 집행하였음. 동 지침에 따르면 미주·유럽지역에 통역사례비는 1일 기준으로 최소 $200에서 최대 $500까지 지급하도록 하고 있지만, 재단은 통역사례비와 정보수집사례 비용 등의 명목으로 1일에 €900로 계산하여 총 4일간 €3,600를 지급하였는바, 향후 「통일부 세출예산 자체 집행지침」이 정한 기준을 엄격히 적용하여 과다하게 집행되지 않도록 유의하여야 할 것임.

한편, 「2017년도 예산 및 기금운용계획 집행지침」에서는 공무원이 해외출장 사업추진에 소요되는 식음료비, 연회비 및 기타 제경비의 한도를 다음과 같이 정하고 있음.

⟨해외출장경비 지원한도⟩

(1회 기준, US$)

구분	장관	차관	국장급 이상
- 정액 경비	1,500	1,000	500
- 연회비·선물비	3,000	2,000	500
- 부대 경비	900	600	-

※ 동시에 수개국을 방문하는 경우에는 연회비·선물비에 한하여 기준액 범위 내에서 추가 집행할 수 있다 (단, 경유국은 제외).

※ 과장급 이하의 경우라도 특수업무수행을 위하여 해외출장을 가는 경우에는 국장급 기준액 범위 내에서 해외출장지원 경비를 지원할 수 있다.

따라서 재단의 해외출장과 관련 된 연회비·선물비 등도 동 규정을 준용하면 사업추진비로 집행할 수 있는 한도는 $1,000임에도 불구하고 해외출장 사업추진비로 €1,232를 집행하였음.

재단이 국외출장 사업을 집행함에 차량임차비를 포함한 일반수용비 명목으로 체재비(일비, 식비, 숙박비)의 2배에 이르는 1,630만 원을 집행하였고, 통역사례금 이외에 현지 코디비를 추가로 집행하는 등 해외출장경비를 과도하게 집행한 측면이 있는바, 추후 이러한 집행이 재발하지 않도록 만전을 기하여야 할 것임.

예결산 분석사례
'민선 지방자치 30주년 기념' 사업[26]

□ '민선 지방자치 30주년 기념' 사업은 2025년 민선 지방자치 30주년[27]을 기념하여 지방자치의 성과를 공유하기 위하여 민선 지방자치 30주년 기념식, 민선 지방자치 30년 기념 국제 컨퍼런스, 민선 지방자치 30년 평가 연구용역 등을 실시하기 위한 신규사업으로, 2025년 예산안에는 7억 5,000만 원이 신규 편성되었음.

['민선 지방자치 30주년 기념' 사업 기본계획(안)]

■ 추진배경 및 목적

○ (추진배경) 2025년은 제1회 동시지방선거('95) 실시 30주년

○ (목적) 지난 30년간 지방자치의 성과를 국민들과 공유하는 계기 마련

■ 주요 추진사항

○ (기념식) 지방자치단체 및 국민들과 함께하는 기념식 및 기념행사 개최

- 민선 지방자치 실시를 계기로 개인, 자치단체 및 국가차원 변화상을 국민이 체감할 수 있도록 박람회 등과 연계 추진

○ (연구용역) 지난 30년간 지방자치를 통한 민주주의 발전 등 성취도 평가

- 지방자치의 성과 및 보완점 분석, 향후 지방자치 패러다임 및 대한민국 발전방향 제시

○ (국제 컨퍼런스) 국내외 석학들과 지방자치를 논의하는 국제 컨퍼런스 개최

- 지방자치 30년의 의의·성과를 공유하고 향후 발전방향 논의

---

26) 2025년도 행정안전부 소관 세입·세출예산안 검토보고서 참조

27) 2025년은 지방자치단체장과 지방의회 의원을 주민들이 직접 선출했던 제1회 동시지방선거(1995년 6월)가 실시된지 30년이 되는 해임.

○ (학술대회 연계) '25년 유관학회에서 진행하는 학술대회와 연계

  - 학회별 전문 분야를 중심으로 지방자치의 성과·개선사항 등 검토

■ 2025년도 예산안 편성 내역

(단위: 백만 원)

내내역사업	내용	비목	예산안
민선 지방자치 30주년 기념식	기념식 개최 용역	일반용역비	150
	합계		150
민선 지방자치 평가 연구용역	민선 지방자치 30년 평가 연구용역 실시	일반연구비	200
	합계		200
민선 지방자치 컨퍼런스(국제)	민선 지방자치 컨퍼런스 임차	임차료	20
	민선 지방자치 컨퍼런스 용역	일반용역비	260
	민선 지방자치 컨퍼런스 관련 출장여비	국내여비	8.5
	민선 지방자치 컨퍼런스 간담회 등	업무추진비	8.5
	합계		297
민선 지방자치 30주년 홍보	민선 지방자치 30주년 홍보 비용	일반수용비	103
	합계		103

※ 자료: 행정안전부 자료 재구성

□ 그런데, 동 사업은 '지자체경쟁력지원' 사업의 타 내역사업인 '지방자치 및 균형발전의 날' 사업과 유사·중복되는 측면이 있어 보이므로, '지방자치 및 균형발전의 날' 사업 예산을 활용하거나 이와 연계하여 사업을 추진하는 방안이 효율적일 것으로 보임.

□ '지방자치 및 균형발전의 날' 내역사업은 대통령령인 「각종 기념일 등에 관한 규정」에 따른 지방자치 및 균형발전의 날(10.29)을 기념하기 위한 '대한민국 지방시대 엑스포' 행사를 추진하기 위한 사업으로, 2025년 예산안에는 2024년 예산 3억 1,200만 원보다 2,200만 원 감액된 2억 9,000만 원이 편성되어 있음.

['지방자치 및 균형발전의 날' 내역사업 예산안 편성 세부내역]

(단위: 백만 원)

구분	2023		2024('24.9월말)		2025 예산안
	예산액	집행액	예산액	집행액	
계	291	290	312	50	290
일반수용비(210-01)	-	-	20	20	20
일반용역비(210-14)	291	290	262	-	240
기타운영비(210-16)	-	-	30	30	30

※ 자료: 행정안전부 자료 재구성

□ '대한민국 지방시대 엑스포'는 정부의 지방정책과 균형발전을 홍보하고 우수사례를 공유하기 위하여 지방시대위원회, 행정안전부, 산업통상자원부, 지방자치단체 등이 주최하는 박람회로, 2022년부터 기존의 균형발전박람회와 지방자치박람회를 통합하여 개최 중임.

2023년 제2회 지방시대 엑스포에서는 ① 지방자치·균형발전의 날 기념식, ② 관계부처, 지방자치단체, 기업 등이 참여하는 전시회 및 ③ 분야별 전문가, 공무원, 주민 등 다양한 구성원이 참여하는 부대행사 등이 진행되었으며, 행정안전부는 2024년 및 2025년 행사도 이와 유사하게 치러질 것이라는 설명임.

['2023 대한민국 지방시대 엑스포' 행사 개요]

■ 행사 개요

  ○ (목적) 정부의 지방정책과 균형발전 홍보 및 우수사례 공유

  ○ (시기) 2023.11.1.(수) ~ 11.3.(금), 3일간

  ○ (장소) 대전컨벤션센터

  ○ (주최) 지방시대위원회, 행안부·산자부 등 정부부처, 17개 시·도 등

  ○ (주관) (개최시)대전광역시, (총괄)한국산업기술진흥원, 한국생산성본부 등

■ 주요 행사

　○ (기념식) 지방시대 엑스포 및 지방자치·균형발전의 날 기념 행사

　　- 주요 전시관 관람, 지방자치발전 등 유공자 포상

　○ (전시회) 지방자치, 지역인재, 지역활성화 등을 주제로 한 전시 기획

　　- 지방시대위원회, 관계부처, 지자체 등이 우수사례, 정책 등 콘텐츠 전시

　○ (부대행사) 지방자치, 지역인재, 지역활성화 세션으로 구분된 체험·참여 행사

　　- 관계부처 및 기관이 주관하는 성과보고회, 컨퍼런스, 간담회 등

■ 주요 행사 일정

주요 행사		11.1(수)	11.2(목)	11.3(금)
① 엑스포 및 지방자치·균형발전의 날 기념식			O	
② 전시회		O	O	O
③ 부대행사	부처참여행사	O	O	
	주관기관행사	O	O	O

※ 자료: 행정안전부 자료 재구성

□ 「2025년 예산안 편성 및 기금운용계획안 작성 세부지침」은 행사계획서를 작성함에 있어 다른 행사와의 유사중복 및 경합 여부, 개최시기 등을 사전검토에 검토하도록 하고 있으므로[28], '민선지방자치 30주년 기념사업' 내 행사 중 '지방자치 및 균형발전의 날' 행사와 유사·중복되는 사항을 검토한 뒤 유사·중복되는 예산안을 감액할 필요가 있어 보임.

□ 첫째, 지방자치·균형발전의 날 기념식의 개최 시기[29], 목적은 '민선 지방자치 30주년 기념'

---

28) 기획재정부, 「2025년도 예산안 편성 및 기금운용계획안 작성 세부지침」, p78
29) 행정안전부는 지방자치 및 균형발전의 날과 비슷한 시기에 민선 지방자치 30주년 기념식을 개최할 예정이라는 입장임.

사업 내역사업의 민선 지방자치 30주년 기념식과 유사한 것으로 보임.

☐ 따라서, 이와 별도로 30주년기념사업을 진행하기보다 '지방시대 엑스포' 행사와 연계하여 추진하여 예산을 효율적으로 집행하는 것이 타당해 보이며, 30주년 기념식 추진을 위해 편성된 1억 5,000만 원의 예산은 합리적인 범위 내에서 조정이 필요해 보임.

☐ 둘째, '2023년 지방시대 엑스포'의 부대행사에서 자치분권컨퍼런스, 지방4대협의체 컨퍼런스 등 지방분권 및 지방자치와 관련된 컨퍼런스를 진행하고 있음.

☐ 따라서, '민선 지방자치 30주년 기념' 사업 내역사업의 '민선 지방자치 컨퍼런스'도 '지방자치 및 균형발전의 날' 사업과 연계하여 추진할 필요가 있어 보이며, 이때 '민선 지방자치 컨퍼런스' 명목으로 편성된 2억 9,700만 원의 예산을 절감하여 사업을 내실화할 수 있는 방안을 모색하기 위해 노력하여야 할 것임.

[지방자치 관련 사업 2025년도 예산안 편성 현황]

연도	컨퍼런스 내용	주최
2023	자치분권 컨퍼런스 - 지방분권 강화방안 발표 및 자유토론	행정안전부
2023	자치경찰 컨퍼런스	행정안전부
2023	지방 4대 협의체 컨퍼런스 및 간담회 - 지방분권 정책, 「지방의회법안」 등	지방시대위원회
2024 (예정)	지방자치 컨퍼런스	행정안전부
2024 (예정)	지방자치·지방의회 컨퍼런스	지방4대협의회

※ 자료: 행정안전부 자료 재구성

□ 행정안전부는 2024년 10월 기준 '민선 지방자치 30주년 기념' 사업의 구체적인 추진 계획이 입안되지는 않았으나, 2024년 4월 '민선 지방자치 30주년 기념사업 추진위원회'를 구성하여 세부사항에 대하여 논의 중이며, 이에 대해 민간위원 중심으로 구성된 '민선 지방자치 30주년 자문위원회('24.6 구성)'의 자문을 받아 사업 내용을 구체화하고 있다는 설명임.

□ 향후 행정안전부는 조속히 구체적인 사업계획을 수립하되, 기존에 추진하던 사업과 민선지방자치30주년기념사업을 연계하여 추진함으로써 예산을 절감할 수 있도록 노력하여야 할 것임.

□ 참고로, 행정안전부는 민선지방자치 10주년 및 20주년 기념사업의 경우 별도의 예산을 편성하지 않고 예비비를 집행하여 추진하였는데, 10주년은 1억 6,700만 원, 20주년은 1억 4,200만 원을 집행하였음.

[민선 지방자치 10주년 및 20주년 기념사업 예산 집행 내역]

(단위: 백만 원)

사업연도	예산편성내역	사업내용	예산집행내역
2005 (10주년)	-	민선 지방자치 10년 평가	152
		민선 지방자치 10년 에세이집 발간	15
		합계	163
2015 (20주년)	-	지방자치 20년 대토론회 행사 (제3회 지방자치박람회 시 운영)	20
		민선 지방자치 20년 평가 연구용역[30]	93
		20년 홍보 포스터, 동영상, 브로셔 제작	29
		합계	142

※ 자료: 행정안전부 자료 재구성

---

30) 기존 행정안전부 연구용역비 93백만 원에, 행정안전부의 지방행정연구원 수탁 정책연구과제 일부를 활용하는 방식으로 연구비 150백만 원 추가확보

제2수 愁 우리 집 살림살이(1)

민선 지방자치 30주년 기념 사업을 보면 환갑잔치가 생각난다. 옛날 어르신들은 60세가 되는 생일날에 친지들을 초대하여 축하하는 모임을 가졌다. 하지만 최근에 환갑잔치를 한다는 이야기를 들은 적이 없다. 환갑이 되더라도 가족들이 모여 보통의 생일날과 큰 차이가 없는 모임을 한다. 왜 일까? 숫자가 큰 의미가 없기 때문이다. 환갑이 보통의 생일날과 비교하여 큰 차별성이 없기 때문이다. 우리나라의 민선 지방자치가 30주년이 되었다고 특별한 예산을 투입하여 국제 행사까지 해야 할까? 예산분석가는 어떻게 이에 대한 답을 할 수 있을까? 환갑잔치를 해야 하는지 그렇지 않은지를 스스로에게 물어 보면 답을 알 수 있다. 이것이 바로 우리 집 살림살이로 예산을 분석하는 것이다.

평화 배당금 peace dividend

평화 배당금이란 국가 안보상의 긴장이 완화됨에 따라 군비를 축소해 경제발전과 복지분야로 돌릴 수 있는 이익금을 말한다(《고령화시대의 경제학》 p.177). 병조판서 이이와 같은 당파인 짝수당의 신료들이 함부로 나서서 10만 양병을 지지하지 못한 것은 그 만큼 평화가 주는 가치 즉, **평화배당금**이 엄청나기 때문이다.

남북 간 평화정착 더 나아가 통일을 이룰 수 있다면 우리가 얻을 수 있는 평화 배당금은 얼마나 될까? 물질적·정신적 측면을 모두 고려한다면 무한에 이를 것이다. 서울의 경쟁력은 얼마나 상승할까? 무한으로 상승할 것이다. 그렇다고 아무런 준비 없이 통일을 하자는 것은 아니다. 자칫 잘못하면 재앙이 될 수도 있기 때문이다. 분단에서 통일로 가는 길을 도약의 발판으로 만드는 길을 찾아내야 한다. 예산분석을 포함하여 그 어떤 분야를 공부하든 항상 대한의 젊은이들은 분단과 통일이라는 주제를 잊어서는 안된다.

▎에필로그 Epilogue

　선보 황제는 어린 시절 궁 밖에서 살았다. 사실상 외톨이였다. 누구도 그가 황제 자리에 오를 것이라고 생각하지 않았기에 찾아오는 이도 없었고 주목받지도 못했다. 하지만 단 한 사람, 어머니는 달랐다. 꺼져 가는 선보의 잠재력을 타오르게 한 분은 바로 어머니였다.

　"기회를 주고 안 주고는 하늘의 몫이지만, 기회가 왔을 때 잡느냐 못 잡느냐는 오롯이 너의 몫이다."

제3수

우리 집 살림살이(2)

守

지킬 · 수

守자는 '지키다'나 '다스리다'라는 뜻을 가진 글자이다. 守자는 宀(집 면)자와 寸(마디 촌)자가 결합한 모습이다. 寸자는 又(또 우)자에 점을 찍은 것으로 '법도'라는 뜻을 갖고 있다. 금문에 나온 守자를 보면 집안에 寸자가  그려져 있었다. 마치 손톱을 날카롭게 세운 듯한 모습이다. 이것은 집을 '지킨다.'라는 뜻을 표현한 것이다. 그래서 守자는 본래 '보호하다'나 '지키다'라는 뜻으로 쓰였었다. 그러나 후에 寸자가 가지고 있는 '법도'라는 의미가 확대되면서 '다스리다'라는 뜻도 갖게 되었다.

출처 : 네이버 한자사전, [한자로드(路)] 신동윤

예나 지금이나 자기 집안, 자기 나라를 지킬 힘이 없으면
호시탐탐 노리는 도적들의 먹이감이 되기 십상이다.

제3수 守 우리 집 살림살이(2)

| 예결산 분석의 수 |

지킬 · 수

　선보 황제는 다음 날 신시(申時)에 홀수당의 영수인 영의정 삼삼을 따로 불러 반대하는 이유를 물었다.

　"폐하, 이이의 주장은 말도 되지 않는 어불성설(語不成說) 이옵니다. 절대 현혹되시지 마십시오. 그 **정치적 의도**가 매우 불경스럽습니다."
　영의정 삼삼의 답은 단호했다.

　"짐도 처음에는 말도 되지 않는다, 현혹되면 안 되겠다, 정치적 의도가 무엇일까를 생각해 보았는데 말이요. 곰곰이 생각하다가 이런 이야기가 떠오르지 않겠소. 자기 집 주변에 도적이 들끓어서 도적들이 언제 들이닥칠지 모르는 상황이 되가는 거요. 가만히 보니 이 도적놈들이 얼씬도 못하게 하기 위해서는 10명의 무사가 필요하다 이 말이지요. 이런 경우 어떻게 해야 한다고 생각하시오?"

　황제의 뜻을 간파한 삼삼은 굽은 허리를 더 굽히고 우물쭈물 거렸다.

　"답하라! 가만히 앉아서 도적이 들어와 다 털어가도록 둘 것인지, 아니면 10명의 무사를 고용하여 지킬 것인지!"

　선보 황제의 우렁찬 말이 천장을 치고 내려와 굽은 삼삼의 등에 내리꽂혔다.

　제3수에서 예산을 보는 황제 선보와 영의정 삼삼의 시각 차이는 무엇일까? 왜 선보 황제는 "폐하, 이이의 주장은 말도 되지 않는 어불성설(語不成說) 이옵니다. 절대 현혹되시지 마십시오. 그 **정치적 의도**가 매우 불경스럽습니다."라는 삼삼의 말에 진노했을까?

1장 정치로서의 예산 vs. 실용으로서의 예산

정치라는 말은 긍정과 부정의 의미를 동시에 함축하고 있다.[31] 불행하게도 예산분석과 관련해서는 부정의 의미가 긍정의 의미보다 강하다. 삼삼의 말은 옳고 그름을 떠나 현실이다. 인간은 정치적 동물이다. 인간의 모든 행동은 정치적이다. 모든 것은 정치 앞에 무력하다. 예산도 예외가 아니다. 예산은 오히려 더 무력하다. 예산은 정치 그 자체 혹은 그 이상이다. 내버려 두면 예산의 정치화는 극에 달할 것이다.

그렇다면 **예산의 정치화**란 무엇일까?

수많은 이해관계자들이 밀어 닥친다. 아우성친다. 그러나 예산은 한정되어 있다. 그러니 어쩌랴. 민첩한 강자가 많이 가져가고 아둔한 약자가 적게 가져갈 밖에……. 올해 예산안 심사 끝.

삼삼이 말한 정치적 의도란 병조 판서 이이가 군권을 강화해서 자신의 당파 이익을 보다 강하게 밀어붙이려 하는 것을 말하는 것이다. 결국 이이는 왕권을 능가하는 권한을 가지게 될 것이니 그 정치적 의도가 불경스럽다는 말을 황제에게 아뢰는 것이다. 예산의 정치화를 막아야 하는 임무는 연약한 예산분석가의 몫이다. 선보 황제는 지금 그걸 하려고 하고 있다. 예산을 정치의 장에서 끄집어내려 하는 것이다. 예산을 정치의 족쇄에서 해방시키는 일은 과연 성공할 수 있을 것인가?

여기서 정치의 시각과 대비되는 말은 무엇일까? 그것이 바로 **실용**이다. 실용의 시각으로 보면 그동안 안 보이던 것이 보이기 시작한다. 격식보다 실리, 지식보다 지혜, 외면보다

---

[31] 정치의 긍정적 측면과 부정적 측면을 설명하자면 족히 책 한 권 정도는 필요할 것 같다. 이 책이 전자가 후자를 압도하는 데 작은 도움이 되기를 바라본다.

내면 등이 보이기 시작한다. 예산을 실용으로 보는 출발점은 예산을 우리 집 살림살이로 보는 것이다. 다음의 글을 통해 연암 박지원을 만나보자.

> "글을 읽고서 실용을 모를진대 그것은 학문이 아니다. 학문이 귀한 것은 그의 실용에 있으니, 부질없이 인간의 본성이니, 운명이니 하고 떠들어대고 이와 기를 가지고 승강질 하면서 제 고집만 부리는 것은 학문에 유해롭다."
>
> 오래된 성리학의 폐해를 날카롭게 지적하는 글이다. 사대부라는 자들이 이가 먼저냐, 기가 먼저냐 하며 불꽃을 튀며 싸움질 할 때 백성들은 처참한 생활을 하고 있었다는 사실을 상기시키고 있다.
>
> "그것이 백성들에게 유익하고, 국가에 유용할 때에는 비록 그 법이 오랑캐로부터 나왔다 할지라도 주저 없이 배워야 하며 다른 사람이 열 가지를 배울 때에는 우리는 백 가지를 배워, 무엇보다도 먼저 우리나라 백성들에게 이익을 주어야 한다."
>
> (중략)
>
> 그래서 조선인이 청조 문물을 관찰하는 일반적인 태도를 반성하며 오망을 들어 기록했다. 즉 자신의 문벌을 뽐내는 것, 상투를 지닌 의관을 뽐내는 것, 거만하고 무례하게 행동하는 것, 중국에 문장이 없다고 헐뜯는 것, 청조에 복속하는 한인을 보고는 강개한 선비가 없다고 탄식하는 것 등을 예로 들었다. 이는 만주족 청조에 대한 저항감 때문에 그들을 경멸하려는 주관적이고 감정적인 선입관에 사로잡힌 것으로 그들의 현실을 객관적으로 인식할 수 있는 지각을 스스로 막아버리고 있는 것이라고 지적한 것이다.

《조선의 글쟁이들》문효

실용의 눈으로 보아야 벗어날 수 있다. 지긋지긋한 '편견'에서, 숨 막히는 '지역'에서, 제 발등 찍는 '이념'에서, 확인할 수 없는 '과거'에서, 지지리도 못난 '나'에서 벗어날 수 있다. 그래야 논쟁이 구심점을 찾고 생산적 대안을 찾는 참 정치를 이룰 수 있다. 그래야 말로만 외우던 인본주의, 민본주의를 구현할 수 있다. 인(人)과 민(民) 위에 그 누구도 존(存)할 수 없다. 예산분석가들이 역사에 죄를 짓지 않는 길, 그 출발은 실용이다.

2장 기회비용으로서의 예산(1): 선택→정책조합

　기회비용(Opportunity Cost)이란 어떤 선택으로 인해 포기된 기회들 가운데 가장 큰 가치를 갖는 기회 자체 또는 그러한 기회가 갖는 가치를 말한다. 시간, 돈, 능력 등 주어진 자원이 제한적인 상황에서 인간은 다양한 기회 모두를 선택할 수 없다. 어떤 기회의 선택은 곧 나머지 기회들에 대한 포기를 의미한다.[32] 예산이 무한하지 않고 한정되어 있다는 점을 분명히 알려주는 개념이 기회비용이다. 예산분석의 주요 전제 중 하나는 기회비용의 시각으로 예산을 분석해야 한다는 점이다. 아래의 사례를 통해 의미를 보다 분명히 알아보도록 하자.

> 　테미스토클레스와 그에게 동의하지 않는 온건파의 진짜 대결은 2년 후에 찾아온다. 그 무렵 아테네와 가까운 라우리온에서 발견된 은 광산에서 생긴 수익을 어떻게 사용할지를 둘러싸고 갈등이 표면화 되었다.
> 　42세가 된 테미스토클레스는 당연하다는 듯이 새로운 군선 200척을 건조하는 데 전액을 사용해야 한다고 주장했다. 테미스토클레스보다 6년 연상으로 그때까지 젊은 크산티포스에게 당파를 맡기고 뒤로 물러나 있던 아리스티데스는 크산티포스가 도편추방으로 추방되자 표면에 나서지 않을 수 없었다. 그의 주장은 라우리온의 은 광산에서 생긴 수익을 아테네의 모든 시민에게 분배해서 시민의 생활이 향상되도록 해야 한다는 것이었다.
> 　테미스토클레스는 자기와 아리스티데스의 의견 가운데 어느 쪽이 더 좋은지에 대한 선택을 시민집회에서 결정하지 않고 도편추방에 회부했다. 아리스티데스의 생각이 시민집회에서 부결되어도 그만이었지만 도편추방이라면 아리스티데스를 제거할 수도 있었기

---

[32] 기회비용의 개념을 재미있게 이해하고자 하는 분들에게 네이버 지식백과, 《상식으로 보는 세상의 법칙: 경제편》과 경제학 주요개념 《선택에 따른 기회비용》을 권한다.

> 때문이다. 도편을 이용한 투표 결과 추방된 인물은 오히려 시민들이 좋아할 만한 내용을 주장한 아리스티데스였다. 기원전 482년은 이집트의 반란을 모두 제압한 페르시아 왕 크세르크세스가 공공연하게 그리스 공격을 준비하던 시기였다. 마침내 아테네 시민들도 테미스토클레스의 말에 진지하게 귀 기울이게 되었는지 모른다.

《그리스인 이야기》1권 시오노 나나미

1차 페르시아 전쟁(기원전 492-490)과 2차 페르시아 전쟁(기원전 480-479) 사이에는 10년의 기간이 있다. 마라톤 전투에서 승리한 후 아테네는 강경파와 온건파로 나뉘게 되고 양자의 갈등은 라우리온에서 발견된 은 광산에서 생긴 수익을 어떻게 사용할지를 둘러싸고 갈등이 표면화 된다. 강경파인 테미스토클래스는 새로운 군선 200척을 건조하는 데 전액을 사용해야 한다고 주장했고, 온건파인 아리스티데스는 아테네의 모든 시민에게 분배해서 시민의 생활이 향상되도록 해야 한다는 것이었다. 결국 테미스토클레스의 안이 채택되어 살라미스 해전을 통해 2차 페르시아 전쟁을 승리로 이끌어 낼 수 있었던 것이다. 지도자의 선견지명의 중요성이야 두말할 것이 없지만 결국 최종 선택은 일반 국민들이 하는 것이 민주주의다. 우리는 어느 것이 옳았던 선택이었는지를 역사를 통해 추론할 수 있지만 당시 불확실한 미래를 위해 무엇이 더 옳은지를 선택해야 했던 아테네 시민들에게는 너무나 어려운 선택이었을 것이다. 전쟁으로 피폐해진 민생을 살리기 위해 현금을 지급하는 것은 경제의 활력을 살려 다가올 전쟁을 승리로 이끌었을 수도 있을 것이다. 또한 전쟁이 발발하지 않았다면 군선 200척은 하등 쓸모 없는 것이 될 것이니 말이다. 그래도 위의 글을 읽으면서 오늘날 우리에게 묻고 싶은 것이 있었다.

"우리는 유사한 상황에서 현금 배당의 유혹을 뿌리칠 수 있을까?"

예산분석의 주제로 돌아와 보자. 예산분석에서 분명히 해 두어야 할 점은 예산은 기회비용의 반영이라는 점이다. 즉, 예산은 선택이다. 선택은 포기라는 아픔을 동반한다. 예산안에서 예산으로 더 이상 나아가지 못한 사업이 바로 기회비용이다. 결국 기회비용은 한정된 자원을 어떻게 배분하느냐의 문제라고 하겠다. 위의 사례에서 군선 제작은 아테네 시민에게 현금 지급을 기회비용으로 하는 것이고, 아테네 시민에게 현금 지급은 군선 제작을 기회비용으로 하는 것이다. 예산분석가는 보이는 비용뿐만 아니라 보이지 않는 기회비용을 볼 줄 알아야 한다. 그래야 예산에 반영된 선택이 바람직한 것인지를 보다 본질적으로 파고들 수 있기 때문이다.

기회비용을 통한 비교가 예산분석에서 반드시 거쳐야 하는 과정임을 '민생회복지원금' 사례에 관한 다음의 신문기사를 통해 살펴보도록 하자.

> 더불어민주당이 4·10총선 때 공약했던 '민생회복지원금'을 22대 국회가 열리자마자 처리하기로 했습니다. 지역화폐 형태로 1인당 25만 원씩 주고 기초생활 수급자와 취약계층엔 10만 원을 더 지급하는 방식입니다. 약 13조 원이 든다고 합니다.
> '13조 원'. 얼마나 큰 돈인지 잘 와닿지 않습니다. 보건복지부 2024년도 예산·기금 운용계획 등 각 부처 자료를 참고해서 13조 원으로 할 수 있는 게 뭔지 따져봤습니다.
>
> **출생아 23만 명에게 5,000만 원씩 줄 수 있습니다.**
> **저소득층 긴급복지 지원금을 36배로 늘릴 수 있습니다.**
> **코로나19 때 '게임 체인저'였던 메신저리보핵산(mRNA) 백신 기술을 국산화할 수 있습니다. 그러고도 11조 4,000억 원이 남습니다.**
> **'간병 살인' 부르는 간병비를 전액 국가가 책임지고도 거스름돈이 3조 원 남습니다.**
>
> 즉, 전 국민에 25만 원을 주는 게 정당화되려면 위에 나열한 용처보다 더 시급하고 효

> 과도 크다는 걸 입증해야 합니다. 과연 그런 효과를 확신할 수 있는지, 국회가 더 서둘러야 할 일이 있는 게 아닌지 살펴봤습니다. (이하 생략)

'전국민 25만 원'으로 할 수 있는 것들[복지의 조건], 동아일보, 2024.5.28

아마도 신문기사는 민생회복지원금에 관해 비판적인 시각에서 기회비용의 개념을 활용한 것으로 보인다. 하지만 예산분석에 있어서 기회비용은 당연히 거쳐야 하는 출발점이자 결승점이라고 하겠다. 위 기사에 따르면 민생회복지원금을 위한 예산 13조 원은 다음 사업과 비교대상이 되었다.

- 출생아 23만 명에게 5,000만 원씩 줄 수 있습니다.
- 저소득층 긴급복지 지원금을 36배로 늘릴 수 있습니다.
- 코로나19 때 '게임 체인저'였던 메신저리보핵산(mRNA) 백신 기술을 국산화할 수 있습니다. 그러고도 11조 4,000억 원이 남습니다.
- '간병 살인' 부르는 간병비를 전액 국가가 책임지고도 거스름돈이 3조 원 남습니다.

이 중 어느 사업을 선택하여야 할 것인가? 그 선택의 기준은 무엇일까? 개인마다 상당히 다른 견해를 가지고 있을 것으로 보인다. 만약 나에게 고르라고 하면 우선 백신 기술을 국산화하고 11조 4,000억 원을 가지고 다른 사업에 쓰고 싶다. 전쟁이든 전염병이든 국민들의 삶을 뒤흔들 수 있는 불확실성에 우선적으로 대처하고 난 후 여유분으로 다소 시급성이 떨어지는 사업을 추진하는 것이 바람직할 것이기 때문이다. 여기서 우리가 반드시 알아두어야 할 점은 기회비용의 개념이 둘 중 하나를 선택하라고 강요하는 듯하지만 실제로는 우리에게 **정책조합**을 통해 참의 값을 선택할 수 있다는 점이다. 기회비용은 선택에는 양자택일만 있는 것이 아니라 정책조합에 있다는 것을 알려준다. 물론 어설픈 정책조합은 최악의 결과를 초래할 수도 있음을 주의해야 한다. 예를 들어, 좋은게 좋은 거라고 쉽게 타협(예: 군선 100척 그리고 나머지 분배)하다가 전쟁에서도 지고 국민의 민생도 그다지 나아지지 않을 수도 있는 것이다.

기회비용의 개념을 '편의시설 조성' 사업이라는 좀더 구체적인 상황으로 끌고 가보자.

'**편의시설 조성**' 사업은 일반국도 구간에 경관쉼터·졸음쉼터·복합쉼터 설치를 통해 지역 관광시설을 확대하고 교통사고 예방을 위한 도로이용자 편의시설을 조성하는 신규 세부사업임.

2020년도 예산안은 288억 3,700만 원으로, 스마트 복합쉼터 5개소 조성을 위한 사업비 100억 원, 졸음쉼터 10개소 설치 및 10개소 개선을 위한 조성사업비 150억 원, 경관쉼터 9개소 조성사업비 23억 원이 편성되었고, 사업지원비로 15억 3,700만 원이 편성되었음.

【2020년도 편의시설 조성 예산안】

(단위: 백만 원)

구분	2018 결산	2019 예산 본예산	추경(A)	2020 예산안(B)	증감 (B-A)
편의시설 조성	-	-	-	28,837	순증
• 공사비	-	-	-	27,300	
- 스마트 복합쉼터	-	-	-	10,000	
- 졸음쉼터	-	-	-	15,000	
- 경관쉼터·구조물조성	-	-	-	2,300	
• 사업지원비	-	-	-	1,537	

2020년에는 기존 도로유지보수 및 도로안전 및 환경개선 사업으로 수행해오던 졸음쉼터와 경관쉼터 조성사업을 동 세부사업으로 편성하여 수행하고, 신규 사업으로 스마트 기술을 접목한 복합쉼터 조성 사업을 수행할 예정임.

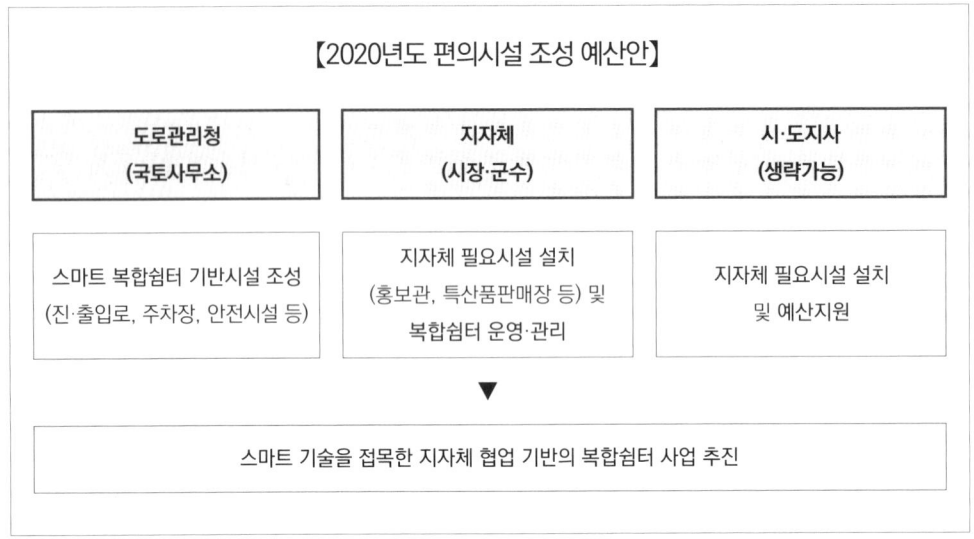

앞의 사업 내용을 통해 예산분석가는 아래의 순서로 사업을 분석해 들어가야 한다.

1) 편의시설 조성 사업은 신규 세부사업이고 동 세부사업 중 '스마트 복합쉼터' 내역사업이 **신규사업**이라는 점에서 **돋보기**에 의해 중점 분석대상사업으로 잡아 낼 수 있어야 한다.

2) 단순 신규사업인지 시범사업인지 여부를 확인하고 시범사업으로 운영하는 것이 바람직한지 여부를 분석해야 한다. 신규사업이 처음으로 예산안에 들어온 사업이라는 의미라면, 시범사업은 예산안에 조건부로 들어와 있는 신규사업이다. 일단 한 번 사업을 진행해 보고 철저한 평가를 거쳐 사업의 계속, 중단, 수정 등을 고려하겠다는 잠정적 사업이다.

시·군·구 또는 읍·면·동 마다 「1촌 1명품 개발사업」을 추진한다고 하자. 이 경우 모든 지역에 1개씩 사업을 추진하게 되면 주먹구구식 사업 추진으로 엉망진창이 될 것이고 당연히 예산은 낭비될 가능성이 크다. 어떻게 해야 할까? 시범사업으로 먼저 2~3개 지역, 2~3년간 추진하여 당해 사업을 평가하고 그 결과를 반영하여 사업의 추진전략, 규모, 방향 등을 결정한 후 본격적인 사업으로 추진하자는 것이 바로 시범사업의 논리다.

주의할 점은 시범사업이 무늬만 시범사업이 아니라 진정한 의미의 시범사업이 되기 위해서는 성과평가라는 혹독한 검증 절차를 거쳐야 한다는 점이다. 시범사업에 대한 평가 없이 본사업을 시행하기 위해 예산을 편성하면 반드시 평가결과를 제출하라고 해야 한다.

'**성과평가** 없이 더 이상의 예산 지원은 없다.'

3) 다음으로 '스마트 복합쉼터' 사업의 기회비용이 되는 사업을 찾아야 한다. 동 사례에서는 졸음쉼터 사업이 기회비용 사업임을 비교적 쉽게 알 수 있으나 통상 보이지 않는 경우가 많으므로 숨은 그림 찾듯이 찬찬히 찾아내야 한다. 그래야 양자 간에 비교가 가능해지고 어떤 사업의 선택이, 다른 어떤 사업의 포기가 적절한 것인지를 분석할 수 있는 것이다. 기회비용을 알아보기 위해 양자의 공사비를 **현미경**(현미경의 구체적 의미는 제4막에서 살펴보자. 여기서는 성능이 많이 떨어지는 현미경을 사용했음을 밝혀둔다)으로 비교해 보면 다음과 같다.

【스마트복합쉼터·졸음쉼터 개소별 조성예산 산출근거】

구분	예산	산출근거	구분	예산	산출근거
복합쉼터 공사비	2,000		졸음쉼터 공사비	1,000	
- 배수로 공사	300	인건비×200백만 원 +재료비×100백만 원	- 배수로 공사	150	인건비×100백만 원 +재료비×50백만 원
- 포장 공사	150	인건비×50백만 원 +재료비×100백만 원	- 포장 공사	100	인건비×40백만 원 +재료비×60백만 원
- 교통안전시설 공사	150	인건비×60백만 원 +재료비×90백만 원	- 교통안전시설 공사	100	인건비×40백만 원 +재료비×60백만 원
- 구조물 공사	900	인건비×450백만 원 +재료비×450백만 원	- 구조물 공사	650	인건비×350백만 원 +재료비×300백만 원
- 스마트기술 접목 시설 설치	500	스마트 주차장 등 스마트시설 1개소 ×500백만 원			

조성비용을 중심으로 기회비용을 살펴보면, 스마트복합쉼터 사업(20억)이 졸음쉼터 사업(10억)보다 2배 높다는 것을 알 수 있다. 과도한 단순화임을 인정하지만 효과 또는 성과 측면에서 2배 이상이 나와야 기회비용 측면에서 스마트복합쉼터 사업은 예산 사업으로 자격을 취득할 수 있게 될 것이다.

참고로, 편의시설 조성 관련 전문위원 검토보고서를 살펴보도록 하자.[33]

> 국토교통부가 2020년부터 신규사업으로 추진하는 '스마트 복합쉼터'는 스마트휴지통, 스마트주차장 등 스마트 기술을 접목한 기반시설을 설치해 운전자 편의를 제고하고, 지역홍보관이나 특산품판매장 등 홍보·관광시설을 배치하여 지역경제 활성화를 도모하려는 취지로 일반국도 상에 조성되는 융·복합 쉼터임.
>
> 2020년도 예산안에는 5개 지방국토관리청 소관 지역에 각 1개소의 쉼터를 구축하기 위해 총 100억 원의 예산이 편성된 바, 주차장, 가로등 및 화장실 등 쉼터 필수시설은 국비(개소 당 20억 원 규모)로 구축하고, 홍보관·판매장 등 지자체 홍보시설은 지방비(개소 당 10억 원 규모)로 부담하는 방식임.
>
> 특히, 쉼터의 기능강화 및 관리 효율성 제고를 위해 개소별로 스마트가로등, 스마트주차장, 태양광 패널을 부착한 방음벽 등 약 5억 원 규모의 스마트시설을 설치할 계획임.
>
> 【스마트 복합쉼터에 설치될 스마트기술 접목 시설(안)】
>
> | 종류 | 개념 | 예상비용(원) | 시설별 효과 |
> |---|---|---|---|
> | 스마트 휴지통 | • 휴지통 상단에 센서를 부착하여, 적재량, 기울기, 화재발생유무 등 정보를 제공하여, 즉각 대응가능 | 7,500,000 - 1개당 150만 원 | ○ 쉼터 청결 유지 및 이용자 편의 제공
○ 또한, 효율적 관리가 가능하므로 관리비용을 절감할 수 있을 것으로 예상 |

33) 2020년도 국토교통부 소관 예산안 및 기금운용계획안 검토보고서 참조

종류	개념	예상비용(원)	시설별 효과
스마트 가로등	• 에너지 절감형 LED 조명 설치하고, 동작·음성 감지 센서를 통해 가로등 밝기를 조절 가능 * 복합쉼터 내 범죄예방을 위해 CCTV, 안내전광판 설치 가능	120,000,000 - 1개당 600만 원	◦ 전력 절약 및 이용자 안전 확보
스마트 주차장	• 주차 노면에 센서를 매설하여 주차상황을 파악하고, 졸음쉼터 안내표지판에 주차여유대수를 표출	48,000,000 - 센서 1개당 100만 원 - 전광판 1개당 600만 원	◦ 도로이용자에게 주차 정보를 사전에 제공함에 따라 이용자 만족도 제고 ◦ 또한, 주차면수를 미리 안내함으로써, 더욱 안전하게 쉼터 진입가능
기상 환경 정보 알림	• 쉼터 인근에 IOT 기반의 대기질 측정을 통한 미세먼지 정보, 기상·강우 정보 등 생활환경정보 안내	10,000,000 - 1개당 500만 원	◦ 기상정보를 제공함에 따라 이용자 만족도 제고
스마트 관광 안내	• 인근 관광지, 관광코스, 경로, 소요시간 등을 안내할 수 있는 키오스크 등 설치	5,000,000 - 1개당 250만 원	◦ 인근 관광지 등의 정보를 제공하여 이용자 만족도 제고, 지역 관광지 수요를 높여, 지역경제 활성화에 이바지
스마트 캐노피	• 차량용 캐노피에 태양광을 활용한 LED 조명을 부착하여 야간에 조명역할 수행	120,000,000 - 주차면 1개당 400만 원 * 일반차량 주차면 기준	◦ 전력 절약 및 친환경 에너지 활용
스마트 방음벽	• 쉼터 이용객의 편안한 휴식·수면 유도를 위한 방음벽에 태양광 패널을 부착하여 친환경 에너지활용	180,000,000 - 1m당 300만 원 * 높이 4m, 길이 60m 스마트 방음벽 적용	◦ 소음 예방을 통한 이용자 편의 제공 및 친환경 에너지 활용
전기차 충전소	• 전기차 이용자의 편의제고를 위해, 전기충전 인프라 구축 * 단, 환경부에서 무료로 설치와 운영관리 수행	40,000,000	◦ 국도에서도 전기차 충전을 위해 이동하는 거리·시간 단축에 따른 편의 제고 ◦ 전기차 이용자 편의제고에 따라 이용자 확대
WIFI Free Zone	• 쉼터 내 이용자 편의 제고를 위해 무료 Wifi 서비스 제공	110,000 - 매달 1개당 * 설치비용 포함	◦ 국민 통신비 약 146억 원 절감(`18년 고속도로 기준)

※ 자료: 국토교통부

다만, 2020년도 스마트 복합쉼터 조성사업 예산은 개략적인 조성공사 비용 및 스마트시설 도입비용을 산정하여 편성한 것으로, 2019년 10월 현재 구체적인 구축계획 및 비용이 확정되지 아니하였으므로, 교통사고 예방, 일반국도 이용자 편의제고 및 지역경제 활성화 등 사업 목적 달성을 위해서는 향후 면밀한 사업계획을 수립하여 추진할 필요가 있음.

이에 대해, 국토교통부는 예산안 편성을 위한 사전 수요조사 결과 총 48개 지방자치단체에서 동 사업 유치를 희망하였고[34], 2020년 3월까지 지자체 공모절차를 완료하여 개소별로 구체적인 사업계획을 확정하고 조성에 착수하겠다고 설명하고 있음.[35]

그러나, 구체적인 사업지 선정 및 계획 수립 과정에서 복합쉼터 예정지의 지형적 특성으로 인한 조성비용 증가 및 지역별 소요에 따른 추가 시설 도입 등 사업비 증액 소요가 발생할 가능성이 있는 바, 지자체 공모 시 면밀한 검토를 통해 한정된 예산의 범위 안에서 사업 추진이 원활히 이루어질 수 있도록 노력할 필요가 있음.

또한, 스마트시설의 이용자 편의제고 효과나 운영·관리 효율성 등은 위치, 통행량 등 개소별 특성에 따라 상이할 수 있고, 지역경제 활성화를 목적으로 한 일부 시설에 대해서는 지자체가 설치·운영하는 것이 적정한 측면이 있는 만큼, 구체적인 사업계획의 수립·검토 시에는 개소별로 설치될 스마트시설의 종류와 규모를 지역별 특성에 따라 효율적인 수준으로 조정할 필요가 있을 것으로 보임.

참고로, 동 세부사업 내 '졸음쉼터 조성' 사업의 경우 졸음사고 및 사망자수 감소 등 사업

---

34) 지방국토관리청별 희망 지자체 현황은 다음과 같음.

	서울청	원주청	대전청	익산청	부산청
수요현황	4	6	6	23	9

35) 국토교통부에 따르면 향후 사업 추진계획은 다음과 같음.

절차	추진일정(예정)
스마트 복합쉼터 시범사업 공모	'19. 11월 ~ '20. 2월
후보지 선정(지방청(5개소)별 3개소, 총 15개소)	'20. 2월
서면·현장평가(지방청별 1개소 선정)	'20. 3월
사업 착수	'20. 3월 ~

> 성과가 확인된 사업이고, 조성비용 역시 스마트복합쉼터의 50% 수준(개소당 10억 원)으로 산정되어 있음에도[36], 예산상의 제약으로 인해 사업물량을 5년간 50개소로 한정하여 추진하고 있는 상황임.

졸음쉼터 사업과 스마트 복합쉼터 사업 중 어떤 사업이 더 우선되어야 할까? 참고로, 다음 표에서 보는 바와 같이 고속도로에 졸음쉼터를 설치하기 전(2010년)과 설치 이후(2011 ~2018년)를 비교해 보면 졸음운전사고 건수는 11%, 사망자수는 약 33% 감소하였다.

구분	설치 전 (2010년)	설치 후 (2011~2018년 평균)	증감
졸음사고건수	497건	442건	△55건(△11%)
사망자수	120명	81명	△39명(△33%)

정확한 이유는 모르겠지만 왠지 외양에 신경 쓴 사업보다는 기본에 충실하고 본래의 목적을 위한 담백한 사업에 마음이 간다.

---

36) 국토교통부는 이에 대하여 복합쉼터가 졸음쉼터보다 주차면수(복합쉼터 : 25~30대, 졸음쉼터 : 10~15대)나 화장실 규모 등이 더 크고, 지자체 필요시설(홍보관, 특산품판매장) 등이 설치되므로 규모가 더 크기 때문에 더 많은 공사비가 필요하다는 설명임.

3장 기회비용으로서의 예산(2): 형평성

　기회비용으로서의 예산은 **형평성**에서 극적으로 발현된다. 네가 가지면 내가 가질 수 없고 내가 가지면 네가 가질 수 없는 상황이기 때문이다. 형평성을 최우선적으로 고려하면 사실상 어떤 정책도 제대로 추진할 수 없게 되고 형평성을 전혀 고려하지 않으면 강자의, 강자에 의한, 강자를 위한 세상이 되어버리고 말 것이다. 한강에 사람이 건널 수 있는 다리를 놓는 사업이 있다고 가정해 보자. 서울 사람들은 모두 자기 지역에 다리가 놓이기를 바랄 것이다. 이것은 본능이다. 형평성을 맞추기 위해서는 한강 전역에 다리를 놓든지 아니면 아예 다리를 놓지 않아야 한다. 결국 한강에는 사람이 건널 수 있는 다리가 하나도 없게 된다.

　다음의 **법학전문대학원 사례**를 통해 형평성에 다가가 보자.

〈사업 및 예산안 개요〉

□ '법학전문대학원 교육역량강화' 사업은 법학전문대학원 평가 지원, 법학전문대학원 재학생 취약계층 장학금 지원 등을 수행하는 사업으로, 2016년도 예산안은 53억 2,600만 원으로 전년예산(9억 3,600만 원) 대비 43억 9,000만 원(469%) 증가하였음.

〈2016년도 법학전문대학원 교육역량강화 사업 예산안 현황〉

(단위: 백만 원, %)

구분	2015예산 본예산(A)	2015예산 추경	2016 예산안(B)	증감 (B-A)	(B-A)/A
법학전문대학원 교육역량강화	936	936	5,326	4,390	469
리걸클리닉 지원	763	763	-	△763	△100.0
법학전문대학원 평가실시 지원	173	173	200	27	15.6
취약계층 장학금 지원	-	-	3,776	3,776	순증
취업교육 역량강화	-	-	1,350	1,350	순증

□ 동 사업의 증액 사유는 법학전문대학원 특별전형 재학생에게 장학금을 지원해주는 취약계층 장학금 지원 사업, 해외·국내 인턴십 프로그램을 지원해주는 취업교육 역량강화 사업이 신규 내역사업으로 편성되었기 때문임.

앞의 사업 내용을 통해 예산분석가는 아래의 순서로 사업을 분석해 들어가야 한다.

1) 법학전문대학원 교육역량 강화 세부사업은 증액사업, 그것도 469% 증액사업이므로 돋보기에 걸리지 않을 수 없다.

2) 동 세부사업의 내역사업으로 **취약계층 장학금 지원**과 **취업교육 역량강화 사업**이 **신규사업**이므로 돋보기에 의해 중점 분석대상사업의 목록에 오를 수밖에 없다.

3) 기회비용의 시각에서 볼 때 법학대학원에 대한 지원이 **다른 대학원과의 형평성** 측면에서 문제의 소지가 있는 것은 아닌지 분석해야 한다.

형평성은 계층, 지역, 세대 등을 통해 발현된다. 21세기의 **계층**은 가진 자와 가지지 못한 자 등 전통적 수준을 넘어선 다양한 분야에서의 구체적 개념이다. 예를 들어, 주택정책에서는 집이 있는 계층과 집이 없는 계층 간의 형평성 문제가 발생할 수 있다. **지역**은 수도권과 비수도권, 인구감소지역과 인구증가지역 등 다양한 기준으로 나눌 수 있다. 어느 지역에서 태어났냐는 것이 삶을 결정적으로 결정한다는 것은 문제가 있다. 지역의 형평성은 지역균형발전을 화두로 논의되고 있다. **세대**는 현재와 미래의 문제이자 투자와 소비의 문제다. 세대의 형평성은 지속가능성을 화두로 논의되고 있다.

형평성에 문제가 없다면 좋겠지만 우리 시대 대부분의 문제들은 형평성 측면에서 문제가 발생하기 마련이다. 이해관계가 쪼개져서 분절되었기 때문에 누군가에게 혜택이 가면 누군가에게는 불이익이 될 수밖에 없다. 더구나 기회비용의 시각으로 본다면 선택 자체가 형평성 문제를 초래할 수밖에 없다. 이러한 형평성의 문제가 있음에도 불구하고, 기회비용이 큼에도 불구하고 해야 한다면 그것은 무엇 때문일까? 나의 지적 한계로 인해 추상적 단어를 나열하는 수밖에 없겠다.

- 공익: 정의, 최대다수의 최대행복, 안보, 안전, 보안 등
- 빅파이(big pie): 경쟁력, 낙수효과 등
- 선순환: 일자리, 파급효과(spill over effect), 외부경제 등
- 사회적 약자: 필요(needs), 절규 등
- 미래: 현재의 희생, 인내, 투자 등

법학전문대학원생에 대한 지원은 형평성 측면에서 문제가 있는가? 없는가? 있다면 지원을 해야하는 이유는 무엇인가? 참고로, 법학전문대학원 교육역량강화 관련 **전문위원 검토보고서**를 살펴보면 다음과 같다.[37]

(1) 타 전문대학원과의 형평성 고려 필요
□ 취약계층 장학금 지원은 「법학전문대학원 설치·운영에 관한 법률」 및 동법 시행령[38]에 따라 선발되는 특별전형[39]학생에게 학교에서 직접 지급해주던 장학금을 국가가 지원해

---

37) 2016년도 예산결산특별위원회 예산안 및 기금운용계획안 검토보고서 참조
38) 「법학전문대학원 설치·운영에 관한 법률 시행령」제14조(입학전형의구분) ② 법 제23조제1항에 따른 특별전형은 법 제22조에 따른 학사학위를 취득한 자 중 법학전문대학원이 정하는 장애인 등 신체적 또는 경제적인 여건이 열악한 계층을 대상으로 학생을 선발하는 전형을 말한다.
39) 학교별로 특별전형 선발유형 및 기준이 상이하였으나, 2017학년도부터 공통기준 적용 예정

2017학년도 특별전형 선발기준

공통기준	자율기준
• 신체적 배려 대상 - 장애등급 6급 이상 • 경제적 배려 대상 - 기초생활보장법에 따른 수급가구 및 차상위가구 • 사회적 배려 대상 - 국가(독립)유공자 본인 또는 그 자녀(경제적 여건 고려)	선발유형별 자율기준 별도 마련

주는 사업임. 이는 법학전문대학원 제도의 안정적 정착에 이르기까지 취약계층 장학금 사업을 통해 서민층의 법조인 진출을 지원하여 법률서비스의 다양화, 전문화, 대중화에 기여함을 목적으로 함.

□ 기존 특별전형 장학금은 대학별로 학칙에 따라 지급되고 있으며, 2014학년도 기준 특별전형 대상 평균 장학금 지급률은 등록금 대비 90.1%이며, 지급률이 100%가 아닌 이유는 대학별 장학금 지급 기준에 미달하는 경우와 특별전형 학생이지만 소득분위가 높은 경우(신체적·사회적 배려대상자 중 소득분위가 높은 경우) 등에 기인함.

2014년도 특별전형 장학금 지급률 현황

(단위: %)

구분	특별전형 장학금 지급 현황	
	인원	금액
25개교 평균	94.2	90.1

□ 2016년도 예산안에 편성된 국비 장학금은 2015학년도 1학기 평균등록금을 기준으로 특별전형 인원의 약 60%(약 236명)를 지원할 수 있는 규모로서, 교육부는 구체적인 장학금 지원 계획을 마련 중에 있다고 함.

취약계층 장학금 지원 2016년도 예산안 편성 내역

(단위: 백만 원)

구분	2016년도 예산안	편성내역
취약계층 장학금 지원	3,776	236명(특별전형 학생 393명의 60%)× 평균16백만 원(국·공·사립 평균등록금)

□ **다만**, 동 사업을 추진하기에 앞서 다음 사항을 고려할 필요가 있음.

□ **첫째**, 법학전문대학원 외 다른 대학원 및 전문대학원과의 형평성을 고려할 필요가 있음. 타 대학원 및 전문대학원은 「고등교육법」 제34조[40]에 따라 특별전형으로 학생을 선발할 수 있으며, 특별전형의 실시 여부 및 특별전형의 내용 등은 대학의 장이 학칙에 규정함으로써 자체적으로 결정하고 있음.

□ 다만, 교육부는 타 대학원 및 전문대학원의 특별전형 학생을 대상으로 국가가 장학금을 지급하는 사례는 없다고 설명하며, 일부 전문대학원 지원 사업의 경우 연구과제에 대한 수당 지급(의과학자 양성사업)방식이거나, 학교지원 후 학교에서 자체적으로 장학금으로 활용할 수 있는 방식(산업전문인력 역량강화)으로, 해당 분야의 인력양성 등을 목적으로 한다는 특징이 있음.

□ 따라서, 별도의 인력양성 목적 외에 취약계층을 위한 장학금을 직접 지원하는 사례가 타 전문대학원에는 없다는 점을 고려하여 전문대학원 간의 형평성 등에 대한 신중한 접근이 필요함.

전문대학원 지원 사업 사례

구분	법학전문대학원 교육역량강화사업(교육부)	의과학자 양성사업(교육부)	산업전문인력 역량강화(산업부)
사업 목적	취약계층에 법전원 입학기회를 제공하여 서민법조인 양성	임상분야에 집중된 우수 의료인력이 의과학분야로 진출을 유도하기 위함	기술혁신을 주도할 이공계 인재 양성
지원 규모	(2016년 기준)37.7억 원 (236명*평균16,000천 원)	(2016년 기준)7.2억 원 (40명*평균18,000천 원)	(2015년 기준)교당 평균 10억 원
지원 대상	법학전문대학원 특별전형 학생	의학전문대학원 석·박사통합과정의 학생	전문대학원 및 일반대학원
비고	등록금 (1학년의 경우 입학금 포함)	등록금과 연구장학금 지급	지원규모의 33% 범위 내에서 장학금 지급 가능 (단, 학교에서 1:1 현금 부담 조건)

※ 자료: 교육부

---

40) 「고등교육법」 제34조(학생의 선발방법 등) ① 대학(산업대학·교육대학·전문대학 및 원격대학을 포함하며, 대학원대학은 제외한다)의 장은 제33조제1항에 따른 자격이 있는 사람 중에서 일반전형(一般銓衡)이나 특별전형에 의하여 입학을 허가할 학생을 선발한다.

□ 둘째, 기존 학교지급 장학금에 대한 활용방안을 마련할 필요가 있음. 기존에 학교가 특별전형 학생에게 지급해주던 장학금 부분을 단지 국가가 대신 지원해 주게 된다면 동 사업의 혜택이 학교에게 돌아갈 수 있음.

따라서 앞과 같은 사항을 고려하여 교육부는 법학전문대학원협의회 및 각 대학교와 긴밀한 협의를 통해 기존 학교지급 장학금 부분의 활용방안을 마련하여야 할 것임.

(2) 취업교육 역량강화사업 추진 신중 검토 필요

□ 동 사업은 법학전문대학원 인재들이 다양한 직역으로 진출할 수 있도록 글로벌·국내 인턴십 프로그램 운영을 지원하는 사업으로, 2016년도 예산안 13억 5,000만 원이며 글로벌 인턴십 10억 5,000만 원, 국내 인턴십 3억 원으로 편성되어 있음.

취업역량강화 사업 2016년도 예산안 편성내역

(단위: 백만 원)

구분	2016 예산안	편성내역
글로벌 인턴십 프로그램	1,050	(특별전형) 80명 × 7백만 원 = 560백만 원 ※ 특별전형 1,2학년 학생 240명 중 30% 지원(교당 평균 3.2명) (일반전형) 100명 × 4.9백만 원 = 490백만 원 ※ 일반전형 1,2학년 저소득층 학생 3,760명 중 2.5% 지원(교당 평균 4명)
		항공료, 체제비 지원
국내 인턴십 프로그램	300	(특별전형) 80명 × 2백만 원 = 160백만 원 ※ 특별전형 1,2학년 학생 240명 중 30% 지원(교당 평균 3.2명) (일반전형) 100명 × 1.4백만원 = 140백만 원 ※ 일반전형 1,2학년 저소득층 학생 3,760명 중 2.5% 지원(교당 평균 4명)
		인턴십 소요 비용 지원

※ 자료: 교육부

□ 교육부에 따르면 법학전문대학원 출범 이후 2012년부터 법학전문대학원 출신 변호사 배출 등으로 법조 인력이 증가됨에 따라 취업률이 저조(2014년 기준 69.1%)하게 나타나고

있어 취업역량 강화가 필요하며, 동 사업을 통해 글로벌 및 국내 현장인턴 기회를 제공하여 경력 및 진로 설계를 돕고 이를 통해 다양한 직역으로 진출할 수 있도록 지원할 계획이라 함.

법학전문대학원 취업률 현황

(단위: 명, %)

구분	2012년	2013년	2014년
총 정원	2,000	2,000	2,000
취업자	1,407	1,326	1,381
취업률	70.4	66.3	69.1

※ 자료: 교육부

□ 다만, 총 정원 대비 취업률이 아닌 합격인원 대비 취업률로 판단하면 2014년 기준 취업률이 89.1%(1,381명/1,550명)이므로 취업률이 낮다고 단순히 판단하기 어려움.

변호사시험 합격현황

(단위: 명, %)

구분	제1회(2012년)	제2회(2013년)	제3회(2014년)	제4회(2015년)
응시인원	1,665	2,046	2,292	2,561
합격인원	1,451	1,538	1,550	1,565
합격률	87.1	75.2	67.6	61.1

※ 자료: 교육부

□ 또한, 다른 대학원 및 전문대학원에서는 인턴십 프로그램을 국비로 지원하는 사례를 찾기 어렵다는 점 등을 고려하여 동 사업 추진의 타당성에 대해 신중한 접근이 필요함.

앞의 사례를 분석함에 있어서 법학전문대학원생의 경우 이미 학비가 비싸다는 것을 알고 입학했다는 점도 고려해야 한다. 또한, 법학전문대학원생에게 지원을 시작하게 되면 지원하지 않았던 처음으로 돌아가는 것은 어렵다. 이해관계가 생긴 것이다. 감히 또는 차마 못한다. 그래서 예산 지원의 도입은 신중해야 하는 것이다. 법학에서 다루는 신뢰 보호의 문제가 발생하는 것이다.

> **선보 생각**
>
> ## 여론과 정책
>
> 법학전문대학원생에 대한 지원이 논의되었던 배경에는 여론의 힘이 있었다. 법학전문대학원에 대한 예산 지원은 동 대학원의 학비가 비싸 취약계층이 다닐 수 없어 사법고시처럼 개천에서 용이 날 수 없다는 싸늘한 여론에 대한 급조된 반응이었다. 당시 법학전문대학원생은 금수저라는 인식이 팽배해 있었던 것이다. 그렇다보니 흙수저도 법학전문대학원에 들어가서 공부할 수 있도록 예산 지원을 하겠다는 것이었다. 여론에 떠밀려서 추진하는 정책은 위험하다. 서두르다보면 제대로 준비되지 않은 상태에서 시장에 진입하게 되고 시장을 왜곡하게 된다. 조심해야 한다. 신중해야 한다.
>
> 당시 대학생의 반값 등록금 역시 큰 이슈 중 하나였다. 대부분의 대학생 학생회가 추구하는 최대 공약이었다. 왜 반값인지는 모르겠지만 아무튼 그 땐 그랬다. 정부는 우선 대학교 교직원 임금을 동결한 후 장학금 등을 모두 포함하여 결국 그들의 요구를 받아들였다. 하지만 당시 고등학교는 의무교육 대상이 아니었다. 우선순위가 어디에 있어야 하는가? 대학생들이 등록금 비싼 거 모르고 대학교에 입학했는가? 이들은 왜 고등학교 의무교육을 우선 시행해야 한다고 주장하지 않았는가? 이렇듯 여론이 밀고 들어올 때 예산분석가들은 어떻게 대응해야 하는가? 현황을 정확히 파악한 후 기회비용의 시각에서 분석을 시작할 수 있는 담대함이 있어야 한다.

▎: 에필로그 Epilogue

편전에서 나온 삼삼은 하늘을 쳐다보았다. 황제가 나를 나무란다. 황제와 신하이기 전에 제자와 스승 사이임에도 황제가 나를 나무란다. 제자가 스승을 나무란다. 그 동안 품안의 어린 자식처럼 여겼는데……. 이제야 드디어 황제가 된 것인가. 내가 그만큼 늙었단 뜻인가. 점점 물러날 때가 다가오고 있음을 알겠다. 황제는 내가 생각하는 것보다 하루가 다르게 황제가 되어가고 있다. 그러고 보니 제자 하나는 잘 키운 듯싶었다. 입가에 미소가 스쳤다. 이번 일을 정리하고 이제 고향으로 돌아가 여생을 마무리하리라.

제4수

현미경

셈 · 수

數자는 '세다'나 '계산하다', '헤아리다'라는 뜻을 가진 글자다. 數자는 婁(끌 누)자와 攵(칠 복)자가 결합한 모습이다. 婁자는 여성의 가슴에 획을 그어 '금지'를 나타낸 毋(말 무)자와 女(여자 여)자가 위아래로 겹쳐진 모습이지만, 글자의 조합은 큰 의미가 없다. 한자에서 婁자는 樓(다락 루)자나 屢(여러 누)처럼 주로 '겹치다'라는 뜻을 전달하기 때문이다. 이렇게 겹침을 뜻하는 婁자에 攵자를 결합한 것은 숫자 一, 二, 三과 같이 막대기를 겹쳐 셈을 한다는 뜻을 표현하기 위해서였다. 고대에는 막대기를 겹쳐 셈을 했다. 이를 산가지라 한다. 그러니 婁자에 몽둥이를 들고 있는 모습의 攵자가 쓰인 것은 막대기를 겹쳐 셈을 하는 모습을 표현한 것이라 할 수 있다. 재미있는 방식으로 수를 세는 모습을 표현한 한자다.

출처 : 네이버 한자사전, [한자로드(路)] 신동윤

예산분석은 수를 세는 것에서 시작하여
수의 내면을 보는 것으로 마무리 된다.

제4수 數 현미경

셈·수

예결산 분석의 수

편전에서 나온 삼삼은 말주변이 없는 자신을 탓하며 술시(戌時)에 홀수당에서 미래가 촉망된다는 심복들을 불러 모았다. 귀는 밝아서 자신들의 당파 우두머리가 황제에게 된통 깨졌다는 소식은 들었는지 다들 격앙된 목소리로 난리법석을 떨었다. 특히 이조판서 오오가 목청을 높였다.

"여기서 물러나면 우린 끝장입니다."
"무조건 반대해서 이이를 주저 앉혀야 합니다."
"최소한 우리가 원하는 예산을 얻기 위해서라도 일단 반대해야 합니다."
"장사 한두 번 하나" 등등

"그만! 그만들 두어라"
참다못한 삼삼의 목소리가 방안에 울려 퍼졌다.

'이런 허수(虛數)#같은 것들 그릇 크기가 째깐한 잡것들이로다.'
삼삼은 속으로 혀를 끌끌 찬 후 말하였다.

"내가 이야기를 하나 들려주마."
삼삼은 차분한 목소리로 방안을 지배하듯 황제에게서 들은 이야기를 똑같이 해 주었다. 그러고는 생각할 틈도 주지 않고 황제가 자기에게 하듯 목청을 높였다.

"답하라! 가만히 앉아서 도적이 들어와 다 털어가도록 둘 것인지 아니면 10명의 무사를 고용하여 지킬 것인지?"

그 어느 누구도 나서서 말하지 못하는 상황에서 호조판서 칠칠이 조심스레 말하였다.

"10만 양병은 나라의 살림살이 규모를 고려할 때 도저히 불가능하옵니다."
"그게 무슨 소리냐?"
"제가 수에 밝은 자들로 하여금 호조에서 수차례 계산해 보았습니다."

영의정 삼삼은 이를 악물었다.
'되지도 않을 일을 가지고 나를 물 먹이다니, 이이 이놈을 그냥….'

허수(虛數, imaginary number)

> 허수는 실수가 아닌 복소수를 뜻한다. 기호는 i를 사용한다. 실수의 특성상, 제곱하면 무조건 0 또는 양수가 되기 때문에 이차방정식 $X^2=-1$에서는 실수의 범위에서 해를 전혀 구할 수 없다. 또한 수직선에 모든 실수를 하나하나 대응시키면, 수직선은 빈틈없이 채워지는 것으로 볼 때, 우리가 존재한다고 느낄 수 있는 수는 실수밖에 없다는 것은 필연코 부정할 수 없는 사실이다.
> 여기서 $X^2=-1$ 꼴과 같이 실수 범위에서 전혀 구할 수 없는 해를 구하기 위해 무엇인가를 만들어야 할 필요성을 느낀다. 실수의 성질로는 불가능한 제곱해서 음수가 되는 수를 만들어내기 위해 제곱하여 -1이 되는 수 $\sqrt{-1}$를 만들어내면, 위의 이차방정식의 해는 $+\sqrt{-1}$또는 $-\sqrt{-1}$이 되므로 이 수는 우리가 존재한다고 느끼는 수가 아님에도 불구하고, 이차방정식의 해가 되기 때문에 수학자들은 이 수가 수학적 가치가 있음을 인정하고 허수로 정의했고, $\sqrt{-1}$만 있으면 모든 허수들을 나타낼 수 있으므로 이 수를 imaginary number의 앞글자를 따서 허수 단위 i라고 정의했다.
> 복소수는 실수와 허수를 포괄하는 수이며, a+bi (단, a, b는 실수)로 나타낼 수 있고, 이때 a를 실수부, b를 허수부라고 한다. 또한, 허수는 기존에 있었던 수직선, 실수축(가로)에 허수축(세로)를 덧붙여 복소수평면을 만든 결정적인 계기가 되었다. 허수가 정의되기 전까지만 해도, 수의 개념은 1차원적이었다. 즉, 수의 개념은 오직 수직선으로만 표현되었다. 그러나 허수가 정의된 후, 수의 개념은 2차원으로 확장되었다. 즉, 수의 개념은 복소평면으로 표현된 것이다. 수의 틀을 직선에서 평면으로 확장시킨 것은 모두 허수의 덕택임을 알 수 있다.

※출처: 위키백과

불쌍한 오오. 하지만 모든 허수가 헛수는 아니다. 허수가 있기에 실수가 있는 것이다. 참고로, 아메리칸 인디언들의 말에는 잡초가 없다고 한다.

1장 '현미경'의 참뜻

　표준국어대사전에 따르면 **현미경**이란 눈으로는 볼 수 없을 만큼 작은 물체나 물질을 확대해서 보는 기구를 의미한다. 예산분석에서 현미경이란 명사로 본다면, 분해하기, 벗기기, 나누기, 쪼개기, 분지르기 등을 의미하고, 부사로 본다면, 샅샅이, 낱낱이, 미주알고주알, 속속들이, 빈틈없이, 모조리 등을 의미한다. 현미경은 대충대충, 어림잡아, 겉잡아, 대강대강, 눈대중으로, 얼추, 얼렁뚱땅 등의 단어와는 어울릴 수 없는 숙명을 가진 예산분석의 시각이자 도구이다.

　현미경은 기본적으로 사업을 최대한 최소단위로 분해하는 것이고 이를 통해 사업의 핵심을 파악하는 것이다. 전자는 양적 측면으로 비용추계와 관련되고, 후자는 질적 측면으로 본질과 비본질의 구분과 관련된다.

2장 현미경(1): 비용추계

과연 10만을 양병하는 데 얼마만큼의 예산(당시 기준으로 식량)이 필요했을까? 호조 판서 칠칠의 말대로 나라의 살림살이로 감당할 수 없는 수준이었을까? 일단 이에 대한 문헌을 찾아보자.

우선 《오랑캐 홍타이지 천하를 얻다》를 읽어보자.

"---우리나라 사람은 하루에 쌀 2되를 먹지 않으면 굶주린다. 병사가 10만 명이면 하루에 2만 말(20만 되)을 먹는다. 우리나라 관례에 15말을 1석(石)이라 하니, 하루에 1,330 여 석(20,000÷15=1,333)을 소비해야 한다. 한 달 동안 훈련을 한다면 4만 석을 소비하게 된다. 그 가운데 기병이 끼어 있으니 말먹이는 이 수량에 포함되어 있지 않다. 또 행군할 적에 소와 말 1필에 쌀 20말을 운반하는 것으로 표준을 삼는다면 1천 필이 있어야 하루의 식량을 운반할 수 있다. 1천 필의 소나 말이 동원되면 이를 모는 자도 1천 명이 있어야 하는데, 그들의 식량은 여기에 들어 있지 않다. 만약 10일 동안 행군을 한다면 사람과 말을 먹이는 곡식과 먹이가 이루 헤아릴 수 없을 것이다. 게다가 기계(무기)를 구입하고 이리저리 쓰이는 비용은 이 수효에 들어 있지 않으니 어떻게 견딜 수 있겠는가?"

이익의 《성호사설》 중에서

이익의 말처럼 병사 10만 명이 한 달에 4만 석을 먹는다면 1년에는 48만 석을 소비하는 셈이다. 참고로 쌀 1석의 무게는 현대식으로 따져 140kg을 약간 상회한다. 그렇다면 쌀 48만 석은 6천 7백 20만 kg(480,000×140kg=67,200,000kg), 즉 6만 7천 200톤에 달한다. 10만 명의 군대를 유지하려면 연간 48만 석, 6만 7천 200톤의 쌀이 필요하다는 말이다. 굶주림이 심하던 시절에 매년 이 정도의 군량미를 안정적으로 공급하기란 쉬운 일이 아니었다. 여기에 전마(戰馬)를 위한 부담도 만만치 않았고, 군량미를 전선으로 운반하는 일도 쉬운 일이 아니었다. 또 밑반찬과 장류 등 부식품을 충당하는 일도 쌀 공급 못지않게 힘든 과제였다.

군량과 무기, 피복 등에 소요되는 막대한 비용을 제대로 충당하지 못하다 보니 농업국의 군대는 늘 가난했고 굶주린 병사들이 창을 거꾸로 잡고 반란을 일으키는 일이 허다하였다. 한마디로 잘 먹이고 잘 입힐 자신이 없으면서 군사만 늘리는 것은 호랑이를 키우는 격, 이런 이유로 농업국가들은 예로부터 상비군의 규모를 늘리는데 소극적이었다. 농업국가에선 군대를 동원하기도, 유지하기도 힘든 구조였다는 말이다. 인구가 월등히 많은 농업국가가 인구가 적은 유목민족에게 늘 얻어터졌던 이유도 여기에 있다.

다음으로 《류성룡, 나라를 다시 만들 때가 되었나이다》를 읽어보자.

10만 양병이 당시 인구 구성상으로 불가능한 일이었다면, 당시 국가 전체의 경제적 능력으로는 가능한 일이었겠는가. 보다 직설적으로 그 때 조선조 재정의 세입은 얼마나 되었고, 생산 가능한 토지면적은 전체적으로 얼마나 되었으며, 1년 곡물 총 생산량은 얼마나 되었겠는가. 학자들의 연구에 의하면, 생산 가능한 토지면적은 170만 결(1결은 일반적으로 평균 600평, 어떤 지역은 800평)이고, 1결당 평균 생산량 3석으로 해서 총곡물생산량은 500만 석을 넘어서지 못하고 있다. 여기서 세입은 1결당 평균 4두로 해서 60만 석이 전부다.

이 60만 석으로 정부를 운영하고 정부 관리들의 녹봉을 주고, 군대를 길러야 한다. 10만 명의 군대를 기르려면 연간 소요되는 군량은 얼마로 계산할 수 있을까. 임진왜란 당시 류성룡이 쓴 《진사록》에 의하면, 군병 1만 명의 한 달 식량은 6,400석이다. 1년 식량은 7만 6,800석이고, 이를 10만 명으로 계산하면 최소한 연 76만 석 이상의 군량이 있어야 한다. 그런데 임진왜란 이전의 조선조 곡물 총생산량은 겨우 500만 석이고

> 정부 세입은 고작 60만 석이다.
> 　총생산량 500만 석이면 400만 명의 백성도 먹고 살기 어려운 양이다. 거기에 70만 석 이상을 군량으로 조달하는 것이 가능한 일이며, 상상이나 할 수 있는 일이겠는가. 그래서 평시에는 생산하고 전시에는 동원 가능한 병농일치의 둔전병제와 더불어 농민은 병역 대신 납포하며 농사짓고, 정부가 그 돈으로 따로 병정을 고용하는 고립제가 일반화되었던 것이다. 그것이 실현 가능한 가장 현실적인 방책이었기 때문이다.

앞의 두 책을 통해서 우리는 10만 양병이 당시 재정규모를 고려 시 상당히 어려운 일이라는 것을 알 수 있다.[41] 하지만 과연 불가능한 일이었을까? 우리는 불가능한 일과 어렵지만 가능한 일을 반드시 구분해야 한다.

현미경은 **비용추계** 즉, 얼마의 예산이 필요한지 정확히 계산하여 예산을 편성하여야 한다는 점을 강조한다. 비용추계는 미래의 불확실성을 전제로 하기 때문에 쉬운 일은 아니다. 병사 1인당 소비량을 기준으로 병사 10만의 소비량을 계산하는 이 자명해 보이는 계산에서도 48만석과 76만석으로 엄청난 차이를 보이고 있다. 너무 얕잡아보고 접근하면 안 된다. 또한, 감액 사업이라고 현미경을 피해갈 수는 없다. 더 감액할 수는 없는 것인지? 현미경은 예산분석가에게 요구한다. 파헤쳐라. 지독하게 파헤쳐라!

---

41) 앞의 두 책의 논의 방식에 의문이 드는 점은 10만의 군이든 10만의 농민이든 식량소비는 해야 하는 것이 아닌가 하는 점이다. 전체 식량 소비량에서는 동일하다는 점이다. 결국 농사를 지어야 할 10만의 장정들이 군 복무로 인해 농사를 짓지 못하면 식량생산이 주느냐의 문제가 핵심인 것이다. 하지만 여기서는 이해의 편의를 위해 이 부분은 논의하지 않기로 한다.

예결산 분석사례
'광역알뜰교통카드 연계 마일리지 지원' 사업[42]

(가) 개요

'광역알뜰교통카드 연계 마일리지 지원' 사업은 보행·자전거 이용거리만큼 마일리지를 산정하고, 획득한 마일리지는 교통카드와 연동하여 교통비 추가할인을 해 주는 비용을 지원하는 사업임.

동 사업은 '마일리지 지원'과 '사업분석 및 고도화 용역'으로 구성되어 있으며, '마일리지 지원'은 자치단체경상보조(330-01목)로 편성되어 있고, '사업분석 및 고도화 용역'은 일반용역비(210-14목)로 편성되어 있음.

2019년에 시작된 동 사업은 '19년에는 전국 11개 지자체[43]를 대상으로 시범사업을 추진하되 100% 국비를 지원하였으나, '20년부터는 전국 17개 시·도로 사업을 확대하되 마일리지 지원에 소요되는 비용의 50%만 국비를 지원할 계획임.

2020년도 예산안은 전년도보다 19억 6,000만 원 증액된 33억 7,500만 원이 편성되어 있으며, '마일리지 지원'이 24억 7,500만 원, '사업분석 및 고도화 용역'이 9억 원임.

【2020년도 광역알뜰교통카드 연계 마일리지 지원 예산안】

(단위: 백만 원)

구분	2018 결산	2019 예산		2020 예산안(B)	증감 (B-A)
		본예산	추경(A)		
광역알뜰교통카드 연계 마일리지 지원	-	1,415	1,415	3,375	1,960
- 마일리지지원	-	1,415	1,415	2,475	1,060
- 사업분석 및 고도화용역	-	-	-	900	900

---

42) 2020년도 국토교통부 소관 예산안 및 기금운용계획안 검토보고서 참조
43) 5개 광역자치단체(부산, 인천, 대전, 울산, 세종)와 6개 기초자치단체(수원, 청주, 전주, 포항, 영주, 양산)임.

(나) 예산안 산출근거의 정확성 미흡

동 사업은 예산안 산출근거가 정확하지 않으므로 예산안 규모를 재산정할 필요가 있음.

동 사업 중 '마일리지 지원'의 산출근거를 살펴보면, 전국의 정기적(월 31회 이상) 대중교통 이용자 약 125만 명에 대하여 1.1만 원(마일리지 월 적립 상한액)을 12개월 동안 지원하되, 초기 도입율 3%를 적용하며, 국고보조율 50%를 적용하고 있음.

■ 마일리지 지원 산출 근거

○ 24억 7,500백만 원 = 전국의 정기적(월 31회 이상) 대중교통이용자 125만 명
  × 1.1만 원(마일리지 월 적립 상한액) × 12개월
  × 50%(국고보조율) × 3%(초기도입율)

정부는 산출근거 중 전국에서 월 31회 이상 대중교통이용자가 125만 명이라는 수치를 사용한데 대하여 '19년에 시범사업에 참여한 11개 지자체의 '17년 인구 1,296만 명 중 9.6%를 적용하였다고 설명하고 있고, 9.6%라는 비율을 적용한데 대해서는 "광역알뜰교통카드 도입 구상 및 실행화 전략 연구[44]"에서 수도권 대중교통 이용패턴을 분석한 결과 월 대중교통 31회 이상 이용자가 496만 명인데, 이는 '17년 전국 인구 수(5,142만 명)의 9.6%에 해당한다고 설명하고 있음.

그러나, '19년에 시범사업으로 참여한 11개 지자체 중 수도권 지자체는 2개 지자체(인천, 수원)에 불과하므로 수도권의 대중교통 이용패턴을 적용하는 것은 적절하지 않고, 9.6%라는 수치는 수도권 대중교통 이용자 수를 전국 인구수로 나눈 것으로 수도권의 대중교통 이용패턴을 정확하게 나타내는 수치가 아니라고 판단됨.

또한 125만 명이라는 지원 대상 전원이 마일리지 월 적립 상한액인 1.1만 원을 지원받는다는 가정 하에 예산안을 편성하였는데, '19년도 시범사업 이용실적을 분석한 자료에 따르면

---

[44] 동 연구보고서는 국토교통부의 정책연구용역과제로서, 2018년 5월에 한국교통연구원과 한국교통안전공단이 공동으로 용역을 수행하였음.

> '19년도 지원대상자 중 마일리지 월 적립 상한액까지 달성한 사람은 24.9%에 그치고 있음.
>
> 한편 정부는 '20년이 본격적으로 제도를 도입하는 초기년도라는 이유로 연차별 단계적 확대 등을 고려하여 초기 도입률 3%를 적용하였다고 설명하고 있으나, 3%가 어떻게 도출되었는지에 대해서는 객관적인 근거를 제시하지 못 하고 있음.
>
> 이처럼 동 사업은 산출근거가 불명확하므로 정확한 통계를 토대로 예산안 규모를 재산정할 필요가 있음.

산출근거를 제시하지 못한다는 것은 예산편성이 감으로 대충 이루어졌다는 것을 의미한다. 현미경을 통한 엄한 분해작업을 견딜 수 없다면 잘못 짜여진 예산안임이 분명하다. 우리는 숫자가 가장 명확한 표현방식임을 잘 안다. 따라서 숫자는 그 근거 또한 명확해야 한다. 은근슬쩍은 현미경을 통과할 수 없다.

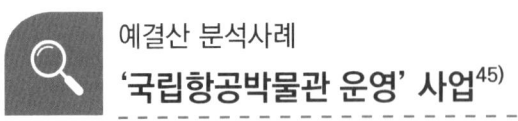

예결산 분석사례
'국립항공박물관 운영' 사업[45]

(가) 개요

'국립항공박물관 운영' 사업은 항공문화와 항공산업의 유산을 발굴·보존·연구 및 전시함으로써 항공문화의 진흥과 항공산업의 발전에 이바지함을 목적으로 하는 국립항공박물관의 운영 예산을 편성하는 것으로, 2020년도 본예산에는 93억 6,000만 원의 예산이 기관운영출연금(350-01목)으로 편성되어 있음.

---

45) 2020년도 국토교통부 소관 추가경정예산안 검토보고서 참조

【2020년도 국립항공박물관 운영 추가경정예산안】

(단위: 백만 원, %)

사업명	2019		2020 본예산(A)	2020 제3회 추경안(B)	증감 (B-A)	%
	본예산	추경				
국립항공박물관 운영	1,198	1,198	9,360	9,138	△222	△2.4

　제3회 추경안의 감액금액인 2억 2,200만 원은 국립항공박물관 출연금[46](93억 6,000만 원) 중 경상경비(44억 4,700만 원)에서 5%를 감액하여 산출된 것임.

(나) 감액의 적정성 검토

　국회는 2020년도 제2회 추가경정예산 의결 당시 "정부는 코로나19 사태로 인한 국민 고통분담에 더욱 적극적으로 참여하기 위하여 향후 추가경정예산안 편성 등에서 경상경비 10% 절감 등 지출구조조정을 추진한다"라는 부대의견을 채택하였음.

　이에 따라 정부는 정부로부터 기관운영출연금(350-01목)을 지원받는 공공기관에 대하여 경상경비 중 5%를 감액하기로 하였고, 국토교통부 소관 기관 중에서는 공단을 포함하여 한국교통안전공단, 항공안전기술원, 국립항공박물관 등 4개 기관의 정부지원 예산이 감액되었음.

【 2020년 제2회 추가경정예산 부대의견 】

⑵ 정부는 코로나19 사태로 인한 국민 **고통분담**에 더욱 적극적으로 참여하기 위하여 향후 추가경정예산안 편성 등에서 **경상경비** 10% 절감 등 지출 구조조정을 추진한다.

---

46) 출연금(93억 6,000만 원) = 인건비(32억 4,800만 원) + 경상경비(44억 4,700만 원) + 사업비(16억 6,400만 원)
경상경비 = 일반수용비(272백만 원) + 공공요금및제세(802백만 원) + 피복비(17백만 원) + 특근매식비(36백만 원) + 임차료(67백만 원) + 유류비(5백만 원) + 시설장비유지비(93백만 원) + 재료비(45백만 원) + 복리후생비(97백만 원) + 일반용역비(148백만 원) + 관리용역비(1,105백만 원) + 기타운영비(23백만 원) + 당직비(36백만 원) + 국내여비(242백만 원) + 국외업무여비(72백만 원) + 업무추진비(86백만 원) + 개인물품 등(1,296백만 원)

국립항공박물관은 코로나19로 인한 개관 연기(5월→7월)[47] 및 기타 경비절약을 통해 자산취득비 6,400만 원, 임차료 1,500만 원, 당직비 3,600만 원 등 총 2억 2,200만 원을 조정할 계획임.

【국립항공박물관 운영 삭감 상세내역】

종류	금액	사유
자산취득비	6,400만 원	다양한 활용을 위해 전시관 대강당 객석을 고정형에서 가변형으로 변경
임차료	1,500만 원	개관 연기에 따라 관람객 편의시설 및 관용차 임차료 절감
당직비	3,600만 원	재택당직 등을 활용하여 비상상황 발생 시 수시 연락체계 확립
공공요금 및 제세	8,000만 원	개관 연기에 따른 전기, 가스료 등 예상 절감액 삭감
일반수용비	2,700만 원	개관 연기에 따른 사무 전산용품 구입비, 교육훈련비 등 삭감
계	2억 2,200만 원	

※ 자료 : 국토교통부

코로나19로 인하여 많은 국민이 어려움을 겪고 있는 상황에서 고통 분담을 위해 공공기관의 경상경비를 감액하려는 것이나, 임차료, 공공요금 및 제세 등 일부 감액은 고통 분담이 아닌 개관 연기에 따른 것임. 개관이 연기되는 경우 소요경비가 당연히 감소될 수 밖에 없는 바, 국회에서 부대의견을 의결한 취지가 국민 고통분담에 적극적인 참여하기 위함임을 고려할 때 개관연기에 따른 삭감 이외에 추가적인 감액이 필요할 것으로 보임.

세출구조조정의 기준이 고통분담인 경우가 있다. 이런 아픈 사유로 구조조정을 할 때에도 틈이 있으면 버티려고 한다. 예산분석가들이 어리숙하면 고통분담이 아니라 고통집중이 될 수 있다.

---

47) 국립항공박물관은 2020년 7월 6일 개관 예정임

예결산 분석사례
「한반도의 평화와 번영, 통일을 위한 판문점 선언」 비준동의안[48]

시야를 조금 넓혀 보고자 한다. 내년도 예산안의 비용추계가 아니라 보다 장기간 소요되는 예산안의 비용추계에 대해 알아보자. 최근에 비용추계가 극적으로 문제된 사례는 「한반도의 평화와 번영, 통일을 위한 판문점 선언」 비준동의안이다. 정부가 제출한 비용추계서와 전문위원 검토보고서를 살펴보자.

한반도의 평화와 번영, 통일을 위한 판문점 선언 비용추계서

Ⅰ. 비용추계 요약

1. 재정수반요인
- 「판문점 선언」 이행에 따른 남북간 협력사업 소요비용 지원

2. 비용추계의 전제 : 「판문점 선언」 이행 따른 신규 추진 사업 및 사업 범위 확대
- 관계부처 협의를 거쳐 「판문점 선언」 이행을 위해 '19년도 사업추진에 필요한 재정소요만 산정
- 연도별 세부적인 재원소요는 북한 현지조사, 분야별 남북간 회담·실무접촉 등을 통해 사업규모, 사업기간 등이 확정된 이후 산출

3. 비용추계의 결과
- '19년도 철도·도로협력, 산림협력 등 2,986억 원 추가 소요

4. 부대의견 : 북측지역에 대한 현지조사, 분야별 남북간 세부합의 등을 통해 재정지원 방안 마련 이전까지는 연도별 비용추계가 현실적으로 곤란

---

48) 「한반도의 평화와 번영, 통일을 위한 판문점 선언」 비준동의안 검토보고서(2018. 11) 참조

II. 비용추계의 상세내역

1. 지출 : '19년도 남북협력기금 사업비 2,986억 원 추가 소요

(단위: 개, 억원)

사업명	'18년 예산	'19년 예산	추가확보
철도·도로 연결 및 현대화(무상)	1,097	1,864	767
철도·도로 연결 및 현대화(융자)	80	1,087	1,007
산림협력	300	1,137	837
사회문화체육교류	129	205	76
이산가족상봉	120	336	216
남북공동연락사무소 운영	-	83	83
합 계	1,726	4,712	2,986

* 추가확보 : '19년 예산 중 판문점 선언 이행을 위해 추가로 편성된 비용

■ 「판문점 선언」 이행 비용의 2019년 남북협력기금 편성 관련

○ 2019년도 남북협력기금 규모는 약 1조 977억 원으로 편성

○ 판문점 선언 이행과 관련된 비용은 총 4,712억 원

- 이 중 2018년도 예산에 준하여 편성된 비용은 1,726억 원이며, 판문점 선언 이행을 위해 추가로 편성된 비용은 2,986억 원

○ 향후 철도·도로 북측구간 개보수 공사가 착공되어 사업비를 추가로 확보할 필요성이 있을 경우, 남북협력기금 운용계획변경 추진

■ 재정소요 추계 기본원칙

○ 철도·도로 북측구간 개보수 비용은 대북 차관형식으로 지원 추진

- 초기 북한 경제 인프라 건설에서 남북협력기금이 마중물 역할 수행

- 단, 경제 인프라 건설은 대규모 재원을 필요로 하기에 차관형식으로 대북 지원

> ○ 산림협력 비용은 무상 지원
>
>   - 한반도 생태계 복원 및 북한 주민 삶의 질 증진 등 남북 주민에게 혜택이 돌아가는 산림협력 비용은 남북협력기금에서 무상 지원
>
> ○ 사회문화체육교류 및 이산가족상봉 비용 무상 지원
>
>   - 민족공동체 회복 및 인도적 문제 해결을 위한 비용은 남북협력기금에서 무상 지원
>
> **2. 수입** : 해당사항 없음. (남북협력기금 기 수입액)

이 부분과 관련된 전문위원 검토보고서를 읽어보자.

> **나. 비용추계의 타당성**
>
> 「판문점 선언」이 국회비준 동의를 받기 위해서는 국회의 민주적 통제가 가능할 수 있도록 중대한 재정부담의 구체적 내용이 비용추계 및 재원조달방안에 반영되어 있어야 할 것임.[49]
>
> 정부의 비용추계 및 재원조달방안[50]의 주요 내용을 살펴보면,
>
> 철도·도로 연결 및 현대화, 산림협력, 사회문화체육교류, 이산가족상봉, 남북공동연락사

---

49) 〈비용추계 관련 법규〉

「국회법」 제79조의2(의안에 대한 비용추계 자료 등의 제출)
③ 정부가 예산상 또는 기금상의 조치를 수반하는 의안을 제출하는 경우에는 그 의안의 시행에 수반될 것으로 예상되는 비용에 관한 추계서와 이에 상응하는 재원조달방안에 관한 자료를 의안에 첨부하여야 한다.

「의안의 비용추계 등에 관한 규칙」 제5조(비용추계의 방법 등)
① 비용추계는 의안의 규정에 따라 의무적 또는 임의적으로 발생하는 비용과 하위 법령에의 위임으로 발생하는 비용에 대하여 실시한다.
② · ③ (생략)
④ **비용추계의 기간은 해당 의안의 시행일부터 5년**으로 하되, 재정소요기간이 5년 미만인 경우에는 그 기간으로 한다. 다만, 5년의 기간으로 비용의 추이를 파악하기 어려운 경우에는 추계기간을 연장할 수 있다.

50) 검토보고서 〈참고자료 2〉 및 〈참고자료 3〉 참조

무소 운영 등에 대하여 2019년 단년도 필수 재정소요만을 산정하여 4,712억 원(판문점 선언 이행을 위해 추가로 편성된 예산은 2,986억원)을 소요사업비로 추계하고 있고, 향후 철도·도로 북측구간 개보수 공사가 착공되어 사업비를 추가로 확보할 필요성이 있을 경우, 남북협력기금 운용계획변경을 추진한다는 계획임.

국회는 정부가 제출한 비용추계 및 재원조달방안에 대한 분석을 통해 국민에게 과도한 부담을 부과하는 것인지 여부, 국가재정이 감당할 만한 여력의 범위 안에 있는지 여부, 부담을 줄일 수 있는 방안 및 부담 대비 효과(편익)를 극대화할 수 있는 보다 적합한 방안이 있는지 여부 등을 종합적으로 확인·조사하여야 할 것임.

이를 위해서는 「판문점 선언」의 구체적인 이행계획과 사업계획, 이에 필요한 전체 재정 규모 등에 대한 세부적인 자료가 필요하지만 비용추계서에는 2019년 단년도 비용추계서만 제시하고 있고, 제시된 비용추계서도 사업별 세부적인 산출내역이 없어 「판문점 선언」 이행을 위한 사업의 타당성 여부, 사업추진을 위한 재정소요 추계의 적절성 및 재원조달방법 등을 면밀히 분석하기에는 다소 한계가 있는 것으로 보임.

비용추계는 본질적으로 미래의 불확실한 상황에 대한 예측이므로 어느 정도 개략적 성격을 가질 수밖에 없을 것임. 하지만 비용추계 시점에서 활용 가능한 자료 및 정보 등을 바탕으로 최대한 구체화하여 국회에 제출하여야 할 것임.

이에 대해 통일부는 비용추계서 부대의견에서 추후 소요될 연도별 재원소요는 북한 현지조사, 분야별 남북간 회담·실무접촉 등을 통해 사업규모와 기간 등이 확정된 이후에 산출 가능하다는 점[51]과 세부적 사업계획 및 구체적 예산내역을 밝히는 것은 추후 있을 북한과의 협상력을 약화시킬 수도 있다는 점을 고려해야 한다는 입장임.

다음으로 재정소요 추계의 기본원칙을 보면,

첫째, 철도·도로 북측구간 개보수 비용은 대규모 재원을 필요로 하기 때문에 대북 차관형식으로 지원하고,

---

51) 검토보고서 비용추계서 부대의견 〈참고자료 2〉 참조

둘째, 한반도 생태계 복원 및 북한 주민 삶의 질 증진 등 남북 주민에게 혜택이 돌아가는 산림협력 비용은 남북협력기금에서 무상으로 지원하며,

셋째, 민족공동체 회복 및 인도적 문제 해결을 위한 비용은 남북협력기금에서 무상으로 지원한다는 계획임.

이에 따르면 지원방식은 차관과 무상지원으로 나뉘게 되는데 대규모 재원의 필요 여부, 남북 주민에게 혜택이 돌아가는 지 여부 등 그 구분 기준이 다소 차별성이 부족하여 불분명한 점이 있어 보임. 철도·도로 북측구간 개보수의 경우에도 궁극적으로 남북 주민에게 혜택이 돌아가는 사업이 될 수 있으며, 산림협력 비용의 경우에도 대규모 재원을 필요로 할 수 있을 것임. 따라서 이에 대한 보다 명백한 기준을 통해 향후 남북경협 등을 운영함에 있어 혼란을 방지할 필요성이 있어 보임.

참고로, 대북차관은 그동안 철도·도로 자재·장비 차관, 경공업 원자재 차관 등으로 9억 3,200만 불의 차관을 북에 제공하였으나 회수 실적은 저조한 상황으로 향후 철도·도로 현대화 사업 등을 추진할 경우에는 차관 상환 기산일 산정기준[52]이나 상환방식 등에 대한 다각적 협의를 통해 회수 실적을 제고할 수 있는 방안을 강구할 필요가 있는 것으로 보임.

따라서 「판문점 선언」의 비용추계의 타당성 여부는 비용추계의 구체성 정도, 남북관계의 특수성, 차관 및 무상지원 방식의 적절성 등을 종합적으로 고려하여 판단하여야 할 것으로 보임.

비용추계의 의미를 통해 현미경의 의미를 보다 분명히 해보자. 미래의 특징은 불확실성에 있다. 불확실성은 불안을 주기도 하고 희망을 주기도 한다. 정확히 알 수 없다. 극단적으로 말하면 아무도 모른다. 그럼에도 불구하고 비용추계를 하는 이유는 무엇일까?

---

52) 통일부에 따르면 철도·도로 자재·장비 차관은 철도·도로 개보수 공사 완료 시점이 차관 상환과 관련한 기산일 산정에 기준이 되고 있고, 공사 중단 상태가 지속되어 기산일 산정이 불가능한 상황이라 차관 상환 독촉이 이루어지지 못하고 있었다는 입장임.

비용추계는 사업을 추진함에 있어 얼마의 예산이 소요되는지를 정확하게 알아보자는 의미도 있으나 미래의 불확실성 측면에서 보자면 예산 소요의 대략을 살펴봄으로써 예산을 줄일 수 있는 부분이 있는지, 예산을 차근차근 준비할 수 있는지, 예산을 보다 효율적으로 집행할 수 있는 방안이 있는지 등을 두루두루 살펴보고자 함에 있다고 하겠다. 비용추계는 법과 예산이라는 국가 정책의 두 바퀴를 연결해주는 축과도 같다. 법적 근거 없이 예산만 반영된 정책, 예산 지원 없이 법적 근거만 있는 정책이 정책으로 지속가능성이 있겠는가? 현재 수집 가능한 최대한 정보를 바탕으로 비용추계를 하면 되는 것이다. 변수를 다 통제할 수 있을 때의 가능한 최소치와 변수를 통제할 수 없을 때의 최대치를 보여주면 되는 것이다. 비용추계를 보면서 미래의 불확실성에 차근차근 대처해 나가는 것이다. 성의 없는 비용추계는 부질없는 시간 낭비에 불과하지만 제대로 된 비용추계는 불안한 미래를 희망의 미래로 전환해 주는 쓸모 높은 소중한 과정이다.

3장 현미경(2): 본질 vs. 비본질

본질과 비본질의 의미를 구분하기 위해 신동엽 시인의 《껍데기는 가라》를 읽어보자.

껍데기는 가라.
사월도 알맹이만 남고
껍데기는 가라.

껍데기는 가라
동학년(東學年) 곰나루의, 그 아우성만 살고
껍데기는 가라.

그리하여, 다시
껍데기는 가라.
이곳에선, 두 가슴과 그곳까지 내논
아사달 아사녀가
중립의 초례청 앞에 서서
부끄럼 빛내며
맞절할지니

껍데기는 가라.
한라에서 백두까지
향그러운 흙가슴만 남고
그, 모오든 쇠붙이는 가라.

현미경의 목적은 단순히 잘게 부수고 분해하는 데서 멈추는 것이 아니라 여기서 더 나아가 사업의 본질적 부분을 찾는 것이다. 본류에 흐르는 핵심적 흐름을 찾아야 한다. 알맹이와 껍데기, 본래적 업무와 파생적 업무를 구분하기 위해 우리는 현미경을 들여다보는 것이다.

제4수 數 현미경

◆ 사례 1) 음성 꽃동네 자원봉사

20세기 말 나는 군에 있었다. 군인의 신분으로 음성의 꽃동네에 자원봉사를 나간 적이 있다. 거동이 어려운 분들을 위해 봉사활동을 할 것으로 예상하고 은근히 긴장하고 있었는데, 우리가 안내 받아 간 건물의 문을 열자 거기에는 사람은 어디에도 없고 우편물이 산처럼 쌓여 있었다. 우리가 할 일은 소득공제 증빙서류를 보내기 위해 봉투에 우표 붙이고 주소를 확인하는 것이었다. 이건 분명 본래적 업무가 아님에도 불구하고 상당히 중요한 일처럼 다뤄지고 있었다. 본래적 업무의 효율성을 증대시키기 위해 인원과 예산이 집중되어 있지 않다는 느낌이랄까. 아무튼 뭔가가 이상했다. 그리고 21세기가 되어 나는 제대를 했다. 몇 해 지나지 않아서 꽃동네 ○○○ 신부가 업무상 횡령과 사기 등 8개 혐의로 불구속 기소됐다는 기사를 접했다.

◆ 사례 2) 군 골프장

우리의 금수강산에 군 골프장을 짓는 것에 대해 의견을 묻자 전역한 어떤 군 장성이 그런다. 군인이 위수지역을 벗어나지 못하게 하는 면도 고려해야 한다면서 은근슬쩍 군 골프장 짓는 것을 방어하려고 한다. 순간 얼마나 한심하던지. 솔직히 그때 한 대 후려치고 싶었으나 꾹 참았다. 그렇게 골프가 좋으면 왜 군인을 하나. 골프선수 하지. 이런 창피한 발언을 허여멀건 얼굴의 예비역 장군이라는 자가 하고 있으니 군 사기가 어떨 것인지 걱정이 이만저만이 아니다.

군 골프장을 누가 이용하는가? 대부분 장군들이다. 장군들이 세상에 위수지역을 골프 때문에 벗어나지 않는가? 아직도 이런 식의 말 같지도 않은 이유를 근거로 대면서 수십, 수백억을 군 골프장 짓는 데 나라 돈을 쓰거나 쓰려 하는 자들이 있다. 이러니 군이 존경받지 못하는 것이다. 세련됨이 아니라 낡음으로 한눈에 알 수 있는 다 쓰러져가는 군인 아파트를 보아라. 무엇이 우선 되어야 하는가? 아직도 눈물 나도록 열악한 막사에서 생활하는 군인들이 많다. 무엇이 우선 되어야 하는가? 우리의 장비 중 노후화되어 교체되어야 하는 장비가 얼마나 많은가? 도대체 무엇이 우선되어야 하는가?

> 군에 있을 때 군 골프장 근처에서 근무한 적이 있다. 골프공에 맞을 수 있다며 조심조심하라고 한다. 군 사기가 이래서야 어떻게 되겠는가. 윗사람은 주말에, 평일에 골프를 치고 아랫것들은 골프공에 맞을까 봐 눈치 살피며 지나가야 하는가?
>
> 원칙적으로 최소한 일주일에 한 번 정도는 장군들도 사병들과 동일하게 먹고 자고 뒹굴어야 한다. 그래야 사기가 오른다. 사기가 오른 군이어야만 나라를 지킬 수 있다. 군이 직업인 분들은 항상 긴장을 풀어서는 안 된다. 대접받으려 해서는 안 된다. 그래야 군에 잠깐 있다가 가는 병사들을 최강의 군으로 만들어 낼 수 있지 않겠는가.
>
> 평화 시기가 길어진다는 것은 전쟁이 점점 가까워지고 있다는 의미도 될 수 있다. 물론 우리 모두가 진정으로 그런 일이 없기를 바라고 있지만 역사가 그렇지 않을 수 있음을 우리에게 너무나 자주 보여주었음을 잊어서는 안 된다.
>
> 《늦은 불혹의 디딤돌》, p.233-235

◆ **사례 3) '세계 OO대표자대회' 홍보**

> 예산 업무를 담당하는 부처가 예산에 관한 각국의 경험을 공유하고 각국 담당 부서간의 네트워크 강화를 위한 '세계 OO대표자대회'를 준비한다고 하자. 그런데 예산 편성에 한창 집중해야 할 때 부서장이 아래 관료들에게 그런다. 어제 평소 잘 알고 지내는 분이 찾아왔는데 그런 대회를 하는지 처음 들었다고. 금시초문이라고. 그리고 나서 대회를 준비하는 담당자, 특히 홍보 담당자를 질책한다. 대회 준비를 맡은 실무책임자는 전용 등의 방법으로 홍보 예산을 확보하여 언론 등에 홍보활동을 강화한다.

이런 일련의 사건들이 얼마나 황당한 사태를 불러일으키는지 알아야 한다. 사례 1)에서는 봉사 대신 서류가, 사례 2)에서는 사기 대신 골프가, 사례 3)에서는 네트워크 대신 홍보가 본질의 자리를 꿰찬다.[53] 지류가 본류를 덮친다. 예산은 본질에 집중 반영되어야 한다. 그래야 사업이 중심을 잡고 목적하는 바를 성취할 수 있다. 본질 주변에서 서성거리다가

---

[53] 더욱 꼴불견인 것은 군 골프장이 체력단련장으로 불리고 있다는 점이다.

틈을 보아 본질을 압도하려는 시도를 좌절시켜야 한다. 이것이 바로 현미경이다.

여기서 **홍보 예산**에 대해 살펴볼 필요가 있다. 리더가 홍보에 관심을 가지기 시작하면 조직이 불필요하게 남의 눈에 신경을 쓰게 된다. 알아 달라고 제발 알아 달라고 난리다. 행사 준비가 이상한 방향으로 흘러간다. 열심히 하면 알아달라고 하지 않아도 다들 알아주는 것이 민심임에도 불구하고 뭐가 그리 조급한지 애원한다. 목적은 오간 데가 없고 홍보만 휑하니 남는다. 뭔가 이상해도 한참 이상하게 된다. 그렇다고 홍보 예산이 모두 불필요하다는 것은 아니다. 아래의 사례 4)를 읽어보자. 홍보 예산은 불필요한 오해를 줄이기 위해 필요한 것임을 알 수 있을 것이다.

◆ **사례 4) [한·미 FTA] 노무현 대통령 화났다**

> 노무현 대통령이 지난 3일 한미 자유무역협정(FTA) 타결과 관련한 장·차관 워크숍을 주재하면서 관련산업 피해를 부실하게 보고한 일부 장관들을 질책한 것으로 밝혀졌다.
>
> 6일 청와대와 정부 부처들에 따르면 정부는 한미 FTA 협상 타결 발표 하루 뒤인 3일 오후 청와대 영빈관에서 노 대통령과 각 부처 장·차관, 국정과제 위원 등 140여 명이 참석한 가운데 워크숍을 가졌다. 워크숍은 김현종 통상교섭본부장의 협상결과 보고에 이어 7개 부처 장관들이 피해 및 대책을 보고한 후 종합토론을 벌이는 형식으로 진행됐다.
>
> 문제는 분야별 보고에 나섰던 김성진 해양수산부 장관의 발언 도중 불거졌다. 김 장관이 명태·민어 어업이 큰 영향을 받게 된다는 식으로 **추상적으로 보고하자** 노 대통령은 "명태잡이를 하는 어민이 몇 명이나 되냐"며 구체적인 질문을 하기 시작했다. 이어 김 장관이 명태 어민이 900명이라고 답하자 노 대통령은 얼굴이 일그러지면서 **"도대체 900명이 피해를 입는다는 예상을 놓고 어떻게 FTA 타결로 어업계 피해가 엄청나다는 식으로 보고할 수 있느냐"**며 질타한 것으로 전해졌다.
>
> 노 대통령은 또 "명태시장이 얼마고 선원은 얼마인데, 15년 동안 이 선원들이 얼마만큼 줄어들도록 할 것이고, 이건 이렇게 보상하겠다. 정부는 어느 정도 예산을 들이면 될

<u>것 같다</u>. <u>이렇게 간략하게 (설명하면) 길게 설명할 필요가 없다</u>"며 답변의 가이드라인까지 제시했다.

　워크숍은 이처럼 피해가 예상되는 해양수산부·농림부 등 부처 장관들이 예상 피해금액에 대해서는 구체적으로 보고하고 대책을 강조한 반면 FTA 체결에 따른 예상 성과는 추상적으로 보고하는 식이었다고 참석자들은 전했다.

　노 대통령은 "각 부처의 안이한 자세로 FTA 협상이 총론에서는 이기고 각론에서는 패해 결국 국회비준 동의를 받지 못하는 결과를 낳을 수 있다"며 "피해대책을 과장해 보고할 것이 아니라 경쟁력을 어떻게 강화할지에 대한 대책을 집중적으로 마련하라"고 지시했다. 노 대통령은 또 "앞으로 한미 FTA 타결 내용에 대한 **대국민 홍보**가 중요한 만큼 각 부처 실무 국·실장이 아닌 정부 부처 장·차관이 직접 나서서 국민 설득에 나서라"고 지시한 후 토론 시작 전에 자리를 뜬 것으로 알려졌다.

　노 대통령은 7개 부처 장관으로부터 보고를 받을 때마다 이처럼 세세한 수치까지 점검해나갔다. 결국 종합토론에 들어가기 전에 워크숍 예정시간이 지나갔고, 이에 노 대통령은 "토론과정에서 나는 할 말을 다 했으니 필요하면 토론을 더 하시라"고 당부한 뒤 자리를 먼저 떴다.

　정부는 노 대통령의 지적에 따라 각 부처별로 구체적이고 실증 가능한 피해 보고와 함께 경쟁력 강화 방안을 구체화한 보완대책을 만들어 권오규 부총리 겸 재정경제부 장관이 다시 발표할 예정인 것으로 전해졌다.

서울경제(2007.04.06)

　노무현 대통령의 말씀이 따끔하다. 현미경으로 예산을 분석하는 것의 의미가 무엇인지 잘 보여주는 사례이다. 대충대충은 안 된다. 본질을 모르고 한 덩어리로 몰려다니는 예산은 더 이상 예산이 아니다. 부처의 장관 수준의 예산분석가는 자신이 속한 부처 이해관계만 무턱대고 대변하려고 하면 안 된다. 해수부 장관 다음 차례는 누구였을까? 아마 그 분은 엄청 떨고 있었을 것 같다.

제3수 우리집 살림살이(2)에서 살펴본 '스마트 복합쉼터에 설치될 스마트기술 접목 시설(안)'을 다시 한번 살펴보자. 과연 이중에서 스마트하다고 인정할 만한 것은 무엇인가?

종류	개념	예상비용(원)	시설별 효과
스마트 휴지통	• 휴지통 상단에 센서를 부착하여, 적재량, 기울기, 화재발생유무 등 정보를 제공하여, 즉각 대응가능	7,500,000 - 1개당 150만 원	◦ 쉼터 청결 유지 및 이용자 편의 제공 ◦ 또한, 효율적 관리가 가능하므로 관리비용을 절감할 수 있을 것으로 예상
스마트 가로등	• 에너지 절감형 LED 조명 설치하고, 동작·음성 감지 센서를 통해 가로등 밝기를 조절 가능 ※ 복합쉼터 내 범죄예방을 위해 CCTV, 안내전광판 설치 가능	120,000,000 - 1개당 600만 원	◦ 전력 절약 및 이용자 안전 확보
스마트 주차장	• 주차 노면에 센서를 매설하여 주차상황을 파악하고, 졸음쉼터 안내표지판에 주차여유대수를 표출	48,000,000 - 센서 1개당 100만 원 - 전광판 1개당 600만 원	◦ 도로이용자에게 주차 정보를 사전에 제공함에 따라 이용자 만족도 제고 ◦ 또한, 주차면수를 미리 안내함으로써, 더욱 안전하게 쉼터 진입가능
기상 환경 정보 알림	• 쉼터 인근에 IOT 기반의 대기질 측정을 통한 미세먼지 정보, 기상·강우 정보 등 생활환경정보 안내	10,000,000 - 1개당 500만 원	◦ 기상정보를 제공함에 따라 이용자 만족도 제고
스마트 관광 안내	• 인근 관광지, 관광코스, 경로, 소요시간 등을 안내할 수 있는 키오스크 등 설치	5,000,000 - 1개당 250만 원	◦ 인근 관광지 등의 정보를 제공하여 이용자 만족도 제고, 지역 관광지 수요를 높여, 지역경제 활성화에 이바지
스마트 캐노피	• 차량용 캐노피에 태양광을 활용한 LED 조명을 부착하여 야간에 조명역할 수행	120,000,000 - 주차면 1개당 400만 원 ※ 일반차량 주차면 기준	◦ 전력 절약 및 친환경 에너지 활용
스마트 방음벽	• 쉼터 이용객의 편안한 휴식·수면유도를 위한 방음벽에 태양광 패널을 부착하여 친환경 에너지활용	180,000,000 - 1m당 300만 원 ※ 높이 4m, 길이 60m 스마트 방음벽 적용	◦ 소음 예방을 통한 이용자 편의 제공 및 친환경 에너지 활용
전기차 충전소	• 전기차 이용자의 편의제고를 위해, 전기 충전 인프라 구축 ※ 단, 환경부에서 무료로 설치와 운영관리 수행	40,000,000	◦ 국도에서도 전기차 충전을 위해 이동하는 거리·시간 단축에 따른 편의 제고 ◦ 전기차 이용자 편의제고에 따라 이용자 확대
WIFI Free Zone	• 쉼터 내 이용자 편의 제고를 위해 무료 Wifi 서비스 제공	110,000 - 매달 1개당 ※ 설치비용 포함	◦ 국민 통신비 약 146억 원 절감('18년 고속도로 기준)

※ 자료 : 국토교통부

이 중 무엇이 꼭 필요한 사업일까? 물음을 구체적으로 바꿔보자. 우리 집 살림살이라고 하더라도 스마트 휴지통을 150만원을 주고 구입할 것인가? 또한, 전기차 충전소, Wifi는 기존의 졸음쉼터에서도 충분히 설치가 가능한 것이다. 겉만, 이름만 스마트한 것이 아닌지 잘 살펴보아야 한다. 속까지 스마트할 때 예산을 반영해 주어야 한다. 다시 한 번 강조하고자 한다. 현미경은 단순히 잘게 부수는 것을 넘어 본질과 비본질을 구분해 내는 것이다.

언어에 현혹되지 말자

최근 예산을 보면 사업명에 '스마트'가 붙은 경우가 많다. 네트워크, 빅 데이터 등 우리 말 대신에 은근슬쩍 예산에 자리 잡은 이러한 외래어들은 생각보다 강력한 힘이 있다. 무엇보다 일단 미래지향적 사업, 더 늦기 전에 서둘러야 할 사업이라는 이미지를 떠올리게 한다. 하지만 꼼꼼히 따져서 정말 스마트 한 것인지, 정말 네트워크를 형성하는 것인지, 정말 빅 데이터를 분석하는 것인지 등등을 살펴보아야 한다. 위의 사례에서 스마트 휴지통, 스마트 주차장은 일반 휴지통 및 주차장과 비교하여 어느 정도나 스마트한 것인지를 분명히 분석해야 한다. 우리말을 잃어가는 것도 억울한데 예산마저 족보도 없는 외래어가 쉽게 차지하도록 내버려 두어서는 안 된다.

에필로그 Epilogue

　삼삼은 심복들이 물러간 다음 자신의 후계자에 대해 생각해 보았다. 오오와 칠칠 중 누가 나을 것인가? 둘 다 딱히 마땅치 않아 보였다. 그렇다면 나는 과연 어떠한가? 나의 삶은 당당한 것이었던가? 국가의 이익과 당파의 이익이 충돌할 때 과연 무엇을 우선했는가? 그러고 보니 당파의 이익이 곧 국가의 이익이라고 생각하고 달려온 인생이었다. 양자가 반드시 일치했던가? 어느 것이 본질이었던가? 눈을 감고 뒤돌아보니 옅은 미소 속에 눈물이 맺혔다.

제5수

사실과 의견

水

물 · 수

水자는 '물'이나 '강물', '액체'라는 뜻을 가진 글자이다. 水자는 시냇물 위로 비가 내리는 모습을 그린 것이다. 水자의 갑골문을 보면 시냇물 주위로 빗방울이 떨어지는 모습이 그려져 있는데, 이것은 '물'을 표현한 것이다. 그래서 水자가 부수로 쓰일 때는 대부분이 '액체'나 '헤엄치다', '범람하다'와 같이 물과 관련된 의미를 전달하게 된다. 참고로 水자가 부수로 쓰일 때는 氵자나 氺자로 바뀌게 된다.

출처 : 네이버 한자사전, [한자로드(路)] 신동윤

물에 물 탄 듯 술에 술 탄 듯 하면 안 된다.
물은 물이고 술은 술이다.

물 · 수

하늘의 달과 연못의 달이 서로를 시샘하듯 밝음을 뿜어내는 늦은 10월의 보름, 경복궁 경회루에 황제 선보, 영의정 삼삼, 병조판서 이이 세 명이 앉았다. 술잔은 황제가 돌렸고 마시기는 셋이 똑같이 마셨다. 늦게 오른 취기는 오래갔다.

"짐은 말이요, 술을 **음미**할 줄 알게 되면서 정치를 조금씩 알아가는 듯하오. 오늘 허심탄회하게 이런저런 일들에 대해 말하면서 회포를 풀어보고자 하오."

이런저런 농이 오고가기를, 자시(子時)에 이르자 삼삼이 더 이상 참지 못하고 말하였다.
"폐하, 10만 양병은 불가하옵니다."

"그럼 손 놓고 도적들에게 당해야 한다, 이 말이오?"
황제가 취한 눈에 힘을 주며 말했다.

"도적을 막아야 하는 것에야 누가 토를 달 수 있겠나이까? 문제는 집안의 살림살이입니다. 작금의 열악한 살림으로는 도저히 장병 10만 명을 둘 수 없나이다."

"맞소이다. 어느 한 쪽이 전쟁을 불사하더라도 빼앗으려 하고, 다른 한 쪽은 어떡하든 전쟁을 피하려 한다면… 누가 이기겠소. 힘이 있어야 전쟁을 막을 수 있다는 것은 동서고금의 **사실**이 아니요?"

황제는 술에 취한 것인지, 술에 취한 척을 하는 것인지 황설수설로 답한 후 하늘의 달과 연못의 달을 한 번씩 바라본 후 이이에게 넘치도록 술을 따르며 물었다.

"그렇다면 병판은 나라살림도 고려해 보지 않고 짐에게 건의를 했는가?"

이이가 두 손으로 받은 술로 목을 축인 후 답하였다.

"폐하, 소신의 고민도 바로 거기에 있었습니다."

"무슨 좋은 방도라도 있소이까?"
"세입을 늘리고 세출을 감해야 하옵니다."

"민생이 지금 파탄지경입니다. 천부당 만부당 하옵니다."
삼삼이 고개를 절레절레 흔들며 말하였다.

"두 분 다 그만그만, 오늘은 여기까지 합시다. 그래도 오늘 두 분께서 목적에는 합의하신 겁니다."

제5수 水 사실과 의견

1장 사실과 의견의 준별(峻別)

1. 사실과 의견을 엄격히 구별해 보자.

우리는 그동안 양자의 구별을 소홀히 해왔다. 논쟁의 이유가 사실인지, 의견인지 헷갈리는 경우가 많았다. 21세기의 오늘날, 사실을 의견으로 받아치고, 의견을 사실로 받아치면서 싸우는 모습을 보면 참으로 가관이다. 합리성이라는 이성에 기반을 둔 인간의 분석능력이 과연 발전적으로 진화하고 있는 것인지 의심스럽기 짝이 없다. 제5막 중 선보, 삼삼, 이이의 대화에서 사실과 의견을 구분해보자.

> **삼삼**: "폐하, 10만 양병은 불가하옵니다."(의견)
>
> **삼삼**: "도적을 막아야 하는 것에야 누가 토를 달 수 있겠나이까?(사실) 문제는 집안의 살림살이입니다.(사실) 작금의 열악한 살림으로는 도저히 장병 10명을 둘 수 없나이다."(의견)
>
> **선보**: "맞소이다. 어느 한 쪽이 전쟁을 불사하더라도 빼앗으려하고, 다른 한 쪽은 어떡하든 전쟁을 피하려한다면… 누가 이기겠소. 힘이 있어야 전쟁을 막을 수 있다는 것은 동서고금의 사실이 아니요?"(사실과 의견의 혼합)
>
> **이이**: "세입을 늘리고 세출을 감해야 하옵니다."(의견)
>
> **삼삼**: "민생이 지금 파탄지경입니다.(사실 또는 의견) 천부당만부당 하옵니다."(의견)
>
> **선보**: "두 분 다 그만그만, 오늘은 여기까지 합시다. 그래도 오늘 두 분께서 목적에는 합의하신 겁니다."(사실 또는 의견)

2. 모든 분석은 사실과 의견으로 구성되어 있다.

분석을 하고자 하는 자는 당연히 사실과 의견을 구분할 수 있어야 한다. 사실과 의견이 자기 위치에게 이탈하면 분석은 길을 잃고 헤매기 시작한다. 특히 의견이 사실 행세를 하고 돌아다니기 시작하면 쌈박질이 될 뿐이다. 다음의 웃지 못 할 이야기를 들어보자.

> 시장선거에서 OO시의 빚이 얼마인지를 두고 두 후보가 열띤 논쟁을 했다. 빚의 규모가 적다는 후보는 단식부기를 전제로 채무(debt)가 10조라고 말하고 있었고, 빚의 규모가 많다는 후보는 복식부기를 전제로 부채(liability)가 20조라고 말하고 있었다.
>
> **무엇이 사실이고 무엇이 의견인가?**
>
> OO시의 빚은 사실이다. 계량화할 수 있는 협의의 사실이다. 이 사실을 가지고 자기가 주장하는 액수가 사실이라고 말한다. 빚은 채무로 볼 수도 있고, 부채로 볼 수도 있다. 일반적으로 채무란 정부가 직접 갚을 의무가 있는 액수를 말하고, 부채는 채무뿐만 아니라 공기업 부채, 4대연금 부족액, 민자사업 손실보전액 등 정부가 보증을 선 채무를 포함한다. 둘 다 맞는 이야기를 하면서 상대방이 틀렸다고 주장하고 있는 것이다. 더 큰 문제는 이런 논쟁을 하고 나서 2차 선거토론에서도 똑같이 반복하고 있었다는 점이다. 우리의 수준이 이렇다. 이래가지고서야 어디 토론이 되겠는가? 21세기가 한 참 지난 우리 사회가 아직도 가치관이나 의견에 따라 다투는 것이 아니라 사실에 대한 오해로 서로 헐뜯는 것은 우리 사회의 비극이다. 싸우다 보면 왜 싸우는지 모르고 싸우는 경우가 있다. 사실과 의견이 자기 분수를 잃어버리고 날뛰기 시작할 때 자주 발생한다. 이런 경우 속히 사실은 사실로, 의견은 의견으로 자기 자리로 돌아가야 한다. 그래야 OO시의 빚을 줄이는 방안 즉, 미래를 위한 대안을 찾을 수 있게 된다.

왜 동일한 사실을 가지고 내가 맞다, 또 다른 내가 맞다고 논쟁을 하는 것일까? 몇 가지 이유를 추정해 볼 수 있다. **하나**, 사실을 사실인줄 모르는 것이다. 아는 것과 모르는 것을 구분하지 못함에서 시작된 무지가 원인이다. 세상이 웃긴 것은 모르는 자가 알고 있다고 착각할 때이다. 착각의 깊이가 깊을수록 목소리가 커지면서 아는 자를 눌러버린다. **둘**, 사실을 사실로 인정하기 싫은 경우다. 사실이 사실임을 알면서도 알량한 자존심을 지키기 위해 사실을 인정하지 않는 경우이다. 우리는 역사를 왜곡하는 사례를 알고 있다. 왜곡이 또 다른 왜곡을 낳는다는 것도 잘 알고 있다. 이런 경우 지구를 떠나고 싶어질 때가 있다. **셋**, 사실에 대한 해석이 다른 경우다. 시각을 고정시키는 도그마가 원인인 경우가 많다. 자기가 쓴 안경으로 사물을 바라보니 자기가 보고 싶은 것만 보게 된다. 미리 결론을 내려놓고 사실을 보니 사실이 사실로 보이지 않는 것이다. 빚이 늘었다고 결론을 내려놓고 보니 빚이 늘어난 것으로 보이는 것이고 빚이 줄었다고 결론을 내려놓고 보니 빚이 줄어든 것으로 보이는 것이다. 이처럼 빚의 증감은 변하지 않는 사실임에도 보는 사람에 따라 빚이 늘기도 줄기도 하는 것이다.

2장 사실 그리고 의견에게 각자의 길을 묻다

1. "○○씨에게 드리는 고언"

강사 ○○씨가 민족대표 33인을 폄훼했다며 그 후손들이 반발하고 나섰다는 보도 직후 ○○씨는 자신의 SNS에 입장문을 올렸습니다. 설 씨는 입장문 말미에 '지나친 표현이 있었다는 꾸지람은 달게 받겠다'며 사과의 뜻을 밝혔습니다. 하지만 주된 내용은 '민족대표 33인에 대해서 여전히 비판적인 입장을 가지고 있다'는 것이었습니다. 속 시원한 사과는 분명히 아니었습니다.

■ "보도는 ○○씨의 **사관**을 문제 삼은 게 아니다"

3·1 운동 당시 〈독립선언서〉에 서명한 민족대표 33인. 기독교 측 16명, 천도교 측 15명, 불교 측 2명으로 구성됐다. 3·1 운동을 촉발한 주역들이지만 조선 민중보다 소극적으로 행동했다는 평가도 나온다. 보도는 민족대표 33인을 비판적으로 바라본 ○○씨의 사관을 지적한 게 아니었습니다. ○○씨의 말대로 민족대표들에 대한 후대의 평가는 엇갈리는 게 사실입니다. 기자가 취재한 역사학자들도 저마다 다양한 견해를 갖고 있었습니다. 어떤 학자는 이들을 '3·1 운동을 이끈 선구자'라고 치켜세운 반면 다른 학자는 '리더십이 부족했다'거나 '무책임했다'고 꼬집기도 했습니다.

■ "**사실**을 곡해하는 선정적이고 단정적인 표현이 문제"

고급 요릿집인 태화관. 애초 민족대표들은 탑골공원에서 〈독립선언서〉를 낭독하기로 했지만 태화관으로 장소를 변경했다. 기자가 문제 삼은 부분은 역사적 사실을 곡해하는 ○○씨의 선정적이고 단정적인 표현이었습니다. ○○씨의 강의와 책 내용을 종합해보면 다음과 같이 정리할 수 있습니다.

제5수 水 사실과 의견

"민족대표 33인은 '우리나라 1호 룸살롱' 태화관에 모여 대낮부터 '술판'을 벌였다. 태화관으로 간 이유는 손병희와 사귀는 '마담' 주옥경이 태화관에서 일하고 있었기 때문이었을 걸로 보인다. 마담이 안주를 더 준다거나 할인해준다고 했을지 모른다. 술에 취한 손병희는 '행패'를 부리기도 했다. 민족대표 측의 '일방적인 약속 파기'와 '엉뚱한 행동'으로 3·1운동은 시작도 못하고 무산될 위기에 처했다."

○○씨의 표현은 3·1 운동 지도부인 민족대표 33인을 낮게 평가하는 정도를 넘어섰습니다. 이 정도면 비판적 시각이라기 보단 일방적 깎아내리기에 가깝습니다. 국사학자들은 하나같이 ○○씨의 표현이 부적절하다고 지적했습니다. ○○씨처럼 민족대표 33인을 비판하는 학자들마저 ○○씨의 강의 내용이 저속하고 단정적이라고 꼬집었습니다.

■ ○○씨의 강의 내용을 뒷받침할 <u>사료</u>는 있는가?

○○씨 측에 강의 내용을 뒷받침할 사료가 있는지 물었더니 이메일로 답변이 돌아왔습니다. 태화관을 룸살롱이라고 표현한 이유에 대해선 지난 2001년 한 정치외교사 전공 교수가 신문에 쓴 칼럼을 근거로 들었습니다. 이 칼럼은 '야사(野史)'를 기반으로 쓴 가벼운 글이었는데 사료라고 볼 수는 없었습니다. 또 술판을 벌였다는 근거로는 박은식의 '한국독립운동지혈사'의 일부분을 발췌해 보내줬습니다. 한국독립운동지혈사에는 '태화관에서 일제히 축배를 들고는'이라는 표현이 나오는데, 설 씨는 축배를 술판으로 **해석**했습니다.

■ 민족대표 33인 대부분이 변절했다?

"오등(吾等)은 자(玆)에 아(我) 조선의 독립국임과…"로 시작되는 독립선언서는 왼쪽부터 세로쓰기로 내용을 서술하고 마지막에 '공약삼장(公約三章)'과 민족대표 33인의 이름을 나열하였다. 보도로 촉발된 민족대표 33인 폄훼 논란은 이들의 친일 변절 논란으로까지 번졌습니다. 강의를 다시 들어보니 ○○씨는 민족대표 33인 대부분이 3·1 운동 이후 변절했다고 **주장**하고 있었습니다. 과연 ○○씨의 주장은 타당할까. 지난 2009년 민족문제연구소가 발간한 친일인명사전을 살펴봤습니다. 민족대표 33인 가운데 이 사전에 이름이 오른 사람은 '최린', '박희도', '정춘수' 세 명입니다. 이갑성이란 인물이 일본의 밀정이었다는 논란이 있기는 하지만 확실한 증거는 없는 상황입니다.

민족대표 대부분은 독립선언으로 징역 1년 6월에서 3년 사이의 실형을 살았고, 옥살이 이후 독립운동을 이어간 인물도 적지 않습니다.

■ ○○씨에게 드리는 고언

○○씨는 인문학의 대중화에 기여했다는 평가를 받는다. 딱딱한 역사를 쉽고 재미있는 언어로 대중화한 ○○씨의 공적은 높게 평가할 만합니다. 그러나 알기 쉽게 전달하려다 역사적 사실을 엉뚱하게 기술하는 우를 범해선 안 됩니다. ○○씨는 한국사를 연구하는 학자가 아니라 역사교육을 전공한 선생님입니다. 선사시대부터 근현대사까지 모두 아우르다 보니 크고 작은 오류가 나오는 건 어쩔 수 없는 일일지도 모릅니다. 그래서 중요한 게 **열린 마음**입니다. 학계의 여러 의견을 겸허하게 수용하고 진지하게 고민하는 태도는 ○○씨의 강의를 더욱 품격 있게 만들어 줄 거라 믿습니다.

아울러 ○○씨에게 한 가지 부탁드리고 싶은 점이 있습니다. 이번 사태로 상심이 클 민족대표 33인의 후손들과 얼굴을 마주하고 얘기하는 자리를 마련해주시길 바랍니다. 후손들은 노구를 이끌고 어렵게 ○○씨의 사무실을 찾았지만, ○○씨를 만나기는커녕 통화조차 할 수 없었습니다.

역사에는 정답이 없습니다. 박근혜 정부의 국정교과서가 문제 된 것도 한쪽의 시각에서 역사의 정답을 찾으려 했기 때문입니다. 일방적인 폄훼는 곤란합니다. 사료에 기반한 서로 다른 사관의 건전한 토론만이 우리의 역사를 빛낼 것입니다.

출처 : SBS 뉴스 "역사에는 정답이 없습니다"(2017.03.20.)

무엇이 사실이고 무엇이 의견인지를 구분하는 것이 분석의 전제조건이다. 영어 공부를 위해 미국의 고등학교 검정고시 모의고사 문제를 풀어본 적이 있다. 상당수 문제가 사실과 의견을 구분하는 문제였다. 즉 대학에서 공부할 수 있는 능력을 검증하기 위해 사실과 의견을 제대로 구분할 줄 아는지를 묻고 있는 것이었다. 사실과 의견을 완벽히 구분한다는 것은 쉬운 일은 아니다. 그래도 준별해야하기에 그 차별성을 알아보고자 한다.

제5수 水 사실과 의견

1) 사실은 반론 또는 반박이 불가능한 것이다. 가치판단이 부재한 객관 그 자체다. 정확성이 생명이다. 사실은 정확하면 맞는 것이고 정확하지 않으면 틀린 것이다. 둘 중 하나다. 틀린 사실이 우리 사회를 얼마나 분열시켜왔는지는 굳이 말하지 않겠다. 사실을 이기려면 사실을 왜곡해야 한다. 이 정도 되면 감당할 수 없는 결과를 초래할 수 있다. 독도가 우리 땅임은 사실이다. 그렇다면 자기 땅으로 주장하는 나라는 사실을 왜곡하고 있는 것이다.

믿음과 사실의 차이

우리는 자주 믿음을 사실로 착각하며 산다. 주의를 요한다. 독도가 자기 땅이라고 우기는 나라 사람들은 그렇게 믿고 있는 것이다. 믿음은 사실보다 강력해서 이를 바꾸기란 여간 어려운 것이 아니다. 우리가 단일민족이라는 것은 믿음인가? 사실인가? 예산분석가는 양자를 반드시 구별할 수 있어야 한다. 예를 들어, 공공임대 아파트에 살지도 않고 살아본 적도 없는 사람들이 공공임대 아파트는 거주자의 만족도가 낮다고 한다. 공공임대 아파트에 거주하는 사람들이 실업율이 높은 것으로 보아 거주자의 일할 의욕이 낮다고 한다. 과연 그럴까? 실업 상태에 있는 사람들이 공공임대 아파트에 입주할 비율이 높아서 생긴 현상이 아닐까? 믿음에서 벗어나 사실에 집중해야 한다. 어쩌면 예산분석은 믿음이 사실인지 여부를 가리는 것부터 시작해야 할 것이다. 이와 관련하여 **사회구성주의[Social Constructionism]**는 예결산분석에 시사하는 바가 크다.

> 사회의 어떤 요소나 특정 사태가 가지는 의미, 개념, 함축 등에 대해서 연구하며, 나아가 사회 구성원들이 이 요소나 사태를 어떤 방식으로 받아들이고 바라보는지에 대하여 탐구하는 사조이다. 사회구성주의는 개개인들이나 집단이 바라보는 사회의 현실을 어떻게 구성해내는지에 집중한다. 곧 사회적 현상이 어떻게 만들어지고 체계화되며 사람들에게 알려지고 전통으로 받아들여지는지를 연구하는 것이다. 그러나 사회

> 구성주의에서 제시하는 설명들은 그 사회에 속하지 않은 사람들이 바라보는 현실이나 실재를 반영하지 않을 수도 있으며, 그 사회에서 단순하게 잘못 만들어낸 가짜 설명일 수도 있다.

[네이버 지식백과] 사회구성주의(두산백과)

2) **의견**은 반론 또는 반박이 가능한 잠정적 사실이다. **근거**가 생명이다. 근거가 허약하면 반론 또는 반박에 버틸 수가 없다. 근거가 없다면 좋게 보면 **주장** 또는 추측이고 나쁘게 보면 **억지** 또는 억측에 불과하다. 과학의 도움을 받아야 단단한 의견이 될 수 있다. 단단함이 층층이 쌓이면 언젠가는 사실이 될 수 있을 것이다. 종종 미래의 대안이라는 모습으로 제시되기도 한다.

3) ○○씨의 결정적 잘못은 **근거**를 제시하지 못했다는 점이다. 근거가 없었다는 점은 그저 한 개인의 **주장**에 불과한 것이다. 하지만 많은 사람들은 ○○씨의 인기로 인해 이를 다시 인용하여 근거로 활용할 가능성이 높다. 여기에서 엄청나게 불행한 결과를 초래할 수 있는 씨앗이 발아하고 있는 것이다. 각주의 중요성 즉, 어디서 보고 어디서 읽었는지 분명히 밝혀야 한다. ○○씨가 저지른 잘못은 배운 자들이 상당히 자주하는 잘못이다. 예산분석에서도 의식적이든 무의식적이든 자주 발생한다. 의견은 사실의 자리를 호시탐탐노리고 있다. 절대 경계를 늦추어서는 안 된다. 좀더 따지고 올라가면 신문 칼럼 및 한국독립운동지혈사의 근거까지도 밝혀야 한다. 또한, 근거를 제시했다고 다 근거가 되는 것은 아니다. 근거 자체가 근거의 자질을 가지지 못하는 경우가 많다. 근거답지 않은 근거를 근거다운 근거로 포장하는 장난질은 절대 해서는 안 된다.

4) 만약 사실의 성격과 의견의 성격을 동시에 가지고 있다면, **이런 경우 어떻게 해야 할 것인가?**

하나, 사실은 사실대로, 의견은 의견대로 분리하되 사실의 범위를 좁힌다. 애매하면 의견이다. 최협의의 사실 외에는 사실이 아니라는 사실을 명심하자.

제5수 水 사실과 의견

둘, 근거를 제시할 수 있는 의견과 근거를 제시할 수 없는 의견으로 구분한다. 근거를 제시하는 경우 자신의 의견을 지지하는 근거 외에 자신의 의견과 다른 의견을 지지하는 근거를 모두 살펴보아야 한다. 다 소개해야 한다. 다시 한 번 강조하지만 근거를 제시하지 못하는 의견은 의견이 아니다. 대체로 그저 하나의 주장일 뿐이다. 추측 또는 억측은 상상력의 소산에 불과하다. 당당히 개인적 주장임을 밝히든지 과감히 버려야 한다.

여기서 한 가지 짚고 넘어가야 할 것은 **사관**이다. 개인들이 역사를 바라보는 관점이다. 사실이 역사적 사실이 될 수 있는 것은 바로 사관 때문이다. 서로 존중해 주어야 할 것이다. 역사적 사실은 사실이 아니라 해석된 사실 즉, 의견이다. 사실과 의견의 접점은 다음의 말에서 찾아 볼 수 있을 것이다.

"사료에 기반한 서로 다른 사관의 건전한 토론만이 우리의 역사를 빛낼 것입니다."

2. 다음의 예산은 일반적으로 삭감해야 하는 예산의 예로 자주 등장한다. 이 중 사실에 가까운 내용과 의견에 가까운 내용은 무엇인가?

① 각종 보고회 및 축제 등 **행사성 예산**
② 보조금 지급 등 **선심성 예산**
③ 효과가 낮은 사업에 대한 **낭비성 예산**

행사성 예산은 보고회, 축제 등의 예가 있다는 점에서 사실에 근접한 것으로 보이고 효과가 낮은 사업이라는 낭비성 예산은 주관적이라는 점에서 의견에 가까우며 보조금 지급 등 선심성 예산은 중간 정도 될 것이다. 따라서 낭비성 예산을 삭감하기 위해서는 행사성 예산 또는 선심성 예산보다 더 강력한 근거가 필요할 것이다.

3. 의견이 사실이 되고 싶다면? 다음의 문장 중 사실과 의견을 구분해보자.

① 우리나라의 주택 보유세율은 낮다.
② 우리나라의 평균 주택 보유세율은 주택가격의 0.1%이다.

①은 의견이고 ②는 사실이다.[54] 그렇다면 ①을 ②처럼 사실로 만들 수는 없을까? 만약 ①의 문장을 '우리나라의 주택 보유세율은 미국과 **비교**하여 낮다'로 고치면 사실인가? 의견인가? 또는 ①의 문장을 '○○연구소에 따르면, 우리나라의 주택 보유세율은 낮다'라고 고치면 사실인가? 의견인가?

비교 또는 **인용**을 통해 의견을 사실에 접근시킬 수 있다. 물론 이런 경우에 상당한 주의를 요한다. 미국의 주택 보유세는 50개 주의 미국의 평균을 의미한다. **평균**은 모든 것을 다 설명하지만 그만큼 다양한 측면을 녹여버린다. 결국 아무것도 설명하지 못하는 경우가 허다하다. 평균은 사실로 대접받기에 항상 의심받아야 하는 기준이다.

논문, 학술지, 책, 연구소의 의견 등이 나의 의견에 힘을 보태주는 근거가 되는 것은 맞다. 하지만 자기가 원하는 근거만을 찾아서 제시하는 것은 올바른 태도가 아니다. 잘못하면 편파적 분석이 될 가능성이 많으니 역시 주의해야 한다. 천동설을 사실로 바라보던 시절이 있었다는 사실은 사실이 아닌 것(천동설)이 사실처럼 돌아다닐 수 있다는 사실을 두렵게 바라보게 한다. 문제의 대부분은 의견이 사실의 지위를 취득하려 할 때이다. 우리는 21세기에도 천동설이 있을 수 있다는 자세를 가지고 매사를 의심해야 한다.

참고로, 《논어》 위정편 제17장, 공자의 말씀을 음미해보자.

---

54) 여기서 사실이라는 것은 문장의 내용이 맞다는 의미가 아니라 문장의 형태가 사실이란 뜻이다.

제5수 水 사실과 의견

> 子曰: "由! 誨女知之乎? 知之爲知之, 不知爲不知, 是知也."
>
> (자왈: "유! 회여지지호? 지지위지지, 부지위부지, 시지야.")
>
> 공자께서 말씀하셨다. "유야! 너에게 안다는 것이 무엇인지 가르쳐줄까? 아는 것을 안다고 하고 모르는 것을 모른다고 하는 것, 이것이 아는 것이다."

※ 네이버 – 논어의 문법적 이해

나는 여기에 이런 말을 보태고 싶다.

"사실을 사실로 알고, 의견을 의견으로 아는 것 이것이 아는 것이다."

선보생각: 음미

인간은 모든 것을 음미할 줄 알아야 한다. 그래야 어른이 된 것이다. 당연히 예산도 음미의 대상이다. 밥은 삼키기 전에 오래 씹어야 제대로 된 밥맛을 알 수 있다. 술도 맛을 알려면 조금씩 목을 축이듯 입에서 한참을 가지고 놀다가 넘겨야 한다. 원샷(one shot)으로는 술맛을 알 수 없다. 속 쓰림만 기다리고 있을 뿐이다. 예산도 다르지 않다.

예산의 참맛을 알기 위해서는?

오래오래 생각하고 가다듬고 씹어보라. 이 사업은 맛이 단지, 이 사업은 맛이 쓴지 등을 알아보기 위해 돋보기로 크게 보았다가 현미경으로 잘게 보았다가를 반복하면서 예산의 맛을 음미해 보라. 그래야 남들이 맛볼 수 없는 예산의 참맛, 그 신세계를 경험할 수 있을 것이다.

3장 전문위원 예·결산검토보고서의 추구 가치

정부가 편성한 예산안은 국회의 심의를 거쳐 예산이 된다. 상임위원회 및 예산결산특별위원회의 예·결산심의에서 중심이 되는 전문위원 검토보고서의 추구 가치를 살펴보면 다음과 같다.

1. 객관성

사실과 관련되는 가치다. 기본은 사업을 잘 설명(소개)해 주는 것이다. 설명만 있고 의견이 없으면 80점 이상이고, 의견만 있고 설명이 없으면 0점이다. 사실의 나열만으로도 무슨 말인지 알 수 있는 경우가 의외로 많다.

사실을 흩트리는 단어

공무원 A는 지방의회의 예산심의로 파김치가 되어 집에 들어간다. 오늘도 아내와 아들은 큰소리로 싸우고 있다. 아내는 아들이 학교에서 돌아와서 **내내** 게임을 했다고 하고, 아들 녀석은 내가 언제 내내 게임을 했냐면서 **항상** 엄마가 생사람 잡아서 너무 스트레스를 받는다고 난리다. 나이가 들어 정년퇴직하게 된 공무원 A는 당시의 상황을 회고하면서 후배들에게 이렇게 말했다.

"사람 간에 대화를 할 때에는, 특히 어떤 주제를 놓고 논쟁을 할 때에는 상대방의 마음의 소리를 들어야 합니다. 그래야 진심(본질)이 보이죠. 그 당시 저는 아내와 아들이 왜

> 싸우는지 알 수 없었죠. 그런데 지금 와서 보니 세상에 문제가 '**내내**', '**항상**'이라는 단어에 있었지 뭡니까? 이런 지엽적인 말로 인해 상대방의 진실이 그리고 대화의 본질이 왜곡될 수 있다는 점을 여러분들은 잊지 마십시오."

Less is More이라는 말이 있다. 사실을 전달할 때에는 간략하게 군더더기 없이 표현해야 한다. 불필요한 형용사, 부사가 사실을 사실로 인정하지 않으려는 사람들에게 말꼬투리로 붙잡히기 십상이다. 굳이 그럴 필요가 없지 않겠는가!

2. 전문성

의견과 관련되는 가치다. 사실과 의견을 혼동하거나 논리의 오류, 비약이 있어서는 안 된다. 믿을 수 있는 근거, 근거다운 근거를 제시해야 한다. 올바른 의견을 제시하기 위해서는 올바른 근거를 제시할 수 있어야 한다. 검토보고서의 전문성은 조사관이나 전문위원의 개인적 전문성도 중요하지만 방법론을 통한 전문성 역시 중요하다. 예산분석에서 주로 근거로 활용할 수 있는 것들을 정리하면 다음과 같다.

- **문헌조사**: 통계자료(2차 자료), 논문, 보고서(국정감사, 감사원 감사, 연구기관의 보고서 등), 공청회, 신문 등
- **심층면접**: (대표성 있는) **이해관계자**를 만나서 들어보았는가?
- **현장조사**: 현장에서 보았는가? 한 장의 사진이 수 십 페이지의 검토보고서보다 설득력이 클 수 있다.

누군가 그러는 소리가 들린다. "이걸 어떻게 다 해요?" 맞다. 넘쳐나는 자료들을 어떻게 근거로 만들어 낼 수 있단 말인가? 그래서 방법론이 필요하다. 신문의 칼럼을 읽었다고

해보자. 이를 근거로 활용하기 위해서는 칼럼을 쓴 분과의 만남(심층면접)을 해보고 그 현장에도 가보는 것이다. 이러면 근거다운 근거를 만들어 낼 수 있다. "그래도 이건 물리적으로 불가능한 것 아닌가요?" 틀렸다. 힘들지만 불가능하지는 않다. 일단 예·결산 검토보고서는 정기국회에 한 달 정도의 시간을 투자해서 적당히 작성하는 것이 아니다. 1년 내내 해야 한다. 그리고 돋보기를 잘 다루어서 중점 대상 사업을 골라내야 한다. 명심하라. 그대들이 안 하면 할 사람이 없다.

3. 정치적 중립성

검토보고서의 생명과도 같다. 정치적 중립성이 전제된다는 것은 전문위원 검토보고서의 한계이자 매력이다. 우리나라의 어떤 보고서도 정치적 중립성이 전제·추정 되는 보고서는 없다. 정치적 중립성의 반대는 당파성이다. 개인적 선호가 반영되지 않고 어느 당파에도 흔들리지 않는 것, 이것이 바로 정치적 중립성이다. 그렇다고 단순히 내일 비 올 확률이 50%라는 식의 글이 중립성을 지킨 것은 아니다. 양적으로 당파성의 중간에 있는 값을 넘어 참의 값을 제시할 수 있을 때 진정한 의미의 정치적 중립성이 인정될 수 있다. 비록 그 값이 어느 당파가 원하는 값이라 할지라도 말이다.

여기서 중요한 점은 전문위원 검토보고서가 일회용으로 끝나는 것이 아니어야 한다는 점이다. 전문위원 검토보고서의 축적(전문위원 검토보고서의 근거로 전문위원 검토보고서가 활용되는 경우 등)에 의한 신뢰도 제고도 중요하겠지만 타 기관간의 연계성도 중요하다. 예·결산심의에서 반영되지 못하였더라도 정부의 예산안 편성에 반영될 수 있는 것이고 감사원 감사의 시작점을 제공할 수도 있다. 물론 위에서 근거의 예로 다루었듯이 타 기관의 보고서가 전문위원 검토보고서에 근거로 활용되어야 한다. 이렇게 관료, 학자들의 보고서를 통한 선순환이 활발해지면 예산분석의 공동체가 형성될 수 있다. 그래야 어떻게든 올해만 넘기면 된다는 마음가짐을 고칠 수 있고 더 나아가 예산의 정치화를 완화할 수 있다.

제5수 水 사실과 의견

 **산 너머에는 무엇이 있을꼬?**

산 근처에 가보지도 않은 자가
마치 산 너머에 살아 본 듯 말한다

산 정상에 올라가 보고
산 너머를 다녀온 사람을 만나 물어보고
산 너머에 사는 사람을 찾아가 보고
산 너머를 다녀온 사람이 쓴 책을 읽고 나서
산 너머를 말해야 함에도……

근거 없는 의견은 주장일 뿐임에도
마치 산 너머에 살아 본 듯 말한다

문제는 이런 주장이
그 빌어먹을
플라스틱처럼 썩지 않고
차곡차곡 쌓여
세상을 혼탁하게 한다는 점이다

산 너머를 보지도 않은 사람들이
마치 생생히 본 것처럼 주장질하여
고만고만한 고것들이 서로 부딪혀
자신이 맞다고 머리 깨지게 싸우는 사회를
도대체 어떻게 바라보아야 하는 것인가?

┃: 에필로그 Epilogue

선보 황제는 이이와 삼삼을 돌려보낸 후 경회루 바닥에 대(大)자로 들어 누웠다. 황제의 눈에는 이이는 구름 사이의 달과 같았고 삼삼은 연꽃 사이의 달처럼 보였다. 오늘 술자리에서 나눈 말들을 음미해 보았다. 우리는 과연 합의에 이른 것일까? 대충 얼버무리고 만 느낌이 들었다. 삼삼이 최대한 양보한다고 하더라도 국방이 중요하다이지 10만 양병은 아닐 것이다. 더군다나 이이가 세입을 늘리고 세출을 감해야 한다고 했으니……. 술이 깰 것 같았다.

제6수

이이와 삼삼의 논쟁(1)

須

모름지기 · 수

須자는 '모름지기'나 '틀림없이'라는 뜻을 가진 글자이다. 須자는 頁(머리 혈)자와 彡(터럭 삼)자가 결합한 모습이다. 須자는 본래 '수염'을 뜻했던 글자였다. 須자의 갑골문을 보면 턱수염이 난 사람이 그려져 있었다. 고대 중국에서 수염은 남성의 상징이면서도 성인의 증표였다. 그래서 수염이 자라기 시작하면 누구나 당연하게 수염을 기르려 했다. 須자가 '수염'이라는 뜻으로 쓰이다가 후에 '모름지기'나 '틀림없이'라는 뜻을 갖게 된 것도 바로 이 때문이다. 남자가 수염을 기르는 것은 당연하다는 뜻이었다.

출처 : 네이버 한자사전, [한자로드(路)] 신동윤

모름지기 변해야 통할 수 있다.
변하지 않으려는 모든 시도를 거부한다.

제6수 須 이이와 삼삼의 논쟁(1)

| 예결산 분석의 수 |

須 모름지기 · 수

삼삼은 보름달의 볼 살이 빠지기도 전에 이이의 집을 찾아 갔다. 이이가 반갑게 맞았다.

"영상께서 누추한 집까지 어인 일이십니까?"

"이유야 다 아는 것이 아닙니까?"
삼삼이 무뚝뚝하게 답했다.

"병조판서가 이렇게 누추한 곳에 사셔서야 백성들이 어떻게 볼지 심히 걱정입니다."

"집에 먹을 것이 별로 없어서…"
"봉급 받아서 다 어디다 쓰시길래. 어디 숨겨 놓은 처자라도 있소이까?"

"영상께서 어찌 아시었소. 제가 자식 부자라는 것을. 하하하!"
"내가 이래서 병판을 조정에서 쳐낼 수가 없다니까. 하하하!"

이이와 삼삼은 서로의 양손을 잡고 허리를 한껏 꺾고 웃었다.

사실 삼삼은 두 해 전에 **특수활동비**를 빼돌렸다는 죄목으로 이이를 탄핵한 적이 있었다. 당시 대사헌이던 오오가 주도한 감사에서 이이는 특수활동비를 출처를 알 수 없는 곳에 사적으로 사용한 것이 분명하다는 것이 밝혀졌다. 하지만 이이가 탄핵되어 옥에 갇혔다는 소식을 듣고 마포의

한 고아원 원장이 신문고를 통해 폐하에게 고한 내용은 조정을 논쟁의 장으로 만들었다. 이이는 특수활동비 전액을 정기적으로 고아원에 기부하고 있었던 것이다.

한 편은 이이의 행위가 아무리 선행이라 하더라도 불법이라는 것이었고, 다른 한 편은 이이의 특수활동비 사용이 죄라면 우리 중에 죄가 없는 사람이 과연 누구냐고 반문하고 있었다.

이때 삼삼이 나섰다.
삼삼은 탄핵을 주도한 일에 대해 황제 선보와 이이를 포함한 조정 대신들 앞에서 진심으로 사과했다.

그 요지는 이렇다.
이이의 행동은 죄가 있고 없고의 문제를 넘어, 신하된 자가 국가 예산을 어떻게 써야 하는 것인지를 보여준 사례로 이이의 탄핵에 찬성한 것은 숲은 보지 못하고 나무만을 보는 우를 범한 것이다.

당시의 상황을 사관은 이렇게 평했다.
이이의 선행도, 사과할 줄 아는 삼삼의 용기도 아름다웠다.

"술과 안주는 내가 가져왔으니 오래간 만에 둘이 한잔 합시다."

"무슨 돈이 있으시다고. 이런 걸 다"
이이는 사양할 뜻이 전혀 없어 보였다.

"걱정 마시오. 오는 길에 주막에서 **업무추진비**로 오징어 숙회와 막걸리 한 병 산 것이니…"

"주막에서 업무추진비 쓰시면 안 됩니다. 잘못하면 저처럼 탄핵당하십니다. 하하하"

"그러니 그대와 같이 먹는 것 아니겠소. 하하하"

서로 옛 이야기를 주거니 받거니 하다가 삼삼이 자세를 고치고 따지듯 물었다.

"백성들의 삶이 호락호락하지 않은데 도대체 어떻게 세수를 늘리겠다는 말이요."

"양반과 부자들의 세금을 올리면 됩니다."
이이의 답에는 주저함이 없었다.

"이이, 자네 순진한 것이요, 아님 순진한 척 하는 것이요. 양반과 부자들이 순순히 자기들 돈을 내놓을 것 같소. 오히려 세수의 총량이 줄어들 가능성마저 있소이다. 혹시라도 그 가능성을 어렵사리 벗어났다고 하더라도 결국 어려워지는 것은 일반 백성들이라는 것을 모르시오."

이이의 말에 삼삼이 받아치고 삼삼의 말을 이이가 받아치면서 이야기는 밤새 계속되었다.

············

"또한, **일자리**를 늘리면 됩니다."

"농지는 한정되어 있는 데 늘리기는 뭘 늘린다는 말이요?"

"상공업을 장려하여 세수를 확보해야 합니다."

삼삼은 자신의 귀를 의심하는 듯 눈을 떴다 감았다를 서너 번 반복했다.

"뭐라고, 상공업! 그럼, 누가 농사를 짓는단 말이요! 기어이 나라의 근본을 흔들 생각이요!"

"**변통(變通)**해야 합니다."

"**「만언봉사(萬言封事)」**#로 조정을 시끄럽게 하더니만 또 그 이야기를 꺼내서 어쩌자는 거요! 변하는 것도, 적응하는 것도 근본이 튼튼해야 가능한 것이오. 뿌리를 뽑으면 모든 것이 무너지는 것이란 말이오."

삼삼은 더 이상 이야기를 나눌 필요가 없다는 듯 상을 박차고 나왔다. 바람이 찼다.

「만언봉사(萬言封事)」
1574년(선조 7) 1월 이이(李珥)가 왕에게 올린 1만 2천 자가 넘는 상소문이다. 여기서 변통과 관련된 부분을 정리해 본다.

> 신의 생각으로는 정치는 때를 아는 것을 귀하게 여기고 일은 실질적인 것에 힘쓰는 것을 중요하게 여깁니다. 정치를 하면서도 때에 알맞게 할 줄 모르고 일을 당하여 실질적인 결과에 힘쓰지 않는다면, 비록 성왕과 현신이 만난다 하더라도 다스림의 효과를 거둘 수 없을 것입니다. […] 이른바 때에 알맞게 한다는 것은 때에 따라 변통해서 법을 제정하여 백성을 구제하는 것을 말합니다. 정이(程頤) 선생께서 『주역』에 대해 논하여 말하기를 "때를 알고 형세를 아는 것이 『주역』을 배우는 큰 방법이다."라고 하셨고, "때에 따라 변화하여 바꾸는[變易] 것이 바로 영원한 도이다."라고 하였습니다. 법이란 시대에 따라 제정하는 것이어서 시대가 변하면 법도 같지 않게 되는 것이기 때문입니다.
> <u>순(舜) 임금이 요(堯) 임금을 계승하였으니 당연히 다르게 할 것이 없어야 했을 터인데도 9주(州)를 나누어 12주로 만들었고, 우(禹) 임금이 순 임금을 계승하였으니 당연히 다르게</u>

제6수 須 이이와 삼삼의 논쟁(1)

할 것이 없어야 했을 터인데도 12주를 바꾸어 9주로 만들었습니다. 이것이 어찌 성인들이 변화시켜 바꾸기를 좋아해서 이겠습니까? 단지 때에 따른 것에 불과합니다. 예부터 후세에 이르는 수천 년 동안 역대의 다스려지고 어지러웠던 자취는 대체로 이와 같습니다만, 때를 따라 폐단을 잘 구제했던 것은 오직 하(夏)·은(殷)·주(周)의 삼대에서 볼 수 있을 뿐입니다.

　삼대 이후로는 폐단을 구제했던 일이 본디 드물기도 하지만, 그 올바른 방법을 다하지도 못하였습니다. 대체로 때를 따라 변할 수 있는 것은 법령과 제도이며, 고금을 통하여 변해서는 안되는 것은 왕도(王道)와 인정(仁政)과 삼강(三綱)과 오상(五常)입니다. 후세에는 원리와 시행방법[道術]이 밝혀지지 못해서 변해서는 안 되는 것을 고치고 바꾸는 때가 있었고 변할 수 있는 것을 굳게 지키는 때도 있었습니다. 이것이 잘 다스려지던 날은 언제나 적고 어지러운 날들이 언제나 많았던 이유입니다.

※ 네이버 지식백과 – 이이의 변통론(조선 전기 경세론과 불교비판, 2004, 강중기)

「만언봉사」에 따르면 아무리 훌륭한 성인이 만든 제도라고 하더라도 시간이 흘러 상황이 변하면 바뀌어야 할 것들이 있기 마련이다. 역사를 보면 변해서는 안 되는 것을 바꾼 때와 변해야 하는 것을 굳게 지킨 때가 있었다고 한다. 우리 시대 변해야 할 것과 변하지 말아야 할 것은 무엇일까? 과연 우리는 변해야 할 것과 지켜야 할 것을 구분하고 있는가? 그리고 이를 실천하고 있는가? 중(中)은 시중(時中)이어야 한다는 점을 잊지말자.

1장 '예산집행'의 참뜻

예산집행이란 국회에서 확정된 예산을 실제 현장에서 사용하는 것이다. 예산안을 심의·확정하는 것이 작곡가의 영역이라면 예산을 집행하는 것은 연주자의 영역이다. 작곡가가 '도도도'로 작곡하면 연주자는 자신만의 해석을 통해 도도도를 연주해야 한다. 그저 도도도를 연주하면 따분한 연주가 될 것이고 도도도를 벗어나면 연주가 아니라 작곡을 한 것이 된다. 연주자의 능력은 도도도내에서 자신만의 해석과 느낌을 담아낼 수 있어야 한다. 그러기에 집행은 그리 쉬운 일이 아니며 예산분석가는 집행을 통해 예술의 경지에 이를 수 있는 것이다.

청년인턴 사업에 관한 예산안 세부내역을 살펴보자.

[2025년도 청년인턴 운영 내역사업 예산안 세부내역]

(단위: 천 원)

사업명	금액	산정내역
청년인턴 운영	2,964,947	-
일용임금 (110-04)	2,522,000	- 1차: 2,238,816천 원 = 178명 × 6개월 × 10,030원 × 209시간 - 2차: 282,996천 원 = 45명 × 3개월 × 10,030원 × 209시간 - 단수조정: +188천 원
일반수용비 (210-01)	40,000	- 청년인턴 교육행사 등 운영비
	20,000	- 청년인턴 채용 비용
국내여비 (220-01)	100,000	- 청년인턴 정책현장 등 방문: 10,000천 원 × 10회
고용부담금 (320-09)	282,947	- 일용임금 × 11.25%

※자료 : 행정안전부, 「2025년도 예산안 각목명세서」를 바탕으로 재작성

제6수 須 이이와 삼삼의 논쟁(1)

정부는 청년실업율이 높아지자 중앙행정기관 등에서 청년들을 인턴으로 고용하는 사업을 추진했다. 기본적으로 이런 유형의 사업에 대해 부정적 입장을 견지하고 있던 차에 담당자를 만날 수 있었던 기회가 있었다.

우선 청년인턴들이 자신들이 원하는 분야에서 일하는지를 물었다. 수요조사를 통해 되도록 원하는 부서에서 일할 수 있도록 배려한다고 했다. 청년들이 만족하냐고 묻자 만족도 조사를 하고 있고 그 조사를 업무에 반영하고 있다고 했다. 중도포기자가 얼마나 되느냐는 질문에 상당수 중도포기자가 취업때문이라고 했다. 결국 청년인턴의 중요성은 청년인턴이 취업에 도움이 되느냐에 있다고 하자, 사실상 많은 도움을 줬다는 조사결과를 보여주었다.

작곡자로서의 예산분석가의 입장에서 연주자로서의 예산분석가의 대답을 들으니 마음이 흡족했다. 작곡이 대충대충이더라도 연주가를 잘 만나면 훌륭한 곡이 될 수 있겠다는 생각이 들었다.

이제 음악의 세계에서 예산의 세계로 넘어와보자. 예산은 당연히 예산심의 과정에서 확정된 사업의 목적 범위 안에서, 목적 달성을 위해 집행되어야 한다. 「국가재정법」과 「지방재정법」은 이를 명확히 하고 있다.

「국가재정법」

제45조(예산의 목적 외 사용금지) 각 중앙관서의 장은 세출예산이 정한 목적 외에 경비를 사용할 수 없다.

「지방재정법」

제47조(예산의 목적 외 사용금지) 지방자치단체의 장은 세출예산에서 정한 목적 외의 용도로 경비를 사용할 수 없다.

하지만 예산의 목적을 어떤 범위로 한정하여 볼 것인지는 만만한 문제가 아니다. 병조에 배정된 특수활동비는 병조가 수행하는 업무 중 '기밀유지가 요구되는 정보 및 사건 수사, 기타 이에 준하는 국정수행 활동'에 직접 소요되는 경비에 집행되었어야 한다.[55] 따라서 이이가 고아원에 특수활동비를 기부한 것은 예산의 목적 외 사용이라 하겠다. 그런데 마음 한 구석에서 우리나라에 이이 같은 정치인이 많이 나왔으면 좋겠다는 생각이 떠나질 않는다. 분명 목적 외 사용으로 위법인데도 왜 그런지 모르겠다. 우리 역사에서 대통령이 재임 시절 국정원장들로부터 특수활동비를 받은 혐의로 징역형과 추징금을 선고받았던 일이 있었다. 만약 대통령이 특수활동비로 고아원 등 사회적 약자들을 아무도 모르게 도와주었다면 어땠을까? 법적 책임이야 피해갈 수 없었겠지만 정치적·도덕적 책임을 물을 수 있었을까? 여론의 극적 반전이 있지 않았을까?

예산집행과 관련하여 《한국재정》에서 발췌한 글을 읽어보자.[56]

> 예산집행과정에서 중요한 문제는 **예산의 통제**와 **예산집행의 자율성**을 어떻게 조화시킬 것인가이다. Thomas D. Lynch는 예산집행의 목적을 책임의 확보, 효과성과 능률성의 확보, 신축성의 유지 등에, A. Premchand는 법률적 책임의 확보, 재원이용의 능률성 달성, 신축성 유지 등에 두고 있다.
>
> J. Burkhead의 견해에 따르면 (ⅰ) **(입법부의 의도구현과 재정한계 엄수)** 국회를 통과한 예산이란 사업계획에 관한 입법부의 의도를 계수적으로 표현한 것이다. 따라서 예산집행에서 행정기관의 임무는 이러한 입법부의 의도를 구현하는데 있다. 이러한 의미에서 예산의 목적 외 사용은 원칙적으로 금지되며, 「국가재정법」도 이를 규정하고 있다. 입법부 의도의 구현은 다른 면에서 재정한계의 엄수로 나타난다.

---

55) 「2024년도 예산 및 기금운용계획 집행지침」, 기획재정부
56) 박기영, 《한국재정》, 법우사, 2018, p.584

(ii) (신축성의 유지) 예산 성립 후의 여건 변동에 대응하여 능률성을 제고하기 위한 신축성의 유지이다. 예산은 국회에서 의결하는 내역대로 집행하는 것이 원칙이나, 경기침체 등의 경제적 변수, 천재지변, 회계연도 중 정권교체 등으로 예산집행의 신축성을 부여하기 위해 일정 범위 내에서 이용·전용, 이월 등을 허용하고 있다. 위 두 가지 목적은 상호 모순되는 측면이 있지만, 입법부의 의도구현과 재정한계의 엄수가 예산집행의 주된 목표이고, 신축성의 유지는 보완적 목표라고 할 수 있다.

다음으로 예결산 분석사례를 통해 예산집행에서 목적 외 사용금지의 의미를 구체적으로 살펴보도록 하자.

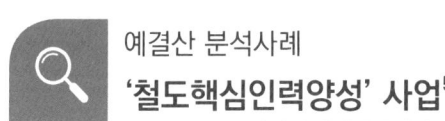

예결산 분석사례
'철도핵심인력양성' 사업[57]

(가) 개요

'철도핵심인력양성' 사업은 세계 최고 수준의 철도 기술을 확보하고 국내 기업의 해외 철도시장 진출을 지원하는 전문인력을 양성하기 위하여 관련 학과의 학생들에게 장학금을 지급하거나 교육·훈련 프로그램을 지원하는 사업임.

2018년도에는 예산액 13억 7,600만 원을 전액 집행하였으며, 이·전용이나 이월은 없었음. 동 사업은 2013년부터 계속되고 있는 민간보조사업으로 한국철도협회[58]가 주관기관으로서 사업을 관리하고 있음.

---

57) 2018회계연도 국토교통부 소관 결산 및 예비비지출 승인의 건 검토보고서 참조
58) 한국철도협회는 「철도산업발전기본법」 제13조의2에 따라 설립된 법정단체임.

【2018년도 철도핵심인력양성 사업 결산】

(단위: 백만 원)

사업명	예산액		전년도 이월액	이·전용등	예산현액	집행액	차년도 이월액	불용액
	본예산	추경						
철도핵심 인력양성	1,376	1,376	-	-	1,376	1,376	-	-

(나) 사업 내용의 임의변경

동 사업은 국회가 당초 심의·의결한 세부사업의 내용을 집행 단계에서 임의로 변경함으로써「국가재정법」제45조에 따른 '예산의 목적 외 사용금지' 원칙에 부합하지 못하는 것으로 보임.

국토교통부가 국회에 제출한 "2018년도 예산안 및 기금운용계획안 사업설명자료"에 따르면 동 사업의 2018년도 예산안 13억 7,600만 원은 철도특성화대학원(6억 4,800만 원), 철도특성화대학(5억 6,800만 원), 국제철도전문가과정(1억 6,000만 원) 등 3개 세사업으로 구성되어 있으며, 국회는 정부가 제출한 사업설명자료를 토대로 심의한 결과 2018년도 예산 13억 7,600만 원을 확정하였음.

그러나, 국토교통부는 2018년 3월 당초 계획했던 정책목표를 달성하였다는 이유로[59] 내부 결재를 거쳐 기존의 철도특성화대학원 사업과 철도특성화대학 사업을 철도장학금(1억 원)으로 통합하는 한편 해외 발주국가의 공무원(공공기관 포함)을 대상으로 우리나라의 최신철도기술과 문화를 교육하는 "글로벌 연수과정(10억 7,600만 원)"을 신설하는 등 사업내용을 변경하였음.

---

59) 당시 내부결재 자료에 따르면 당초 670명의 전문인력을 양성하고자 하였으나, 이보다 669명이 많은 1,339명의 전문인력을 양성하였다고 설명하고 있음.

【철도핵심인력양성사업의 사업내용 변경 현황】

변경 전	변경 후
① 철도특성화대학원(6억 4,800만 원): 철도분야 석박사에게 장학금, 국내외 학술비, 기자재 및 시설비 지원	① 철도장학금(1억 원): 철도관련 대학 입학자 중 성적이 우수한 학생에게 3년동안 장학금 지급
② 철도특성화대학(5억 6,800만 원): 철도분야 학부생에게 장학금, 학생교류협력비, 교재개발비 등 지원	② 글로벌연수과정(10억 7,600만 원): 중앙아시아, 동남아시아 국가의 공무원을 대상으로 우리나라의 철도기술과 문화를 학습하는 연수과정 운영
③ 국제철도 전문가 과정(1억 6,000만 원): 교육과정 운영을 위해 강사료, 현장학습비 등 지원	

변경된 세사업 중 '철도장학금'은 기존의 '철도특성화대학원'이나 '철도특성화대학' 세사업과 장학금을 지급한다는 측면에서 유사한 점이 있으나, 당초 '철도특성화대학원' 사업 등을 통해 지원하기로 계획했던 12억 1,600만 원에 비해서는 금액이 크게 줄어들었음.[60]

또한 '글로벌 연수과정'은 외국 공무원을 대상으로 교육과정을 운영하는 일종의 국제협력 사업[61]으로서 철도 유관기관 및 기업체 재직자를 대상으로 교육과정을 운영하던 '국제철도전문가과정' 사업과는 성격이 다른 신규 사업임. 동 사업은 사업의 내용이 철도 전문인력의 양성이라는 사업목적에 부합하지 않는 측면이 있으며, 국토교통부는 동 사업을 「철도산업발전기본법」 제13조제2항[62]을 근거로 추진하였다고 설명하고 있으나, 동 조항에는

---

60) 국토교통부는 기존에 철도특성화대학원 지원 사업 등을 통해 지원받던 학생들에 대해서 당초 협약한 기간 만료 시(2018년 상반기)까지 장학금 지원을 계속하여 2억 원을 집행하였음.

61) 동남아·중앙아시아 등 해외 발주 가능성이 높은 국가의 공무원(공공기관 포함)을 대상으로 우리나라의 최신 철도기술과 문화를 학습할 수 있는 연수과정을 운영하는 사업으로, 2018년에는 몽골, 베트남, 카자흐스탄 등 11개국 22명을 대상으로 교육을 실시하였음.

62) 「철도산업발전기본법」
제13조(국제협력 및 해외진출 촉진) ② 국가는 철도산업의 국제협력 및 해외시장 진출을 추진하기 위하여 관련 기술 및 인력의 국제교류, 국제표준화, 국제공동연구개발 등의 사업을 지원할 수 있다.

> 국가가 인력의 국제교류를 지원할 수 있는 근거는 있으나, 외국의 인력에 대한 교육사업을 실시하는 근거는 없어 법적 근거가 미흡한 것으로 보임.[63]
>
> 국회가 예산안을 심의·의결하는 과정은 단순히 사업별로 규모만 확정하는 것이 아니라 정부가 재원을 활용하여 어떤 사업을 추진할 것인지 그 내용을 결정하는 것이므로, 「국가재정법」 제45조에 따른 "세출예산이 정한 목적"에는 사업의 내용도 포함된다고 볼 수 있음.
>
> 따라서 앞서 살펴본 바와 같이 정부가 예산안 심의·확정 당시 결정된 사업의 주요 내용을 집행 단계에서 임의로 변경하여 법적 근거가 미흡한 신규사업을 추진하는 것은 「국가재정법」 제45조의 취지에 비추어 부적절한 것으로 볼 수 있으며, 당초 계획했던 정책목표를 달성하여 기존에 국회가 심의·의결한 내용대로 집행할 필요가 없어졌다면 예산을 불용 처리하고, 새로운 사업을 다음 연도 예산안에 편성하여 국회의 심의를 거쳐 확정하였어야 한다고 판단됨.

왜 이런 일이 벌어졌을까? 담당 국장의 말에 따르면 이 예산을 집행하기 전에 그 동안의 예산집행 상황 등을 보고 받은 후 도저히 이대로 예산이 허투루 쓰여서는 안 된다고 판단하여 내역사업을 변경한 것이라고 한다. 예산 소위원회에서 엄청 깨진 후 소회의실을 나오면서 담당 국장이 중얼거리는 말을 잊을 수 없다.

"모처럼 상 받을 일을 했는데……."

---

63) 참고로 기획재정부의 2019년도 국고보조사업 연장평가에서 동일한 문제점을 지적하였음.

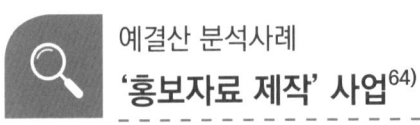

예결산 분석사례
'홍보자료 제작' 사업[64]

'통일정책 대국민 소통활성화' 사업 중 '홍보자료 제작' 사업으로 1억 4,900만 원을 집행하였음.

'홍보자료 제작' 사업의 당초 예산액은 7,300만 원이었으며, 이는 홍보자료 제작 발간비 5,000만 원과 계기별 홍보자료 제작비 2,300만 원으로 편성되어 있었음.

〈홍보자료 제작 예산내역〉

(단위: 백만 원)

구분	예산과목	예산액	예산내역
홍보자료 제작 발간	일반수용비 (210-01)	37	홍보자료 제작(2종 각 5,000부)
	공공요금 (210-02)	8	홍보자료 발송료
	국내여비 (220-01)	3	자료수집 등
	업무추진비 (240-01)	2	사업추진비
	소계	50	
계기별 홍보자료 제작	일반수용비 (210-01)	20	계기별 홍보자료 제작(2종 각 3,000부)
	공공요금 (210-02)	3	계기별 홍보자료 발송료
	소계	23	
합계		73	

그런데 예산현액은 당초 예산액에 7,600만 원이 증액된 1억 4,900만 원으로 이를 전액 사용하였음.

집행액 1억 4,900만 원의 내역을 보면 '○○○ 한반도정책' 책자발간(3만 5천 부) 및 발송비로 7,500만 원을 집행하였고, '통일향수 캠페인' 사업에 6,800만 원을 집행하였음.

---

64) 2017회계연도 통일부소관 결산 검토보고서 참조

〈홍보자료 제작 집행내역〉

(단위: 백만 원)

내역	세부내역	목별	집행액
OOO의 한반도정책 (평화와 번영의 한반도)	디자인, 자료제작, 인쇄비 등	210-01	64
	DM 발송용역	210-01	5
	DM 발송료	210-02	6
	합계		75
통일향수 캠페인	향수 구매(1,000개)	210-01	22
	전시체험행사장 제작 및 운영 용역	210-14	22
	공익광고 영상 제작 계약 용역	210-14	22
	전시회 소요 물품 임차	210-07	2
	합계		68
기타 운영비	출장비	220-01	3
	간담회비	240-01	2
	물품 구입	210-01	1
	합계		6
총계			149

한편, '통일향수 캠페인'은 이산가족 추억 속의 향이라는 감성 콘텐츠를 통해 평화통일 필요성을 공감하고 소통하기 위하여 이북 5도 이산가족의 사연을 담은 통일향수 5종[65]을 개발하여 전시행사(2회)[66] 및 영상광고 제작·송출을 위한 사업임.

그러나 '통일향수 캠페인'은 '홍보자료 제작' 사업과는 관련이 없으며, 통일 향수 5종을 수의계약으로 구매하였음.

---

65) 명사십리 해당화향, 회령 산딸기향, 대동강 솔향, 영변 옥수수향, 해주 바다내음향 향수
66) 파주전시: 2017.11.29.~12.2(4일간) 오두산통일전망대, 서울전시: 2017.12.8.~12.12(5일간) 청계천 시민누리공간 무교

수의계약을 한 사유에 대해서 통일부는 향수 공급 업체인 P사는 전문조향사를 운영하는 향수 제작·판매 업체로 이산가족·실향민 사연 맞춤형 향수를 공급할 수 있는 전문성을 보유하고 있다고 설명하고 있으나, 향수를 생산할 수 있는 대부분의 업체는 수요자의 요구에 따라 향을 첨가하여 제작할 수 있어, 이를 고도의 전문성이 필요한 업무로 보기 어려움이 있음.

한편, 1회 전시에 필요한 향수 수량도 종류별로 10병 내외이면 충분할 것으로 보이는데 종류별 각 200병 총 1,000병을 구매 한 것은 과다한 측면이 있음. 따라서 통일부는 예산 편성의 목적과 부합되게 예산을 집행하는 한편, 불필요한 지출을 줄여 국가재정의 효율성을 추구할 필요가 있다고 봄.

〈통일향수 계약 내역〉

(단위: 백만 원)

구매내역	집행액	구매업체	계약방식	비고
통일향수	22	P사(대표 이○○)	수의계약	향수 5종 1,000병(각 200병)

통일향수가 홍보자료 제작에 해당되는지 여부, 해당된다면 홍보의 목적을 제대로 실현하는 사업인지 여부, 실현할 수 있는 사업이라면 계약방식과 물품 수량은 적정했는지가 분석의 핵심이다. 예산의 목적 외 사용금지 원칙은 단순히 목적의 범위 내인지 밖인지의 문제를 넘어 사업 전반을 분석할 수 있는 틀을 제공해 준다.

2장 예산집행의 방식

　예산집행의 방식은 매년 기획재정부에서 각 부처에 통보하는 「**예산 및 기금운용계획 집행지침**」에 상세히 나와 있다. 이 지침은 일반지침, 사업유형별 지침, 비목별 지침, 자체이용·전용권의 범위 등에 관한 내용을 담고 있다. 따라서 집행 전에 항상 숙지할 필요가 있다. 그렇다면 영의정 삼삼이 **업무추진비**로 주막에서 오징어 숙회와 막걸리를 산 행위는 예산집행 방식에 있어 합당한 것일까? 업무추진비에 관한 집행지침(2024년도)의 내용을 살펴보자.

○ 업무추진비를 집행하고자 하는 경우에는 집행목적·일시·장소·집행대상 등을 증빙서류에 기재하여 사용용도를 명확히 하여야 하며, 건당 50만 원 이상의 경우에는 주된 상대방의 소속 및 성명을 증빙서류에 반드시 기재하여야 한다.
○ 각 기관은 업무추진비의 적정한 사용을 위해 "클린카드"를 발급받아 활용하여야 한다.
　- 다만, 국민권익위원회(舊국가청렴위원회)가 「공공기관 법인카드 제도개선방안('07.10월)」, 「클린카드 비리근절 내부통제 강화방안('11.10월)」, 「법인(클린)카드 사용의 투명성 및 내부통제 강화('14.10월)」에 따라 선정한 의무적 제한업종과 기관이 자율적으로 추가하여 선정한 제한업종에는 클린카드를 사용할 수 없다.

※ **의무적 제한업종**
- 유흥업종('한국표준산업분류'에 따라 접객요원을 두고 술을 판매하는 일반유흥주점, 무도시설을 갖추고 술을 판매하는 무도유흥주점)
- 위생업종(이·미용실, 피부미용실, 사우나, 안마시술소, 발마사지, 스포츠마사지, 네일아트, 지압원 등 대인 서비스)
- 레저업종(골프장, 골프연습장, 스크린골프장, 노래방, 사교춤, 전화방, 비디오방, 당구장, 헬스클럽, PC방, 스키장)

- 사행업종(카지노, 복권방, 오락실)
- 기타업종(성인용품점, 총포류 판매점)

○ 다음 각 호의 어느 하나에 해당하는 경우에는 클린카드 사용의 불가피성을 증빙자료를 통해 입증하여 품의를 받는 경우에 한하여 사용할 수 있다.
  (1) 법정공휴일 및 토·일요일
  (2) 관할 근무지와 무관한 지역
  (3) 비정상시간대(23시 이후 심야시간대 등) 사용
  (4) 업무를 위해 주류판매를 주목적으로 하는 업종에서 사용
  - 증빙자료 작성 시에는 일시, 장소, 목적, 집행대상, 구체적인 업무내용과 사유 등을 포함하여야 한다.

○ 원칙적으로 업무추진비는 현금으로 사용 할 수 없다. 또한, 불가피한 공식적인 업무를 위해 상품권을 구매한 경우 지급대장에 지급일시, 지급대상자를 반드시 기재하여 관리하여야 한다.
○ 공식행사 등 특별한 경우를 제외한 주류구매 및 주류판매를 주목적으로 하는 업종 사용은 지양해야 한다.
○ 업무추진비의 사용 관행을 개선하고, 투명한 사용을 위해 본 지침의 범위내에서 각 기관의 실정에 맞는 자체 세부지침을 마련하여 시행하여야 한다.
○ 각 기관의 회계, 감사부서에서 디브레인 시스템을 활용하여 주기적(월 1회이상)으로 클린카드 사용에 대한 모니터링을 실시할 수 있도록 부처 자체지침에 반영한다.
○ 각 기관은 「공공기관의 정보공개에 관한 법률」 및 동법 시행령에 따라, 기관장의 업무추진비 사용내역을 각 기관 홈페이지에 공개하여야 한다.

앞의 지침에 따르면, 삼삼이 업무추진비를 쓴 주막이 어떤 업종으로 등록되어 있느냐가 중요할 것이다. 유흥업종으로 등록되어 있다면 삼삼의 업무추진비 집행은 합당하지 않은

것이 되겠다. 업무추진비를 사용하기 위해서는 휴일 여부, 근무지 인근 여부, 심야시간대 여부, 금액 과다 여부 등을 다각적으로 검토해야 한다. 특히 술은 이래저래 조심해야 한다.

여기서 한 걸음 더 나가기 위해 업무추진비에 대해 조금 더 알아보도록 하자. 《2024년도 예산안 편성 및 기금운용계획안 작성 세부지침》에 따르면 업무추진비는 ⅰ) **사업추진비**: 외빈초청 경비, 해외출장지원 경비, 공식 회의 및 행사 경비, 사업추진에 특별히 소요되는 연회비 등 제 경비와 ⅱ) **관서업무추진비**: 대민·대유관기관 업무협의, 당정협의, 언론인·직원간담회, 체육대회, 종무식 등 관서업무 수행에 소요되는 경비로 나뉜다.[67] 업무추진비는 업무(사업)의 매끄러운 추진을 위해 이해관계자들과 소통에 소요되는 경비라고 할 수 있다. 소통을 하는 이유는 당연히 사업의 성과를 높이기 위한 것이다. 《난중일기》를 읽어보면 이순신 장군이 부하들과 식사와 술을 드시는 장면이 다수 나온다. 이런 자리를 소통의 자리로 활용하는 것이 리더십의 중요한 요소일 것이다.

특수활동비·업무추진비는 이해의 편의를 위해 예시로 든 것에 불과하다. 무릇 모든 예산을 편성·심의 및 집행함에는 목적과 수단을 동시에 고려해야 한다. 목적이 수단을 과도하게 누르거나 수단이 목적 알기를 우습게 알게 되면 목적을 위해 수단을 버리는 소심한 경우가 나오든지, 수단을 위해 목적을 버리는 대범한 경우가 나오게 된다.

---

67) 삼삼이 주막에서 결재한 막걸리와 오징어 숙회는 관서업무추진비로 편성된 예산이어야 할 것이다.

3장 증세의 효과 분석

국가나 가정이나 벌어들이는 돈이 많아야 삶이 여유롭고 윤택할 수 있다. 국가가 세입을 증가시키기 위해서는 세율을 높이거나 세원을 발견해야 한다. 하지만 증세에는 여러 가지 고려사항이 있다.

삼삼의 말을 통해 증세의 효과 분석시 고려할 사항을 살펴보자.

1. 조세 저항: "양반과 부자들이 순순히 자기들 돈을 내 놓을 것 같소."

조세에 관한 재미난 이야기를 들어보자.

> **[필동정담] 주택 보유세**
>
> 서울 강남의 집값 급등세가 이어지자 정부와 여당이 종합부동산세, 재산세 등 보유세 강화 방안을 계속 만지작거리고 있다. 이런 가운데 국토교통부가 지난 24일 전국 표준 단독주택 22만 채의 공시가격을 발표했다. 1년 전에 비해 평균 5.51% 올랐다. 최근 10년 사이 가장 높은 상승률이다.
>
> 그에 맞춰 재산세·취득세 등도 덩달아 오르게 된다. 사실 주택가격은 복잡하다. 어떤 잣대로 주택 보유세를 매겨야 하는지 700년 전부터 이런저런 시행착오를 겪은 이유다. 프랑스의 필리프 4세는 1303년 **창문세**라는 것을 도입했다. 집이 크면 창문도 많을 것이라는 생각에 바탕을 뒀다. 창문 숫자에 따라 세금을 매겼는데 엉성한 계산 방식이니만큼 조세저항도 컸다. 오래지 않아 폐지된 창문세는 영국과의 백년전쟁 도중 재정위기에 몰리자 1370년부터 20년간 되살아났다. 그러다가 프랑스 대혁명 이후에는 귀족이나 부자들을 옥죄는 수단으로 오랫동안 활용됐다.

> 영국에선 청교도와 전쟁하던 1662년 군비조달을 위해 **난로세**로 불리는 주택 보유세가 도입됐다. 벽난로가 몇 개인지에 따라 주택 규모가 결정된다고 생각하고 벽난로 숫자에 맞춰 세금을 매겼다. 그런데 여기엔 한 가지 큰 문제가 있었다. 세금 징수원들이 집안에 들어가 벽난로 숫자를 확인해야 했는데 그 과정에서 국민들의 조세저항이 거세게 분출했다. 결국 영국도 난로세를 창문세로 전환했다. 집 밖에서 창문숫자를 헤아려 세금을 부과하니 징수원들은 편해졌지만 그 대신 국민들이 세금을 줄이기 위해 창문을 막아버리는 사례가 잦아졌다. 햇볕이 부족한 영국에서 창문세가 더 지탄받은 까닭이다.
>
> 주택값은 갈수록 복잡해진다. 건축 기술과 재료가 과거에 비해 훨씬 다양해지고 있기 때문이다. 정부는 2005년부터 전국의 단독·다세대주택 집값을 공시하고 있다. 약 4개월 동안 전국 22만채에 이르는 표준단독주택 가격을 책정하다 보니 집 밖에서 창문숫자 헤아리듯 어림잡아 계산할 수밖에 없다. 10년 사이 가장 많이 상승한 지난해의 단독주택 공시가격을 놓고 이제 집주인들 반응이 궁금해진다. 집값 올랐다고 좋아할지 아니면 세금 많아진다고 싫어할지 다음달 23일까지 이의 제출을 받아보면 그 속내를 짐작해볼 수 있을 것이다.

※ 매일경제, 2018. 1. 25. 최경선 논설위원

세금을 올리는 것을 좋아하는 사람은 드물다. 따라서 저항이 뒤따르게 된다. 저항은 논리적으로, 현실적으로 그리고 정치적으로 일어난다. 아래에서 살펴볼 증세의 역습은 논리적인, 조세전가는 현실적인 저항이다. 정치적으로 조세저항이 일어나게 되면 정치인의 입장에서 상당히 부담스러울 수밖에 없다. 국민들을 어떻게 설득하느냐가 중요한 이슈가 될 것이다. 이것이 리더가 짊어지고 가야할 몫이다. 현대사회에서 증세는 모든 국민을 대상으로 일률적으로 이루어지기 보다는 소득구간 별로 차등적으로 이루어진다. 편을 가르게 된다. 하지만 많이 버는 자들이 마지못해 베푸는 시혜적인 것으로 생각해서는 안 된다. 그렇다고 많이 버는 자들에게 세금을 많이 물리는 것을 당연시 하는 뻔뻔한 사회가 되어서도 안 된다. 누군가 돈을 벌 수 있었던 것은 누군가의 보이지 않는 희생의 덕이다.

사회는 연결되어 있다. 서로가 서로에게 고마워 해야 한다. 고마움과 고마움의 균형점에서 세율이 결정되어야 한다.

2. 증세의 역습: "오히려 세수의 총량이 줄어들 가능성이 있을 것이고"

세율의 인상이 세수의 감소를 가져올 수 있다는 가설은 **래퍼곡선**(Laffer curve)을 통해 어렵지 않게 이해할 수 있다. 네이버 지식백과의 경제학 사전을 참조해 보면 다음과 같다.

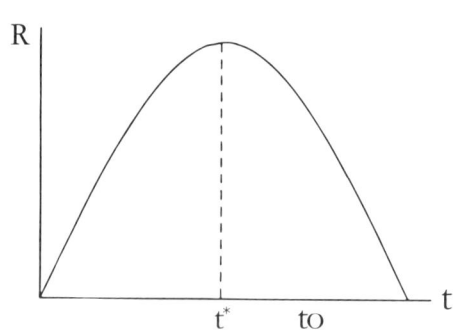

래퍼곡선은 공급중시 경제학 또는 공급측 경제학의 근간이 되는 이론을 설명하는 곡선이다. 공급중시 경제학은 기업가 등 경제주체에 대한 유인을 중시하고 있으며, 조세가 이에 중대한 영향을 미친다고 보고 있다. 래퍼(B. Laffer)는 세율의 변화가 경제주체들의 유인에 주는 영향을 통해 조세수입에 미치는 효과를 래퍼곡선으로써 상징적으로 설명하였다.

래퍼곡선은 세율 t와 조세수입 R과의 관계를 나타내고 있다. 래퍼곡선은 납세 후의 임금, 이자율, 이윤이 높을수록, 즉 세율이 낮을수록 노동의욕, 저축의욕 및 투자의욕이 제고된다는 사실을 전제로 하고 있다. 래퍼곡선에서는 정부의 조세수입이 0이 되는 세율이 두 곳 존재한다. 세율이 0%일 때 경제 주체들이 경제활동을 할 유인은 최대가 되지만 세금을 납부할 필요가 없으므로 조세수입이 없고, 세율이 100%일 때는 경제활동을 할 아무런 유인이 없으므로 역시 조세수입이 없다. 세율이 낮은 상태에서 어느 수준까지는 세율이 상승함에 따라 조세수입이 증가한다. 래퍼곡선에서는 적정세율인 t^*의 수준에 이르렀을 때 조세수입이 극대화된다. 그러나 t^*이상으로 세율이 증가하면 경제주체들의 유인이 감소하여 생산활동이 위축될 뿐만 아니라 지하경제의 번성과 탈세가 유발되어, 세율이 상승함에도 불구하고 조세수입은 감소한다.

원래 래퍼곡선은 세율의 인하가 조세수입의 증대를 가져와 재정적자를 줄일 수 있다는 것을 보여주려는데 그 목적이 있었다. 문제는 측정시점의 세율이 적정세율 t^*보다 큰 금지영역(prohibited zone)에 있는지의 여부에 대한 판단이다. 1980년대 초 미국의 공급 중시 경제학자들은 당시 미국의 현행세율이 t_0와 같이 금지영역에 속해 자원배분의 비효율을 야기하고 있으며 세율인하는 조세수입을 오히려 증가시킨다고 주장하였다. 특히 고소득층에 대한 세율인하는 이들의 탈세를 막는 한편 투자의욕을 고취시켜 경제를 활성화시킴으로써, 중·저소득층에로의 세금전가를 발생시키지 않을 수 있다고 주장하였다. 미국경제는 1970년대부터 인플레이션과 생산성하락이라는 문제로 시달려 왔으므로 수요관리정책을 중시하는 기존의 경제학자들은 이러한 상황에서 감세는 재정적자를 악화시키고 유효수요의 증가를 초래하여 인플레이션을 심화시킬 것이라고 생각했다. 그러나, 공급중시 경제학자들은 조세감면은 총수요에 크게 영향을 미치지 못한다고 생각하였으며, 또한 단기적으로는 재정적자를 증가시킬지 모르나 중장기적으로는 민간부문의 경제활동에 대한 유인을 제고하여 생산성을 향상시키고 이는 세원의 확대를 통한 세수증가를 가져와 재정적자를 감소시킬 수 있다고 주장하였다. 래퍼곡선은 이와 같이 감세를 통해 미국경제의 생산성을 향상시키고 잠재적 공급 능력을 증대시키려는 레이건 행정부의 경제정책기조를 뒷받침하였다.

래퍼곡선은 몇 가지 생각해 볼 점을 제시한다. **하나**, 세율인상이 근로의욕, 저축의욕, 투자의욕의 감소를 가져올 수 있다는 것은 사실일 것이다. 하지만 어느 정도의 감소를 가져올 것인가? 일하는 것이, 저축하는 것이, 투자하는 것이 이익이 된다면 인간은 일하고 저축하고 투자하지 않을까? '정도'의 문제를 가지고 '여부'의 문제로 보면 안된다.

둘, 국가가 많이 걷는 것도 문제지만 어디에다 쓰느냐는 더 큰 문제이다. 미래를 위해 조세가 쓰여진다면 반대할 수 있을까? 조세는 미래를 위해 현재의 희생을 감수하는 것이어야 한다.

셋, 오늘날처럼 글로벌 시대에는 세율 인상이 세율이 낮은 국가로 돈을 흘러 나가게 할 수 있다. 이 문제를 근본적으로 해결하는 방법은 우리나라를 세계에서 제일 매력적인 나라로 만드는 것이다. 그래야 사람들이 모여들고 그 사람들을 따라 돈도 덩달아 모여들 것이다.

넷, 무엇보다 래퍼곡선은 지극히 상식적인 그림을 통해 경제학의 한 학파의 기초를 만들어냈다. 우리 모두 신선한 아이디어만 있다면 세상에 이름을 남길 수 있다는 점을 래퍼곡선이 보여준다. 힘내자. 선보곡선을 만들지 못하라는 법이 어디에 있겠는가!

대학교 때 배운 래퍼 곡선을 창안한 래퍼 교수를 2024년 신문 기사를 통해 다시 만났다. 이유 물문 반가웠다.

소득세 낮춰야 경제 성장 vs. 슈퍼리치 추가 과세 필요

매일경제가 주최한 제25회 세계지식포럼 마지막 날인 11일 '래퍼 곡선'을 창안한 것으로 유명한 아서 래퍼 래퍼어소시에이츠 회장이 법인·소득세율 인상을 경고한 가운데, 이날 '피케티 수제자'로 유명한 가브리엘 쥐크만 UC버클리 교수가 슈퍼리치에 대한 과세 강화를 주장해 눈길을 끌었다.

'트럼프 경제통'이자 향후 미국 연방준비제도(연준) 의장 후보로 거론되는 아서 래퍼 래퍼어소시에이츠 회장이 11일 매일경제가 인천 영종도 인스파이어 엔터테인먼트 리조트에서 주최한 제25회 세계지식포럼에서 "세금을 낮춰야 경제가 발전한다"고 밝혔다. 반면

'피케티 수제자'로 이름난 가브리엘 쥐크만 UC버클리 경제학과 교수는 "초고액 자산가에 대한 세금을 높여야 한다"고 목소리를 높였다.

세율이 일정 수준을 넘으면 오히려 세수가 감소하는 '래퍼 곡선'을 창안한 것으로도 유명한 래퍼 회장은 이날 세계지식포럼 '아서 래퍼와의 대화' 세션에서 "부자들에게 더 많은 세금을 매긴다는 건 좋은 아이디어가 아니다"며 이같이 강조했다.

그는 "1913년부터 현재까지 미국의 소득세율 상한은 7%에서 90%를 넘는 수준까지 큰 폭으로 오르내렸다"며 "하지만 한 가지 변하지 않는 사실은 소득 상위 1%에 대한 세금을 줄일 때마다 미국 경제는 호황을 맞았고, 반대로 그들에게 고율의 세금을 부과하면 미국 경제는 침체를 겪었다는 점"이라고 강조했다. 이어 "조 바이든 대통령과 카멀라 해리스 부통령 정권이 세금을 대폭 인상하면서 경제가 둔화됐다"고 힘줘 말했다.

래퍼 회장의 생각은 경제가 인센티브에 따라 굴러간다는 데 중점을 두고 있다. 그는 대선후보로 나선 해리스 부통령 측이 내놓은 공약에 대해 "일하는 사람에게 세금을 더 내라고 하면서 일하지 않는 사람에게 보조금을 준다면 경제적 결과는 뻔하다"며 "일례로 미실현 자본소득에 대해 과세한다거나 법인세를 올리거나 소득세 최고세율을 높이는 것은 경제를 더 안 좋은 방향으로 가도록 유도하는 것과 다를 바 없다"고 꼬집었다.

'부의 평등'에 대한 자신의 철학도 밝혔다. 래퍼 회장은 "어떤 사람들은 부유한 1%의 소득을 줄여 나머지 99%와 동일하게 만드는 게 평등하다고 생각한다"며 "하지만 내가 생각하는 진짜 평등은 99%의 소득을 1% 수준으로 높여 동일하게 만들어주는 것"이라고 말했다. 이어 "부자를 가난하게 만들자는 엉터리 선동에 불과하다"고 덧붙였다. 래퍼 회장은 도널드 트럼프 전 대통령이 이번 미국 대선에서 승리할 경우 차기 연준 의장 후보로 유력하게 거론되는 인사다. 제롬 파월 연준 의장의 임기는 2026년 5월까지다.

도널드 트럼프 전 대통령 측은 래퍼 회장의 감세 주장과 마찬가지로 "내년에 대거 만료되는 감세 관련 법안을 연장할 것"이라면서 "현행 21%인 법인세율을 15%까지 대폭 낮출 것"이라는 공약을 내걸고 있다.

'트럼프 전 대통령이 당선되면 관세장벽을 높여 다른 국가들 경제에 타격을 줄 것이란 우려가 있다'는 사회자의 질문에 래퍼 회장은 "트럼프 전 대통령은 내가 아는 대통령 중

제6수 須 이이와 삼삼의 논쟁(1)

가장 '자유무역'을 신봉하는 사람이며 글로벌 사업가"라고 강조했다. 그는 "트럼프 전 대통령이 관세장벽 등을 내세우는 것은 유럽연합(EU)과 일본 등이 보호무역을 포기하고 자유무역 협상 테이블에 앉게 만들기 위한 방법일 뿐, 그는 보호무역주의자가 아니다"고 말했다.

반면 이날 오전 '공존을 위한 세금' 세션에 연사로 나선 쥐크만 교수는 '지속 가능한 성장'을 위해서는 초고액 자산가들에게 2% 정도의 세금을 추가 과세해야 한다고 주장해 눈길을 끌었다.

쥐크만 교수는 상위 1~5%에 해당하는 고액 자산가들은 나머지 부유층이나 중산층, 저소득층보다도 더 낮은 세율을 적용받고 있다는 점에서 소득세의 누진적 성격이 퇴색됐다고 비판했다. 그는 "프랑스만 봐도 초고액 자산가의 소득세율은 평균 25% 정도인 반면 일반 부자나 저소득층은 50%로 이런 경향은 미국이나 독일, 이탈리아도 유사하다"면서 "일론 머스크나 제프 베이조스 같은 빅테크 창업자들이 임금을 받지 않고 자사주를 지급받으면서 소득세를 내지 않는 것에 대해 주요국이 합심해 세금을 부과해야 한다"고 주장했다.

래퍼 회장이 발언한 부유세에 대한 생각을 묻는 매일경제 취재진 질문에 쥐크만 교수는 "소득세의 기본 아이디어는 부자가 세금을 더 내서 민주주의에 기여하도록 하는 것"이라고 답했다. 그는 이어 "역사를 보면 사람들이 부자가 될 수 있도록 교육을 비롯한 각종 사회 인프라스트럭처가 작동하면서 경제가 성장했고 이런 성장의 근간은 바로 누진소득세였다는 점을 간과해선 안 된다"고 반박했다.

※ 매일경제, 2024.9.11

앞의 글을 읽고 내심 놀란 것은 래퍼 교수가 아직도 자기 학설이 맞다고 주장하고 있다는 점이었다. 이런 경우 소신인지 고집인지 모르겠다. 여러분들은 아서 래퍼와 가브리엘 쥐크만 중 누가 더 맞는 이야기를 하고 있다고 생각되는가?

《맹자》〈공손추〉 편을 읽어보자.

> 맹자 말씀하시다
>
> "현자를 존중하고 유능자를 등용하여 빼어난 인물들이 조정에 있으면, 천하의 사가 다들 기뻐하며 그 조정에 서기를 바랄 것이다. 시장에서 점포의 자릿세만 받고 장세는 물리지 않고, 팔다 남은 상품은 나라에서 사주면 천하의 상인이 다들 기뻐하며 그 시장에 물건을 부리기를 바랄 것이다.
>
> 관문에서 기찰만 하고 관세를 면제하면 천하의 여행자가 다들 기뻐하며 그 길을 이용하려 할 것이요, 농민에게 공전(公田) 경작을 돕도록 하되 사전(私田)의 세금을 면제하면 천하의 농사꾼이 다들 기뻐하며 이 들에서 농사짓고 싶어 할 것이다. 망명자에게 거처를 마련해주고 주민세를 면제하면 천하 사람이 모두 기뻐하며 이 나라 백성이 되기를 바랄 것이다.
>
> 정녕 이 다섯 가지를 실행할 수 있다면 이웃 백성도 부모처럼 우러러볼 것이니, 인류가 생겨난 이래 자식을 끌어다가 부모를 공격하여 성공한 적은 없었다. 이렇게 되면 천하에 대적할 자가 없을 것이니, 천하에 대적할 자가 없는 사람을 천명을 집행하는 관리라고 이른다. 이렇게 하고서 천하의 왕자가 되지 못한 경우는 없었다."

불필요한 세수를 줄이는 것이 바람직한 것이야 동서고금의 진리일 것이다. 하지만 필요한 일에 쓰기 위한 세수는 거두어들여야 한다. 여기서 강조하고 싶은 점은 조세를 얼마나 거두어들이느냐도 중요하겠지만 더 중요한 것은 어디에 쓰느냐라는 점이다. 세율의 인하 여부도 중요한 문제이지만 보다 중요한 문제는 세수를 살고 싶은 나라를 만드는 데 쓰느냐 여부에 있다. 잔뜩 거두어들여 쓸데없는 곳에 펑펑 쓰는 나라가 최악일 것이고 알맞게 거두어들여 쓸모있는 곳에 알뜰히 쓰는 나라가 최선일 것이다. 여기에 더 최악은 악순환에 걸려 높인 세율이 성장동력마저 잃게 하여 세수를 줄이는 것이다. 더 최선은 선순환이 되어 거두어 들인 조세를 쓸모있게 씀으로써 세수가 늘어나고 늘어난 세수를 더 쓸모있게 쓰는 것이다. 예산분석가는 최선에서 더 최선으로 가는 선순환의 길을 찾아내야 한다. 아, 고되고 고되도다! 어쩌랴, 피할 수 없으니 즐거이 할 수밖에!

3. 조세 전가: "그 가능성을 어렵사리 벗어났다고 하더라도 결국 어려워지는 것은 일반 백성들이라는 것을 모르시오."

가진 자들에게 세금을 부과하면 이들은 가지지 못한 자들에게 일정부분 부담시킨다. 집에 대한 보유세를 올렸다고 가정해 보자. 집주인이 그냥 그대로 자신이 다 낼 것인가? 대부분의 집주인은 임대료를 올리려 할 것이다. 어느 정도 전가 될 것인지는 임대시장의 상황이 집주인 우위인지, 세입자 우위인지에 따라 결정될 것이지만 분명 전가는 발생할 것이다. 없는 자들이 예상치 못한 유탄을 맞게 되는 것이다.

다음 사례를 살펴보자. 산업단지 개발사업 시행자 및 입주기업에 대한 지방세 감면혜택은 1982년도에 도입되어, 지속적인 일몰 연장을 통해 유지되고 있지만 지방재정 악화에 따라 더 이상 일몰 연장을 하지 않고 일몰 도래에 따라 행정안전부는 산업단지 관련 지방세 감면을 대폭 축소하는 내용으로「지방세특례제한법」개정 추진 중이라고 가정해 보자. 앞에서 살펴본 세 가지 사항을 고려시 어떤 문제점을 제기할 수 있을 것인가?[68]

> **① 산단 개발 인센티브 감소로 산업입지 공급 축소**
> - 감면 축소에 따라 사업시행자가 부담하게 되는 지방세는 산업용지 조성원가로 그대로 반영되어 공급가격 인상*
>   * 시행자가 산단개발을 통해 얻는 이윤이 5% 이하인 점을 감안시, 원가상승은 사업참여 의사 결정에 큰 영향을 주어 산단개발이 급격히 위축
> - 공급가격 상승시 입주 수요 감소로 산단 개발사업의 수익성을 악화시켜 산단 개발 사업 자체를 위축시키는 효과
> ⇒ 적정 성장을 위한 기반으로서 산업용지의 지속적인 공급을 위해 산단개발 사업에 대한 지방세제 감면을 통한 인센티브 유지 필요

---
68) 위 사례는 산단개발 및 입주기업 지방세 감면 축소에 대한 국토교통부 2014년 검토자료를 재구성한 것임.

② 산단 입주기업에 대한 세제감면 축소로 민간기업 투자 저해
- 높아진 조성원가와 공장 등에 대한 지방세로 산단내 입주기업의 투자부담이 커지게 되고, 이는 입주기업의 투자를 저해
- 기업투자 저해는 산업용지 수요 위축을 유발하고, 이는 결국 산단개발을 축소시켜 기업이 투자할 산업입지가 감소하는 악순환 초래
⇒ 민간기업의 투자 축소를 유발하는 지방세 감면 축소는 현 정부의 투자활성화 기조*에 정면으로 배치되는 사항으로 정부내 엇박자 정책
  *무역투자진흥회의, 규제개혁장관회의 등을 통해 민간투자를 저해하는 애로를 해소하고, 산단개발의 사업성 제고를 위해 인센티브를 확대하는 제도개선 추진중

③ 계획입지 유인 축소로 인해 국토의 난개발 초래 가능
- 산단은 보전가치, 개발용이성 등을 감안하여 국토를 계획적으로 개발하기 위한 제도로서 인센티브 감소*로 인해 개별입지 난립 유발
  *산단 입주기업은 인프라가 충분한 저렴한 용지(세제혜택 포함)를 공급받는 대신 처분금지, 업종변경, 부대시설 설치범위 등 각종 제한 적용
- 지가는 낮으나 보전가치가 높은 녹지, 임야 등에 개별공장이 난립하는 경우 환경기초시설 미비, 오염물질 관리 애로 등 환경에 악영향
- 또한, 개별입지는 도로, 주차장 등 기반시설과 편의시설이 부족하여 근로자의 근로여건도 열악
⇒ 국토의 계획적 개발과 활용, 산업활동으로 인한 환경훼손 최소화, 근로여건 제고를 위해서는 산단제도에 대한 인센티브 유지가 절실

④ 지방세 감면 축소는 오히려 지방재정의 건전성 확보를 저해할 가능성
- 지방세 감면은 지방의 핵심 세원인 기업을 유치하기 위한 지원책으로서 지방 재원 확충에 오히려 도움 되는 측면이 큼
⇒ 산단이 지역경제의 기반이 되는 만큼, 지자체가 자체재원 성격인 지방세 감면을

> 통해 산단에 혜택을 부여하여, 선순환 구조* 구축
>
> *세제 감면 → 산단 입주 촉진 → 기업투자 증대 → 지방세수 확보

    조세는 요물이다. 결국 선순환이 일어나느냐 아니면 악순환이 일어나느냐의 문제이다. 잘 되는 나라에선 선순환하지만 안되는 나라에선 악순환한다. 법인세를 낮추어주면 투자가 늘어나 결국 법인세가 늘어나는 선순환이 생길 수도 있지만 오히려 자기들끼리 나누어 가지게 되어 결국 법인세가 줄어드는 악순환이 초래될 수도 있다. 예산분석가들의 고민이 깊어질수록 선순환의 가능성이 커질 것이다. 힘내자!!!

4장 세원의 발굴: 일자리를 중심으로

21세기 대한민국은 어디에 예산을 집중해야 할 것인가? 사람에 따라 다양한 의견이 있을 수 있다. 4차산업혁명, 안전, 환경, 인적자본, 지역공동체 등등. 그래도 대부분의 사람들이 공통적으로 받아들이는 분야가 **일자리**이다. **일자리**는 최대의 복지요, 최선의 안전망이요, 최고의 세입확보방안이다.

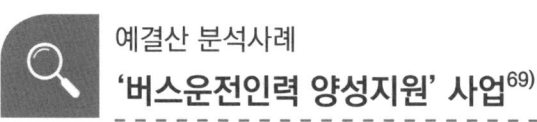

예결산 분석사례
'버스운전인력 양성지원' 사업[69]

(가) 개요

'버스운전인력 양성지원' 사업은 2019년 7월부터 노선버스 운송사업에 대하여 주52시간 근무가 단계적으로[70] 적용됨에 따라 버스 운전인력을 확충하기 위하여 군·경 운전 우수인력을 대상으로 버스 운전자격 취득을 지원하는 사업임.

동 사업의 사업기간은 2019년부터 2023년까지이고, 버스 운전자격을 관리하는 한국교통안전공단에 대한 민간경상보조(320-01목)로 편성되어 있음. 2020년도 예산안은 4억 8,800만 원으로, 전년도와 동일한 금액으로 편성되어 있음.

---

69) 2020년도 국토교통부 소관 예산안 및 기금운용계획안 검토보고서 참조
70) 주 52시간 노동시간 제한은 300인 이상 사업장에 대해서는 '19년 7월부터, 50인~299인 사업장에 대해서는 '20년 1월부터, 5인~49인 사업장에 대해서는 '21년 7월부터 시행됨.

【2020년도 버스운전인력 양성지원 예산안】

(단위: 백만 원)

구분	2018 결산	2019 예산(A)		2020 예산안(B)	증감 (B-A)
		본예산	추경		
버스운전인력 양성지원	-	488	-	488	-

(나) 합격률 등을 감안한 예산규모 조정 및 취업연계방안 보완 필요

　동 사업은 지원대상 전원이 버스 운수종사자 자격시험에 합격하는 것을 전제로 예산을 편성하였는데, 이는 종전의 합격률 통계를 감안하면 과도하고, 2019년 9월 말 기준 자격시험 응시실적이 저조하므로 예산 규모를 조정할 필요가 있으며, 사업을 통해 자격을 취득한 사람들이 실제 버스 운전업무에 종사할 수 있도록 취업연계방안을 보완할 필요가 있음.

　동 사업의 '20년도 예산안 산출근거를 살펴보면 지원대상 인원은 10,500명(육군 10,000명, 의경 500명)이고, 1인당 지원금액은 46,500원임. 버스 운전자격을 취득하기 위해서는 운전적성정밀검사와 자격시험을 통과하여야 하는데, 1인당 지원 금액 46,500원은 운전적성정밀검사 응시비용 25,000원, 자격시험 응시비용 11,500원, 자격증 발급비용 10,000원으로 구성되어 있음.

　운전적성정밀검사 응시비용 지원대상 인원과 자격시험 응시비용 지원 대상 인원, 자격증 발급비용 지원대상 인원을 각각 10,500명으로 동일하게 책정한 것은 운전적성정밀검사 응시비용을 지원받아 이를 통과한 사람들이 모두 자격시험에 응시하고, 자격시험에 응시한 인원이 모두 합격하는 것을 전제로 예산안을 편성한 것임.

　그러나 이는 2019년도 예산의 집행실적 및 자격시험 합격률 통계를 감안하면 과도하게 편성된 것으로 보임. 동 사업의 '19년도 예산 또한 '20년도 예산안과 동일하게 10,500명에 대하여 자격시험 응시비용 등을 지원하는 것으로 편성되었으나, '19년 9월 말 현재 운전적성정밀검사에 8,651명이 응시하여 8,174명이 합격하였고, 이 중 버스자격시험에 응시한 사람은 724명(8.8%), 시험에 합격한 사람은 581명(7.1%)에 그치고 있음.

['19. 9. 말 기준 지원대상자 응시 및 합격 현황]

(단위: 백만 원, %)

운전적성정밀검사			자격시험			최종 합격률 (D/A, %)
응시자(A)	합격자(B)	합격률(B/A, %)	응시자(C)	합격자(D)	합격률(D/C, %)	
8,651	8,174	94.4	724	581	80.2	6.7

※ 자료: 국토교통부

또한 일반 국민의 경우 최근 5년 간 운전적성정밀검사 합격률이 연평균 95%, 버스자격시험 합격률이 연평균 62%에 그치고 있어 10,500명 전원이 합격하는 것은 현실적으로 어려울 것으로 보이므로 '20년도 예산안 규모를 조정할 필요가 있음.

한편 동 사업의 궁극적 목표인 '버스 운전인력 부족문제 해결'을 달성하기 위해서는 버스 운전자격증 취득 인력을 늘릴 뿐만 아니라, 자격증을 취득한 사람들이 실제 버스 운전업무를 할 수 있도록 적극적으로 관리할 필요가 있음.

참고로, 국토교통부가 버스운송사업자와 협력하여 군·경의 운전인력을 대상으로 현장취업설명회를 열거나, 한국교통안전공단이 동 사업을 통해 버스 운전자격을 취득한 자들을 5년 동안 관리하면서 취업지원 어플리케이션 등을 통해 취업 관련 정보를 제공하는 방식으로 취업연계 지원이 이루어지고 있으나, 동 사업을 통해 자격증 취득지원을 받은 사람들 중 실제 버스운전 업무에 종사하게 된 사람은 16명에 그치고 있음.[71]

'버스운전인력 양성지원' 사업은 일자리 지원 사업이라는 점에서 돋보기의 대상이 될 수 있고 사업의 구체적 내용을 현미경을 통해 살펴보는 것은 의미가 있겠다. 여기서 가장 눈에 띄는 부분은 동 사업을 통해 자격증 취득지원을 받은 사람들 중 실제 버스운전 업무에 종사하게 된 사람은 16명에 그치고 있다는 내용이다. 16명이라는 숫자는 국가가 예산을 통해 일자리를 늘린다는 것이 얼마나 힘든 일인지를 단적으로 보여주고 있다.

---

71) 버스 운전자격증을 보유하고 있으면서 운수업에 종사하고 있지 않은 사람이 약 17만 5,000명에 이르고 있음.

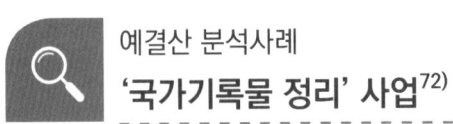

예결산 분석사례
'국가기록물 정리' 사업[72]

□ '국가기록물 정리' 사업은 ①기록실무원(무기계약직) 운영 및 직접일자리사업인 기록물 정리사업(외주위탁)으로 구성된 '기록물 정리·등록', ② 중앙행정기관 기록물 수집 및 기록관리 지원체계를 구축하는 사업인 '중앙행정기관 기록물 수집·관리' 등 내역사업으로 구성되어 있으며, 2023년도 예산안에는 2022년도 예산 126억 8,500만 원 대비 1,500만 원이 감액된 126억 7,000만 원이 편성되었음.

[국가기록물 정리 사업 세부내역]

(단위: 백만 원)

사업명	2021년 결산	2022년 예산(A)	2023년 예산안(B)	증감 (B-A)	%
국가기록물 정리	11,461	12,685	12,670	△15	△0.11
중앙행정기관 기록물 수집·관리	240	281	297	16	5.6
공공기록물 수집·관리	526	918	981	63	6.8
기록물 정리·등록	9,265	9,684	9,780	96	0.99
일제 강제동원 기록화	1,430	1,802	1,612	△190	△10.5

나. 기록물 정리·등록 : 기록물정리 품질 향상을 위한 일자리사업 추진체계 개선 및 민간 일자리 연계 강화 필요

□ '기록물 정리·등록' 사업은 각급 공공기관 중요 기록물의 체계적 정리·등록을 통한 양질의 기록정보서비스를 제공하고, 전자기록물의 철저한 검수를 통한 안전한 보존을 목적으로 하는 직접일자리 사업으로, 취업취약계층을 우선 채용하여 각급 기관 중요 기록물의 정리·분류·등록·재편철·서고입고 및 가인수 전자기록물 상태검수·서비스목록 작성을 수행함.

---

72) 2023년도 행정안전부 소관 예산안 및 기금운용계획안 검토보고서 참조

□ 본 사업은 1998년 공공근로사업으로 시작되어, 2011년부터 재정지원 직접일자리사업 (공공업무지원형)[73]에 포함되어 추진되고 있으며,[74] 내내역사업으로는 ①국가기록물 정리사업, ②전자기록물 검수사업(2015년부터 시작), ③특수유형기록물 정리사업(2022년부터 시작)으로 구분되고, 연령대별로는 중년층(35~54세) 참여자 비율이 높게 나타나며, 성별로는 2022년 기준 여성 참여자의 비율이 84.5%로 대부분을 차지하고 있음.[75]

[연도별 기록물 정리·등록사업 현황]

사업연도	국가기록물 정리사업			전자기록물 검수사업 (2015 신규)			특수유형기록물 정리사업 (2022 신규)			대상지역
	예산(억원)	정리량(만권)	일평균고용(명)	예산(억원)	정리량(만권)	일평균고용(명)	예산(억원)	정리량(만권)	일평균고용(명)	
2008	48	21	340	-	-	-	-	-	-	성남
2009	71	44	350	-	-	-	-	-	-	성남
2010	64	40	366	-	-	-	-	-	-	성남
2011	40	25	214	-	-	-	-	-	-	성남
2012	33	20	184	-	-	-	-	-	-	성남
2013	44	23	284	-	-	-	-	-	-	성남

---

73) 직접일자리사업의 세부유형으로는 ①**공공업무지원형**(정부, 지자체, 공공기관 고유업무 수행을 보조하기 위한 사업으로**(1년 이내 단기)** 별도 참여요건(학위, 자격증)이 요구되기도 함}, ②**소득보조형**(노인, 저소득층 등 특정 취약계층 생계유지에 필요한 소득을 일부 보조하기 위해 일자리 제공), ③**인턴형**(취업취약계층에게 현장 실무연수 기회 제공하여 이들의 일 경험 습득, 경력형성을 도와 취업을 지원), ④**사회봉사·복지형**(퇴직자 및 청년 등에게 공동체에 기여할 수 있는 자원봉사활동 기회 지원)이 있음.
※ 자료 : 고용노동부 2022년 직접일자리사업 중앙부처-자치단체 합동지침

74) 〈국가기록물 정리사업 추진방식 변경 추이〉
- (1998-2002) 국가기록물관리 공공근로사업(정부 실업대책 일환)
- (2003-2007) 국가기록물 정리사업(일반사업으로 전환)
- (2008-2009) 국가기록물 정리사업(용역사업으로 전환)
- (2010)   국가기록물 정리사업(행안부 일자리조성 지원사업 포함)
- (2011-현재) 국가기록물 정리사업(재정지원 직접일자리 사업 포함)
※ 자료 : 국가기록원

75) 「고용노동부 재정일자리 지원사업 평가서」, 2022
국가기록물 정리(265명) : 남성(41명, 15.5%), 여성(84.5%)

2014	27	16	144	-	-	-	-	-	-	성남
2015	23	13	123	8	164	48	-	-	-	성남/대전/부산
2016	21	14	112	8	218	54	-	-	-	성남/대전/부산
2017	26	19	139	9	251	55	-	-	-	성남/대전/부산
2018	26	24	113	9	222	53	-	-	-	성남/대전/부산
2019	34	30	141	14	321	57	-	-	-	성남/대전
2020	35	36	144	17	394	69	-	-	-	성남/대전
2021	35	27	151	17	384	68	-	-	-	성남/대전
2022	35	11	130	17	357	67	3	2.7	9	성남/대전

* 2022년 정리사업은 진행중으로 정리량 및 일평균고용은 당해 연도 목표 수치임
※ 자료 : 국가기록원

[5년간 일자리사업 연령별 참여비율]

사업연도	사업명		청년 (34세미만, %)	중년 (34-54세, %)	장년 (55-64세, %)	고령 (65세이상, %)
2018	국가기록물 정리사업		36.2	49.1	11	3.7
	전자기록물 검수사업		45.9	43.2	10.8	0
2019	국가기록물 정리사업		27.1	51.6	19.8	1.6
	전자기록물 검수사업		20	74.3	5.7	0
2020	국가기록물 정리사업		32.9	47.3	18.5	1.4
	전자기록물 검수사업		25	65.9	9.1	0
2021	국가기록물 정리사업		17	50.5	30.8	1.6
	전자기록물 검수사업		20.5	73.5	6	0
2022*	통합국가기록물 정리사업	전자기록물 검수	15.1	68.5	15.1	1.4
		기록물 정리등록	22.1	42.2	33.1	2.6
	특수유형기록물정리사업		10	90	0	0

* 2022년 정리사업은 진행중으로 2022.10.6. 기준의 사업 참여자 현황임
※ 자료 : 국가기록원

□ **첫째**, '기록물정리 사업'은 양질의 기록정보 생산을 목적으로 하는 등 높은 품질이 요구되는 기관 고유의 사무를 보조 수행하며 상시적·지속적 성격을 지니므로, 지속·반복참여가 불가능하고 매년 신규인력을 채용하여 단기일자리를 제공하는 직접일자리사업의 특성과는 부합하지 않는 측면이 있음.

□ 이에 채용자 과업 기간 중 관련 사업교육을 강화하여 추후 채용자 선발 시 교육이수자에 대한 인센티브를 부여할 수 있도록 국가기록원이 사업계획에 반영하고,[76] 장기적으로 부처 고유 일반사업으로 전환하는 등 업무의 연속성 및 고유업무 수행의 품질을 높일 수 있는 방안을 강구할 필요가 있음.

□ 직접일자리사업은 취업취약계층이 장기실업에서 벗어나 취업하기 전 '한시적·경과적' 일자리를 제공하고, 낮은 실업소득 수준을 감안하여 노인 등 특정계층의 소득을 보조하는 일자리를 의미하며,[77] 참여자의 민간일자리 이행을 위한 일 경험을 제공하고 참여자가 민간일자리로 이동하지 않고 직접일자리에 의존하는 것을 방지하기 위해 '중복·반복 참여를 제한'함.

□ 한편, 직접일자리사업으로 수행되는 국가기록물 정리사업은 국가 종이기록물 정리·등록 및 색인정보 품질 제고, 전자기록의 상태검수, RMS-CAMS 연계 기록물 통합 인수 등 기록물처리의 품질향상을 위해 '지속성·정확성'이 요구되는 사업 특성을 지니고 있음.

[2022년 국가기록물 정리사업 개요]

○ **사업기간** : 계약일로부터 250일

○ **사업대상** : 종이기록물(10.7만여 권), 전자기록물 검수(357만여 건)

○ **계약방법** : 조달청 공개경쟁입찰 및 협상에 의한 계약

○ **사업내용**

　가. 종이기록물 정리·등록 및 색인정보 품질 제고

　　- 부처별 기록물을 7개 그룹으로 나누고 공정 차등 적용(반출, 해철, 건분류, 색인입력,

---

76) 현재는 민간업체에 용역을 발주하는 방식으로, 민간업체가 작업자 채용업무를 전적으로 담당하고 있음.
77) 고용노동부, 「2022년 직접일자리사업 중앙부처-자치단체 합동지침」

색인검증 등)
- 정리사업 효율화를 통한 기록물 등록정보 품질 향상(사업공정별 검수체계 구축, 정기적 품질검토회 실시)

나. 전자기록물의 체계적인 상태검수 추진
- 시범검수를 통한 본검수 대비 사전준비
- 일관된 세부 검수기준을 적용한 고품질의 상태검수 추진(효율성, 정확성 제고를 위한 생산기관별·기록유형별 전담 검수팀 구성)
- 전자기록물 인수 처리를 위한 이관-인수업무 기술지원(포맷변환 등 대량 전자기록물 이관 예정기관 기술 지원)

다. RMS-CAMS 연계 기록물 통합 인수 지원
- RMS-CAMS 연계정보를 활용한 전자-비전자 통합인수 지원(통합인수에 필요한 기록물 검수, 검수결과 CAMS 입력, 메타데이터 수정, 페이지 넘버링 등 실물검증 지원)

라. 서비스용 철(건) 제목 비식별화
- 철·건 제목에 포함된 개인정보 등 비공개 정보 비식별화 처리, 품질검사 강화

※ 2022년 국가기록물 정리사업 제안요청서

□ 이러한 특성을 고려하여 본 사업은 2022년에 반복참여자 허용사업으로 인정되었으나, 사업특성상 지속·반복참여를 제한[78]하고 매년 신규인력을 채용하여 보다 많은 국민들에게 직접일자리사업 참여기회를 제공하는 것을 목표로 하는 한시적·경과적 직접일자리사업으로는 양질의 기록정보를 정리·등록하기에 어려운 측면이 있고, 민간 용역계약을 통해 직접일자리사업을 수행하는 것은 매년 조달계약을 통해 선정된 업체가 일자리 사업 지침(반복참여 제한, 취약계층 참여율 준수)에 따라 선발하게 되므로 인력채용을 연속적으로 수행·관리하기에 어려운 측면이 있음.

---

[78] 반복참여가 허용은 되지만, 더 많은 국민들에게 참여기회를 제공하고 한시적 업무경험을 제공하여 민간 일자리 이동을 목표로하는 직접일자리사업의 특성상 반복참여자 채용 시 감점부여 등 제약이 존재

□ 또한, 고용노동부의 「직접일자리사업 합동지침」에 따르면,[79] 법령 등에 규정된 "정부·지자체·공공기관 고유업무 수행을 위해 인력을 채용하거나 위탁계약을 체결하는 사업"은 직접일자리에 해당되지 않는 사업으로 명시하고 있어, 「공공기록물관리에 관한 법률」 제18조, 제19조, 제20조 등에 따라 국가기록물 정리업무 수행을 위해 인력을 채용하는 본 사업을 직접일자리사업으로 수행하는 것에 대한 타당성 검토도 필요할 것으로 보임.

□ 따라서, 국가기록원은 기록물 정리 업무의 연속성 및 고유업무 수행의 품질을 높이기 위해 장기적으로 부처 고유 일반사업으로 전환하는 방안을 검토하고, 직접일자리사업으로 본 사업을 수행할 경우 2022년부터 반복참여자를 허용하고 있으므로 채용자 과업기간 중 관련 사업교육을 강화하여 추후 채용자 선발 시 교육이수자에 대한 인센티브를 부여할 수 있도록 사업계획에 반영할 필요가 있음.

□ 참고로, 타부처 관련 평가에 따르면, ①2021년도·2022년도 「고용노동부 재정지원 일자리사업 성과평가 보고서」에서는 국가기록물 정리 및 등록은 전문성이 요구되는 사업으로 단순 직접일자리 사업 형태로 추진하는 것은 바람직하지 않으며, 유경험자의 고용안정성 제고를 통한 품질 향상이 중요하다는 측면에서 본 사업은 '개선 필요' 평가를 받았으며, ②기획재정부 「2021년도 재정사업 심층평가」에 따르면,[80] 상시·지속적 성격의 공공일자리로 직접일자리 사업으로 부적합하며, 향후 공공기록물의 수집정책 변화 및 자동화 등 IT기술 적용 가능성을 감안하면 중·장기적 관점에서는 직접일자리사업이 아닌 기관 고유의 일반사업으로 운영하는 방식을 검토할 수 있다고 보았음.

□ **둘째**, 민간 일자리 연계를 위한 취업연계 기능이 미흡하므로 저소득층 등 취업이 어려운

---

79) 고용노동부, 「2022년 직접일자리사업 중앙부처-자치단체 합동지침」
  - 공공업무지원유형은 지속·반복참여가 불가능한 피서철 해수욕장 안전관리 사업 등으로 명시
80) 기획재정부, 「2021 재정사업심층평가 : 직접일자리사업군」, 2022.5, 건국대학교 산학협력단

계층의 신속한 취업과 고용안정을 지원하는 재정지원 일자리사업의 취지를 감안하여 민간 일자리 이행을 위한 교육 등 취업연계기능을 강화할 필요가 있음.

□ 행정안전부에 따르면, 본 사업은 '공공업무지원형'의 직접일자리 사업으로 민간훈련 및 고용서비스 제공에 관한 구체적 과업을 포함하지 않는다고 설명하고 있으나, 2021년도 및 2022년도 「고용노동부 재정지원 일자리사업 성과평가 보고서」에 따르면 참여 종료 후 민간일자리 이행을 위한 취업연계지원이 제공되지 않아 제도개선 노력이 필요하다는 평가를 받았음.

□ 실제 5년간 본 일자리사업 주요 지표를 살펴보면, 해당사업 종료 후 6개월 이내 취업자 중 6개월 이상 고용을 유지한 사람의 비율이 2018년부터 감소하는 추세를 보이고 있으며, 2021년에는 사업별로 17.6%, 15.8%에 그쳤음. 또한 2021년 전체 공공업무지원형 사업 성과지표와 비교하더라도 고용유지율(36.3%)과 취업소요기간(76.1일)이 각각 16.7%, 86.2일로 낮은 수치를 보임.

[5년간 일자리사업 관련 주요 지표]

사업연도	사업명		반복참여율 (%)	취약계층 (참여율/목표율)	취업률 (%)	고용유지율 (180일)	취업소요시간 (일)	훈련*서비스연계율
2018	국가기록물 정리사업		17.4	51/40	44.8	35.4	97.4	-
	전자기록물 검수사업		16.2	29/40	43.9	20	86.2	-
2019	국가기록물 정리사업		16.7	51/50	38.5	23.8	111.8	-
	전자기록물 검수사업		11.4	53/50	45.9	23.5	83.7	-
2020	국가기록물 정리사업		9.5	45/45	73.4	9.9	68.8	-
	전자기록물 검수사업		4.5	56/45	52.9	21.6	89.4	-
2021	국가기록물 정리사업		12.6	70/50	45.9	17.6	91.9	8.8
	전자기록물 검수사업		0	47/45	64.8	15.8	80.6	15.4
2022**	통합국가기록물 정리사업	전자기록물 검수	9.6	4/86	-	-	-	-
		기록물 정리등록	25.3	80/48	-	-	-	-
	특수유형기록물정리사업		0	50/48	-	-	-	-

주) 고용유지율 : 해당 직접일자리 사업 참여 종료 후 6개월 이내 취업자 중 6개월 이상 고용을 유지한 사람의 비율(재직한 수행기관에 계속 고용된 경우 취업으로 간주)

주) 훈련·고용서비스 연계율 : 일자리사업 참여 후 직업훈련, 고용서비스 등 사업참여자로 등록된 경우의 비율

* 훈련서비스연계율 지표는 2022년도 일자리사업 성과평가(2021년 사업)부터 측정됨
** 2022년 정리사업은 진행중으로 취업률, 고용유지율 등의 지표는 측정 기준 시점이 도래하지 않아 산출 불가

※ 자료 : 국가기록원

[2021년 국가기록물 정리사업 참여자 성과지표]

(단위: %, 일)

	반복 참여율	취약계층 참여율	훈련 및 서비스 연계율	취업률	고용 유지율 6개월(180일)	취업소요 기간
직접일자리 전체	2.4	53.5	7.4	34.2	41.3	83.4
(노인일자리 제외)	2.5	52.6	7.7	35.2	41.4	84.1
공공업무지원형 전체	3.9	56.8	11.0	43.8	36.3	76.1
국가기록물정리	6.3	56.2	12.1	55.4	16.7	86.2

주) 취약계층 참여율의 ( ) 안의 수치는 2021년 재정일자리사업 합동지침상의 취약계층 참여 목표 대비 달성 비율임

※ 자료 : 2022년도 고용노동부 재정지원 일자리사업 성과평가 보고서

□ 따라서 국가기록원은 직접일자리사업의 기록물 정리 직무경험이 다른 민간 일자리 취업에 도움이 될 수 있도록 민간 일자리 이행을 위한 교육, 구직지원, 관련 정보제공 등 취업연계기능을 강화할 필요가 있음.

일자리를 공공부문이 주도해서 만들어 낼 수 있을까? 국가가 예산을 통해 좋은 일자리를 직접 만들어 낼 수 있을까? 상당히 회의적이다. 국가는 규제 완화 또는 강화, 상생의 장 마련 등 여건을 마련해 주는 것에 집중해야 한다. 국가기록원은 직접일자리사업의 기록물 정리 직무경험이 다른 민간 일자리 취업에 도움이 될 수 있도록 민간 일자리 이행을 위한 교육, 구직지원, 관련 정보제공 등 취업연계기능을 강화할 필요가 있다는 검토보고서의 결론은 여건 마련을 위한 구체적 방안을 제시한 것이다. 예산분석가들이 해 낼 일이다. 해 내야 할 일이다. 건투를 빈다. 다음의 글이 힘이 되기를 바란다.

뚝심의 마크롱 '퍼주는 복지 끝… 이젠 일하자'

지난달 9일(현지시간) 프랑스 파리 14구 몽파르나스타워 앞에서 우버를 불렀다. 에마뉘엘 마크롱 프랑스 대통령(43·사진)의 연금개혁 추진에 대규모 파업이 지속돼 파리 지하철 전체가 멈춰 섰기 때문이다. 우버 기사 장 마르탱 씨는 "대중교통 마비로 우버 이용이 늘 것으로 기대했는데 시민들이 아예 집 밖으로 나오지 않고, 관광객도 파리를 찾지 않는다"며 "언제까지 불안한 우버 기사를 할 수 있겠나. 다른 직업을 구하고 싶다"고 푸념했다. 그러면서 마르탱 씨는 스마트폰 모바일 애플리케이션 '내 직업교육 계정(Mon compte formation)'에 접속해 자랑하듯 보여줬다.

그는 "일하면서 틈틈이 '디지털 마케팅' 수업을 듣고 있다"며 웃었다. 프랑스 정부가 스타트업을 집중 육성하면서 제품·서비스를 판매할 인력이 모자란다는 소식에 인터넷을 기반으로 하는 디지털 영업을 하고 싶다고 덧붙였다. 지난해 11월 선보인 이 앱은 프랑스 정부가 누구든지 원하는 분야의 직업교육을 수강할 수 있도록 만든 직업교육용 앱이다. 현재 35만 개에 달하는 교육 프로그램이 운영되고 있다. 일을 하면서 장소에 구애받지 않고 원하는 직업과 연관된 수업을 들을 수 있다. 프랑스 노동부 청사에서 만난 앙투안 푸셰 노동부 사회모델개혁국장은 "앱을 출시한 지 열흘 만에 2500만 명이 등록하는 등 정부가 내놓은 공공 프로그램으로서는 가장 성공하고 있다"며 "더 이상 30년 전처럼 국가가 개인에게 직업을 보장해주는 시대는 지났다"고 단언했다.

직업교육 앱 열풍은 마크롱 대통령의 '일하는 프랑스'의 대표적인 사례다. 2017년 5월 마흔 살의 나이로 대통령이 된 마크롱의 젊은 리더십이 프랑스를 바꿔놓고 있다. 그는 고질적인 실업 문제를 해결하기 위해 인식의 전환을 시도했다. 연금 같은 퍼주는 복지 대신 개인의 능력을 길러 스스로 직업을 찾는 **'일하는 복지'**로 정책을 선회한 것이다.

마크롱 대통령은 지난달 31일 발표한 신년사에서 "연금 개편을 계속 추진하겠다"며 "이를 포기하면 젊은이가 희생을 치르도록 하는 것"이라고 강조했다. 마크롱 집권 이후 프랑스는 강력한 노동 시장 개혁을 통해 실업률이 낮아지고, 성장률은 높아지는 성과를 내고 있다. 집권 전 10%를 오르내리던 실업률은 작년 2분기 11년 만에 최저 수준인

> 8.5%까지 떨어졌다. 경제성장률 역시 유럽 경제성장을 주도했던 독일을 앞서기 시작했다.

※ 매일경제 2020.01.03

　예산분석의 시각에서 일자리를 늘리는 시작은 모든 예산분석가들이 일자리 마인드를 가지고 예산을 분석하는 것이다. 이것은 모든 성과는 좋은 일자리를 얼마나 만들어 냈는가에 따라 결정되어야 한다는 것을 의미한다. 일자리에 기여 못하는 예산은 예산으로서 자격이 없다.

5장 변통(變通)의 시각

'**변통**'이란 말은 『주역』의 "역은 궁하면 변하고 변하면 통하며, 통하면 오래 계속된다. 그렇기 때문에 하늘에서 이를 도와서, 길하여 이롭지 않은 것이 없다는 것이다."[易窮則變, 變則通, 通則久, 是以自天祐之, 吉無不利., 「계사 하」 2]에서 연원하는데, 기존의 질서나 제도가 제대로 작동하지 않는 상황에 닥치면 변화시켜 통하게 해야 한다는 뜻이다.[81]

여기서 변통의 의미를 어떻게 보아야 할 것인지 살펴보기 위해 세 가지 이야기를 제시하고자 한다. 이를 통해 변통의 시각에서 예산분석을 바라보는 것이 얼마나 중요한 것인지 알아 보도록 하자.

◆ 이야기 1) 구석기에서 신석기로 가기 위한 기간

> 인류는 300만 년 전에 나무에서 지상으로 내려 온 것으로 알려져 있다. 우리나라의 구석기 시대는 약 70만 년 전에 시작되었다. 구석기 시대는 타제석기(돌을 깨뜨려서 도구를 만든 시대)이다. 마제석기(돌을 갈아서 도구를 만든 시대)를 쓰는 신석기 시대는 1만 년 전에 열렸다. 이는 69만 년 동안 한반도에서 삶을 이어가던 인류는 돌을 깨뜨릴 줄 만 알았지 갈 줄을 몰랐다는 말이다. 어떻게 이럴 수가 있단 말인가?

◆ 이야기 2) 보릿고개

> 1970년대 통일벼라는 품종이 개발되기 전까지는 우리 민족 대부분이 봄에 굶주려야 했다. 신석기 시대부터 농사를 지었다고 본다면 1만 년 동안 아무도 해결하지 못했다. 어떻게 이럴 수가 있단 말인가?

---

81) [네이버 지식백과] 이이의 변통론 (조선 전기 경세론과 불교비판, 2004, 강중기)

◆ 이야기 3) 대식국(大食國)

> 조선은 동아시아 지역에서 대식국(大食國)이라고 불렸다. 한 끼 식사로 7홉(약 1,263ml) 씩이나 먹고, 농사철에는 하루 세 끼에 새 참 까지 챙겨 먹었다는데, 이는 다른 나라에서 하루 먹을 양식을 한 끼에 다 먹었는 것을 의미한다. 중국에 다녀온 실학자 홍대용은 "중국 사람들 밥그릇이 찻잔만 하더라"고 했고 일본에 다녀온 김세렴은 "왜인들은 한 끼에 쌀 두어 줌밖에 먹지 않더라"고 했다고 한다. 동북아 3국 가운데 가장 밥을 많이 먹는 나라는 단연코 조선이었던 것이다. 어떻게 이럴 수가 있단 말인가?

앞의 세 가지 이야기에서 변통의 의미를 찾는다면 무엇일까?

보릿고개에서 시작해보자. 보릿고개가 단순히 쌀 생산의 절대량 부족에서 기인했을까? 백번 양보해서 그렇다고 하자. 이런 것이 매번 반복된다면 뭔가 대책을 마련해야 하는 것 아닌가? 작년에도 배곯고, 올해도 배곯고, 내년에도, 또 그 내년에도 배곯아야 한다면 뭐라도 해 보아야 하는 것 아닌가? 글 공부 좀 했다는 사대부들은 뭐 했는가? 농업기술을 개발하든지, 저장 및 분배계획을 철저히 세우든지, 정치적·경제적 방안을 마련하든지 뭔가 해야 하는 것 아닌가? 최소한 다른 나라에서는 어떻게 이 문제를 해결하고 있는지 알아는 봐야 하지 않은가? 알아보았더니 세상에 우리나라 사람들이 너무 과식을 하고 있었던 것이었다. 이야기에 따르면 식량의 3분의 1만으로도 생활이 가능하다는 것이다. 하루아침에 적게 먹으라고 할 수는 없더라도 하루에 한 숟가락 분량을 줄여서 내년에는 한 공기를 줄이는 계획을 세울 수는 없었단 말인가! 매년 반복되는 문제를 그대로 두고 지나가는 것, 이것이 불변이요, 불통이다. 이것을 깨는 것이 변통이다.

우리가 지금 선조들의 어리석음을 반복하고 있지 않다고 어찌 장담할 수 있으랴![82]

---

82) 이런 현상은 우리 민족에게만 국한 된 것은 아니다. 직무훈련 기간 동안 사귄 미국 친구는 한국을 포함한 세계 대부분의 나라에서 미국처럼 개인들이 자유롭게 총을 살 수 있는 줄 알고 있었다. 당연한 것부터 의심해 보아야 한다.

변통의 시작은 기꺼이 돌을 갈아 보는 것이다. 그리고 갈 수 있도록 여건을 마련해 주는 것이다. 이것이 국가가 해야 할 일이다. 돌을 갈았다고 나무라는 것이 아니라 여전히 돌을 깨고 있는 자들을 나무라야 한다. 돌을 깨는 자들이 대체로 잘 먹고 잘 사니까 계속 깨기만 한 것이다. 돌을 갈면 주변에서 재수 없다고, 부정 탄다고 하니까 갈지 못한 것이다. 갈 수 있도록 해 주어야 한다. 갈아보라고 해 주어야 한다. 실패를 두려워하는 것이 아니라 시도조차 하지 않는 것을 부끄럽게 여기도록 만들어 주어야 한다.

변통의 조건: 상생

상생은 가능할까? 국가에서 여건을 마련해 주면 그 가능성이 현실이 될 수 있다. 반반택시는 그 길을 보여준다.

> "정부에서 37년 만에 택시 동승 규제를 풀어줘서, 스타트업 입장에서 지난 해에는 의미 있는 실험 기회가 주어졌습니다. 올해는 정부와 논의해 적용 지역과 시간을 확대해서 사업적으로도 의미 있는 실험으로 확대해보려고 합니다."
>
> 택시 동승 애플리케이션(앱) '반반택시'를 운영하는 김기동 코나투스 대표는 올해 사업의 목표로 동승 가능 시간과 지역의 확장을 꼽았다. 반반택시는 이동 구간이 비슷하고, 동승을 원하는 승객을 모아 합승을 중개하는 플랫폼이다.
>
> 현재 동승은 심야시간(오후 10시~새벽 4시)에만 가능하며, 이외 시간은 일반 택시 호출 앱처럼 사용할 수 있다. 반반택시는 지난해 7월 규제 샌드박스를 통과하면서, 2년 기한으로 심야시간대에 서울 일부 지역을 대상으로 택시 합승을 중개하는 사업을 허가받았다. 8월 서비스를 정식 출시한 뒤 서비스가 급성장했다. 호출 수는 8월 이후 5개월 동안 25배 늘었으며, 실제 운송 수도 같은 기간 30배 향상됐다.

김 대표는 이 같은 성장을 이룰 수 있었던 배경으로 승객과 기사가 서로 '윈윈'할 수 있는 상생모델을 구축했기 때문이라고 설명했다. 승객은 더 싼 가격으로 택시를 이용하고, 기사는 더 많은 비용을 벌 수 있어 모두에게 이득이 되는 서비스라는 것이다. 코나투스가 공개한 자료에 따르면 지난해 12월 기준 반반택시에서 동승 탑승한 승객들의 한 달 평균 요금 할인 금액은 1만2,093원이었으며, 상위 10% 승객은 한 달 평균 4만904원을 아낄 수 있었다. 같은 기간 동승 호출을 수락해 운행한 기사 가운데 상위 10% 기사는 한 달 평균 7만8,912원의 추가 수입을 올렸다. 최고 수익 기사는 호출료만으로 37만3,000원의 추가 수입을 얻었다. 김 대표는 "반반택시는 동승을 통해 승객과 기사 모두에게 이익이 돌아가는 서비스"라면서 "현재는 제한된 지역·시간밖에 합승 중개를 못하는데, 이용자들이 몰려 택시 수요가 부족해지는 아침 출근시간과 서울 이외 경기도 지역으로 서비스를 확장한다면 더 많은 이용자와 기사들이 혜택을 받을 것"이라고 말했다.

반반택시는 택시기사들이 기피하는 지역이라도 동승을 통해 호출을 승낙하도록 유도하는 효과도 거두고 있다. 반반택시의 동승 호출의 운송 성공률은 지난해 12월 기준 55% 수준을 기록했다. 앱으로 택시 호출을 누른 승객 가운데 실제 택시 연결에 성공해 집까지 도착한 비중이 2명 중 1명 이상이라는 것이다. 김 대표는 이 같은 운송 성공률이 매우 높은 편이라고 자부했다.

김 대표는 "심야시간대에 택시 등 모빌리티업계의 호출 대비 운송 성공률은 평균 25~30% 정도로, 이는 10명이 앱으로 택시를 호출하면 집까지 도달하는 사람은 2~3명에 불과하다는 것"이라면서 "반반택시는 동승자 연결 이후 기준으로 50%가 넘는 운송 성공률을 보여 업계 평균을 상회한다"고 강조했다.

김 대표는 서울대 재학 당시 과외 중개 사이트를 개발할 정도로 창업에 관심이 많았다. 졸업 후 SK텔레콤에서 모바일 플랫폼 개발을 담당했다.

국내외에서 카풀 등 다양한 모빌리티 서비스가 생겨나면서, 스마트폰 도입 초기에 안드로이드와 iOS 플랫폼이 들어선 것처럼 모빌리티 플랫폼에서도 기회가 있다고 생각해 창업을 결심했다. 올해는 동승 가능 지역과 시간 확장 외에도, 축적되는

데이터를 분석해 승객에게 최적화된 맞춤형 탑승 형태를 추천하는 기술을 고도화할 예정이다.

김 대표는 "국내 모빌리티 시장은 택시 외의 수단을 활용해 혁신을 시도하는 경우가 많고, 택시 자체를 활용한 모빌리티 혁신은 많지 않아 반반택시를 개발하게 됐다"면서 "택시가 모빌리티 혁신 과정에서 가장 큰 퍼즐이다. 반반택시가 택시를 활용한 모빌리티 혁신에서 중요한 퍼즐이 되도록 노력하겠다"고 말했다.

※ 매일경제, 2020.01.14

소위 **광주형 일자리**를 통해 우리 시대가 요구하는 좋은 일자리가 무엇인지, 그리고 그것이 얼마나 어려운 일인지 생각해 보도록 하자.

소나타가 잘 팔리는 게 현대차 직원들만 잘해서 그런 건가요?

지난 7월 취업자 증가수가 5천 명에 불과했다고 통계청이 발표했습니다. 2010년 이후 8년 만에 가장 낮은 기록이라고 합니다. 일자리가 줄어드는 것도 문제지만, 대기업과 중소기업간 기형적이라고 말할 수밖에 없는 임금 격차가 더 큰 문젭니다. 일자리가 늘어나려면 기본적으로 기업들이 국내에서 뭔가 자꾸 사업을 좀 벌여줘야 합니다. 공장도 좀 새로 짓고 그래야 거기서 일할 사람들 일자리가 늘어나는 거잖아요? 그런데 기업들의 국내 투자가 지금 사라지고 있습니다. 외국에 공장을 짓지 국내엔 공장을 짓지 않는다는 얘기거든요. 최근만 보더라도 3월부터 다섯 달 연속 국내 기업들의 설비투자 지수는 '−'를 기록했습니다. IMF 이후 이런 '−' 기록은 처음이라고 합니다. 기업들이 국내에 투자 하지 않는 이유 여러 가지가 있겠지만 높은 임금, 서로를 믿지 못하는 우리 노사 관계가 큰 이유 중 하나일겁니다.

'광주형 일자리'라고 들어보셨나요?

4년 전 광주광역시가 기업들의 투자를 끌어내기 위해 제안한 모델인데요. 광주시에 자동차 공장을 세워주면 직원들 연봉을 4천만 원선으로 보장하겠다는 겁니다. 현대, 기아차 직원들의 평균 연봉이 9,400만 원 정도 되니 '혹'하겠죠? 그렇지만 현대차 그룹은 처음엔 광주시의 이 제안을 거들떠보지도 않았습니다. 어떻게 믿느냐는 거죠. 광주광역시장이 천년, 만년 그 자리에 있을 것도 아니고, 몇천억 투자해서 공장 세웠다가 1,2년 지나서 옆에 있는 현대, 기아차 직원들만큼 월급 달라고 할 게 뻔하지 않겠어요?

그런데 지난 6월 현대차 그룹이 광주형 일자리 모델에 투자하겠다는 의사를 밝혔습니다. 대신 광주광역시가 1대 주주로 투자하고, 현대차는 2대 주주 자격으로 투자해 경영에 직접 참여하진 않고 현재의 임금으론 채산성이 안 맞는 소형 SUV를 위탁 생산 시킨다는 계획입니다. 일자리 문제에 온 신경을 다 쓰고 있는 문재인 정부도 광주형 일자리 진행과정을 한국사회 노동혁명의 돌파구로 생각하고 있습니다.

그런데 광주형 일자리 모델은 적정한 임금으로 기업의 투자를 이끌어 낸다는 목적 외에 또 다른 더 중요한 목적을 가지고 있습니다. 바로 대, 중소기업간 임금 격차를 없애 보겠다는 거거든요. 가능할까요? 어떻게요?

제가 처음 광주형 일자리 모델에 대해 듣고 가슴이 설렜던 것도 바로 이거였습니다. 어쩌면 우리 아들, 딸, 손자, 손녀 사는 세상은 지금과 같은 격차가 사라질 수도 있겠구나 했거든요.

먼저 현재의 기형적 임금 격차를 한번 볼게요. 소나타가 잘 팔리고 수출 잘돼서 현대차 직원들 많은 월급 받는 거, 이거 당연한 일입니다. 경영진들이 성과를 독차지하지 않고 직원들에게 성과를 나눠 주는 거 박수쳐줄 일이죠.

그런데, 그런데 말입니다. 소나타가 잘 팔리는게 현대차 직원들만 잘해서 그런 건가요? 당연히 아니죠. 수천, 수만의 부품 협력업체 직원들이 다같이 잘 만들고 잘해서 그런 성과가 나온 거잖아요. 그럼 그 성과를 좀 나눠줘야죠. 그런데 원, 하청 기업간의 임금은 차이가 나도 정말 너무 많이 납니다. 현대, 기아차 직원들 평균연봉이 9,400만 원이라고 했죠? 1차 협력업체 직원들의 평균 연봉은 4,900만 원으로 떨어집니다. 2차 부품협력업체는 3,300만 원으로 내려가고, 이른바 사내하청이라 불리는 비정규직 노동자들의 연봉은 2,300만 원 대까지 내려갑니다. 현대, 기아차 직원들과 4배 정도 차이납니다. 같은 자동차 만드는 일을 하는 건데 말이죠. 그렇다고 부품 하청업체 사장님들이 안주고 싶어 그런 것도 아닙니다. 남는 게 있어야 주죠.

취재 중 만난 2차 협력업체 사장은 원청사에서 가장 관리하는게 바로 임률이라고 했습니다. 임률이란 부품 하나 만드는데 들어가는 인건비를 말하는데 재료비나 경비는 고정단가라 어찌 해볼 수가 없으니 하청업체들의 인건비, 임률을 직접 관리한다는 겁니다. 부품 하나 만드는데 인건비를 얼마이상 쓰지마라 한다는 거죠. 그게 납품단가에 반영돼 내려오는 거고요. 그러니 임금을 올려주고 싶어도 올려줄 수가 있겠습니까?

광주형 일자리 모델에선 이걸 없애자는 겁니다.

새로 세워질 자동차 공장에선 1대 주주인 광주시를 중심으로 완성차와 부품 협력업체간 성과를 공정하게 나누고, 이 성과를 바탕으로 임금 교섭도 원, 하청 기업들이 다같이 공동으로 교섭해 임금을 결정하자는 겁니다. 그러면 원, 하청 기업 노동자들 모두 4천만 원 정도의 연봉을 받을 수 있는 다같이 잘사는 공동체가 가능하다는 얘깁니다. 말 그대로 산업별 임금교섭을 해보자는 거고, 같은 일을 하면 같은 임금을 받게 하자는 '동일노동, 동일임금'을 광주형 일자리 공장에서 실험해 보자는 거죠. 되면 참 좋겠지만 꿈같은 얘기죠, 무모해 보이기도 하고요. 반대도 당연히 많습니다. 누가 반대할지는 대충 짐작가실겁니다.

현대차 경영진이 광주형 일자리 투자 의향을 밝힌 당일 현대차 노조는 반대 성명을 냈습니다. 일자리가 오히려 없어질 것이며, 임금격차도 더 심해진다. 현대차 경영도 위험해진다가 이유였습니다. 물론 이해는 갑니다. 광주형 일자리 모델이 혹시 자리 잡고 성공하게 되면 당연히 기존의 현대, 기아차 직원들 연봉에 의심이 가게 될 테니까 말이죠. 현대차 노조가 속해 있는 민주노총은 광주형 일자리 참여를 처음부터 거부하고 있습니다. 광주형 일자리가 성공하기 위해선 무엇보다 노동계가 중심이 돼야 합니다. 노동계의 동의가 없으면 설사 공장이 세워진다 해도 바로 문 닫을 가능성이 높습니다.

광주형 일자리 모델을 처음 도입하고 실무를 추진했던 박병규 전 광주광역시 경제 부시장은 이 실험은 우리 세대를 위한 게 아니라 우리 다음 세대, 아들, 딸의 일자리를 위한 실험이다, 그렇기 때문에 노동계의 이해와 도움이 더 절실하다고 호소했습니다. 사실 박병규 전시장은 기아차 광주공장 노조지회장 출신입니다. 우리 아들, 딸들은 이런 산업구조에선 절대 자신들과 같은 위치에 올 수가 없다. 그렇기 때문에 새로운 실험이, 어찌 보면 마지막이 될지도 모를 일자리 실험이 지금 꼭 성공해야 한다는 호소였습니다.

광주형 일자리 실험이 성공할지 또다시 실패로 끝날지 아직은 알 수 없습니다. 아마도 성공할 가능성보다는 실패로 끝날 가능성이 훨씬 높을 겁니다. 그러나 분명한 건 다음 세대엔 지금보다 훨씬 더 정의로운 그런 일자리 구조를 물려줘야 하지 않겠습니까?

※ 시사기획 창, 2018.09.04.

우리 시대는 몇몇이 일자리를 차지하고 호의호식하는 것을 받아들이기에는 좋은 일자리가 너무 적다. 일자리를 만들 수 없으면 나누어야 한다. 좋은 일자리를 서로서로 나누어 가지는 것이 바로 상생의 일자리다.

제6수 須 이이와 삼삼의 논쟁(1)

▍에필로그 Epilogue

이이가 변통을 다시 말한다는 것은 생각하기에 따라 조정에 피바람을 불러 올 수도 있는 이야기였다. 삼삼은 가마에 올라 탄 후 눈을 감았다. 가마가 익선동에 들어서려 할 때 바로 옆에서 들리는 듯 선명한 망치질 소리에 눈을 떴다. 삼삼은 가마에서 내려 소리가 이끄는 대로 걸어갔다. 창문 너머에서 망치 들 힘도 없어 보이는 노인장이 은수저를 만들기 위해 망치를 내리치고 있었다. 삼삼은 주변을 물리친 후 조용히 공방으로 들어갔다. 노인장은 누가 들어왔는지 신경조차 쓰지 않는 모습이었다.

한참을 지켜본 삼삼이 옆에 쭈그리고 앉아 조용히 물었다.
"농사짓는 것과 비교하여 먹고 사는 것은 어떠한가?"

노인이 삼삼을 힐끗 쳐다보며 말했다.
"보아하니 높으신 양반인 듯한데… 언제 나라에서 우리 같은 천한 장인들이 어떻게 살고 있는지 관심이나 가진 적이 있었소. 하기야 관심 주지 않는 것이 차라리 나을 것 같기도 하오만. 내가 하고 싶어서 하는 일인데 남의 일과 비교하면 무엇 하겠소. 난 이제 밥을 굶더라도 망치질 없인 단 하루도 살 수 없단 말이오. 이래봬도 세금은 내가 농사꾼보다 몇 곱은 냈을 거요."

삼삼은 막 다듬어진 은수저를 사들고 밖으로 나왔다.

세상이 바뀌는데 나만 그대로인 것인가? 세상이 바뀌도록 놔두어야 하는가? 나서서 막아야 하는 것인가? 이런저런 생각에 삼삼은 잠을 설쳤다.

제7수

이이와 삼삼의 논쟁(2)

殳

몽둥이 · 수

殳자는 '몽둥이'나 '창'이라는 뜻을 가진 글자이다. 갑골문에 나온 殳자를 보면 끝이 둥근 몽둥이를 들고 있는  모습이 그려져 있었다. 殳자는 손에 몽둥이를 들고 있는 모습을 그린 것이기 때문에 부수로 쓰일 때는 '치다'나 '때리다'라는 뜻을 전달한다. 그래서 쓰임으로만 본다면 攴(칠 복)자와 큰 차이가 없다. 다만 殳자가 쓰였다 해도 무조건 '치다'라는 뜻을 전달하는 것은 아니다. 穀(곡식 곡)자나 股(넓적다리 고)자처럼 단지 모양자만을 빌려 쓴 때도 있기 때문이다.

출처 : 네이버 한자사전, [한자로드(路)] 신동윤

결산은 몽둥이다.
잘 휘두르면 안 될 것도 되게 하지만 잘못 휘두르면 될 것도 안 되게 한다.

제7수 殳 이이와 삼삼의 논쟁(2)

| 예결산 분석의 수 |

몽둥이 · 수

다음 날 이이는 삼삼의 집을 찾았다. 삼삼의 집은 검소하였으나 누추하지 않았고 화려하였으나 사치스럽지 않았다. 정승의 집, 다웠다.

※《삼국사기》백제본기에는 온조왕 15년(기원전 5년)에 '새로 궁궐을 지었는데, 검소하지만 누추하지 않고, 화려하지만 사치스럽지 않다(검이불루儉而不陋, 화이불치華而不侈)'는 문장이 나온다. 이를 참조하였다.

삼삼은 내심 어제의 일이 미안하기도 한 차라서 머뭇거리며 이이를 맞았다.
"어인 일이오?"

이이는 단도직입적으로 서둘러 말했다.

"영상과의 이야기를 아직 매듭짓지 못하지 않았습니까? **세수를 늘릴 수 없다면 지출을 줄이면 되옵니다.**"

"부서마다 다들 예산이 부족하다고 난리인데 어쩌려는 것이오. 도대체 어떤 기준으로 지출을 감한단 말이요?"

"불요불급(不要不急)한 예산, **성과가 없는 예산**부터 줄이면 되옵니다."

"그런 뜬구름 잡는 말이 지금 육조를 비롯한 다른 부처에 통할 듯 싶소."

"지난 몇 해 동안의 **결산자료**를 제시하면 그들도 인정하지 않을 수 없을 것이옵니다."

"어떻게 해서 세출을 줄였다고 합시다. 그래도 10만 양병을 위해서는 턱없이 부족할 것이 뻔한데 그땐 어찌할 것이오."

"그땐 **국고**에 있는 금과 은을 풀어야 할 것입니다."

"뭐라, 국고를 건드린다고. 선왕들께서 대대로 물려주신 나라의 곳간을 열자는 것이오."

"곳간에서 잠자는 금은보화가 무슨 소용입니까. 곳간 밖에서 유통을 시켜야 국력이 신장되는 것이옵니다. 이는 영국의 아담 스미스라는 자가 《국부론》이라는 책에서 증명한 **사실**이옵니다."

"개개인이 사익을 추구하면 시장을 통해 공익이 극대화된다는 그 허무맹랑한 **주장**을 말하는 거요. 일찍이 공자께서 **정재절재(政在節財)**라고 하셨듯이 곳간에 재물이 쌓일수록 국력이 커지는 것이외다. 그리고 그 곳간을 우리가 다 쓰면 나중에 우리 후손들이 긴요하게 필요한 때에는 어떻게 할 거요?"

밤새 서로의 주장만을 반복하다가 이이가 방을 나섰다. 가을비가 옷을 적셨다.

1장 '결산'의 참뜻

예산과 마찬가지로 **결산**을 굳이 어렵게 설명할 필요성을 느끼지 못한다. 「표준국어대사전」에 따르면, 두 가지 뜻으로 나온다.

> 1. **일정한 기간** 동안의 **수입과 지출**을 **마감**하여 계산함. 또는 그렇게 산출한 계산.
>   – 서무과에서는 현재 결산 작업을 마무리하는 중이다.
>   – 그 세금은 관할 지역 세무서의 결산에 근거하여 산출되었다.
> 2. **일정한 기간 동안**의 활동이나 업적을 모아 정리하거나 **마무리함**. 또는 그런 활동이나 업적. 사업 결산.

여기서 결산의 주요 **개념적 요소**를 추출할 수 있다.

하나, 마감, 마무리다. 지금부터 무엇을 할 것인가가 아니라 지금까지 무엇을 했느냐와 관련된다.

둘, 일정한 기간 동안의 활동이나 업적(성과)을 **계량화** 된 수입, 지출로 보여준다. 물론 숫자에 매몰되기 보다는 숫자 뒤에 숨은 뜻을 잘 파악해야 할 것이다.

앞의 정의에는 빠져있지만 빠뜨리지 말아야 할 것은 결산의 역할, 바로 **환류**(feedback)이다. 결산은 그 자체로 의미가 있다기보다 예산에 반영됨으로써 의미를 갖는다. 조금 구체화하자면 예산편성의 문제라면 세출구조조정을 통해, 예산집행의 문제라면 집행 관련 제도개선 등을 통해 예산에 반영되어야 한다. 조금 과장하자면 결산은 예산을 위해 존재하는 것이다. 조금 확대하자면 역사를 공부하는 이유와 같다. 역사를 잊은 민족에게 미래가 없듯이 결산을 잊은 예산분석가에게 예산은 없다. 그런 면에서 결산과 예산은 한 몸으로 파악되어야 한다. 환류의 시각에서 본다면 결산은 예산과정의 끝이 아니라 시작이라고 할 수도 있겠다.

⟨결산과 예산의 비교⟩

결산	예산
과거	미래
사실	의견
칭찬/책임/반성	계획/예측/대비
사후평가	사전평가

결산은 미래를 위해 과거의 잘못을 바로잡는 것이다. 결산 심사결과 위법 또는 부당한 사항이 있는 때에 국회(지방의회)는 본회의 의결후 정부(지방자치단체) 또는 해당기관에 변상 및 징계조치 등 그 시정을 요구하고, 정부(지방자치단체) 또는 해당기관은 시정요구를 받은 사항을 지체없이 처리하여 그 결과를 국회(지방의회)에 보고하여야 한다.[83] 참고로, 국회는 시정처리 요구를 다음과 같이 분류한다.

---

[83] 「국회법」 제84조(예산안 · 결산의 회부 및 심사) ① (생략)
② 의장은 예산안과 결산에 제1항의 보고서를 첨부하여 이를 예산결산특별위원회에 회부하고 그 심사가 끝난 후 본회의에 부의한다. **결산의 심사결과 위법 또는 부당한 사항**이 있는 때에 국회는 본회의 의결후 정부 또는 해당기관에 **변상 및 징계조치 등 그 시정을 요구**하고, 정부 또는 해당기관은 시정요구를 받은 사항을 지체없이 처리하여 그 결과를 국회에 보고하여야 한다.
③~⑧ (생략)

「지방자치법」 제150조(결산) ① 지방자치단체의 장은 출납 폐쇄 후 80일 이내에 결산서와 증명서류를 작성하고 지방의회가 선임한 검사위원의 검사의견서를 첨부하여 다음 해 지방의회의 승인을 받아야 한다. **결산의 심사 결과 위법하거나 부당한 사항**이 있는 경우에 지방의회는 본회의 의결 후 지방자치단체 또는 해당 기관에 **변상 및 징계 조치 등 그 시정을 요구**하고, 지방자치단체 또는 해당 기관은 시정 요구를 받은 사항을 지체 없이 처리하여 그 결과를 지방의회에 보고하여야 한다.
② · ③ (생략)

〈시정요구 유형 및 분류기준〉

시정요구 유형	분류기준
변상	○ 고의 또는 중대한 과실로 법령을 위반하여 국가재산상 금전적 손실을 가한 경우
징계	○ 국가공무원법 또는 기타 법령에 규정된 징계사유에 해당하는 경우
시정	○ 위법 또는 부당한 사실이 있어 이를 바로잡기 위하여 추징, 회수, 원상복구, 사업추진방식 변경 등의 조치가 필요한 경우
주의	○ 위법 또는 부당한 사실이 있으나 그 정도가 경미한 경우 향후 동일한 사례가 재발하지 않도록 해당기관이나 책임자에게 주의를 줄 필요가 있는 경우
제도개선	○ 법령상 또는 제도상 미비하거나 불합리한 사항이 있어 이에 대한 개선이 필요한 경우

결산은 답변을 듣기 위해 하는 것, 책임을 묻기 위해 하는 것, 나아지기 위해 하는 것이다. 잘한 것은 잘했다고 칭찬과 격려를 해주고 잘못한 것은 잘못했다고 지적과 반성을 요구하는 것이다. 「국회법」 제84조와 「지방자치법」 제150조에서 결산심사 결과 잘 해낸 부분에 대한 격려와 칭찬을 해주는 내용이 규정되어 있지 않은 것은 커다란 문제이다. 결산은 예산반영이나 제도개선 등을 통해 시행착오를 반복하지 않기 위한 것이기도 하지만 그 보다 더 근본적으로 잘 해낸 우수 사례를 장려하고 공유하기 위함이다.

여기서 우리가 다시 한 번 반드시 생각해 보고 넘어가야 할 지점이 있다. 바로 '**적극행정**'이다.

「행정기본법」

> **제4조**(행정의 적극적 추진) ① 행정은 공공의 이익을 위하여 적극적으로 추진되어야 한다.
> ② 국가와 지방자치단체는 소속 공무원이 공공의 이익을 위하여 적극적으로 직무를 수행할 수 있도록 제반 여건을 조성하고, 이와 관련된 시책 및 조치를 추진하여야 한다.
> ③ 제1항 및 제2항에 따른 행정의 적극적 추진 및 적극행정 활성화를 위한 시책의 구체적인 사항 등은 대통령령으로 정한다.

조금의 잘못이라도 발견되면 무조건 이유 불문 책임을 묻게 되면 과연 어느 공무원이 적극적으로 일할 수 있겠는가? 공무원이 적극적으로 일할 수 있는 분위기를 만들어야 나라가 제대로 성장할 수 있다. 결산의 시정요구를 할 때에는 반드시 이 점을 명심해야 한다. 시정요구를 받아야 할 사항은 적극행정을 하다가 실수한 부분이 아니라 소극행정을 하면서 근근히, 그럭저럭, 예전만큼 성과를 내고 있는 사업과 집행자임을 잊지 말자.

예결산 분석사례
지방자치인재개발원 교육운영 사업[84]

가. 개요

□ '지방자치인재개발원수입대체경비' 사업은 지방시대를 선도하는 역량을 갖춘 지역 핵심 인재를 양성하기 위하여 지방공무원 및 지방공공기관 직원 등을 대상으로 맞춤형 교육을 시행하는 지방자치인재개발원을 운영하기 위한 사업으로, 2023회계연도에는 예산현액 79억 4,800만 원 중 78억 2,500만 원을 집행하고 1억 2,300만 원을 불용[85]하였음.

[2023회계연도 예산집행 실적]

(단위: 백만 원)

사업명	2023년								2024년
	예산액	전년도 이월액	이·전용 등	예비비	예산현액	집행액	다음연도 이월액	불용액	예산액
지방자치인재개발원 수입대체경비	7,238	-	710	-	7,948	7,825	-	123	7,641
장기교육과정 운영	3,350	-	349	-	3,699	3,643	-	56	3,573
기본교육과정 운영	2,824	-	40	-	2,864	2,848	-	16	2,944
전문교육과정 등 운영	552	-	-	-	552	505	-	47	613
역량평가및교육운영지원	512	-	321	-	833	829	-	4	512

---

84) 2023회계연도 행정안전부 소관 세입·세출결산 검토보고서 참조

85) 불용사유: 강사수당 등 교육운영경비(14백만 원), 현장학습에 따른 차량임차 및 여비(100백만 원), 기타 교육운영경비(9백만 원) 집행잔액

나. 리스이자 및 설비의 특성 등을 고려한 리스계약 확대 필요

☐ 리스(lease, 시설대여)란 수요기관이 선정한 특정 물건을 리스회사가 제조자로부터 취득하거나 대여받아 수요기관에게 일정기간 사용하게 하고, 수요기관이 그 사용기간 동안 일정대가를 정기적으로 나누어 지급하며, 해당 기간 종료 후의 물건의 처분에 관하여는 당사자 간의 약정으로 정하는 금융제도를 말함.[86]

☐ 리스계약은 리스기간, 리스 종료 후 처리방법 등 계약조건을 어떻게 설정하는지에 따라 다양한 형태로 이루어질 수 있으며[87],「조달청 내자구매업무 처리규정」(조달청 훈령)에 따른 리스계약 표준 조건은 다음과 같음.

[리스계약 표준 조건]

구분	표준 조건
리스기간	5년 또는 3년 등 수요기관에서 결정
리스료 지급방법	1개월, 3개월, 6개월 선납
잔존가치	없는 것을 원칙으로 하나, 있는 경우는 취득원가의 10%
리스종료 후 처리방법	잔존가치가 있는 경우 '양도 또는 재리스' 잔존가치가 없는 경우 '무상양도' 원칙, 물품 특성상 불가피한 경우 '반환'
보험료 및 조달수수료	물품의 취득원가에 불포함, 수요기관의 예산으로 별도 지급

---

[86] 리스거래는 물건을 먼저 취득하고 그 대가로서 일정 금액을 나누어 지불한다는 점에서 할부거래와 유사하나, 리스 기간 동안 소유권이 리스회사에게 있고 임차료(210-07)로 계상된다는 점에서, 소유권이 수요자에게 있고 자산취득비(430-01)로 계상되는 할부거래와 차이가 있음.

[87] 「조달청 내자구매업무 처리규정」(조달청훈령)
제169조(리스계약 요청내용 검토) ① 계약담당과장은 리스계약 요청서를 접수하면 다음 각호의 사항을 검토한다.
1. 리스요청 물품의 적합성
2. 리스조건(취득원가, 리스기간, 리스료 지급방법, 잔존가치, 리스종료후 처리방법 등)
② 제1항의 리스조건을 검토 할 때 표준이 되는 조건은 다음과 같으며 <u>계약담당과장은 수요기관과 협의하여 이 조건과 다른 리스조건을 정할 수 있다.</u>

□ 리스계약은 대규모 구입 예산을 확보하지 않더라도 일정액의 리스료만 지급하면 필요한 설비를 이용할 수 있다는 장점이 있지만, 다년간 비용을 지불하여야 하고, 중도해약이 어려워 1차 연도의 소요예산은 소규모일지라도 전체 지불비용의 규모는 상당히 큰 경우가 있으며, 리스계약의 경우 별도의 이자비용이 추가되므로 일시에 해당 설비를 구입하는 것보다 지출 총액은 더 증가하게 됨.

□ 따라서 리스 계약을 이용하여 설비를 도입하는 경우 수요기관은 리스계약의 장·단점 및 도입하려는 설비의 특성 등을 고려하여 리스기간, 리스종료 후 처리방법 등 최적의 리스계약의 조건을 설정할 필요가 있음.

[리스계약 세부절차]

※ 자료: 조달청 홈페이지(https://www.pps.go.kr/kor/content.do?key=01185) 검색일: 2024. 8. 7.

□ 지방자치인재개발원은 2023년 리스계약(계약일: 2023. 11. 29.)을 통하여 교육용PC 및 모니터 각 165대를 도입하였으며, 해당 리스계약에 대한 2023년 분할지급액 약 4,020만 원을 집행하였음.[88]

---

88) 리스계약을 통해 조달된 교육용PC 및 모니터의 소유권은 리스기간 동안은 리스회사가 보유하지만 리스기간 종료 후 지방자치인재개발원에 이전됨.

[2023년 체결된 리스계약 세부내용]

(단위: 백만 원)

계약명	취득원가	매회리스료	계약금액	대상물품	수량	리스기간	납부방식
노후 PC 및 모니터 교체	178	40	201	교육용 PC 및 모니터	각 165대	'23. 11. ~ '28. 11.(60개월)	총 5회 분납

※ 자료: 지방자치인재개발원 제출자료를 바탕으로 작성

□ 지방자치인재개발원의 리스계약은 디지털 플랫폼 정부 구현을 위한 역량교육 필요성의 증대 및 챗GPT, 데이터분석, AI 등을 활용한 전문교육 확대에 따라 자산취득비의 부족분을 고려[89]하여 임차료를 통해 내용연수가 경과한 PC 및 모니터를 교체하기 위한 것으로, 이는 지방인재 양성기관으로서의 역할과 책임을 다하기 위한 적극행정의 일환으로 보임.[90]

[2023년 자산취득비 집행내역]

(단위: 백만 원)

예산과목			예산액	
			내역	금액
지방자치 인재개발원 (1400)	지방자치 인재개발원 수입대체경비 (1433-650)	자산취득비 (430-01)	(430-01) 자산취득비	126
			1. 생활관 및 의무실 운영	6
			가. 건강증진센터 물품구입	6
			2. 시청각, 사이버계 기자재	120
			가. 강의실 LED 영상장비 보강	10
			나. 방송, 음향장비 보강	30
			다. 교육용 컴퓨터·모니터 구입	30
			라. 교육용 소프트웨어 구입	38.7
			마. 강의실 책상·의자 구입	31.3

※ 자료: 지방자치인재개발원 제출자료를 바탕으로 작성

---

89) 자산취득비(430-01) 3,000만 원을 통해 교육용 컴퓨터 및 모니터 각 25대를 구입하였음.

90) 참고로, 지방자치인재개발원은 노후PC 및 모니터 교체사업에 대해 행정안전부 감사담당관실을 통해 사전 감사 절차를 거쳤음.

[내용연수 경과 PC 및 모니터 수량]

(단위: 대)

구분	합계	내용연수경과(교체대상)					미경과	비고
		14년 이전	15년	16년	17년	18년	19년 이후	
합계	698	411	11	14	47	25	190	
PC	383	166	4	8	47	20	138	노후율64%
모니터	315	245	7	6	0	5	52	노후율83%

※ 자료: 지방자치인재개발원 제출자료를 바탕으로 작성

□ 향후에도 지방자치인재개발원은 효율적인 교육과정 운영과 교육의 질적 향상을 위해 교육용 및 업무용 설비를 도입하는 경우 리스계약 방식을 적극적으로 활용할 필요가 있으며, 이 경우 리스이자 및 설비의 특성 등을 고려하여 최적의 리스조건을 설정함으로써 효율적인 조달계약이 이루어지도록 노력할 필요가 있음.

□ 참고로, 지방자치인재개발원은 교육용PC의 노후화 비율이 높은 상황에서 교육운영 환경개선을 위해 노후 전산장비를 신속하게 교체할 필요성이 제기되어 적극행정의 측면에서 리스계약을 추진하였다고 설명하였음.

교육을 받으러 갔더니 누구는 최신식 컴퓨터이고 누구는 구형 컴퓨터였다. 그 이유를 물으니 자산취득비가 부족해서 다 구입할 수 없었다고 한다. 이런 행정을 소극행정이라고 하는 것이다. 이런 문제가 발생한다면 어떻게 해서든지 해결방안을 찾아야 한다. 바로 그것이 리스계약이다. 이런 경우 전례가 없다는 이유로, 굳이 우리가 이렇게 까지 해야할 이유가 없다는 등등의 이유를 찾아 그냥 관례대로 하는 것이 소극행정이다. 지방자치인재개발원은 이런 유혹을 당당히 이겨내고 적극행정으로 나아갔다. 여기서 리스료가 비쌌다는 등의 약간의 문제는 지적사항이 될 수 없다. 적극행정은 그런 지적을 트집으로 만들어 버린다. 이것이 바로 적극행정의 가치이다.

일반적으로 관료들의 예산추구행위를 자기조직만을 우선시하는 속좁은 형태로 비판한다. 하지만 최근에는 어차피 인건비를 깎는 것도 아닌데 굳이 사업비 더 타서 힘든 일 할 필요가 있겠는가라는 관료들의 태도가 문제되곤 한다. 나라가 위에서부터 망가지는 것은 리더를 바꾸면 되지만 아래에서부터 망가지는 것은 대책도 없다. 대한이 어쩌다 이 지경이 되었는지 모르겠다. 더 늦기 전에 공직사회의 문화를 변통해야 할 것이다.

> **선보생각**
>
> ## 올해의 실패왕
>
> 2014년 스탠퍼드대와 함께 '미국 양대 벤처 명문'이라 일컬어지는 MIT 슬론경영대학원의 빌 올렛 교수를 인터뷰한 적이 있다. MIT 예비 창업자들의 요람인 '마틴 트러스트 창업가 정신 센터' 소장을 겸임하고 있는 올렛 교수는 2011년 서울에서 열린 세계 창업가 워크숍 참석차 한국을 방문했을 때 겪었던 흥미로운 일화를 내게 들려줬다.
>
> 행사장은 전 세계 창업가들로 붐볐지만 주최국인 한국의 창업가는 별로 눈에 띄지 않았다. 이유를 궁금해하는 올렛 교수에게 한 한국인 참석자가 창업해서 직원 여섯 명을 고용한 기업가 친구 이야기를 들려줬다. 그 친구가 여자 친구의 부모님께 결혼 승낙을 받으러 가자 부모님은 "대기업 사원이나 공무원 같은 '진짜' 직업을 구하면 그때 결혼을 허락하겠다"고 했단다. 올렛 교수는 한국이 벤처 창업하기 꺼리는 이유를 이런 위험을 기피하는 문화에서 찾았다.
>
> "실패에 상대적으로 너그러운 미국과는 달리 한국에선 실패를 받아들이는 걸 특히 어려워하는 것 같더군요. 하지만 실패가 없이는 기존에 없던 새로운 것은 만들 수 없습니다. 그게 가능하다고 주장하는 건 '여기에 너무나 먹음직스럽지만 칼로리는 0인 초콜릿 케이크가 있어'라는 말만큼이나 허황된 거죠."
>
> 올렛 교수의 이야기를 들으면서 세계 어느 나라보다도 직원들이 열심히 일하는 한국

기업에서 기존에 없던 획기적인 상품이 잘 나오지 않는 이유 역시 바로 실패를 두려워하는 정서 때문이 아닌가 하는 생각이 들었다.

역발상이란 남들이 하지 않았던 방식을 취하고, 남들이 가지 않았던 길을 내가 새롭게 개척해 나가는 과정이다. 기존에 남들이 하지 않았던 일을 최초로 시도할 때, 항상 실패의 위험이 도사리고 있다. 하지만 그것을 감수하지 않고 회피하려고만 든다면 언제까지고 남들이 해왔던 과정을 똑같이 따라 할 수밖에 없고, 진정한 역발상적 사고를 시도하기 어려울 것이다.

물론 기업들이 실패를 두려워하는 것도 이해가 간다. 때로는 실패는 상당한 경제적 손실뿐 아니라, 기업의 존망까지 위태롭게 만드는 요인이다. 하지만 많은 이들이 착각하듯 실패가 반드시 위기로 이어지지는 않는다. 전 세계의 성공적인 마케팅 사례를 살펴보면 때로는 가장 큰 성공은 실패에서 나오곤 한다는 사실을 발견할 수 있다.

◆ 실패에서 가장 큰 성공 일군 3M·리바이스

1968년 미국의 세계적 사무용품 기업 3M의 연구원 스펜서 실버는 강력 접착제를 만들려다 실패를 맛봤다. 실수로 접착제 원료를 잘못 배합한 탓이었다. 그렇게 만들어진 접착제는 일정 수준의 접착력은 유지했지만, 종이에 발라도 스며들지 않고 쉽게 벗겨져 버렸다. 통념상 접착제라는 것은 한 번 붙여 놓으면 단단하게 유지돼야 하는데, 그런 기능이 없는 이 접착제는 한마디로 완전한 실패작이었다.

대개의 연구자들은 실패한 사실을 숨기기에 급급했지만, 실버는 그렇지 않았다. 그는 '이런 실패도 언젠가는 쓰일 일이 있을 거야'라는 생각으로 사내 세미나에서 자신의 실패 사례를 밝혔다.

몇 년 뒤 이 회사의 아서 프라이 연구원이 교회 성가대에서 성가대원들이 불러야 할 노래 대목을 기억하기 위해 악보에 끼워 넣은 종잇조각이 자꾸만 바닥에 떨어져서 번거로워하는 상황을 목격했다. 실버의 실패 연구를 들은 적이 있는 프라이는 과거의 실패를 '떨어지지 않고 붙여 놓을 수 있는 책갈피'를 만드는 데 이용하는 게 어떨까 하는 생각을 하게 됐다.

이렇게 해서 탄생한 것이 바로 1981년부터 판매되기 시작한 '**포스트 잇**(Post It)'이다. 포스트잇은 '스카치테이프' 등과 함께 3M의 대표적인 상품이 됐고, AP통신이 20세기 최고 히트 상품 가운데 하나로 꼽기도 했을 정도로 흥행에 성공했다.

누구나 한두 벌쯤은 갖고 있을 정도로 보편적인 청바지 역시 최악의 실패에서 탄생한 산물이다. 20세기 초반, 미국에선 '골드 러시(gold rush)' 열풍이 불었다. 미국 서부 지역엔 금광을 찾아 벼락부자가 되려는 꿈을 품은 사람들이 몰려들었고, 이렇게 모인 사람들을 전부 수용할 건물이 부족해 텐트가 주요 거주 수단으로 이용됐다.

천막용 천 제조업자였던 리바이 스트라우스는 밀려드는 천막 천 제조 의뢰 덕택에 사업이 나날이 번창하는 기쁨을 맛봤다. 어느 날 그는 대형 천막 10만개 납품 의뢰 주문을 받았고, 일생일대의 기회라고 생각해 빚을 내 생산에 들어갔다. 3개월간 직원들과 꼬박 밤을 새가며 천막을 만들었지만, 이렇게 만든 제품이 의뢰인으로부터 거절당했다. 의뢰자가 녹색 천막을 주문했지만 실수로 파란색 천막을 만들어 버렸기 때문이다.

납품 실패로 10만개의 파란색 천막은 고스란히 방치됐고, 공장 직원들에게 줄 임금은 밀려 회사가 망할 위기에 처했다. 이 절체절명의 순간에 스트라우스는 '저 천막으로 질긴 바지를 만들어 보면 어떨까?' 하는 생각을 하게 됐다. 탄광 일을 하는 노동자들이 바지가 자주 찢어져 번거로워하는 모습을 많이 목격했기 때문이다. 이렇듯 최악의 실패에서 탄생한 **청바지**는 최고의 흥행 상품이 됐고, 스트라우스는 자신의 이름을 따서 '리바이스'라는 브랜드명을 붙였다.

◆ 실패 축하하고 장려하는 혼다·슈퍼셀·구글

'실패는 성공의 어머니'라는 말이 그냥 말뿐인 구호가 아니란 것을 간파한 일부 기업은 직원들의 실패를 오히려 장려하거나, 실패를 축하하는 경우까지 있다.

일본 기업 혼다에는 다른 기업에 없는 독특한 상이 있다. '**올해의 실패왕**'이라는 상이다. 한 해 동안 가장 크게 실패한 연구원에게 수여되는 상이다. 상금은 우리 돈으로 약 1,000만 원 가까이 된다. 혼다의 창업자인 혼다 소이치로(本田宗一郎)는 이러한 상을 통해 개발자들이 실패를 두려워하지 않고 마음껏 도전하는 조직 문화를 조성하고자 했다.

'클래시 오브 클랜(Clash of Clans)' 등 국내에도 널리 알려진 게임으로 유명한 핀란드 게임 회사 수퍼셀(Supercell)에도 비슷한 제도가 있다. 이 회사에선 직원들이 특정 게임을 개발하거나 프로젝트에서 실패했을 때 샴페인 파티를 열어준다. 실패를 통해 배운 것이 있으니 축하하고 기념하자는 의미에서다. 실패를 두려워하지 않는 문화 덕택에 누구나 편하게 아이디어를 낼 수 있는 환경이 조성됐고, 그 결과 2010년 창업한 이 회사는 6년 만에 세계적인 게임 기업으로 성장했다.

그런가 하면 기업 신용정보회사인 미국의 던 앤드 브래드스트리트(Dun & Bradstreet)에는 사내에 '실패의 벽'이라는 게 있다. 직원들이 자신이 했던 실수 가운데 가장 뼈아픈 실수를 공개적으로 고백하는 벽이다. 실패의 벽에는 다음과 같은 안내문이 붙어 있다. '1. 실패한 순간을 자세히 기록하세요. 2. 그것을 통해 무엇을 배웠는지를 쓰세요. 3. 자신의 이름을 적고 사인하세요.'

실패는 남들에게 드러내기보다 혼자서 꼭꼭 감추고 싶은 게 인간의 본성이다. 하지만 성공의 밑바탕이 되는 것은 실수라는 사실을 일찌감치 깨달았던 창업자 제프 스티벨은 '이렇게 벽에다 자신의 실패담을 쓰면 직원들이 의기소침해지거나 유능한 동료들과 자신을 비교하면서 자신감을 잃지 않고 실패에 한결 가벼운 마음을 갖게 되겠지' 하는 생각을 갖고 실패의 벽을 도입했다.

구글이 운영하는 비밀 연구소 구글X의 수장(首將) 아스트로 텔러는 올해 TED 강연에서 이렇게 말했다. "우리는 실패가 안전한 것이 되게끔 노력합니다. 실패의 증거가 나오자마자 팀은 아이디어를 폐기처분합니다. 왜냐하면 그렇게 함으로써 보상이 주어지니까요. 동료들은 실패에 대해 손뼉을 쳐 주고 저와 같은 매니저들로부터 축하의 포옹을 받게 됩니다. 심지어는 진급도 하게 되죠." 그는 "<u>열렬한 회의론은 무한한 낙관론의 적이 아니다. 오히려 완벽한 파트너다.</u> 모든 아이디어의 잠재성을 끌어내 주기 때문이다"라고 덧붙이면서 실패의 순기능을 강조했다.

'순응형 모범생'을 선호하는 한국형 조직 문화와 실패한 뒤 다시 일어서기 어려운 사회

> 분위기가 계속 존재하는 한, 어쩌면 한국에서 참신한 역발상이 나오기를 기대하기란 어려운 일일지도 모른다. 그러나 실패를 적극적으로 장려하지는 못할지라도 '실패가 끝'이라고 낙인찍는 관행이 서서히 사라진다면, 우리 기업에서도 더욱 창의적이고 신선한 아이디어가 샘솟을지도 모르겠다.
>
> 아직까지 상당수가 보수적이고 엄격한 한국 기업에도 실패에 조금 더 관용적인 태도를 지니게 되기를, 단기간 업적 내기에 연연하기보다 장기적 비전을 가지고 조금 더 유연한 조직을 만들게 되기를, 그리고 그 문화가 창의적 역발상의 밑거름이 되는 날이 머지않아 오기를 기대해 본다.

[이코노미조선] 3M·구글의 공통점…'실패 파티' 열고 '실패왕' 선발(2016.8.24)

    실패를 어떻게 바라보느냐에 따라 조직의 운명이 결정된다. 실패를 부끄럽게 여기고 숨기려하는 조직과 실패를 장려하고 실패에서 배우려하는 조직 중 과연 누가 성공하겠는가? 대한의 공조직의 수동성, 변화저항성을 과감히 쳐낼 수 있는 방법도 바로 올해의 실패왕을 선발해 승진 등을 포함한 과(過)해보이는 칭찬과 격려를 해주는 것이다. 일부러라도 실패하라는 듯이 말이다. "열렬한 회의론은 무한한 낙관론의 적이 아니다. 오히려 완벽한 파트너"라는 말을 믿어보자.

2장 결산의 기준: 성과 → 모내기 vs. 김매기

결산은 **모내기** 즉, 조금만 도와주면 일어설 수 있는 사업에게 힘을 실어주고, **김매기** 즉, 더 이상 도와줄 필요가 없는 사업을 뿌리째 뽑는 것이다. 김매기로 아낀 예산을 모내기로 보내는 것, 이것이 바로 **변통(變通)**으로 가는 길이다.

이이와 삼삼의 대화를 다시 살펴보자.

"영상과의 이야기를 아직 매듭짓지 못하지 않았습니까? 세수를 늘릴 수 없다면 지출을 줄이면 되옵니다."

"부서마다 다들 예산이 부족하다고 난리인데 어쩌려는 것이오. 도대체 어떤 기준으로 지출을 감한단 말이요?"

"불요불급(不要不急)한 예산, **성과가 없는 예산**부터 줄이면 되옵니다."

"그런 뜬구름 잡는 말이 지금 육조를 비롯한 다른 부서에 통할 듯 싶소."

"지난 몇 해 동안의 **결산자료**를 제시하면 그들도 인정하지 않을 수 없을 것이옵니다."

모내기의 대상은 성과가 있는 사업, 성과가 좋은 사업, 성과가 점점 커질 수 있는 사업 등으로 예산 증액을 통해 힘을 실어주어야 할 것이다. 하지만 수입이 한정되어 있는 상태에서 지출을 줄여야 한다면 어디서부터 줄여야 할 것인가? 무슨 기준으로 **김매기**의 대상을 선별할 것인가? 불요불급한 사업, 우선순위가 떨어지는 사업, 유사중복 사업, 한가한 사업, 한심한 사업, 축쳐진 사업, 마지 못해 하는 사업, 시장에 맡기면 되는 사업 등 여러 기준이 있을 수 있으나 이 모든 것을 포함하여 말한다면 성과 없는 사업부터 세출구조조정을 하여야 할 것이다. 여기서 우리가 생각해 보아야 할 사항 두 가지를 살펴보고자 한다.

하나, 세출구조조정을 오직 삭감을 목표로 기획재정부가 주도하려고 하다보니 매번 각 부처의 반발을 사거나 흐지부지되고 만다. 각 부처가 우선 순위가 떨어지는 사업 등에 대해 자체적으로 구조조정을 해 오면 그 예산의 상당 부분을 신규 사업이나 기존 사업의 증액 예산으로 활용할 수 있도록 해 주어야 한다. 세출구조조정을 통해 예산이 적재적소에 편성될 수 있도록 유인하여야 하는 것이다.

둘, 성과 여부와 정도를 정확히 측정한다는 것이 말처럼 쉽지 않다. 우리 시대에 알맞는 성과지표를 찾아내는 것은 예산분석가의 오래된 숙제이다. 아래의 사례를 통해 성과지표에 대해 생각해 보도록 하자.

〈사례〉
엄마 B는 아들 C의 영어 성적이 오르지 않자 수소문 끝에 학원을 바꾸었다. 바꾼 학원은 학원비가 2배였고 가르치는 시간은 3배로 늘었다. 아들 C의 다음 영어 시험성적은 올랐다. 이 경우 엄마 B의 선택은 성과가 있었던 것인가? 아닌가?

둘의 하나, 다양성이다. 공급자와 수요자 등 다양한 시각간의 조화가 필요하다. 한쪽이 전부 지배하는 것은 옳지 않을 수 있다. 공급자인 엄마 그리고 수요자인 아들 간의 성과에 대한 지표가 각각 측정되어 종합적 시각을 제공해야 한다. 위 사례의 주인공은 아들임에도 아들의 의견이 성과평가에 반영되지 않고 엄마의 의견만 반영된다면 옳지 않다고 하겠다.

둘의 둘, 연계성이다. 영어 성적은 올랐는데 국어, 수학 성적이 떨어져서 전교 등수가 떨어졌다면? 이것은 성과가 있는 것인가? 없는 것인가? 영어 공부 시간이 3배로 늘어 국어, 수학 시간이 줄어들었다면, 영어 공부에 집중해서 국어, 수학을 소홀히 했다면? 또한, 여기서는 2배의 비용이 들어갔다는 점을 분명히 인식해야 한다.

둘의 셋, 다층성이다. 성과를 단순히 공부 시간이 늘었다거나 성적이 올랐다는 것으로 계량화하는 수준에 마무리하면 안 된다. 한 가지로 성과평가를 다 했다고 생각하지 말자는 것이다. 최대한 계량화할 수 있는 부분까지 다가가고 그 이상은 질적으로 평가할 필요성이 있다. 양자가 일치하면 성과 측정의 신뢰성을 높여줄 것이고 양자에 차이가 있다면 그 원인을 밝히는 것을 통해 성과의 정확성을 높일 수 있을 것이다. 이에 대해 일자리 확충을 위한 교육 사업의 사례를 통해 조금 더 들어가보도록 하자.

〈지표성격에 따른 지표 분류〉

구분	개념	특성
투입지표	예산·인력 등 투입물의 양을 나타내는 지표 (예) 직업훈련교육 예산 집행률	예산집행과 사업 진행과정상의 문제점을 발견하는 데 도움
과정지표	사업 진행과정에서 나타나는 산출물의 양을 나타내는 지표 (예) 직업훈련 교육별 진도율	사업 진도 등 사업추진 정도를 중간 점검하는 데 도움
산출지표	사업완료 후 나타나는 1차적 산출물을 나타내는 지표 (예) 직업훈련 교육 수료자수	투입에 비례하여 설정한 목표를 달성하였는가를 평가하는 데 도움
결과지표	1차적 산출물을 통해 나타나는 궁극적인 사업의 효과, 정책이 미치는 영향력을 나타내는 지표 (예) 직업훈련 수료자 취업률 / 소득증가율	사업이 의도한 최종목표의 달성정도에 따른 영향과 효과를 측정하는 데 도움

※ 자료: 대한민국정부, 「2025년도 성과계획서(총괄편)」, 2024. 9.

성과지표는 지표성격에 따라 4가지 유형(투입·과정·산출·결과지표)으로 분류되며, 성과지표는 가급적 프로그램목표 또는 단위사업의 궁극적인 효과를 측정할 수 있는 결과지표 위주로 설정하는 것이 바람직하다. 또한, 교육 횟수, 교육생의 만족도, 취업률 등 계량화가 가능한 자료뿐만 아니라 강사와 취업자에 대한 심층면접 등의 질적 자료 역시 중요한 성과측정의 기준이 될 수 있다. 이를 통해 교육의 어느 부분이 좋았고 어떤 부분에서 도움을 받아 취업하게 되었다 등등 보다 구체적인 사항을 알 수 있을 것이다.

혹시 취업률을 정확히 파악하기 어렵다고 하는 공무원이 있다면? 전화할 줄 모르냐고 물어 보라. 문자나 카톡을 활용하여 어렵지 않게 파악할 수 있는 것들을 못한다고 우기면 책임을 묻고 그 지긋지긋한 무용지물의 근성을 뿌리째 뽑아주자. 이것도 예산분석가가 마땅히 해야 할 중요한 역할 중 하나이다.

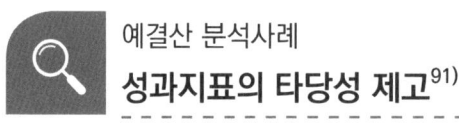

예결산 분석사례
성과지표의 타당성 제고[91]

□ **성과지표의 타당성 제고**

성과지표의 **타당성**이란 지표의 대표성, 포괄성, 결과지향성이 충족되는 것을 말하는데,[92] 성과지표의 **대표성**이란 성과지표가 해당 사업의 핵심 사업 내용들을 포함하고 있는가와 관련된 평가 기준이고, 성과지표의 **포괄성**이란 성과지표가 해당 사업 내용의 전반을 아우르고 있는가와 관련된 평가 기준이며, 성과지표의 **결과지향성**이란 성과지표가 단순 투입지표나 산출지표가 아닌 실질적인 사업성과를 보여줄 수 있는 결과지표로 설정되었는가와 관련된 평가 기준임. 따라서 성과달성률이 높더라도 성과지표의 결과지향성이 낮을 경우 실질적인 사업성과가 높은 것은 아니기 때문에 가급적 결과지향적 성과지표를 설정

---

91) 2016회계연도 통일부 소관 결산 및 예비비지출 승인의 건 검토보고서 참조

92) 국회예산정책처, 「2010회계연도 성과보고서 평가 Ⅰ」, 55~57쪽 참조. 다만, 그 밖에도 성과지표의 합목적성(Focused), 유용성(Appropriate), 안정성(Robust), 통합성(Integrated), 비용 효과성(Cost Effective), 기인성(Attributable), 적시성(Timely), 비교가능성(Comparable) 등이 거론됨. 유승현 외, 「재정성과목표관리제도 종합실태 분석」, 감사연구원, 2012, 80~81쪽 참조

하도록 할 필요가 있겠음.

최근 5년간 경협기반(무상) 사업의 성과를 측정할 수 있는 성과지표를 살펴보면, 정책고객 여론수렴(회), 정책인프라구축(%), 물자 반출입 관리, 교역경협기업 지원 노력, 대북제재 관련 북한산 물품 위장반입 차단 등으로 구성되어 있음.

〈2013~2017년도 성과계획서 상 성과지표 및 최근 5년간 성과 달성도〉

(단위: 건, %)

성과지표	구분	2013	2014	2015	2016	2017
정책고객 여론수렴(회)	목표	40	-	-	-	-
	실적	46	-	-	-	-
	달성도(%)	115	-	-	-	-
정책인프라 구축(%)	목표	90	-	-	-	-
	실적	106	-	-	-	-
	달성도(%)	117	-	-	-	-
물자 반출입 관리	목표	-	75	90	8	-
	실적	-	75	90	17	-
	달성도(%)	-	100	100	212.5	-
교역경협기업지원 노력	목표	-	80	90	95	93
	실적	-	85	95	110	-
	달성도(%)	-	106	105	115.8	-
대북제재 관련 북한산 물품 위장반입 차단	목표	-	-	-	-	12
	실적	-	-	-	-	-
	달성도(%)	-	-	-	-	-

동 지표들은 "남북 당국간 합의 또는 정부 차원에서 추진하는 남북한 교류협력기반 조성 사업에 소요되는 경비를 무상 지원함으로써 남북 간 경제적 격차와 통일비용을 줄이고 경제공동체 형성에 기여함"을 목적으로 하는 경협기반 사업의 핵심사업 또는 사업내용의 전반을 아우르지 못하고 있고, 남북공유하천 공동이용 실적이나, 북한기술경제인력양성, 광업·농업협력, 남북철도·도로 개보수, 남북경협기반시설 확충 등 경협기반(무상) 사업의 실질적 성과를 나타내주는 결과지향성이 미흡한 것으로 보임.

2016년 성과목표 달성도를 살펴보면, 교역경협기업 지원 노력은 115.8% 달성했고, 물자 반출입 관리는 212.5%를 달성한 것으로 나타났으나 경협기반(무상) 사업의 실질적 성과를 보여준다고 보기는 어려울 것임.

따라서 경협기반(무상) 사업의 성과지표의 대표성, 포괄성 및 결과지향성을 확보하여 성과지표의 타당성을 제고할 필요가 있겠음.

성과지표가 결과지향적이어야 한다는 것을 다시 한 번 새겨두었으면 한다. 남북경협기반 사업의 경우 북한의 소극적 태도 등으로 결과지향적 성과지표를 작성하기 어렵다고 하더라도 그래도 우리는 결과지향적 성과지표를 지향해야 한다. 그래야 결산을 하는 수고가 의미있는 것이다.

예결산 분석사례
제2하나원 중국어 취업준비(심화과정) 과정[93]

□ **제2하나원 중국어 취업준비(심화과정) 과정 실적 저조**

제2하나원에서 북한이탈주민을 대상으로 7개 과정 295명에게 심화교육을 실시하였으며, 집행액은 3억 4,670만 원임. 교육인원 대비 수료인원을 보면 '중국어 취업준비 과정'을 제외한 6개 과정은 교육생 전원이 수료한 반면, '중국어 취업준비 과정'은 교육생 8명 대비 4명이 수료하였으며, 수료생중 1명만이 HSK[94] 시험에 합격하여 사업성과가 타 교육과 비교하여 저조함.

---

93) 2017회계연도 통일부 소관 결산 검토보고서 참조

94) 제1언어가 중국어가 아닌 사람의 중국어 능력을 평가할 목적으로 중국 정부기구인 중국국가한판(中國國家漢辦)이 주관하여 시행하는 국제 중국어 능력 표준화 시험을 말한다. 한어수평고시(漢語水平考試)의 한어병음표기(HanyuShuipingKaoshi) 머리글자를 따서 HSK로 약칭함.

심화과정의 수료인원 1인당 교육비용은 평균 119만 원 소요되고 있지만, 중국어 취업과정은 1인당 616만 원으로 평균액의 5배 이상이 소요되는 것으로 나타나고 있음.

〈심화교육 과정 현황(2017년)〉

(단위: 명, 천 원)

과정명	교육인원(A)	수료인원(B)	집행액(C)	교육성과	1인당 비용(C/B)
요양보호사	37	37	90,970	자격증 취득 27명	2,458
중국어 취업준비	8	4	24,671	HSK 1명 합격	6,167
미용기능사	8	8	45,710	자격증 취득 6명	5,713
한식조리기능사	8	8	35,526	자격증 취득 5명	4,440
영농정착	22	22	404	비자격증 과정	18
운전면허(1종 대형)	142	142	112,464	자격증 취득 138명	792
지게차(3톤 미만)	70	70	36,929	자격증 취득 70명	527
계	295	291	346,674		1,191

동 과정이 도입된 2014년부터 2017년까지 교육과정의 수료율 및 교육성과 등을 살펴보면, 2014년 및 2015년은 교육인원이 평균 30명이었지만, 2016년 및 2017년은 교육인원이 10여명 내외로 전년대비 1/3로 감소하였고, 2014년부터 2016년까지는 수료율 및 HSK 시험합격률은 증가하였으나, 2017년은 수료율도 50%로 저조하고, HSK 합격률은 교육인원대비 12%에 그치고 있음.

〈중국어 취업준비 과정 연도별 성과〉

(단위: 명, 천 원)

년도	교육인원	수료인원	집행액	교육성과	1인당 비용 (수료인원 기준)
2014	29	15(51.7%)	82,650	통역합격 3명 HSK 11명 합격	5,510
2015	31	24(77.4%)	66,804	HSK 16명 합격	2,784
2016	10	9(90%)	32,523	HSK 8명 합격	3,614
2017	8	4(50%)	24,671	HSK 1명 합격	6,168
합계	78	52(66.7%)	206,648		3,974

> 심화과정은 북한이탈주민의 취업률, 소득, 자산 등이 일반국민에 비하여 낮은 상황임을 감안하면 필요성은 인정된다고 할 것이나, '중국어 취업준비 과정'은 제2하나원에서 집합교육을 실시하는 것보다 생활근거지와 가까운 중국어어학원에 등록하고 수료 또는 자격시험 합격 시 교육비 등을 지원하는 방안이 더 효율성이 있을 수 있다는 측면을 고려하여 한정된 예산으로 보다 많은 북한이탈주민에게 효과적으로 지원될 수 있는 방안을 적극 모색할 필요가 있겠음.

결산을 통해 중국어 취업준비 과정이 다른 과정에 비해 자격증 취득률이 낮다는 사실을 확인한 것은 결산의 1차적 임무를 완수한 것이다. 여기에서 더 나아가 예산집행 방식의 개선을 통해 사업의 성과를 높일 수 있는 방안을 제시한 것은 결산의 2차적 임무까지 나아간 것으로 지금 읽어보아도 뿌듯한 마음이 든다.

3장 결산 3인방: 불용 / 이용·전용 / 이월

김매기란 한마디로 잡초 같은 사업을 뿌리째 뽑아내는 것이다. 그 시작은 이이의 말대로 불요불급한 예산, 성과 없는 예산부터 줄여야 할 것이다. 이 기준에 대해서 다들 찬성하겠지만 삼삼의 말대로 기준을 실행함에는 엄청난 저항에 부딪히게 될 것이다. 우선 우리 부서의 사업은 불요불급한 예산이 아니라고 할 것이고, 당장은 성과가 없어 보이지만 곧 성과가 날 것이라고 할 것이다. 그래도 받아들여지지 않으면 이번만 예산에 반영해 주면 어떻게 하든 성과를 내겠다고 할 것이다. 이런 상황에서 이이가 제시한 처방은 결산 자료의 활용이다. 과연 결산 자료의 무엇을 활용하여 이 난국을 돌파해야 하는 것일까? **결산 3인방**에 그 답이 있다.

1. 불용

불용(不用)은 쓰다가 남거나 쓰지 못하고 남은 것이다. 불용의 반대는 **용**(用), 즉 쓴 것이다. 우리는 집행율을 통해 불용과 용의 정도를 파악한다. 다만, 주의할 것은 보조 또는 출연사업의 경우 반드시 **실집행률**[95]을 같이 분석해야 한다는 점이다. 고속철도건설 관련 2020년도 제3회 추경 검토보고서의 내용을 살펴보자.

> 공공기관이 집행하지 못할 예산을 교부함으로써 공공기관에 자금이 묶이는 현상은 예산의 집행률과 실집행률의 차이를 가져오는 등 국가재정의 효율적 운용 측면에서 바람직하지 못하므로 실집행 예상액을 감안하여 출연금 규모를 조정하려는 것임.
>
> 참고로, 감사원은 2018년 4월 실시한 "재정지출 효율화 및 주요 재정사업 추진실태" 감사

---

[95] 중앙부처에서 보조금을 단체 A에게 100% 교부하고 A가 50%를 집행한 사례가 있다고 가정해 보자. 이런 경우 결산서 상으로 중앙부처는 100% 집행한 것이되고 A는 50%를 집행한 것이 된다. 여기서 중요한 것은 집행률 100%가 아니라 실집행률 50%라고 하겠다.

결과, 기획재정부에 대하여 중앙행정기관 및 지방자치단체가 공공기관에 위탁[96]하는 사업비가 실제 집행액보다 과다하게 교부되어 공공기관에 자금이 묶여 국가재정을 비효율적으로 운영하는 일이 없도록 재정지출의 성과 제고 방안을 마련하라는 감사결과를 통보한 바 있음.

불용은 다음의 표에서 보듯이 긍정적 불용과 부정적 불용의 두 유형으로 나눌 수 있다.[97]

긍정적 불용	부정적 불용
• 절약(예산절감) • 안쓴 것	• 낭비 • 못쓴 것

긍정적 불용은 쓸 수 있었음에도 절약하여 안 쓴 것이고, **부정적 불용**은 쓸 수 없어 못 쓴 것이다. 부정적 불용이 낭비인 이유는 **하나**, 과다편성되어 절실히 필요한 곳에 예산이 편성조차 되지 못하도록 부정적 영향을 미쳤기 때문이요, **둘**, 쓰지 않아도 되는 곳에 쓰다가 더 이상 못쓰고 남은 것이기 때문이다. 긍정적 불용과 부정적 불용을 구분할 수 있는 기준과 방법이 마땅치 않다. 이러한 점 때문에 결산 검토 때 집행부 공무원들이 부정적 불용이라고 시인하는 것을 기대한다는 것은 배나무 밑에 앉아 선 배 떨어지기를 기다리는 것과 같다. 긍정적 불용은 바람직함에도 불구하고 집행부에서 꺼리는 경우가 대부분이다. 일단 불용은 부정적 불용으로 추정되고 이것이 예산 편성시 감액 사유가 될 수 있기 때문이다. 긍정적 불용이 될 수 있도록 유인하는 제도가 필요함을 알 수 있다. 긍정적 불용의 경우 그만큼 다음 연도에 예산을 감액하되 다른 사업으로 증액 편성할 수 있는 길을 열어 줌으로써 예산이 적재적소에 편성될 수 있도록 하는 것도 하나의 방안이 될 것으로 보인다.

---

96) 동 감사에서는 공공기관에 보조 또는 출연하는 사업에 대해 '위탁'이라는 표현을 사용하고 있음.
97) 낙찰차액의 경우에는 중립적 불용이라고 할 수 있겠다.

불용의 원인은 다양하겠으나 크게 보아 예산편성단계, 예산집행단계의 원인으로 나누어 볼 수 있겠다. 국회예산정책처 2018회계연도 결산분석보고서에서는 집행실적 부진 사유[98]를 다음의 표와 같이 정리하고 있다.

〈연례적 집행실적 부진 사유 분류 기준〉

사유		주요 내용
사업 준비단계	예산추계 등 부적정	추계 부적정, 사업비 과다이월, 예산 과다편성 등
	사전 사업계획 미비	사업내역의 잦은 변경 및 설계변경 등 사전에 치밀하지 못한 사업계획 수립으로 인한 사업추진 지연
사업 집행단계	지방비 미확보	지방비 분담 보조사업에 있어 지방자치단체의 지방비 미확보로 인한 사업 지연
	관계기관 간 협의 지연	사업과 관련된 중앙부처, 지방자치단체, 공공기관 등 상호간 협의, 인가, 허가 등의 절차지연으로 사업추진이 어려운 경우
	사업추진 지연	용역 지연, 공사착공 지연, 공사 지연, 발주 지연 등
	집행사유 미발생	집행 요건 미충족 등
	수요감소	사업신청 저조, 사업대상자 감소 등
	주민갈등	부지매입 협의지연, 주민 상호간 갈등 발생 등
기타		남북관계 경색 등 대외적 요인 등

2. 이용과 전용

이용과 전용을 파악하기 위해서는 세출예산과목에 대한 이해가 전제되어야 한다.

〈참고〉 세출예산과목[99]

---

98) 집행실적 부진은 결산 3인방을 모두 포함하는 문제이나 기본적으로 불용 문제를 전제로 하고 있다고 하겠다.

99) 세입예산과목은 관·항·목으로 구분된다. 이때 관·항은 입법과목이고, 목은 행정과목이다. 세입예산과목은 세입예산이 직접 예산에 의해 실현되는 것이 아니라 세법 등 법령의 규정에 의해 실현되기 때문에 입법과목과 행정과목을 구분할 실익이 크지 않다. 정부의 수입을 조세수입과 세외수입으로 구분하고, 조세수입을 조세의 종목에 따라 구분하고, 세외수입도 수입의 원천에 따라 구분하는 것은 정부의 세입예산에 관한 정보를 투명하게 제시한다는 점에서 필수적인 일이다. 《한국재정》 박기영

입법과목			행정과목		
장	관	항	세항	세세항	목·세목
분야	부문	정책사업	단위사업	세부사업	내역사업
Category	Section	Program	Activity	Detailed Activity	Item
국가(16개)	부처(장·차관)	실·국	과	계·팀	업무 담당자

※ 2007년부터 장-관-항-세항-세세항-목·세목에서 분야-부문-정책사업-단위사업-세부사업-내역사업으로 명칭이 변경됨.

입법과목은 국회의 심의·의결 대상이 되는 예산과목으로 과목 상호관의 융통은 물론 신설·변경에 대한 제한을 받는다. **행정과목**은 입법과목의 하위체계로서 일정한 요건 하에 행정부의 재량에 의해 운용되는 과목이다.

입법과목의 신설이나 변경의 경우에 세입과목은 원칙적으로 추가경정예산을 통해서 해야하며, 세출예산은 추가경정예산이나 「국가재정법」에 따른 이체, 예산총칙에서 규정한 범위 내에서의 이용에 의해서 행해진다. 행정과목의 변경 및 신설은 「국가재정법」에 따른 전용 등에 의하여 행해진다.

프로그램예산은 단위사업으로 정의된 세항사업을 묶어 프로그램을 형성함으로써, 기능을 중심으로 분야-부문-프로그램-단위사업의 계층구조에 따라 편성되는 것을 말한다. 이는 정책과 예산의 연계, 재정의 성과 제고를 위해 국가의 정책사업 단위인 프로그램 중심으로 설정한 예산제도로, 동일한 정책목표를 지향하는 사업들을 하나의 프로그램으로 설정하고, 예산의 전 과정을 프로그램 중심으로 운영하는 제도이다.

다양한 회계·기금에 흩어져 있던 동일사업이 하나의 프로그램 밑에 일반회계·특별회계·기금이 모두 표시됨으로써 국가정책이 어느 조직에서 어떤 프로그램을 통해 어떻게 추진되고 있는지를 일목요연하게 알 수 있다. 이에 따라 전략적 자원배분이 용이해지고 일반회계·특별회계·기금간의 유사·중복사업의 파악이 가능하여 예산낭비를 줄일 수 있다.

그 동안 품목중심의 투입관리와 통제중심의 재정운영에서, 프로그램 중심의 성과·자율·책임 중심의 재정운용으로 바뀌게 된다. 중앙예산기관은 프로그램을 통해 각 부처의 정책을 종합·조정하게 되고, 사업수행 부처는 예산운영에서 프로그램 내에서는 자율성을 가지되 성과에 대한 책임을 지게 되어 예산운영의 책임성이 확보된다.

《한국재정》 박기영

(1) **예산의 이용**(利用): 기관·장(분야)·관(부문)·항(프로그램) 등 입법과목 사이에 상호 융통하는 것을 말한다.

「국가재정법」

제47조(예산의 이용·이체) ①각 중앙관서의 장은 예산이 정한 각 기관 간 또는 각 장·관·항 간에 상호 **이용(移用)**할 수 없다. 다만, 다음 각 호의 어느 하나에 해당하는 경우에 한정하여 <u>미리 예산으로써 국회의 의결을 얻은 때</u>에는 기획재정부장관의 승인을 얻어 이용하거나 기획재정부장관이 위임하는 범위 안에서 자체적으로 이용할 수 있다.
1. 법령상 지출의무의 이행을 위한 경비 및 기관운영을 위한 필수적 경비의 부족액이 발생하는 경우
2. 환율변동·유가변동 등 사전에 예측하기 어려운 불가피한 사정이 발생하는 경우
3. 재해대책 재원 등으로 사용할 시급한 필요가 있는 경우
4. 그 밖에 대통령령으로 정하는 경우

②기획재정부장관은 정부조직 등에 관한 법령의 제정·개정 또는 폐지로 인하여 중앙관서의 직무와 권한에 변동이 있는 때에는 그 중앙관서의 장의 요구에 따라 그 예산을 상호 이용하거나 **이체(移替)**할 수 있다.

③각 중앙관서의 장은 제1항 단서의 규정에 따라 예산을 자체적으로 이용한 때에는 기획재정부장관 및 감사원에 각각 통지하여야 하며, 기획재정부장관은 제1항 단서의 규정에 따라 이용의 승인을 하거나 제2항의 규정에 따라 예산을 이용 또는 이체한 때에는 그 중앙관서의 장 및 감사원에 각각 통지하여야 한다.

④각 중앙관서의 장이 제1항 또는 제2항에 따라 이용 또는 이체를 한 경우에는 분기별로 분기만료일이 속하는 달의 다음 달 말일까지 그 이용 또는 이체 내역을 국회 소관 상임위원회와 예산결산특별위원회에 제출하여야 한다.

「지방재정법」

제47조의2(예산의 이용·이체) ① 지방자치단체의 장은 세출예산에서 정한 각 정책사업 간에 서로 이용할 수 없다. 다만, 예산 집행에 필요하여 미리 예산으로서 지방의회의 의결을 거쳤을 때에는 이용할 수 있다.

② 지방자치단체의 장은 지방자치단체의 기구·직제 또는 정원에 관한 법령이나 조례의 제정·개정 또는 폐지로 인하여 관계 기관 사이에 직무권한이나 그 밖의 사항이 변동되었을 때에는 그 예산을 상호 이체(移替)할 수 있다. 이 경우 지방자치단체의 장은 분기별로 분기만료일이 속하는 달의 다음 달 말일까지 그 내역을 지방의회에 제출하여야 한다.

입법과목의 신설이나 변경의 경우에 세입과목은 원칙적으로 추가경정예산을 통해서 해야하며, 세출예산은 추가경정예산이나 「국가재정법」 또는 「지방재정법」에 따른 이체, 예산총칙에서 규정한 범위 내에서의 이용에 의해서 행해진다. 아래에서 이용과 관련된 예산총칙 규정을 살펴보도록 하자.

「2024년도 예산안」 예산총칙

제10조 ①다음 경비 또는 비목에 부족이 생겼을 경우에는 국가재정법 제47조 제1항 단서규정에 의하여 당해 소관내의 타 비목으로부터 이용할 수 있다.

1. 공무원의 보수, 기타직 보수, 상용임금, 일용임금
2. 공공요금 및 제세, 급식비, 임차료
3. 배상금, 국선변호금, 법정보상금, 법정포상금(민간)
4. 국공채 및 재정차관원리금 상환금과 금리변동으로 인한 이자지출(국고금관리법 제32조 및 동법 시행령 제51조에 따른 조달자금에 대한 이자지출 포함) 경비
5. 국제부담금, 환율변동으로 인한 원화경비 부족액
6. 국제유가 변동으로 인한 군 및 해양경찰의 유류경비 부족액
7. 기업특별회계의 양곡관리비용, 우체국예금 지급이자, 우편운송료
8. 재해대책비(전염병 예방·대책비 포함)
9. 반환금

10. 선거 및 국민투표 관련경비

11. 국민기초생활보장급여, 기초연금급여, 장애인연금급여, 아동수당, 부모급여

②방위사업청 소관 지휘정찰사업·기동화력사업·함정사업·항공기사업·유도무기사업은 긴급 소요, 정산결과 증액 등 사전에 예측할 수 없는 사정변경이 발생한 경우에 한하여 상호간 이용할 수 있다. 다만, 연구개발 관련사항은 이용대상에서 제외한다.

「서울특별시 2024년도 예산서」예산총칙

제8조 다음 경비에 부족이 생겼을 때에는 지방재정법 제47조의2 제1항의 단서 규정에 의하여 아래 비목 상호간 또는 타 비목으로부터 이용할 수 있다.

(1) 기준인건비에 포함된 경비

(2) 지방채상환(원리금 등)

(3) 재해대책 및 복구비

「경기도 2024년도 예산안」 예산총칙

제6조 「지방재정법」 제47조의2 제1항 단서규정에 의한 다음 경비는 상호 간 또는 타 비목으로부터 이용할 수 있다.

○ 인건비, 반환금기타, 지방채 상환 원리금, 재해대책 및 복구경비

「2024년도 충청남도 예산서」 예산총칙

제8조 「지방재정법」 제47조의2 제1항에 의한 다음 경비는 상호 이용할 수 있다.

①인건비, 직무수행경비, 연금부담금 등 기준인건비에 포함된 경비

②차입금 원금 상환금, 차입금 이자 상환금지방채상환(원리금 등)

③재해대책 및 복구비

「2024년도 전라남도 예산서」 예산총칙

제8조 「지방재정법」 제47조의2 제1항 단서규정에 의한 기준인건비에 포함된 경비 및 동일 부서에서 동일부문에 있는 정책사업 간의 경비는 상호 이용할 수 있다.

「2024년도 예산안」 예산총칙을 보면 제1항 각 호에서 인건비, 국공채 및 재정차관원리금 상환금, 재해대책비 등 11개의 사유, 제2항에서 방위사업청 소관 사업 중 일부에 대해 이용을 인정하고 있음을 알 수 있다. 지방자치단체들의 경우에는 인건비, 지방채상환, 재해대책비의 경우를 이용 사유로 규정하고 있다. 다만, 전라남도의 경우에는 동일부서에서 동일부문에 있는 정책사업 간의 이용을 포괄적으로 열어두어 「지방재정법」의 위배 소지가 있어 보인다.

(2) **예산의 전용(轉用)**: 각 세항(단위사업) · 목 등 행정과목 사이에 상호 융통하는 것을 말한다.

「국가재정법」

제46조(예산의 전용) ①각 중앙관서의 장은 예산의 목적범위 안에서 재원의 효율적 활용을 위하여 대통령령으로 정하는 바에 따라 기획재정부장관의 승인을 얻어 각 세항 또는 목의 금액을 **전용**할 수 있다. 이 경우 사업 간의 유사성이 있는지, 재해대책 재원 등으로 사용할 시급한 필요가 있는지, 기관운영을 위한 필수적 경비의 충당을 위한 것인지 여부 등을 종합적으로 고려하여야 한다.
②각 중앙관서의 장은 제1항에도 불구하고 회계연도마다 기획재정부장관이 위임하는 범위 안에서 각 세항 또는 목의 금액을 자체적으로 전용할 수 있다.
③제1항 및 제2항에도 불구하고 각 중앙관서의 장은 다음 각 호의 어느 하나에 해당하는 경우에는 **전용할 수 없다**.
1. 당초 예산에 계상되지 아니한 사업을 추진하는 경우
2. 국회가 의결한 취지와 다르게 사업 예산을 집행하는 경우
④기획재정부장관은 제1항의 규정에 따라 전용의 승인을 한 때에는 그 전용명세서를 그 중앙관서의 장 및 감사원에 각각 송부하여야 하며, 각 중앙관서의 장은 제2항의 규정에 따라 전용을 한 때에는 전용을 한 과목별 금액 및 이유를 명시한 명세서를 기획재정부장관 및 감사원에 각각 송부하여야 한다.
⑤각 중앙관서의 장이 제1항 또는 제2항에 따라 전용을 한 경우에는 분기별로 분기만료일이 속하는 달의 다음 달 말일까지 그 전용 내역을 국회 소관 상임위원회와 예산결산특별위원회에 제출하여야 한다.

⑥제1항 또는 제2항의 규정에 따라 전용한 경비의 금액은 세입세출결산보고서에 이를 명백히 하고 이유를 기재하여야 한다.

「지방재정법」

제49조(예산의 전용) ①지방자치단체의 장은 대통령령으로 정하는 바에 따라 각 정책사업 내의 예산액 범위에서 각 단위사업 또는 목의 금액을 **전용(轉用)**할 수 있다.
②제1항에 따라 전용한 경비의 금액은 세입·세출결산서에 명시하고, 그 이유를 적어야 한다.

「지방재정법 시행령」

제55조(예산의 전용) ①법 제49조제1항의 규정에 의하여 다음 각 호의 비용을 제외한 예산은 각 정책사업 내에서 각 단위사업 또는 목의 금액을 다른 비목에 전용할 수 있다.
1. 인건비[「지방자치단체의 행정기구와 정원기준 등에 관한 규정」에 따른 기준인건비(같은 규정 제4조제2항 후단에 따른 자율범위 중 인건비를 포함한다) 또는 「지방교육행정기관의 행정기구와 정원기준 등에 관한 규정」에 따른 총액인건비를 포함한다]
2. 시설비 및 부대비
3. 상환금. 다만, 원금과 이자는 상호 전용할 수 있다.
②회계연도 경과 후에는 예산을 전용할 수 없으며, 업무추진비에 충당하기 위하여 다른 비목에서의 전용을 할 수 없다.

「국가재정법」과 「지방재정법」을 비교해보면, 「국가재정법」 제46조제1항 후단 이 경우 사업 간의 유사성이 있는지, 재해대책 재원 등으로 사용할 시급한 필요가 있는지, 기관운영을 위한 필수적 경비의 충당을 위한 것인지 여부 등을 종합적으로 고려하여야 한다. 에서 사업간의 유사성, 시급성, 필수성 등의 전용을 위한 적극적 요건을 규정하고 있고, 같은 조 제3항 각 호 1. 당초 예산에 계상되지 아니한 사업을 추진하는 경우 2. 국회가 의결한 취지와 다르게 사업 예산을 집행하는 경우 에서 전용 불가 사유로 규정하고 있다. 동 규정은 지방정부의 전용에도 동일하게 적용되어야 할 것으로 보인다. 참고로, 전용과 구별되는 세목조정 및 내역변경에 관해 살펴보면 다음과 같다.

〈참고〉 구별개념: 세목조정 및 내역변경(조정)

구분	내용	비고
세목 조정	• 목의 범위 내에서 세목간에 예산을 조정 (예) 210목 내에서 210-01(일반수용비)와 210-02(공공요금 및 제세)간 조정	
내역 변경 (조정)	• 단위사업 내에서 동일 목을 세부사업 간에 변경하여 사용 (예) 팔탄-봉담 국도건설(1632-652)의 감리비(420-04)를 태인-산내 국도건설(1632-670)의 감리비로 조정	

3. 이월

이월(移越)이란 세출예산을 해당 회계연도 내에 집행하지 못하고 다음 회계연도에 넘겨 집행하는 제도이다. 이월에는 명시이월과 사고이월이 있다. **명시이월**은 당초 예산에서 미리 세입세출예산에 명시하여 국회의 의결을 얻는 데 반해, **사고이월**은 연도내에 지출원인 행위를 하였으나 불가피한 사유로 인하여 연도 내에 지출을 하지 못한 경비를 다음연도에 이월하여 사용할 수 있는 제도이다.

「국가재정법」

제48조(세출예산의 이월) ①매 회계연도의 세출예산은 다음 연도에 이월하여 사용할 수 없다.
②제1항에도 불구하고 다음 각 호의 어느 하나에 해당하는 경비의 금액은 다음 회계연도에 이월하여 사용할 수 있다. 이 경우 이월액은 다른 용도로 사용할 수 없으며, 제2호에 해당하는 경비의 금액은 재이월할 수 없다.
1. **명시이월비**
2. 연도 내에 지출원인행위를 하고 불가피한 사유로 인하여 연도 내에 지출하지 못한 경비와 지출원인행위를 하지 아니한 그 부대경비
3. 지출원인행위를 위하여 입찰공고를 한 경비 중 입찰공고 후 지출원인행위까지 장기간이 소요되는 경우로서 대통령령으로 정하는 경비
4. 공익사업의 시행에 필요한 손실보상비로서 대통령령으로 정하는 경비

5. 경상적 성격의 경비로서 대통령령으로 정하는 경비

③제1항에도 불구하고 계속비의 연도별 연부액 중 해당 연도에 지출하지 못한 금액은 계속비사업의 완성연도까지 계속 이월하여 사용할 수 있다.

④각 중앙관서의 장은 제2항 및 제3항의 규정에 따라 예산을 이월하는 때에는 대통령령으로 정하는 바에 따라 이월명세서를 작성하여 다음 연도 1월 31일까지 기획재정부장관 및 감사원에 각각 송부하여야 한다.

⑤각 중앙관서의 장이 제2항 및 제3항의 규정에 따라 예산을 이월한 경우 이월하는 과목별 금액은 다음 연도의 이월예산으로 배정된 것으로 본다.

⑥매 회계연도 세입세출의 결산상 잉여금이 발생하는 경우에는 제2항 및 제3항의 규정에 따른 세출예산 이월액에 상당하는 금액을 다음 연도의 세입에 우선적으로 이입하여야 한다.

⑦기획재정부장관은 세입징수상황 등을 고려하여 필요하다고 인정하는 때에는 미리 제2항 및 제3항의 규정에 따른 세출예산의 이월사용을 제한하기 위한 조치를 취할 수 있다.

「지방재정법」

제50조(세출예산의 이월) ①세출예산 중 경비의 성질상 그 회계연도에 그 지출을 마치지 못할 것으로 예상되어 **명시이월비**로서 세입·세출예산에 그 취지를 분명하게 밝혀 미리 지방의회의 의결을 얻은 금액은 다음 회계연도에 이월하여 사용할 수 있다.

②세출예산 중 다음 각 호의 어느 하나에 해당하는 경비의 금액은 **사고이월비**(事故移越費)로서 다음 회계연도에 이월하여 사용할 수 있다.

1. 회계연도 내에 지출원인행위를 하고 불가피한 사유로 회계연도 내에 지출하지 못한 경비와 지출하지 아니한 그 부대 경비

2. 지출원인행위를 위하여 입찰공고를 한 경비 중 입찰공고 후 지출원인행위를 할 때까지 오랜 기간이 걸리는 경우로서 대통령령으로 정하는 경비

3. 공익·공공 사업의 시행에 필요한 손실보상비로서 대통령령으로 정하는 경비

4. 경상적 성격의 경비로서 대통령령으로 정하는 경비

③**계속비**의 회계연도별 필요경비 중 해당 회계연도에 지출하지 못한 금액은 그 계속비의 사업완성 연도까지 차례로 이월하여 사용할 수 있다.

④제1항부터 제3항까지의 규정에 따라 예산을 이월할 때에는 그 이월하는 과목별 금액은 이월예산으로 배정된 것으로 본다.

「지방재정법 시행령」

제58조(세출예산의 이월) ①법 제50조제2항제2호에서 "대통령령으로 정하는 경비"란 다음 각 호의 경비를 말한다.
1. 「지방자치단체를 당사자로 하는 계약에 관한 법률 시행령」 제14조에 따른 입찰참가자격 사전심사방법으로 집행되는 공사에 소요되는 경비
2. 「지방자치단체를 당사자로 하는 계약에 관한 법률 시행령」 제43조 및 제44조의 규정에 의하여 협상에 의한 계약체결의 방법으로 집행되는 경비
3. 「지방자치단체를 당사자로 하는 계약에 관한 법률 시행령」 제96조제1항의 규정에 의하여 공고된 공사에 소요되는 경비
4. 재해복구사업에 소요되는 경비
②법 제50조제2항제3호에서 "대통령령으로 정하는 경비"란 다음 각 호의 경비를 말한다.
1. 보상대상이 되는 토지·물건 등의 조사 및 감정평가가 완료되어 보상절차에 착수하였거나 보상절차가 진행중인 경비
2. 공사완료 후 존속하는 어업권의 피해에 관한 보상비 등 간접보상비로서 보상에 필요한 감정평가를 위한 용역계약이 체결되었거나 감정평가가 진행중인 경비
3. 재해복구사업을 위한 보상에 소요되는 경비
③법 제50조제2항제4호에서 "대통령령으로 정하는 경비"란 다음 각 호의 경비로서 지방자치단체의 장이 정하는 경비를 말한다. 다만, 제2호의 경비는 2016년 1월 10일까지만 이월할 수 있다.
1. 기관 또는 시설의 유지·운영에 드는 경비
2. 일반보상금, 포상금 또는 민간이전경비

이월은 일반적으로 **회계연도독립의 원칙**(각 회계연도의 경비는 그 연도의 세입 또는 수입으로 충당하여야 한다는 원칙)의 예외로 인정되고 있다. 과연 21세기에 그해 벌어서 그해 쓰는 예산이 얼마나 될까? 1년이라는 회계연도(매년 1월 1일부터 12월 31일까지)를 2년으로 늘리면 예산에

쏟아붓는 시간과 비용을 절약하고 예산의 미래지향성을 높일 수 있다는 생각을 해본다. 물론 그 사이의 환경변화는 추가경정예산안을 통해 해결해야 할 것이다.

4. 결산 3인방을 다루는 공통 기준

구분	내용	비고
양적 기준	• How many/much? : 어느 정도 발생하였는가?	
질적 기준	• Unavoidable? : 결산 3인방이 발생하는 정당한 이유가 있는가?	
시기 기준	• When? ; 예산 집행(이용·전용 포함)이 언제 일어났는지?	
반복 기준	• Annual? : 매년 연례적 · 반복적으로 일어나는가?	
관계 기준	• Reciprocal? : 결산 3인방이 서로에게 영향을 주고 받는가?	

이를 보다 구체적으로 살펴보면 다음과 같다. 결산에서 중점 관리 대상이 되는 사업들이 될 것이다.

① **양적 기준**: 결산 3인방이 예산현액 대비 몇 %나 발생하였는지를 확인한다. 50%의 불용이 발생하였다면 5%의 불용이 발생한 것과 비교하여 더 자세히 살펴보아야 할 것이다.

② **질적 기준**: 결산 3인방의 발생이 정당화 될 수 있는 사유가 있는지 살펴보아야 한다. 결산 3인방은 국회의 예산 심의 · 확정권을 무력화하는 것이므로 자세히 들여다 보아야 한다. 정당한 이유가 없을 때에는 책임을 묻도록 한다. 이것은 과거에 집착하는 것이 아니라 미래에 잘못을 반복하지 않기 위한 작업이다. 앞에서 이야기 했듯이 적극행정도 정당화 사유가 될 수 있겠다.

③ **시기 기준**: 예산 집행이 연말에 집중되었다면 뭔가 긍정적 불용을 할 수 있었음을 추정할 수 있고, 이용·전용이 연초에 있었다면 예산 계획에 문제가 있었다는 의미일 것이고 연말에 있었다면 역시 긍정적 불용을 할 수 있었던 사업으로 볼 수 있겠다. 상반기에 이용·전용 감액 과다 사업은 부처 또는 자치단체 스스로 우선순위가 상대적으로 후순위인 사업으로 판단하여 조정된 것으로 볼 수 있으므로 감액 조정할 필요가 있겠다. 연도말 이용·전용 감액된 사업은 불용액을 줄이려는 의도인지 확인한 후 감액 필요여부를 분석해야 할 것이다. 연말에 집중적으로 집행된 사업은 적실성 있는 집행계획의 유무 파악, 사업의 필요성 검토 및 과다 편성 여부 분석 및 조정이 필요할 것이다.

④ **반복 기준**: 결산 3인방이 매년 연례적으로 반복된다면 반드시 그 원인을 찾아서 고리를 끊어 주어야 한다. 연례적으로 이용·전용을 당하는 사업은 다른 사업의 재원마련 용도로 활용되는 예산으로 우선 순위가 낮은 사업이라고 하겠다. 과다편성 여부 분석 및 조정 가능 여부를 검토한다. 결산을 무용지물로 만들 수 있으므로 더 이상 미루지 말고 칼을 들어야 하는 것이다.

⑤ **관계 기준**: 이용·전용을 분석함에 있어서는 이용·전용을 준 사업과 이용·전용을 받은 사업을 구분하여 분석하여야 한다. 이용·전용을 주었는데도 불용이 발생했거나, 이용·전용을 받고 불용 또는 이월이 발생하였다면 그 이유를 확인해야 한다.

이용·전용은 상당히 긍정적 기능을 가지고 있다. 예측하지 못한 상황에 유연하게 대처하여 예산을 효율적으로 사용한 것일 수 있기 때문이다. 그러나 그것이 연례적이라면? 더구나 연례적으로 12월에 이용·전용을 해 왔다면? 이용·전용의 필요성에 관한 설득력이 상당히 떨어질 것이다.

예결산 분석사례
'정부청사노후시설등정비' 사업[100]

가. 개 요

□ '정부청사노후시설등정비' 사업은 정부청사 시설물의 안전관리를 위한 법정 점검 및 진단,[101] 노후 시설물·방호 시설·편의시설 등을 정비하는 사업으로, 2022회계연도에는 예산현액[102] 642억 800만 원 중 561억 5,500만 원을 집행하고 63억 700만 원을 이월[103]하였으며, 17억 4,600만 원을 불용[104]하였음.

[2022회계연도 예산집행 실적]

(단위: 백만 원)

사업명	2022년									2023년
	예산액		전년도 이월액	이·전용 등	예비비	예산 현액	집행액 [실집행액]	다음연도 이월액	불용액	예산액
	본예산	추경								
정부청사노후시설 등 정비	30,544	30,544	2,307	3,581	27,776	64,208	56,155 [56,155]	6,307	1,746	20,606
시설점검및진단	1,110	1,110	-	300	-	1,410	1,114	-	296	3,237

---

100) 2022회계연도 행정안전부 소관 결산 검토보고서 참조

101) 「기계설비법」등 관련 규정에 따른 정부청사 내 열원 및 냉·난방 설비 등 25개 항목 성능점검

102) 대통령 집무실 및 관저 조성을 위한 예비비 277억 7,600만 원 포함

103) 이월사유: - (디지털 정책 홍보 플랫폼 구축) 반도체 대란 및 화물연대 파업 등으로 부품수급이 지연되어 절대공기 부족으로 관련 자산취득비 이월(247백만 원)
  - (스마트 정부청사 통합관리체계 구축) 계약체결('22.6.)에 따라 사업 추진중 계약기간 (~'23.4.)을 고려하여 계약기간 지연으로 공사비, 시설부대비, 자산취득비, 일반연구비 이월(5,641백만 원)
  - (과천청사 1동 노후승강기 교체) 시공사 측 내부사정에 따른 사업지연으로 공사비, 감리비, 시설부대비 이월(419백만 원)

104) 불용사유: 공사비 등 계약 낙찰차액 및 집행잔액

노후시설정비	10,408	10,408	131	943	-	11,482	10,580	419	483	11,874
방호보안시설보강	17,226	17,226	-	2,338	-	19,564	13,789	5,641	134	3,722
편의시설정비	1,800	1,800	-	-	-	1,800	1,545	247	8	1,773
정부청사 그린뉴딜	-	-	2,176	-	-	2,176	2,013	-	163	-
예비비	-	-	-	-	27,776	27,776	27,114	-	662	-

※ 자료: 행정안전부

나. 집행 가능성을 고려한 예산의 전용 및 조정 필요

□ 정부청사관리본부는 2022회계연도에 14억 700만 원을 전용하였는데, 이 중 3억 원은 정부청사 기계설비 성능점검비 확보를 위하여 2022. 6. 10. 전용하였고, 9억 4,300만 원은 업무동 노후시설 개선공사를 위한 공사비 등 확보를 위해 2022. 7. 29. 전용하였으며, 1억 6,400만 원은 스마트정부청사 통합관리 구축 사업 등을 위하여 2022. 11. 30. 과 2022. 12. 5.에 각각 전용하였음.

한편 스마트통합관리시스템 연계 자산 통합 발주를 위하여 23억 3,800만 원을 내역변경(조정)하였음.

[2022년도 정부청사노후시설등정비 전용·조정 내역]

(단위: 백만 원)

| 구분 (일자) | ~에서 | | 금액 | ~으로 | | 조정 등의 사유 |
	내역사업 (사업코드)	목-세목 코드		내역사업 (사업코드)	목-세목 코드	
내역변경 ('22.2.18.)	청사시설 유지보수 (2231-300)	자산취득비 (430-01)	2,338	정부청사 노후시설 등 정비(2231-301)	자산취득비 (430-01)	스마트통합관리시스템 연계 자산 통합 발주 추진을 위해 자산 취득비 부족분 확보
전용 ('22.6.10.)	공무원 통근버스운행 (2232-305)	임차료 (210-07)	300	정부청사 노후시설 등 정비(2231-301)	일반연구비 (260-01)	정부청사 기계설비 성능점검비 확보
전용 ('22.7.29.)	공무원 통근버스운행 (2232-305)	임차료 (210-07)	90	정부청사 노후시설 등 정비(2231-301)	실시설계비 (420-02)	업무동 노후시설 개선공사 공사비, 설계비, 감리비 등 부대비 부족분 해소

구분						
전용 ('22.7.29.)	공무원 통근버스운행 (2232-305)	임차료 (210-07)	10	정부청사 노후시설 등 정비(2231-301)	감리비 (420-04)	업무동 노후시설 개선공사 공사비, 설계비, 감리비 등 부대비 부족분 해소
	청사시설 유지보수 (2231-300)	재료비 (210-11)	94	정부청사 노후시설 등 정비(2231-301)	공사비 (420-03)	
		일반용역비 (210-14)	155			
		자산취득비 (430-01)	175			
	청사시설관리 및 위탁 (2231-302)	관리용역비 (210-15)	263			
	공무원 통근버스운행 (2232-305)	임차료 (210-07)	156			
전용 ('22.11.30.)	정부청사 노후시설 등 정비(2231-301)	자산취득비 (430-01)	75	정부청사 노후시설 등 정비(2231-301)	일반연구비 (260-01)	스마트정부청사 통합관리 구축사업 및 개인정보영향평가 용역 추진비 부족분 해소
전용 ('22.11.30.)	정부청사 노후시설 등 정비(2231-301)	자산취득비 (430-01)	38	정부청사 노후시설 등 정비(2231-301)	시설부대비 (420-05)	
전용 ('22.12.5.)	정부청사 노후시설 등 정비(2231-301)	자산취득비 (430-01)	51	정부청사 노후시설 등 정비(2231-301)	감리비 (420-04)	스마트정부청사 통합관리 구축사업 감리 및 개인정보영향평가 용역 추진비 부족분 해소

※ 자료: 행정안전부

□ **예산의 전용(轉用)**은 예산이 정한 각 세항(단위사업), 목 등 사이에 상호 융통하는 것으로서 기획재정부장관의 승인을 얻어야 하나, 기획재정부장관이 매 회계연도마다 정하는 "세출예산전용권 위임범위" 내에서는 부처에서 자체 전용이 가능함.[105]

---

105) **「국가재정법」 제46조(예산의 전용)** ① 각 중앙관서의 장은 예산의 목적범위 안에서 재원의 효율적 활용을 위하여 대통령령으로 정하는 바에 따라 기획재정부장관의 승인을 얻어 각 세항 또는 목의 금액을 전용할 수 있다. 이 경우 사업 간의 유사성이 있는지, 재해대책 재원 등으로 사용할 시급한 필요가 있는지, 기관운영을 위한 필수적 경비의 충당을 위한 것인지 여부 등을 종합적으로 고려하여야 한다.
② 각 중앙관서의 장은 제1항에도 불구하고 회계연도마다 기획재정부장관이 위임하는 범위 안에서 각 세항 또는 목의 금액을 자체적으로 전용할 수 있다.
③ 제1항 및 제2항에도 불구하고 각 중앙관서의 장은 다음 각 호의 어느 하나에 해당하는 경우에는 전용할 수 없다.
1. 당초 예산에 계상되지 아니한 사업을 추진하는 경우
2. 국회가 의결한 취지와 다르게 사업 예산을 집행하는 경우

□ **내역변경(조정)**이란 단위사업 내에서 동일 목을 세부사업간에 변경하여 사용하는 것을 의미하며, 「국가재정법」에서 규정하는 예산 변경(전용·이용·이체등)에 해당하지 않으므로 변경절차에 대한 별도의 규정은 없으나, 세부사업간 증감을 수반하는 것으로 세출예산 집행지침 또는 다른 규정에 별도의 제한 또는 사전협의 규정이 없는 한 자체전용에 준하여 중앙관서의 장이 승인하여 변경 집행함.

□ 정부청사 기계설비 성능점검비 확보를 위한 전용액 3억 원의 경우 「기계설비유지관리기준」 제정·시행('21.8.9.)에 따른 기계설비 성능점검[106]을 위하여 자체전용한 것이고, 업무동 노후시설 개선공사를 위한 9억 4,300만 원은 대통령 관저 이전 계획 변경[107]에 따른 추가 사업비 재원 마련을 위한 전용액이며, 23억 3,800만 원은 스마트통합관리시스템 연계 자산 통합 발주를 위하여 청사시설 유지보수(2231-300) 사업에서 정부청사 노후시설등정비(2231-301) 사업으로 자산취득비를 내역변경한 것으로서 전용 및 조정의 필요성은 일정부분 인정될 수 있는 것으로 보임.

□ 그러나 전용 및 조정한 예산의 내역사업별 집행내역을 살펴보면, 기계설비 성능점검을 위하여 3억 원을 전용하였으나 '시설점검 및 진단' 세부사업의 예산현액 14억 1,000만 원 중 2억 9,600만 원을 불용하였고, 업무동 노후시설 개선공사를 9억 4,300만 원을 전용하였으나 '노후시설 정비' 세부사업의 예산현액 114억 8,200만 원 중 4억 1,900만 원을 이월, 4억 8,300만 원을 불용하였으며,[108] 스마트통합관리시스템 연계자산 통합 발주를

---

106) 「기계설비법」 등 관련 규정에 의거한 정부청사 내 열원 및 냉·난방 설비 등 25개 항목 성능점검
107) 육군참모총장 공관에서 외교부 장관 공관으로 변경
108) 정부청사 기계설비 성능점검(내역사업: 시설점검 및 진단)을 위하여 전용된 예산 3억원 중 실제 집행 금액은 2억 5,200만 원이며(집행률 84%, 불용액 4,800만 원: 낙찰차액), 업무동 노후시설 개선공사(내역사업 : 노후시설등정비)를 위하여 전용한 9억 4,300만 원 중 실제 집행 금액은 9억 3,600만 원임(집행률 99%, 불용액 700만 원: 낙찰차액)

위하여 23억 3,800만 원을 조정하였으나 '방호보안시설 보강' 내역사업의 예산현액 195억 6,400만 원 중 56억 4,100만 원을 이월, 1억 3,400만 원을 불용하였음.[109]

[2022회계연도 예산집행 세부 내역]

(단위: 백만 원)

세사업 및 비목	이·전용 등	예산 현액	집행액	다음연도 이월액	불용액
● 시설점검 및 진단	300	1,410	1,114	-	296
- 일반연구비 (260-01)	300	1,410	1,114	-	296
● 노후시설정비	943	11,482	10,580	419	483
- 일반연구비 (260-01)	-	104	58	-	46
- 실시설계비 (420-02)	90	289	262	-	27
- 공사비 (420-03)	843	10,813	10,029	400	384
- 감리비 (420-04)	10	75	51	14	10
- 시설부대비 (420-05)	-	49	28	5	16
- 자산취득비 (430-01)	-	152	152	-	-
● 방호보안시설 보강	2,338	19,564	13,789	5,641	134
- 일반연구비 (260-01)	75	190	154	35	1
- 실시설계비 (420-02)	-	34	31	-	3
- 공사비 (420-03)	-	14,339	10,320	3,908	111
- 감리비 (420-04)	51	315	177	137	1
- 시설부대비 (420-05)	38	98	10	75	13
- 자산취득비 (430-01)	2,174	4,588	3,097	1,486	5

※ 자료: 행정안전부

---

109) 전용된 예산에 해당하는 비목(일반연구비, 감리비, 시설부대비, 자산취득비)만을 기준으로 살펴보면, 전용된 23억 3,800만 원 중 17억 3,300만 원이 이월되고 2,000만 원을 불용하였음.

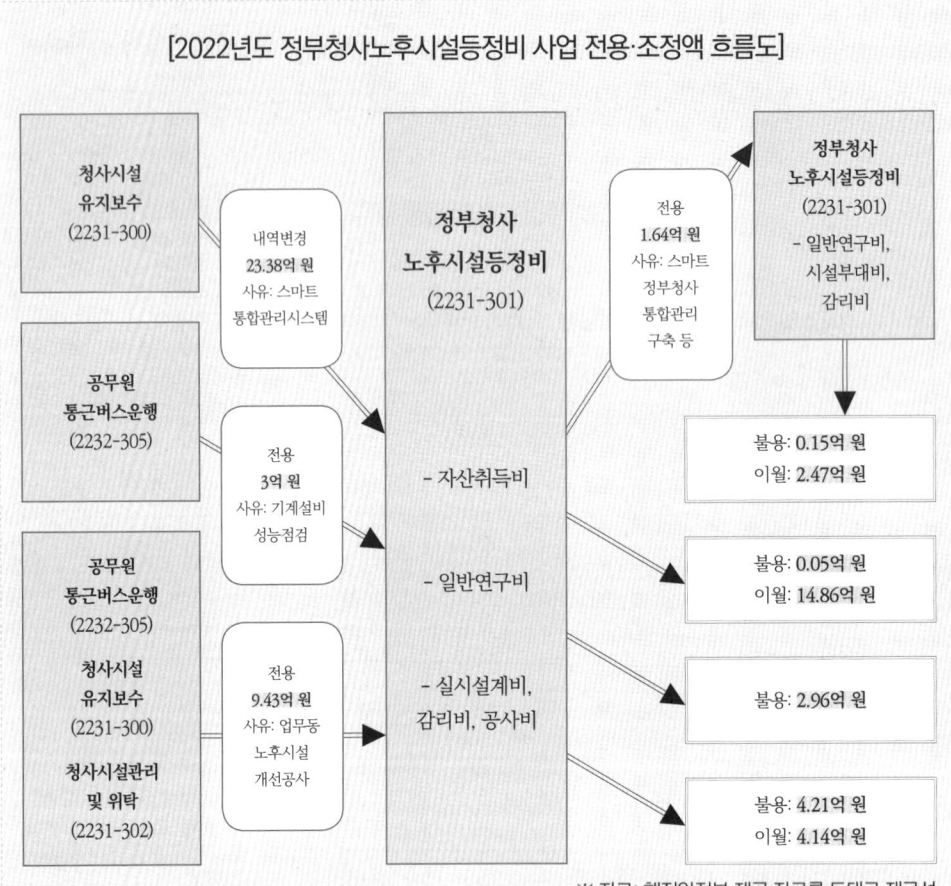

[2022년도 정부청사노후시설등정비 사업 전용·조정액 흐름도]

※ 자료: 행정안전부 제공 자료를 토대로 재구성

□ 예산의 전용은 예산의 목적범위 안에서 재원의 효율적 활용을 위하여 허용되는 것이고, 조정 역시 세부사업 간 증감을 수반하므로 자체전용에 준하여 가능한데, 위와 같이 전용·조정한 예산을 다시 이월하거나 불용하는 경우, 당초 편성된 목적대로 예산이 집행되었는지 판단하기 어려울 뿐만 아니라 전용·조정하지 않았더라면 집행할 수 있었던 예산의 기회비용 측면에서도 재원의 효율적 활용을 저해할 수 있음.

□ 따라서 행정안전부는 전용 및 조정의 필요성이 인정될 경우, 그 산출 근거 및 대상 사업의 집행가능성을 면밀히 검토하여 적정한 규모의 예산을 전용 및 조정할 필요가 있어 보이며,

> 이후 사업 집행 단계에서는 적극적인 사업 수행으로 확보된 예산이 불용되지 않도록 주의할 필요가 있겠음.

결산 3인방은 각각 따로따로 발생하기도 하지만 서로 영향을 주고 받으며 일어나기도 한다. 전용을 주었는데 전용을 받은 사업에서 불용이 일어나거나 이월이 발생하는 경우 등이다. 이렇게 고차 방정식을 풀 줄 알아야 결산 3인방에 대한 분석을 제대로 했다고 하겠다.

4장 재정 건전성 논쟁

1. 재정 건전성의 의미

이이와 삼삼의 논쟁을 다시 읽어보자.

"어떻게 해서 세출을 줄였다고 합시다. 그래도 10만 양병을 위해서는 턱없이 부족할 것이 뻔한데 그땐 어찌할 것이오."

"그땐 **국고**에 있는 금과 은을 풀어야 할 것입니다."

"뭐라, **국고**를 건드린다고. 선왕들께서 대대로 물려주신 나라의 곳간을 열자는 것이오."

"곳간에서 잠자는 금은보화가 무슨 소용입니까. 곳간 밖에서 유통을 시켜야 국력이 신장되는 것이옵니다. 이는 영국의 아담 스미스라는 자가 《국부론》이라는 책에서 증명한 **사실**이옵니다."

"개개인이 사익을 추구하면 시장을 통해 공익이 극대화된다는 그 허무맹랑한 **주장**을 말하는 거요. 일찍이 공자께서 **정재절재**(政在節財)라고 하셨듯이 곳간에 재물이 쌓일수록 국력이 커지는 것이외다. 그리고 그 곳간을 우리가 다 쓰면 나중에 우리 후손들이 긴요하게 필요한 때에는 어떻게 할 거요?"

재정 건전성은 '**편성**'의 건전성과 '**집행**'의 건전성으로 나눌 수 있다. 예산분석이 고된 작업인 이유는 재정 건전성을 유지하면서 예산을 짜야 하기 때문이오, 재정 건전성을 고려하면서 예산을 집행해야 하기 때문이다. 재정 건전성을 유지하고 고려하는 것은 미래 세대에 대한 현재 세대의 최소한의 도리이다. 부모가 부모의 부모로부터 받아 온 돈과 자신이 번 돈은 원래 자기 것이라고 하면서 다 써버리면 아들, 딸들이 어떻게 살아 갈 수 있겠는가? 그렇다고 돈을 그저 금고에 쌓아둔다고 해서 국력이 축적되는 것은 아니다. 금고의 돈을 미래를 위해 투자를 해야 미래세대가 잘 살아갈 수 있는 것이다. 문제는 그 균형점을 어떻게 찾느냐는 것이다.

정부의 시정연설에 빠짐없이 등장하는 재정 건전성 이야기를 통해 접근해 보도록 하자.

> 국민 여러분, 의원 여러분,
> 국민의 삶을 지키고 국가의 미래를 열기 위해, 재정의 역할이 더욱 막중해졌습니다. 정부는 내년도 예산을 국난극복과 선도국가로 가기 위한 의지를 담아 555조8천억 원으로 편성했습니다. 본 예산 기준으로는 8.5% 늘린 확장 예산이지만, 추경까지 포함한 기준으로는 0.2% 늘어난 것으로, 중장기적인 재정 건전성도 함께 고려했습니다.
> 정부는 적극적으로 재정을 투입하면서 뼈를 깎는 지출구조조정을 병행하여, 재정 건전성을 지켜나가는 노력을 결코 소홀히 하지 않겠습니다. 정부가 제출하는 2021년 예산안은 '위기의 시대를 넘어 선도국가로 도약'하기 위한 예산입니다.
> 위기를 조기에 극복하여 민생을 살리고, 빠르고 강한 경제회복을 이루는 데 최우선을 두었습니다. 또한, 추격형 경제에서 선도형 경제로 대전환하기 위해 '한국판 뉴딜'을 본격 추진하는 데 역점을 두었습니다.
>
> ※ 2022년 예산안 시정연설 중에서
>
> 존경하는 의원 여러분, 우리 정부의 재정 운용 기조는 '건전재정'입니다.
> '건전재정'은 단순하게 지출을 줄이는 것만이 아니고, 국민의 혈세를 낭비없이 적재적소에 효율적으로 쓰는 것입니다. 건전재정은 대내적으로는 물가 안정에, 대외적으로는 국가신인도를 유지하는 데 매우 중요할 뿐만 아니라 미래세대에게 감당하기 어려운 빚을 넘겨주지 않기 위한 것입니다.

최근 국제통화기금(IMF)은 우리나라의 건전재정 기조를 '옳은 방향'이라고 호평하였고, 이에 따라 국제신용평가사들도 대한민국의 국가신용등급 유지에 가장 중요한 요인으로 재정 건전화 노력을 꼽았습니다.

2024년 총지출은 2005년 이후 가장 낮은 수준인 2.8% 증가하도록 편성하여 건전재정 기조를 유지하였습니다. 정부는 내년도 예산안 편성과정에서 총 23조 원 규모의 지출을 구조조정하였습니다. 모든 재정사업을 제로 베이스에서 검토하여 예산 항목의 목적과 취지에 맞지 않는 지출, 불요불급하거나 부정 지출이 확인된 부분을 꼼꼼하게 찾아내어 지출 조정을 하였습니다.

이를 통해 마련된 재원은 국방, 법치, 교육, 보건 등 국가 본질 기능 강화와 약자 보호, 그리고 미래 성장 동력 확보에 더 투입하겠습니다. 경제가 어려울 때일수록 어려움을 더 크게 겪는 서민과 취약계층, 사회적 약자를 더욱 두텁게 지원하겠습니다.

※ 2024년도 예산안 시정연설 중에서

정부의 건전재정은 단순히 허리띠를 졸라매자는 뜻이 아닙니다. 느슨했던 부분, 불필요한 낭비는 과감히 줄이고 민생 회복과 미래 준비라는 국가 본연의 역할에 제대로 투자하자는 것입니다. 정부는 흔들림 없는 건전재정 기조 아래 효율적인 재정운용을 치열하게 고민하여 내년도 예산안을 마련했습니다.

2025년도 총지출 규모는 올해보다 3.2% 증가한 677조 원으로 관리재정수지 적자 규모는 정부가 추진 중인 재정준칙 범위 내입니다. 국가채무비율은 48.3%로 전년 대비 0.8%p 소폭 증가하는 수준으로 억제하였습니다.

재정사업 전반의 타당성과 효과성을 재검증하여 총 24조 원의 지출 구조조정을 단행했습니다. 이를 통해 마련된 재원은 약자 복지, 미래 대비 투자 등 국가가 해야 할 일에 집중적으로 투입했습니다.

※ 2025년도 예산안 시정연설 중에서

앞의 시정연설문에 따르면 재정 건전성은 단순히 지출을 줄이는 것이 아니고 쓸 곳에는 쓰는 것이요, 쓸 곳에 쓸 돈을 마련하기 위해 지출구조정을 하는 것, 이것이 건전재정이라는 것이다.

2. 우리나라의 재정 여건

2024년 7월 현재 우리나라의 재정 여건을 '2024년 민생위기 극복을 위한 특별조치법안 검토보고서'에서 발췌해 읽어보자.

최근 우리나라 재정여건은 2019년 이후 재정수지 적자 규모가 확대되면서 국가채무도 누적되는 것으로 요약될 수 있음. 다만, 이에 대해서는 여전히 주요국 대비 건전하다는 평가와 향후 증가 소요를 고려하여야 한다는 평가 등 상반된 입장이 있음.

정부 총지출 증가율은 결산 기준으로 2019~2022년간 매년 10% 전후였음. 반면, 총수입 증가율은 2019~2020년간 1%대로 2021~2022년 수입 여건이 일부 반전되었음에도 불구하고 2019~2022년 내내 재정수지(통합재정수지·관리재정수지)가 적자를 기록하였음. 이후 2023~2024년에는 총지출 증가율이 하향 조정되기도 했으나[110] 총수입도 함께 저조해져 재정수지 적자도 계속되고 있음.

[2015~2024년 재정규모·재정수지 현황]

구분		2015	2016	2017	2018	2019	2020	2021	2022	2023	2024
재정 규모	총수입	371.8	401.8	430.6	465.3	473.1	478.8	570.5	617.8	573.9	612.2
	전년대비(%)	4.3	8.1	7.2	8.1	1.7	1.2	19.2	8.3	-7.1	6.7
	총지출	372.0	384.9	406.6	434.1	485.1	549.9	601.0	682.4	610.7	656.6
	전년대비(%)	6.9	3.5	5.6	6.8	11.7	13.4	9.3	13.5	-10.5	7.5
재정 수지	통합재정수지	-0.2	16.9	24.0	31.2	-12.0	-71.2	-30.5	-64.6	-36.8	-44.4
	GDP대비(%)	0.0	1.0	1.3	1.6	-0.6	-3.7	-1.5	-3.0	-1.6	-1.9
	관리재정수지	-38.0	-22.7	-18.5	-10.6	-54.4	-112.0	-90.6	-117.0	-87.0	-91.6
	GDP대비(%)	-2.3	-1.3	-1.0	-0.6	-2.8	-5.8	-4.4	-5.4	-3.9	-3.9

110) 참고로, 2023년의 경우 총지출이 전년 대비 -10.5%로 감소하였으나 이는 지출절감이 아니라 국세수입 결손에 따른 지방교부세·지방교육재정교부금 과소지급(불용)에 따른 것임.

주 1) 통합재정수지 = 총수입 - 총지출
  2) 관리재정수지 = 통합재정수지 - 4대사회보장성기금(국민연금·사학연금·산재보험·고용보험)수지
  3) 2015~2023년은 결산 기준 / 2024년은 예산 기준
  ※ 자료: 국회예산정책처 재정경제통계시스템(NABO STATS) 재정·경제통계 등을 바탕으로 재작성

재정수지 적자의 주요 원인 중 하나로 총수입의 과반을 차지하는 국세수입의 결손을 꼽을 수 있음.

최근 본예산 대비 국세수입 수납액을 살펴보면 2019년~2020년 각각 -0.5%, -2.2%의 결손이 발생하였음. 이후 2021년~2022년에는 각각 21.7%, 15.3%의 초과수납이 발생하였으나,[111] 2023년 다시 -14.1%의 결손이 발생하였음.

[2015~2023년 본예산 대비 국세수입 수납액 현황]

(단위: 조 원, %)

	2015	2016	2017	2018	2019	2020	2021	2022	2023
본예산액(A)	221.1	222.9	242.3	268.1	294.8	292.0	282.7	343.4	400.5
수납액(B)	217.9	242.6	265.4	293.6	293.5	285.5	344.1	395.9	344.1
오차율[(B-A)/A]	-1.5	8.8	9.5	9.5	-0.5	-2.2	21.7	15.3	-14.1

※ 자료: 각 회계연도 국가결산보고서 등을 바탕으로 재작성

다음 국세수입 추이는 월별 진도율로 확인할 수 있는데, 2024년 5월말까지의 본예산 대비 국세수입 진도율은 41.1%로서 연말 기준 진도율(최종 수납률)이 85.9%였던 2023년의 5월 진도율(40.0%) 보다 약간 높은 수준임. 참고로, 최근 기획재정부 관계자도 2024년의 국세수입 결손 가능성이 높다는 점을 인정하였다는 언론 보도가 있었음.[112]

---

111) 참고로, 2021~2022년에는 국세수입 초과수납이 예상되자 이를 활용하여 각각 2차례 추가경정예산안이 편성되면서 총지출이 증가되었음.

112) 연합뉴스, 「2년 연속 세수 결손 가시화…」, 2024.6.2. 기사에 따르면 "기재부 관계자는 "올해도 세수 결손이 발생할 가능성이 매우 높기는 하지만, 작년만큼 대규모 '펑크'가 나오지는 않을 것으로 보인다"며 "5월 세수 상황을 보면 구체적인 결손 규모에 대한 전망이 가능할 것"이라고 말했다."

[2019~2024년 국세수입 월별 진도율]

(단위: 조 원, %)

구분	본예산액(A)	수납액(B)		진도율(B/A)	
		5월기준	연말기준	5월기준	연말기준
2019	294.8	139.5	293.5	47.3	99.5
2020	292.0	118.2	285.5	40.5	97.8
2021	282.7	161.8	344.1	57.2	121.7
2022	343.4	196.6	395.9	57.3	115.3
2023	400.5	160.2	344.1	40.0	85.9
2024	367.3	151.0	-	41.1	-

주) 진도율: 국세수입 예산액 대비 해당 월의 수납액

※ 자료: 기획재정부, 각 연도 7월 「월간 재정동향」 등을 바탕으로 재작성

한편, 지속적인 재정적자는 통상 채무의 누적으로 귀결됨. 실제로 우리나라의 GDP 대비 국가채무(D1) 비중은 2016년~2018년간 35.9%~36.0% 수준에서 유지되었으나, 재정적자가 커지기 시작한 2019년부터 다시 증가하여 2024년에는 51.0%을 기록할 것으로 전망되고 있음.

[2015~2024년 국가채무(D1) 현황]

(단위: 조 원, %)

구분	2015	2016	2017	2018	2019	2020	2021	2022	2023	2024
국가채무(D1)	591.5	626.9	660.2	680.5	723.2	846.9	970.7	1,067.7	1,134.4	1,195.8
GDP대비 비중	35.7	36.0	36.0	35.9	37.6	43.8	46.7	49.4	50.4	51.0

주) 2015~2022년은 결산 기준 / 2023~2024년은 예산 기준

※ 자료: 국회예산정책처 재정경제통계시스템(NABO STATS) 재정·경제통계 등을 바탕으로 재작성

다만, 이에 대해서 국회예산결산특별위원회 「2024년도 예산안 검토보고(종합)」[113]는 한국의 채무 수준이 다음 표와 같이 ① 아직 주요국 대비 양호한 동시에 ② 저출산·고령화 심화에 따라 주요국 대비 빠른 증가가 예상된다는 특성을 함께 가지고 있음을 언급하고 있으므로,

---

113) 국회예산결산특별위원회, 「2024년도 예산안 검토보고(종합)」, 2023.11., pp.11-12.

두 측면을 종합적으로 고려하여 그 적정성을 판단할 필요가 있을 것임.

[주요국의 2021~2028년 GDP 대비 일반정부부채(D2) 비율 전망치]

(단위: %, %p)

국가	2021년	2022년	2023년	2024년	2025년	2026년	2027년	2028년	연평균 증가규모
한국	51.3	53.8	54.3	55.6	56.5	57.1	57.5	57.9	1.8
독일	69.0	66.1	65.9	64.0	61.8	59.9	58.6	57.5	-2.6
영국	105.2	101.9	104.1	105.9	107.3	108.5	108.2	108.2	0.4
프랑스	113.0	111.8	110.0	110.5	110.4	110.4	110.5	110.8	-0.3
미국	126.4	121.3	123.3	126.9	130.3	132.9	135.1	137.5	1.2
일본	255.1	260.1	255.2	251.9	250.6	251.1	251.9	252.8	-0.1

주) 국가채무(D1)는 국내에서만 산출하는 개념이므로 국제비교를 하는 경우에는 일반정부부채(D2) 개념을 사용하기에 이전 문단과 채무수준 수치가 일부 상이함. 참고로, 국가채무(D1)는 현금주의 기준으로 정부·지자체 채무만을 집계하는 반면 일반정부부채(D2)는 발생주의 기준으로 정부·지자체 외에 일부 비영리공공기관 부채를 포함하여 집계하기 때문에 통상 후자의 규모가 크게 집계되고 있음.

※ 자료: IMF, 「World Economic Outlook Database」, 2023.10.
(국회예산결산특별위원회, 「2024년도 예산안 검토보고(종합)」, 2023.11., p.12. 재인용)

참고로, 국회예산정책처의 비용추계 결과에 따르면 전국민(2024년 5월 기준 주민등록인구 5,127.7만 명)에게 1인당 25만 원씩 지급하는 경우 총 재원은 12조 8,193억 원, 1인당 35만 원씩 지급하는 경우에는 17조 9,471억 원이 소요되는 것으로 추산되었음.[114]

2024년 대한의 하반기에는 전국민을 대상으로 한 지역사랑상품권 지급 여부를 두고 여야 사이에서 강도 높은 논쟁이 있었다. 다양한 의견이 오고 갔지만 야당은 민생이 어려우니 지역사랑상품권을 통해 경제회복의 마중물 역할을 해야한다고 주장했고 여당은 재정에

---

114) 국회예산정책처, 「2024 민생위기 극복을 위한 특별조치법안 비용추계서」, 2024.6.

여력이 없는 상태에서 재정 건전성이 더욱 악화되어 미래 세대에게 빚을 물려주게 되므로 반대했다. 국민들의 여론도 찬반이 비슷비슷했다. 과연 누구의 말이 더 옳은 것일까? 몇 가지 생각해 보고 넘어가보도록 하자.

하나, 지급 여부에 매몰되어 얼마를 누구에게 지급하느냐에 대한 논의가 별로 없었다는 점은 아쉽다. 지급하든지 안하든지(all or nothing)의 문제가 되어 버린 것이다.

둘, 지역사랑상품권의 지급에 관해 보다 제도화된 기준이 있어야 하겠다. 정치지도자의 성향에 따라 지급여부가 결정되는 것보다는 지급조건을 법정화하는 것이다. 예를 들어, 경제가 마이너스 성장을 한다거나 재정여건이 양호할 때 지급할 수 있도록 하는 것이다.

셋, 무엇보다 나라의 곳간을 풍족하게 쌓아두어야 할 것이다. 쌓아둔 재물을 투자하여 그 수익, 이자 등을 국민들에게 배당하여 주는 것이다. 줬다 안줬다 하는 것보다는 적은 액수라도 꾸준히 주는 것이 국민들의 입장에서는 계획적인 삶이 가능할 것이다.

2. 추가경정예산(追加更正豫算)

(1) 추가경정예산의 의의

추가경정예산(supplementary budget)은 예산안이 국회 의결을 거쳐 성립된 후에 생긴 사유로 인하여, 이미 성립된 예산을 변경할 필요가 있을 때 국회에 제출하여 승인을 받는 예산이다. 추가경정예산은 응급조치인 만큼 타이밍이 중요하다. 경기회복세가 둔화될 때 예산의 조기집행을 독려함에 따라 상반기 집행이 이루어지고, 하반기에는 부족한 예산을 충당하기 위해 추가경정예산이 편성됨에 따라 추가경정예산을 가을예산[115]으로 부르기도 한다.

---

115) 하지만 최근의 추가경정예산은 마치 지구의 이상기후변화처럼 가을 전에 편성되는 경우가 많아졌다는 점을 밝혀둔다.

(2) 추가경정예산의 요건

「헌법」

제56조 정부는 예산에 변경을 가할 필요가 있을 때에는 **추가경정예산안**을 편성하여 국회에 제출할 수 있다.

「국가재정법」

제89조(추가경정예산안의 편성) ①정부는 다음 각 호의 어느 하나에 해당하게 되어 이미 확정된 예산에 변경을 가할 필요가 있는 경우에는 **추가경정예산안**을 편성할 수 있다.
1. 전쟁이나 대규모 재해(「재난 및 안전관리 기본법」 제3조에서 정의한 자연재난과 사회재난의 발생에 따른 피해를 말한다)가 발생한 경우
2. 경기침체, 대량실업, 남북관계의 변화, 경제협력과 같은 대내·외 여건에 중대한 변화가 발생하였거나 발생할 우려가 있는 경우
3. 법령에 따라 국가가 지급하여야 하는 지출이 발생하거나 증가하는 경우
②정부는 국회에서 추가경정예산안이 확정되기 전에 이를 미리 배정하거나 집행할 수 없다.

「지방재정법」

제45조(추가경정예산의 편성 등) 지방자치단체의 장은 이미 성립된 예산을 변경할 필요가 있을 때에는 **추가경정예산(追加更正豫算)**을 편성할 수 있다. 다만, 다음 각 호의 경비는 추가경정예산의 성립 전에 사용할 수 있으며, 이는 같은 회계연도의 차기 추가경정예산에 계상하여야 한다.
1. 시·도의 경우 국가로부터, 시·군 및 자치구의 경우 국가 또는 시·도로부터 그 용도가 지정되고 소요 전액이 교부된 경비
2. 시·도의 경우 국가로부터, 시·군 및 자치구의 경우 국가 또는 시·도로부터 재난구호 및 복구와 관련하여 복구계획이 확정·통보된 경우 그 소요 경비

「국가재정법」은 과다한 추가경정예산의 편성을 방지하여 건전재정원칙을 준수하고자 추가경정예산의 편성요건 1. 전쟁이나 대규모 재해(「재난 및 안전관리 기본법」제3조에서 정의한 자연재난과 사회재난의 발생에 따른 피해를 말한다)가 발생한 경우 2. 경기침체, 대량실업, 남북관계의 변화, 경제협력과 같은 대내·외 여건에 중대한 변화가 발생하였거나 발생할 우려가 있는 경우 3. 법령에 따라 국가가 지급하여야 하는 지출이 발생하거나 증가하는 경우 을 구체화하여 규정하고 있다. 다만, 두 가지 측면에서 의문이 든다. 하나, 법체계적으로 볼 때 「헌법」에서는 예산에 변경을 가할 필요가 있을 때로 규정하고 있는 것을 「국가재정법」에서 구체적으로 사유를 열거하는 것이 가능한 것인지는 의문이다. 둘, 「국가재정법」에 규정된 사유를 열거로 해석한다고 하더라도 과연 추가경정예산 편성을 막을 수 있을 것인지가 의문이다. 예를 들어, 경기침체의 경우 추가경정예산을 편성할 수 있으므로 사실상 언제든 추가경정예산을 편성할 수 있도록 열려 있는 것과 마찬가지다. 재정 건정성에 대한 국회와 정부의 의지가 무엇보다 중요함을 알 수 있다.

「지방재정법」은 추가경정예산의 성립 전에 사용할 수 있는 사유 1. 시·도의 경우 국가로부터, 시·군 및 자치구의 경우 국가 또는 시·도로부터 그 용도가 지정되고 소요 전액이 교부된 경비 2. 시·도의 경우 국가로부터, 시·군 및 자치구의 경우 국가 또는 시·도로부터 재난구호 및 복구와 관련하여 복구계획이 확정·통보된 경우 그 소요 경비 를 명시하여 「국가재정법」 제89조제2항 ②정부는 국회에서 추가경정예산안이 확정되기 전에 이를 미리 배정하거나 집행할 수 없다. 과 차이를 두고 있다. 추가경정예산의 성립 전에 사용한 경우에는 같은 회계연도의 차기 추가경정예산에 계상하여야 한다.

(3) 추가경정예산의 분석 사항

추가경정예산의 주요 재원은 세계잉여금이나 국채(지방채)발행이다. 이이는 세계잉여금을 쓰자고 하고 삼삼은 조상들이 남겨 주었기에 우리에게 있는 것이고 우리 역시 후손들을 위해 남겨야 한다고 한다. 이이는 지금 쓰지 않으면 우리의 미래가 없다고 하고 삼삼은 우리가 지금 쓰면 미래가 없다고 한다.

추가경정예산은 예외적으로 인정되는 것이므로 심사함에 있어 엄격한 잣대가 필요하다. 다음과 같은 기준을 생각해 볼 수 있다.

- **편성의 목적 적합성** : 편성사유에 적합한 사업으로 한정하여야 할 것이다.
- **보충성** : 일반회계 예비비 사용, 세출조정 등 최대한 이미 확정된 예산을 활용한 후 부족분에 대해 추경을 편성하여야 할 것이다.
- **시급성과 집행가능성** : 다음 연도 본예산 편성까지 기다릴 수 없는 시급한 상황에서 즉각적이고 단기적인 정책효과가 필요한 경우 편성하여야 할 것이다. 연내집행가능성과 관련해서는 이월이 가능한 범위에서 최소한 다음 연도에 편성하는 것보다는 시급성 측면에서 적합한 것이라는 점도 고려해야 할 것으로 보인다. 예산 집행과 관련해서는 사업진행상황, 사업추진에 소요되는 기간 등 고려해야 할 것이다. 특히 보조사업, 출연사업의 경우에는 보조사업자 또는 출연기관 등이 교부·출연받은 예산을 실제로 집행하여야 의미가 있다는 점, 즉 집행액과 실집행액의 차이에 민감할 필요가 있겠다.

결론적으로 재정 건전성을 악화시키면서까지 추가경정예산을 편성해야 하는 것인지에 대한 근본적 의문을 가지고 추가경정예산안을 심사해야 할 것이다.

3. 재정 건전성 확보 방법: 김매기) 무엇이 잡초인가?

재정 건전성이라고 해서 엄청난 주제라고 생각할 것은 없다. 김매기를 통해 잡초를 제거하는 것부터 시작하면 된다. 잡초의 예로 여러 가지를 들 수 있겠으나 조금 추상적으로 정리하자면 싹수가 노란 사업, 돈으로 나누어 주는 것보다 못한 사업, 돈으로 돈보다 더 중요한 것(공동체 의식, 근로의욕, 신뢰 등)을 무너뜨리는 사업, 생색내기식 사업, 미래는 나 몰라라 하는 사업, 시장에 맡기면 되는 사업에 불필요하게 개입하는 사업[116] 등이 해당되겠다.

---

116) do-nothing이 do-something보다 나을 수 있다는 것은 정부개입이 신중해야 함을 알려준다.

우리가 당연히 해야 할 일들 그리고 할 수 있는 일들을 차근차근 하는 것에서부터 시작하면 된다. 아래의 지방자치단체에 교부된 국고보조금 및 발생이자의 반환금 사례를 보도록 하자.

예결산 분석사례
지방자치단체에 교부된 국고보조금 및 발생이자의 반환금[117]

가. 개 요

□ '기타경상이전수입'은 국고보조금 반환금, 과오지급금 회수금 등으로 구성된 수입과목임. 2023회계연도 행정안전부 기타경상이전수입은 일반회계, 지역균형발전특별회계 지역자율계정·지역지원계정에 편성·수납되었으며, 예산현액은 총 528억 5,300만 원이나 1,656억 5,400만 원을 징수결정하여 1,212억 5,200만 원을 수납받고 444억 200만 원이 미수납되었음.

[2023년도 기타경상이전수입 결산]

(단위: 백만 원)

사업명	2023년							2024년
	예산액(A)	이체등 증감액	예산현액(B)	징수결정액(C)	수납액(D)	미수납액	불납결손액	예산액
일반회계	47,442	-	47,442	151,167	107,584	43,583	-	267,121
균특회계 (지역자율계정)	1,910	-	1,910	10,604	10,490	114	-	1,833
균특회계 (지역지원계정)	3,501	-	3,501	3,883	3,178	705	-	8,510
합계	52,853	-	52,853	165,654	121,252	44,402	-	277,464

□ '기타재산이자수입'은 국고보조금 발생이자 반환금, 각종 예치금 이자수입 등으로 구성된 수입과목임. 2023회계연도 행정안전부 기타재산이자수입도 일반회계, 지역균형발전특별회계 지역자율계정·지역지원계정에 편성·수납되었으며, 예산현액은 총 27억 9,000만 원이나 161억 6,300만 원을 징수결정하여 126억 6,800만 원을 수납받고 34억 9,500만 원이 미수납되었음.

---

117) 2023회계연도 행정안전부 소관 세입·세출결산 및 예비비지출 승인의 건 검토보고 참조

[2023년도 기타재산이자수입 결산]

(단위: 백만 원)

사업명	2023년							2024년
	예산액(A)	이체등 증감액	예산현액(B)	징수결정액(C)	수납액(D)	미수납액	불납결손액	예산액
일반회계	2,740	-	2,740	14,971	11,567	3,404	-	15,086
균특회계 (지역자율계정)	21	-	21	985	954	31	-	28
균특회계 (지역지원계정)	29	-	29	207	147	60	-	970
합계	2,790	-	2,790	16,163	12,668	3,495	-	16,084

나. 자치단체보조금 집행잔액 및 발생이자 장기 미수납 개선 필요

□ 행정안전부 기타경상이전수입 및 기타재산이자수입 중 가장 큰 비중을 차지하는 것은 지방자치단체에 교부된 국고보조금(이하 "자치단체보조금")의 정산에 따른 집행잔액 및 발생이자임.[118]

이는 「보조금 관리에 관한 법률」[119] 및 「국고보조금 통합관리지침」[120]에 따라 정산되며,

---

[118] 일반회계 기타경상이전수입의 경우 2023회계연도 징수결정액 1,511억 6,700만 원 중 지방자치단체 국고보조금 집행잔액이 1,222억 7,900만 원(80.9%)이고, 기타재산이자수입의 경우 2023회계연도 징수결정액 149억 7,100만 원 중 지방자치단체 국고보조금 발생이자가 92억 600만 원(61.5%)임.

[119] 「보조금 관리에 관한 법률」
제31조(보조금의 반환) ① 중앙관서의 장은 보조금의 교부 결정을 취소한 경우에 그 취소된 부분의 보조사업에 대하여 이미 보조금이 교부되었을 때에는 기한을 정하여 그 취소한 부분에 해당하는 보조금과 이로 인하여 발생한 이자의 반환을 명하여야 한다.
② 중앙관서의 장은 보조사업자에게 교부하여야 할 보조금의 금액을 제28조에 따라 확정한 경우에 이미 교부된 보조금과 이로 인하여 발생한 이자를 더한 금액이 그 확정된 금액을 초과한 경우에는 기한을 정하여 그 초과액의 반환을 명하여야 한다. 다만, 보조사업자가 지방자치단체의 장인 경우 중앙관서의 장으로부터 보조금을 지급받은 후 대통령령으로 정하는 불가피한 사유로 발생한 이자는 그러하지 아니하다.

[120] 「국고보조금 통합관리지침」
제26조(보조사업 실적보고 및 집행잔액 등 반납) ① 중앙관서의 장은 보조사업이 완료되었을 때, 폐지의 승인을 한 때 또는 회계연도가 끝났을 때에는 「보조금법」제27조와 「보조금법 시행령」제12조에 따라 보조사업자 등으로부터 정산보고서 등이 포함된 실적보고서를 제출 받아야 하며 집행잔액과 보조금으로 발생한 이자, 보조사업의 수익금(교부목적에 위배되지 않는 범위내에서 보조금으로 인해 발생한 수익금을 반환하도록 교부조건에 명시한 경우에 한한다)을 반납 받아야 한다.

특히 같은 지침 제26조제4항[121])에 따라 사업이 완료된 해의 다음 연도까지 반환되어야 함.

[국고보조금 예산 편성 및 반환 절차]

활동내용	수행주체 및 절차	시기
보조금 예산 신청	(시·군·구 →) 시·도 → 행정안전부(중앙관서의 장)	전년도 4월
보조금 예산 요구→편성→승인	행정안전부(중앙관서의 장) → 기획재정부 → 국회	전년도 5월~12월
보조금 교부 신청	(시·군·구 →) 시·도 → 행정안전부(중앙관서의 장) ※「보조금 관리에 관한 법률」제16조	당해연도 1월~
보조금 교부·집행	행정안전부(중앙관서의 장) → 시·도 (→ 시·군·구) ※「보조금 관리에 관한 법률」제17조~19조	당해연도 1월~
보조금 집행실적 (결산서) 제출	(시·군·구 →) 시·도 → 행정안전부(중앙관서의 장) ※「보조금 관리에 관한 법률」제27조	익년도 ~2월
국고보조금 결산 결과 통보	행정안전부(중앙관서의 장) → 시·도 (→ 시·군·구) ※「보조금 관리에 관한 법률」제28조 ※ 반환금 확정 및 반환고지서 발부	익년도 2월~
반환금 예산 편성·승인 (통상 추경예산)	시·도 (또는 시·군·구)	익년도 중
반환금 납부	(시·군·구 →) 시·도 → 행정안전부(중앙관서의 장) ※「보조금 관리에 관한 법률」제31조	익년도 12월 말까지

※ 자료: 행정안전부 제출자료 등을 바탕으로 재작성

□ 그러나 자치단체보조금 집행잔액 및 발생이자 중 상당액은 수납기한 내에 반환이 되지 않고 있으며, 이러한 미반환 금액이 행정안전부 기타경상이전수입 및 기타재산이자수입 미수납액의 대부분을 차지하고 있음.

---

121) 「국고보조금 통합관리지침」
제26조(보조사업 실적보고 및 집행잔액 등 반납) ④ 중앙관서의 장은 보조금 집행잔액과 이자, 보조사업의 수익금의 반납기한을 반납금액, 결산일정 등을 감안하여 정하되 사업이 완료된 해의 다음 연도 내에는 반납이 완료될 수 있도록 하여야 한다.

2023회계연도 기준 자치단체보조금 집행잔액 미반환 금액은 총 430억 900만 원(612건)으로 기타경상이전수입 미수납액 444억 200만 원의 97.0%를 차지하고 있음. 또한 이 중 324억 3,200만 원(224건)은 최초 수납기한이 2022년 이전으로서 1년 이상 반환이 지연된 것이며, 2억 9,200만 원(11건)의 미반환 금액은 2014년부터 9년 이상 반환이 지연된 것임.

[2023회계연도 기준 광역자치단체별 보조금 집행잔액 미반환 현황]

(단위: 백만 원, 건)

구분		최초 수납기한									합계
		2014	2015	2016	2017	2018	2019	2020	2021	2022	2023	
A	건수	2	-	-	-	-	1	-	4	6	31	44
	액수	2	-	-	-	-	81	-	57	22,757	485	23,383
B	건수	1	-	-	2	-	-	-	4	44	55	106
	액수	56	-	-	32	-	-	-	10	3,961	1,249	5,307
C	건수	-	-	-	-	-	-	-	4	5	28	37
	액수	-	-	-	-	-	-	-	54	663	2,719	3,435
D	건수	-	1	2	3	5	-	-	12	4	26	91
	액수	-	5	131	783	62	-	-	157	90	1,358	2,585
E	건수	1	-	-	-	-	-	-	25	37	28	91
	액수	16	-	-	-	-	-	-	336	630	748	1,729
F	건수	1	1	-	1	-	-	-	-	4	69	76
	액수	2	17	-	203	-	-	-	-	197	1,053	1,473
G	건수	1	-	-	1	-	1	-	-	7	18	28
	액수	30	-	-	369	-	18	-	-	156	808	1,381
H	건수	-	-	-	1	-	-	-	6	8	56	71
	액수	-	-	-	0.01	-	-	-	17	96	1,090	1,202
I	건수	3	-	-	-	-	-	-	-	-	18	21
	액수	164	-	-	-	-	-	-	-	-	851	1,015
J	건수	1	-	1	-	-	-	-	2	10	11	25
	액수	15	-	6	-	-	-	-	23	91	664	798
K	건수	-	-	-	4	-	-	-	1	2	16	23
	액수	-	-	-	8	-	-	-	9	22	243	282
L	건수	-	-	-	-	-	-	-	2	-	13	15
	액수	-	-	-	-	-	-	-	43	-	115	158
M	건수	1	-	-	-	-	-	-	-	1	8	10
	액수	8	-	-	-	-	-	-	-	46	94	147
N	건수	-	-	-	-	-	-	-	-	-	2	2
	액수	-	-	-	-	-	-	-	-	-	50	50
O	건수	-	-	-	-	-	-	-	-	-	5	5
	액수	-	-	-	-	-	-	-	-	-	39	39
P	건수	-	-	-	-	-	-	-	-	1	3	4
	액수	-	-	-	-	-	-	-	-	1	19	19
Q	건수	-	-	-	-	-	-	-	-	-	1	1
	액수	-	-	-	-	-	-	-	-	-	4	4
합계	건수	11	2	3	12	5	2	-	60	129	388	612
	액수	292	22	136	1,395	62	99	-	705	28,710	11,588	43,009

주 1) 최초수납기한이 2024년 이후인 경우는 제외하고 집계 / 기초자치단체 미반환도 광역자치단체 단위로 집계
　 2) 상기 표의 연도는 해당 집행잔액의 귀속 회계연도가 아니라 해당 집행잔액의 수납기한임

※ 자료 : 행정안전부 제출자료를 바탕으로 재작성

다음 2023회계연도 기준 자치단체보조금 발생이자 미반환 금액은 총 33억 9,000만 원(670건)으로 기타재산이자수입 미수납액 34억 9,500만 원의 97.0%를 차지하고 있음. 또한 이 중 27억 100만 원(220건)은 최초 수납기한이 2022년 이전으로서 1년 이상 반환이 지연된 것이며, 40만 원(1건)의 미반환 금액은 2014년부터 9년 이상 반환이 지연된 것임.

[2023회계연도 기준 광역자치단체별 보조금 발생이자 미반환 현황]

(단위: 백만 원, 건)

구분		최초 수납기한										합계
		2014	2015	2016	2017	2018	2019	2020	2021	2022	2023	
1	건수	-	-	-	-	-	-	-	6	7	41	54
	액수	-	-	-	-	-	-	-	3	2,514	197	2,714
2	건수	-	-	1	-	-	-	-	7	46	62	116
	액수	-	-	0.3	-	-	-	-	1	55	53	109
3	건수	-	-	-	-	-	-	-	19	38	30	87
	액수	-	-	-	-	-	-	-	19	7	62	89
4	건수	-	-	-	-	-	-	1	5	2	35	43
	액수	-	-	-	-	-	-	0.03	2	13	72	87
5	건수	-	-	-	1	-	-	-	10	9	61	81
	액수	-	-	-	0.1	-	-	-	8	8	71	87
6	건수	-	-	-	2	6	-	-	12	5	24	49
	액수	-	-	-	2	1	-	-	5	4	55	66
7	건수	-	-	-	1	-	-	-	-	4	16	21
	액수	-	-	-	33	-	-	-	-	5	14	51
8	건수	-	-	-	-	-	-	-	-	-	6	6
	액수	-	-	-	-	-	-	-	-	-	49	49
9	건수	-	-	-	-	-	-	-	-	-	28	28
	액수	-	-	-	-	-	-	-	-	-	39	39
10	건수	1	-	-	1	-	2	1	-	7	77	89
	액수	0.4	-	-	1	-	1	0.003	-	1	32	35
11	건수	-	-	-	4	-	-	-	3	4	26	37
	액수	-	-	-	12	-	-	-	1	1	18	31
12	건수	-	-	-	-	-	-	-	3	8	13	24
	액수	-	-	-	-	-	-	-	1	3	9	13
13	건수	-	-	-	-	-	-	-	2	-	13	15
	액수	-	-	-	-	-	-	-	1	-	7	8

14	건수	-	-	-	-	-	-	-	-	1	8	9
	액수	-	-	-	-	-	-	-	-	0.4	4	5
15	건수	-	-	-	-	-	-	1	-	-	4	5
	액수	-	-	-	-	-	-	0.0009	-	-	4	4
16	건수	-	-	-	-	-	-	-	-	-	4	4
	액수	-	-	-	-	-	-	-	-	-	3	3
17	건수	-	-	-	-	-	-	-	-	-	2	2
	액수	-	-	-	-	-	-	-	-	0.3	0.3	
합계	건수	1	-	1	9	6	2	3	67	131	450	670
	액수	0.4	-	0.3	47	1	1	0.006	40	2,611	689	3,390

주 1) 최초수납기한이 2024년 이후인 경우는 제외하고 집계 / 기초자치단체 미반환도 광역자치단체 단위로 집계
 2) 상기 표의 연도는 해당 발생이자의 귀속 회계연도가 아니라 해당 발생이자의 수납기한임

※ 자료 : 행정안전부 제출자료를 바탕으로 재작성

□ 이와 관련하여, 국회는 2022회계연도 결산 시정요구사항으로 "지방자치단체를 대상으로 보조금 반납을 독려하는 등 실효성 있는 수납률 제고 방안을 마련할 것(주의)"을 요구하였으며, 행정안전부는 최종 반영되지는 않았으나 "세출예산의 보조금 교부결정 시 반납금액과 미수납 현황을 연계할 수 있도록 「2024년도 예산 및 기금운용계획 집행지침」 개정을 기획재정부에 요청"하였고, "분기별로 지방자치단체의 반납을 독려중"이라는 이유로 "조치완료"되었다고 국회에 조치결과를 보고하였음.[122)123)]

□ 그러나 「보조금 관리에 관한 법률」[124)]는 보조사업자가 보조금 반환 명령을 이행하지 않는 경우 같은 종류의 사무·사업에 대한 보조금의 교부를 일시 정지하거나 미반환 금액을

---

122) 대한민국정부, 「2022회계연도 결산 심사결과 시정요구사항에 대한 후속조치결과」, 2024. 5., p.831.

123) 추가로 행정안전부는 2024년 6월말 기준 2023회계연도 기타경상이전수입(일반회계) 미수납액 435억 2,300만 원 중 323억 3,200만 원 수납 완료 하여 수납률이 2023회계연도말 기준 71.2%에서 92.6%로 상승하였다는 설명임.

124) 제32조 「보조금 관리에 관한 법률」
 제32조(다른 보조금 교부의 일시 정지 등) 중앙관서의 장은 보조사업자가 보조금 반환 명령을 받고 반환하지 아니하는 경우에 그 보조사업자에게 같은 종류의 사무 또는 사업에 대하여 교부하여야 할 보조금이 있을 때에는 그 교부를 일시 정지하거나 그 보조금과 보조사업자가 반환하지 아니한 보조금 금액을 상계(相計)할 수 있다.

상계할 수 있도록 규정하고 있어, 「2024년도 예산 및 기금운용계획 집행지침」 개정 없이도 이미 자치단체보조금 집행잔액 및 발생이자 미반환 지방자치단체에 대한 제재가 가능한 상황임. 특히, 자치단체보조금 집행잔액 및 발생이자가 미반환되고 있는 주요 사업들을 살펴보면, 다음 표와 같이 지역주도형 청년일자리 사업(3131-303), 재해위험지역정비(2635-300/2638-302), 지역사랑상품권 발행지원(1349-306), 민방위교육훈련및시설장비확충(2634-304), 자원봉사활성화지원(1141-302) 등 2024년 현재까지 계속 예산이 편성·집행되고 있는 사업이기 때문에 해당 사업의 보조금 교부를 일시 정지하거나 미반환 금액을 상계할 수 있는 실정임.

[2023회계연도 기준 재정사업별 보조금 집행잔액 미반환 현황(일부)]

(단위: 백만 원, 건)

구분		최초 수납기한										합계
		2014	2015	2016	2017	2018	2019	2020	2021	2022	2023	
지역주도형 청년 일자리	건수	-	-	-	-	-	-	-	52	117	268	437
	액수	-	-	-	-	-	-	-	612	3,293	7,005	10,910
재해위험지역 정비	건수	3	1	-	8	-	-	-	-	-	-	12
	액수	160	5	-	1,353	-	-	-	-	-	-	1,517
지역사랑상품권 발행지원	건수	-	-	-	-	-	-	-	-	-	15	15
	액수	-	-	-	-	-	-	-	-	-	2,847	2,847
민방위 교육훈련 및 시설장비확충	건수	8	1	2	-	-	-	-	-	-	6	17
	액수	133	17	24	-	-	-	-	-	-	18	191
자원봉사 활성화 지원	건수	-	-	-	-	-	-	-	1	-	17	18
	액수	-	-	-	-	-	-	-	34	-	313	347

주) 최초수납기한이 2024년 이후인 경우는 제외하고 집계

※ 자료: 행정안전부 제출자료를 바탕으로 재작성

[2023회계연도 기준 재정사업별 보조금 발생이자 미반환 현황(일부)]

(단위: 백만 원, 건)

구분		최초 수납기한										합계
		2014	2015	2016	2017	2018	2019	2020	2021	2022	2023	
지역사랑 상품권 발행지원	건수	-	-	-	-	-	-	-	2	-	15	17
	액수	-	-	-	-	-	-	-	17	-	333	350
지역주도형 청년 일자리	건수	-	-	-	-	-	-	1	55	107	307	470
	액수	-	-	-	-	-	-	0.03	19	63	198	281
재해위험지역 정비	건수	1	-	1	7	1	-	-	-	-	-	10
	액수	0.4	-	0.3	47	0.06	-	-	-	-	-	48
자원봉사 활성화지원	건수	-	-	-	-	-	-	-	2	-	28	30
	액수	-	-	-	-	-	-	-	1	-	28	29

주) 최초수납기한이 2024년 이후인 경우는 제외하고 집계

※ 자료: 행정안전부 제출자료를 바탕으로 재작성

□ 따라서 행정안전부는 「보조금 관리에 관한 법률」 제32조에 따른 제재수단 등을 보다 적극적으로 활용하여 자치단체보조금 장기 미반환 집행잔액 및 발생이자를 반환받을 필요가 있을 것임.

다. 자치단체보조금 교부와 집행잔액·발생이자 반환 간 회계 일치 필요

□ 행정안전부 소관 자치단체보조 사업 중 지역사랑상품권 발행지원(1349-306)은 2022년 일반회계에서 지역균형발전특별회계로 이관되어 해당 특별회계에서 보조금이 교부되었음. 그러나 행정안전부는 회계가 이관된 후에도 동 사업의 보조금 집행잔액 및 발생이자를 일반회계에서 징수결정하고 이를 수납받고 있음.

□ 이와 같이 보조금은 지역균형발전특별회계에서 교부하고 집행잔액·발생이자는 일반회계로 반환받는 것은 "특정한 세입으로 특정한 세출에 충당함으로써 일반회계와 구분하여 회계처리"[125]하기 위해 설치하는 특별회계의 취지에 부합하지 않을뿐 아니라, 지역균형발전특별회계의 재정을 악화시켜 그 설치 목적[126]의 실현을 제약할 수 있음.

---

125) 「국가재정법」
 제4조(회계구분) ③특별회계는 국가에서 특정한 사업을 운영하고자 할 때, 특정한 자금을 보유하여 운용하고자 할 때, **특정한 세입으로 특정한 세출에 충당함으로써 일반회계와 구분하여 회계처리할 필요가 있을 때에 법률로써 설치**하되, 별표 1에 규정된 법률에 의하지 아니하고는 이를 설치할 수 없다.

126) 「지방자치분권 및 지역균형발전에 관한 특별법」
 제78조(지역자율계정의 세입과 세출) ② 회계의 지역자율계정의 세출은 다음 각 호와 같다.
 1. 지방자치단체의 다음 각 목의 사업에 대한 보조
  가. 성장촉진지역, 특수상황지역, 농산어촌 및 도시활력증진지역 등의 개발사업으로서 다음 각각의 사항을 통합하여 실시하는 기초생활권 생활기반의 확충과 관련한 사업
   1) 「섬 발전 촉진법」에 따른 섬 발전에 관한 사항
   2) 「지방소도읍 육성 지원법」에 따른 지방소도읍 육성에 관한 사항
   3) 「접경지역 지원 특별법」에 따른 접경지역 개발에 관한 사항
   4) 「농어촌정비법」에 따른 농어촌생활환경 정비, 전원마을 조성, 농촌농업생활용수 개발에 관한 사항
   5) 「농어업인 삶의 질 향상 및 농어촌지역 개발촉진에 관한 특별법」에 따른 농어촌 개발에 관한 사항
   6) 「어촌·어항법」에 따른 어촌 개발에 관한 사항

7) 「지역 개발 및 지원에 관한 법률」에 따른 지역개발사업에 관한 사항
8) 「도시 및 주거환경정비법」에 따른 도시환경 개선에 관한 사항
9) 「산림기본법」과 「임업 및 산촌 진흥촉진에 관한 법률」에 따른 산촌 개발에 관한 사항
10) 「수도법」에 따른 지방상수도 개발에 관한 사항
11) 「어촌특화발전 지원 특별법」에 따른 어촌특화발전계획에 관한 사항
나. 지역사회기반시설의 확충 및 개선 관련 사업
다. 지역의 문화·예술·체육 및 관광자원의 개발 및 확충 관련 사업
라. 지역의 물류·유통기반 확충 등 산업기반 조성 등에 관한 사업
마. 지역의 특성 있는 향토자원의 개발 및 활용에 관한 사업
바. 그 밖에 대통령령으로 정하는 사업을 제외한 지방자치단체의 보조사업
2. 지역균형발전을 촉진하기 위한 조사·연구사업에 필요한 경비
3. 「공공자금관리기금법」에 따른 공공자금관리기금으로부터의 예수금의 원리금 상환
4. 제83조제1항에 따른 일시차입금의 원리금 상환
5. 계정의 관리·운영에 필요한 경비
6. 회계의 지역지원계정, 제주특별자치도계정 및 세종특별자치시계정으로의 전출금
7. 그 밖에 지역균형발전에 관하여 대통령령으로 정하는 사업에의 자금의 융자 등 필요한 경비의 지원

제79조(지역지원계정의 세입과 세출) ② 회계의 지역지원계정의 세출은 다음 각 호와 같다.
1. 초광역권 활성화 및 지역경쟁력 강화를 위한 교통·물류망 확충 관련 사업에 대한 출연·보조 또는 융자
2. 지역특화산업 및 초광역권산업의 육성과 투자 및 일자리 창출 촉진에 관련된 사업에 대한 출연·보조 또는 융자
3. 지방대학의 경쟁력 향상 및 지역인적자원의 개발 관련 사업에 대한 출연·보조 또는 융자
4. 지역의 과학기술 진흥 및 특성화 관련 사업에 대한 출연·보조 또는 융자
5. 공공기관·기업 및 대학 등 인구집중유발시설의 지방이전에 관한 사업에 대한 융자 등 필요한 경비의 지원
6. 지역의 문화·관광자원 육성, 지역고유정신문화 및 지역가치 발굴·선양, 환경 보전 사업 등에 대한 출연·보조 또는 융자
7. 지역의 주요 성장거점에 대한 출연·보조 또는 융자
8. 관련 법령에 따라 지방으로 이관되는 특별지방행정기관의 이관사무 수행에 필요한 경비
9. 「개발제한구역의 지정 및 관리에 관한 특별조치법」 제26조제2항에 따른 사업에 필요한 경비
10. 초광역권 활성화와 지역경쟁력 강화를 위한 조사·연구사업에 필요한 경비
11. 「공공자금관리기금법」에 따른 공공자금관리기금으로부터의 예수금의 원리금 상환
12. 제77조제1항에 따른 소속 재산의 관리·운영에 필요한 경비
13. 제83조제1항에 따른 일시차입금의 원리금 상환
14. 계정의 관리·운영에 필요한 경비
15. 회계의 지역자율계정, 제주특별자치도계정 및 세종특별자치시계정으로의 전출금
16. 그 밖에 지역균형발전에 관한 사업으로서 대통령령으로 정하는 사업의 시행에 필요한 자금의 융자 등 필요한 경비의 지원

□ 한편, 행정안전부는 2023년 지역주도형 청년일자리 사업(3131-303)도 일반회계에서 지역균형발전특별회계로 이관하여 해당 사업에서도 동일한 문제가 발생할 수 있으므로, 회계 이관사업을 중심으로 자치단체보조금 교부와 집행잔액·발생이자 반환 간에 회계 불일치 상황이 발생하고 있지 않은지 면밀하게 점검할 필요가 있을 것임.

사용하지 못하고 남은 예산은 당연히 반납해야 한다. 그럼에도 예산을 받은 쪽은 차일피일 미룬다. 그렇다고 돈을 준 쪽도 그리 독촉도 하지 않는다. 만약 그것이 매일매일 자기 돈에서 이자를 지불해야 하는 상황이었다면, 만약 그것이 매일매일 이자만큼 손해를 초래하는 자기 돈이었다면 이런 일이 백주대낮에 일어날 수 있겠는가! 재정 건전성은 이렇듯 당연히 해야할 일을 하는 것 그리고 충분히 할 수 있는 일을 하는 것에서부터 시작하는 것이다.

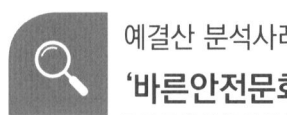

예결산 분석사례
'바른안전문화국민운동' 사업[127]

□ '고객만족관리 및 이미지제고' 세부사업의 '바른안전문화국민운동' 내역사업은 다양한 분야의 안전의식 제고를 위한 시민교육·토론회 등을 실시하고자 2024년도 예산안에 신규 편성된 것으로서, 행사장 임차, 강사료, 기타 물품 구입 등을 위한 예산 2억 원이 반영되었음.

[바른안전문화국민운동 세부계획]

○ [사업내용] 바른안전문화 전국 순회 시민교육(특강 및 실습), 전국캠페인 전개, 영상자료 제작 배포, 교육수료증 제작 등

*심폐소생술, 해양안전사고예방, 법질서지키기, 교통사고줄이기 캠페인 등

---

127) 2024회계연도 행정안전부 소관 예산안 검토보고서 참조

○ [사업방식] 대상자별(성인·청소년 등) 전국 17개 시도 순회교육, 특강, 안전문화 정착 토론, 안전예방 전국캠페인, 교육영상제작 배포, 교육자료 배포 등

○ [추진계획] 교육참가 홍보 및 교육자료 제작(3월), 교육일정 확정 및 강사섭외(3월), 교육장소 대관, 교육(3월-11월), 토론(4월, 7월, 12월)

사업명	사업내역	사업비(천원)
바른안전문화 교육	• 임차료(장소·물품 등) 500천 원×20회 = 10,000천 원 • 행사물품일체 수송비 300천 원×20 = 6,000천 원 • 안전의식 퀴즈상품권 10천 원×170 =1,700천 원 • 교육만족도 설문지 및 볼펜 0.5천 원×4,000개= 2,000천 원 • 강사료 300천 원×40명 = 12,000천 원 • 안전의식 퀴즈진행 100천 원×20회= 2,000천 원 • 식비·간식 12천 원×4,000명 = 48,000천 원 • 생활안전교구 구입 10천 원×20회 =2,000천 원 • 교재 등 제작 6천 원×4,000명 = 24,000천 원 • 현수막 및 베너 320천 원×20 =6,400천 원 • 성과보고서 제작 및 배포 6천 원 × 1,000권=6,000천 원 • 수료증 제작 및 배포 6천 원 ×4,000명 =24,000천 원 • 행사진행실비 335천 원×20회 = 6,700천 원	150,800
토론회 개최	• 임차료(장소·물품 등) 1,000천 원×3회 = 3,000천 원 • 강사료 400천 원×3회 = 1,200천 원 • 식비·간식 3,000천 원×3회 = 9,000천 원 • 물품 등 구입 2,000천 원×3회 = 6,000천 원	19,200
홍보물 등 제작 및 공유	• 교육영상 제작 20,000천 원 • 홍보물 제작 10,000천 원	30,000

※ 자료 : 행정안전부 제출자료를 바탕으로 재작성

□ 그러나 이 사업은 다음과 같은 점에서 신설을 신중하게 검토할 필요가 있음.

□ **첫째**, 이 사업은 전국민을 대상으로 다양한 분야의 안전의식을 제고하려는 것으로서 대상·분야의 규모를 고려할 때 대면 보다는 비대면 방식이 비용상 효율적일 것이며, 이미 행정안전부는 '국민안전방송 안전한TV'를 통해 비대면 교육을 제공하고 있음.

이 사업은 전국민을 대상으로 기획되었으며 심폐소생술, 해양안전사고예방, 법질서 지키기, 교통사고줄이기 캠페인 등 다양한 분야의 안전교육을 목표로 하기 때문에, 대면 교육 방식으로 사업을 신설하는 것은 비용상 효율성이 부족할 것으로 보임.

반면, 정부가 선택할 수 있는 보다 현실적인 수단으로는 온라인 교육 제공 및 이를 위한 교육 컨텐츠 개발 등이 있음. 그리고 실제 행정안전부는 '국민안전방송운영 및 재난정책홍보(7036-300)' 세부사업을 통해 '국민안전방송 안전한TV'[128]를 운영하며 자연재난·사회재난·생활안전 등 다양한 분야의 안전교육 컨텐츠를 제공하고 있으므로, 필요하다면 해당 사업을 강화하는 것이 효율적인 대안으로 보임.

[2020~2022년 국민안전방송 홈페이지 방문자수 및 다운로드수]

연도	방문자수	영상다운로드수	누적 게시 영상수(연말기준)
2020	7,739,502명	9,133,718건	224건
2021	21,780,470명	5,450,089건	207건
2022	21,835,022명	4,298,248건	313건

※자료 : 행정안전부 제출자료를 바탕으로 재작성

☐ 둘째, 이 사업의 교육대상인 심폐소생술, 해양안전사고예방, 법질서지키기, 교통사고줄이기 등은 각각 전문성 있는 부처·기관이 별도로 있으며 해당 부처·기관에서 다양한 교육을 실시하고 있으므로 필요하면 이를 보완·활용하는 것이 효율적이라고 생각됨.

예를 들어 심폐소생술은 「응급의료에 관한 법률」 제14조[129]에 따라 다양한 업종 종사

---

128) 홈페이지(https://www.safetv.go.kr) 및 유튜브 채널 등 운영

129) 「응급의료에 관한 법률」
　　제14조(구조 및 응급처치에 관한 교육) ① 보건복지부장관 또는 시·도지사는 응급의료종사자가 아닌 사람 중에서 다음 각 호의 어느 하나에 해당하는 사람에게 구조 및 응급처치에 관한 교육을 받도록 명할 수 있다. 이 경우 교육을 받도록 명받은 사람은 정당한 사유가 없으면 이에 따라야 한다.
　　1. 구급차등의 운전자
　　　　1의2. 제47조의2제1항 각 호의 어느 하나에 해당하는 시설 등에서 의료·구호 또는 안전에 관한 업무에 종사하는 사람

자가 구조·응급처치 교육을 의무 이수해야 하기 때문에 각 지역 보건소·소방소 등에서 일반인 대상 무료교육을 수시로 제공하고 있음. 그 밖에 해양안전·법질서·교통안전 관련 교육도 각각 한국해양교통안전공단·법무부·교통안전공단에서 이미 실시하고 있으며, 현재는 교육대상이 한정되어 있거나 유상교육이라는 한계가 있으나 필요하다면 이를 보완하는 것이 신규 사업을 신설하는 것보다 효율적일 것임.

[바른안전문화국민운동 분야별 유사 사업 현황]

구분	기관	교육명	교육내용
심폐 소생술	각 지역 보건소·소방서	응급처치 또는 심폐소생술 교육	일반인 대상 수시 교육 실시 ※「응급의료에 관한 법률」제14조에 따라 유치원교사·체육지도자 등 15개 업종 종사자가 구조·응급처치 교육을 의무 이수해야 하여 다양한 교육경로 존재
해양안전 사고예방	한국해양교통 안전공단	찾아가는 기초 해양안전체험교육	세종시 학생·일반인 대상 신청교육
법질서 지키기	법무부	청소년 법체험 캠프	청소년 대상 시민의식·법률지식 교육
		찾아가는 법교육	청소년 및 소외계층 대상 준법의식·법률지식 교육
교통사고 줄이기	교통안전공단	다양한 과정	사업용운전자 및 일반인 대상 유상교육

2. 「여객자동차 운수사업법」 제3조제1항에 따른 여객자동차운송사업용 자동차의 운전자
3. 「학교보건법」 제15조에 따른 보건교사
4. 도로교통안전업무에 종사하는 사람으로서 「도로교통법」 제5조에 규정된 경찰공무원등
5. 「산업안전보건법」 제32조제1항 각 호 외의 부분 본문에 따른 안전보건교육의 대상자
6. 「체육시설의 설치·이용에 관한 법률」 제5조 및 제10조에 따른 체육시설에서 의료·구호 또는 안전에 관한 업무에 종사하는 사람
7. 「유선 및 도선 사업법」 제22조에 따른 인명구조요원
8. 「관광진흥법」 제3조제1항제2호부터 제6호까지의 규정에 따른 관광사업에 종사하는 사람 중 의료·구호 또는 안전에 관한 업무에 종사하는 사람
9. 「항공안전법」 제2조제14호 및 제17호에 따른 항공종사자 또는 객실승무원 중 의료·구호 또는 안전에 관한 업무에 종사하는 사람
10. 「철도안전법」 제2조제10호가목부터 라목까지의 규정에 따른 철도종사자 중 의료·구호 또는 안전에 관한 업무에 종사하는 사람
11. 「선원법」 제2조제1호에 따른 선원 중 의료·구호 또는 안전에 관한 업무에 종사하는 사람
12. 「화재의 예방 및 안전관리에 관한 법률」 제24조에 따른 소방안전관리자 중 대통령령으로 정하는 사람
13. 「국민체육진흥법」 제2조제6호에 따른 체육지도자
14. 「유아교육법」 제22조제2항에 따른 교사
15. 「영유아보육법」 제21조제2항에 따른 보육교사

□ 결론적으로 이 사업은 대면교육 방식의 신규 사업으로 신설하는 것을 신중하게 검토할 필요가 있으며, 대면교육이 필요하다 하여도 교육 분야별 소관 부처·기관에서 이미 제공하고 있는 교육을 보완·활용하는 것이 효율적인 대안으로 생각됨.

다른 부처가 해오던 사업, 다른 부처가 더 잘 할 수 있는 사업에 진출하기 위해서는 엄격한 심사를 받아야 한다. 다른 부처가 그 동안 제대로 못해왔음을 증명해 보여야 하고 우리 부처가 더 잘 할 수 있음을 증명해야 한다. 은근슬쩍 타 부처 사업에 예산을 반영하여 중복성을 유발하게 되면 분수를 넘는 사업, 본분을 모르는 사업, 젯밥에 관심이 있는 사업으로 김매기의 대상이 될 수밖에 없다.

예결산 분석사례
'UN거버넌스센터지원(ODA)' 사업[130]

가. 개요

□ 'UN거버넌스센터지원(ODA)' 사업은 「대한민국정부와 국제연합간의 기술협력기금협정」(조약 제1790호)에 따라 2006년 한국 내에 UN 거버넌스센터를 설립한 후 그 운영비(센터운영비 내역사업) 및 사업비(신탁기금 내역사업)를 지원하는 것으로, 2024년도 예산안에는 2023년도 예산 25억 8,300만 원 대비 △6,400만원(△2.5%) 감액된 25억 2,100만 원이 편성되었음.

나. 아시아·태평양 리저널 심포지엄 개최 : 기존 예산 규모 및 집행 실적을 고려하여 일부 감액 필요

---

130) 2024회계연도 행정안전부 소관 예산안 검토보고서 참조

□ 'UN거버넌스센터지원(ODA)' 사업의 '센터운영비' 내역사업에는 2024년 제8회 아시아·태평양 리저널 심포지엄(Regional Symposium) 개최를 위한 일반용역비(210-14) 1억 3,400만 원이 편성되었음.

그러나 이는 다음과 같은 점을 고려하여, 일부 감액 및 세목 조정이 필요함.

□ **첫째**, 2024년도 예산안은 2023년 예산 집행 과정에서 행정안전부가 세목조정을 통해 예산현액을 증액하고 사업방식을 변경한 것을 그대로 다시 반영한 것으로서, 이를 승인하는 것은 2023년의 부적절한 집행을 국회가 추인하는 결과가 될 수 있음.

아시아·태평양 리저널 심포지엄은 2017년 UN 거버넌스센터(UNPOG)[131]가 인천 송도에 개소한 이래 매년 개최되어 온 행사로서, 2023년 일반수용비(210-01) 7,900만 원 및 임차료(210-14) 2,100만 원 등 총 1억 원의 예산이 반영되었음.

[2023~2024년 아시아·태평양 리저널 심포지엄 예·결산 내역]

(단위: 백만 원)

구분		2023(제7회 행사)			2024안 (제8회 행사)
		세목조정전 예산액	세목조정후 예산액	(예상) 집행액	
일반수용비(210-01)	인쇄비	15	-	-	-
	발표자사례	10	-	-	-
	현수막·무대 제작	34	-	-	-
	소모품구입	20	-	-	-
임차료(210-07)	회의장 임차	21	-	-	-
일반용역비(210-14)	행사대행용역	-	134	125	134
합계		100	134	125	134

주) 2023년 일반용역비로 세목조정되지 않은 국내여비 및 사업추진비는 제외하고 작성

※ 자료 : 각 연도 행정안전부 예산 각목명세서 및 회계장부 등을 바탕으로 재작성

---

131) 개발도상국 행정역량 개발, 지속가능발전목표(SDGs) 이행을 위한 연구 등을 수행하는 유엔 산하기구

그러나 행정안전부는 동 예산 및 다른 목적으로 승인받은 예산 3,400만 원[132] 등 총 1억 3,400만 원을 일반용역비(210-14)로 세목조정하여 행사를 개최함으로써, 예산을 확대하고 사업방식을 변경(직접수행 → 대행용역)하였음. 그리고 이를 2024년도 예산안에 그대로 다시 편성한 것임.[133]

□ 둘째, 2022년 이전까지는 동일 행사를 5,500만 원~7,300만 원 수준에서 개최하였다는 점에서 2024년도 예산안 1억 3,400만 원은 과다 편성된 측면도 있음.

코로나19로 행사를 비대면 개최한 2020년 및 2021년을 제외하고 2019년 및 2022년 행사의 집행실적을 살펴보면, 2019년은 예산 1억 600만 원 중 5,500만 원만 집행[134]되었고, 2022년에는 예산 1억원 중 6,990만 원만 집행[135]되었음.

---

132) 구체적으로 일반수용비(210-01) 1억 700만 원, 특근매식비(210-05) 1,000만 원, 임차료(210-07) 1,700만 원 등 총 1억 3,400만 원을 일반용역비(210-14)로 세목조정하였음. 이에 따르면 일반수용비(210-01) 중 2,800만 원 및 특근매식비(210-05) 1,000만 원은 다른 목적 예산을 세목조정한 것임.

133) 참고로, 행정안전부는 동 세부사업에 상기 내역 외에 '뉴스레터발간 등 소규모 용역' 900만 원, '안내홍보물 제작' 600만 원, '기념품 제작' 1,400만 원 등 총 2,900만 원이 더 있어 세목조정 과정에서 증액은 없었다는 입장임.
그러나 행정안전부가 말하는 내역은 아시아·태평양 리저널 심포지엄 외에 UN 거버넌스센터(UNPOG)가 시행하는 다양한 행사에 공통으로 사용되는 경비이며, 실제로 예산액이 '뉴스레터발간 등 소규모 용역'은 300만 원 × 3회, '안내홍보물 제작'은 300만 원 × 2회, '기념품 제작'은 700만 원 × 2회 등 수회의 행사에 사용됨을 전제로 산정되었다는 점을 고려할 필요가 있음. 또한 각 내역별로 1회분의 예산을 아시아·태평양 리저널 심포지엄 목적으로 편성되었다 가정하더라도 2023년 동 목적 예산 총액은 1억 1,300만 원 수준이므로, 이를 1억 3,400만 원으로 세목조정한 것은 최소한 2,100만 원의 증액을 수반한 것으로 볼 수 있음.

134) 2019년 당초 예산은 일반수용비 9,200만 원, 임차료 1,400만 원 등 총 1억 600만 원이었는데, 이 중 일반수용비 5,500만 원을 일반용역비로 세목조정한 후 5,400만 원을 행사대행 용역에 집행하고, 나머지 일반수용비 중 100만 원만 집행하여 총 5,500만 원을 집행한 것임.

135) 2022년 당초 예산은 일반수용비 7,900만 원, 임차료 2,100만 원 등 총 1억 원이었는데, 이 중 일반수용비 4,500만 원을 일반용역비로 세목조정한 후 전액을 화상회의대행 용역에 집행하고, 나머지 일반수용비 중 1,480만 원, 임차료 중 1,290만 원만 집행하여 총 7,260만 원을 집행한 것임.

[2019년 및 2022년 아시아·태평양 리저널 심포지엄 예·결산 내역]

(단위: 백만 원)

구분		2019(제3회 행사)			2022(제6회 행사)		
		조정전 예산액	조정후 예산액	집행액	조정전 예산액	조정후 예산액	집행액
일반수용비 (210-01)	인쇄비	18	37	1	15	34	14.8
	발표자사례	20			10		
	현수막 및 무대 제작	36			34		
	소모품구입	18			20		
임차료(210-07)	회의장 임차	14	14	-	21	21	12.9
일반용역비 (210-14)	행사대행용역	-	55 ※일괄대행	54 ※일괄대행	-	45 ※화상회의대행	45 ※화상회의대행
합계		106	106	55	100	100	72.6

주 1) 2020년(제4회) 및 2021년(제5회)은 코로나19 유행으로 비대면 개최하여 집행액 비교 곤란
2) 2023년 일반용역비로 세목조정되지 않은 국내여비 및 사업추진비은 제외하고 작성

※ 자료 : 각 연도 행정안전부 예산 각목명세서 및 회계장부 등을 바탕으로 재작성

참고로, 2022년 행사와 2023년 행사 내용을 비교해보면, 행사일수·장소·프로그램 등에서 크게 차이가 나지 않음.[136]

[2022년 및 2023년 아시아·태평양 리저널 심포지엄 행사 개요]

구분	2022년	2023년
행사일수	11.22.~11.24.(3일)	10.17.~10.19.(3일)
행사장소	송도 컨벤시아 프리미어 볼룸 A	송도 컨벤시아 그랜드 볼룸 A
프로그램	- 1일 (오전) 개회식·학술행사 (오후) 학술행사 - 2일 (오전) 학술행사 (오후) 현장방문(인천지역) - 3일 (오전) 학술행사 (오후) 학술행사·폐회식	- 1일 (오전) 개회식·학술행사 (오후) 학술행사 - 2일 (오전) 학술행사 (오후) 현장방문(인천지역) - 3일 (오전) 로컬포럼 (오후) 학술행사·폐회식

※ 자료 : 행정안전부 제출 자료를 바탕으로 재작성

---

136) 임차 회의실 규모가 프리미어 볼룸 A → 그랜드 볼룸 A로 확대되었으나 2023년 10월 17~19일 3일간 종일 대여 기준 두 회의실의 임대료 차이는 약 1,000만 원(송도컨벤시아 홈페이지 대관금액 미리보기 기준 25,259,850원 - 14,864,850원))으로, 2022년~2023년 집행액 차이를 설명하기에는 부족한 수준임.

이와 같이 2022년과 2023년 행사 규모가 유사하였음에도 소요 예산에 차이가 나는 것은 사업방식을 직접수행 → 대행용역으로 변경하면서 용역업체에 일반관리비·이윤·부가가치세 등을 별도로 지급하게 된 것이 주요 원인으로 보임.

2023년 행사 대행 용역 예산 1억 3,400만 원 산출내역을 살펴보면, 다음 표와 같이 행사의 실제 소요인 순용역원가(인건비·경비 등)는 약 1억 300만 원으로 2023년 본예산과 유사하나 이를 용역으로 수행하면서 일반관리비·이윤·부가가치세 등 총 3,100만 원이 추가되어 소요 예산이 1억 3,400만 원으로 증가한 것임.

[2023년 아시아·태평양 리저널 심포지엄 대행 용역 원가산출내역]

구분	금액 및 내역
순용역원가(A)	102,558,694원 - 인건비(행사인력·현장인력): 14,748,927원 - 경비(설치·대관·인쇄·홍보·수송·문화행사 등): 87,809,767원
일반관리비(B=A×8%)	8,204,696원
이윤(C=(A+B)×10%)	11,076,339원
부가가치세(D=(A+B+C)×10%)	12,183,973원
총용역비(A+B+C+D)	134,023,701원

※ 자료 : 행정안전부 제출 자료를 바탕으로 재작성

□ 결론적으로, 아시아·태평양 리저널 심포지엄 행사의 2023년 예산을 세목조정한 것은 예산을 목적 외로 집행하였다고 볼 수 있고, 이를 그대로 다시 편성한 2024년도 예산안은 과다 편성의 소지가 있어 보임.

따라서 동 예산(일반용역비 1억 3,400만 원)은 기존과 같이 일반수용비·임차료 등 정부가 직접 집행하는 세목으로 변경[137]하고, 규모도 2022년 이전 집행실적(8,000만 원 이하)[138] 또는 최소한 2023년 본예산(1억 원) 수준으로 감액할 필요가 있음.

---

137) 일반수용비(210-01)는 일반용역비(210-14)로 변경하더라도 행사장 대관 예산은 임차료(210-07) 세목을 유지할 필요가 있음. 상기 2023년도 "2023년 아시아·태평양 리저널 심포지엄 대행 용역 원가산출내역" 표에 따르면 행사장 대관은 시간·인력이 거의 소요되지 않는 업무임에도 이를 대행 용역에 포함시킴에 따라 대관비 외에 해당 비용의 약 20%에 달하는 예산을 일반관리비·이윤으로 추가 지급하게 되기 때문임.

138) 참고로 2024년 송도컨벤시아가 대관료 30% 인상 계획을 발표하였으나, 2023년 사용한 그랜드 볼룸 A의 임차료(25,259,850원)에 해당 인상률을 반영하여도 추가 임차료 소요는 800만 원 이하임.

돈으로 해결하려고 한다. 돈으로 편해지려 한다. 하지만 그럴수록 공무원들의 역량은 줄어든다. 돈으로 돈보다 더 중요한 것을 잃을 수 있는 경우이다. 직접수행할 수 있는 것은 민간에게 대행하도록 하지 말고 직접수행해야 한다. 그러는 중에 공무원이 실수를 하거나 좀 미숙하더라도 크게 나무래서는 안 된다.

그런 생각이 든다

뿌리째 뽑아야 할 '사업'을 생각하다 보니
이 보다 더 뿌리째 뽑아야 할 것은
'**관행**'이라는, 그런 생각이 든다.

예산을 편성하고 집행하고 심의하는
우리들의 자세, 태도
이것이 바뀌지 않으면
아무리 책에서, 강의에서 떠들어 보았자
말짱 도루묵이 아닐까?
그런 생각이 든다.

안일한 사고를 바꾸지 않으면
그 동안 끈질기게 버텨 온
그저 그런 사업들을 어떻게 근절할 수 있겠는가?
그런 생각이 든다.

몰라서 못하는 것들보다
알면서 안하는 것들이 더 많은 것이 아닐까?

그런 생각이 든다.

결산 3형제의 문제를 이야기함에도 불구하고
우리 자신은 연말에 과다하게 집행하면서
다 관행이라서 괜찮다고 여기고 있는 것은 아닐까?
그런 생각이 든다.

뿌리째 뽑아야 할 '사업'을 생각하다 보니
이 보다 더 뿌리째 뽑아야 할 것은
'**관행**'이라는, 그런 생각이 든다.

애덤 스미스의 문제

애덤 스미스의 《국부론》을 통해 배울 수 있는 몇 가지 아이디어들이 있다.

하나, 창발(emergence)이다. 시장에 맡겨두면 보이지 않는 손이 최적의 자원배분을 만들어 준다는 것이다. 개인이 해야 할 역할은 딴 생각하지 말고 오로지 자기 이익(私益)의 극대화를 위해 최선을 다하면 되는 것이다. 바둑에 '모르면 손 빼라'는 말이 있다. 정부도 확실하지 않으면 개입하기 보다는 시장에 맡기는 것이 나을 수 있다.

둘, 인간의 이기심, 소유욕을 활용하면 생산량이 증가할 수 있다는 점이다. 인간은 자기 것으로 만들어 주면(비록 그것이 착각이라 하더라도) 더 열심히 일한다. 둔전(屯田: 고려・조선 시대에 군량을 충당하기 위하여 변경이나 군사 요지에 설치한 토지)을 단순히 공유로 하지 않고 사유로 돌리고 필요한 것 이상은 개인이 가져갈 수 있도록 하면 생산량이 늘어나는 이치이다.

셋, 국부는 귀금속의 보유량이 아니라 (농업, 공업의) **생산**에서 비롯된다는 것이다. 또한, 국부의 원천인 생산량을 증가시키기 위해서는 **분업**이 장려되어야 한다. 다만, 아담 스미스는 분업이 가져올 수 있는 부정적 결과에 대해 다음과 같이 말했다고 한다.

"분업이 진전되면서 노동으로 생활하는 대부분의 사람들, 즉 민중 대다수의 고용은 한두 가지의 단순 작업으로 한정된다. 작업의 결과라고 해봐야 거의 꼭 같은 것이나 다름없는 한두 가지 단순 작업을 하는 데 생애를 보내야 하는 사람들이 다수가 되는 것이다. 그런 사람들은 자신의 이해력을 마음껏 발휘하지도, 독창성을 시험해볼 수도 없다. 결국 이해력과 독창성을 상실하고 인간이 도달할 수 있는 가장 우둔하고 무지한 상태에 이르고 만다."

참고로, 애덤 스미스는《도덕 감정론》에서 자연적인 이기심에도 불구하고 제3의 입장에서 타인을 평가할 수 있는 **공감 능력**을 강조한다. 공감 능력을 바탕으로 다른 사람들을 관찰할 때 사람들은 스스로 자신을 일깨우고, 자기 행동의 도덕성을 인식하게 된다는 것이다.《도덕 감정론》이 강조하는 공감과《국부론》이 강조하는 이기심과 자기 이익은 서로 모순되는 것으로 보이기도 한다. 이기적 개인과 사회적 복리의 조화와 모순 문제를 학자들은 '**애덤 스미스 문제**'라 부른다.

셋 이후는 '인물세계사(표정훈)'에서 발췌 및 수정

: 에필로그 Epilogue

이이의 졸기

이이는 집으로 돌아오는 길에 문득 후손들이 나를 어떤 사람으로 기억하고, 어떤 사람으로 기록할지 궁금해졌다. 나는 어느 당파에도 속하지 않는 중도의 삶을 살려 했으나 결국 짝수당의 당수가 되었다. 뜻한 바는 아니지만….

이런 저런 생각 중에 **人不知而不慍, 不亦君子乎?(인부지이불온 불역군자호라?)** 라는 《논어》의 첫 구절이 떠올랐다. 그렇지 사람들이 알아주지 않는다고 해도 온(慍)하지 않는다면 군자답다 할 수 있겠지······.

※1 온(慍): 일반적으로 '성내다'의 뜻으로 해석한다. 하지만 '온'에는 너무나 복잡한 감정이 녹아들어 있다. 분노, 원망, 포기, 시기, 질투 등등. 굳이 번역을 하자면 '열받지 않는다면' 정도 될 것이다.

참고로, 다음 《선조실록》과 《선조수정실록》에서 이이를 어떻게 평가하고 있는지 살펴보도록 하자.

《선조실록》 18권, 선조 17년 1월 16일: 이조 판서 이이의 졸기

> 이조 판서 이이(李珥)가 졸(卒)하였다.

《선조수정실록》 18권, 선조 17년 1월 1일: 이조 판서 이이의 졸기

> 이조 판서 이이(李珥)가 졸하였다. 이이는 병조 판서로 있을 때부터 과로로 인하여 병이 생겼는데, 이때에 이르러 병세가 악화되었으므로 상이 의원을 보내 치료하게 하였다. 이때 서익(徐益)이

순무 어사(巡撫御史)로 관북(關北)에 가게 되었는데, 상이 이이에게 찾아가 변방에 관한 일을 묻게 하였다. 자제들은 병이 현재 조금 차도가 있으나 몸을 수고롭게 해서는 안 되니 접응하지 말도록 청하였다. 그러나 이이는 말하기를,

"나의 이 몸은 다만 나라를 위할 뿐이다. 설령 이 일로 인하여 병이 더 심해져도 이 역시 운명이다."

하고, 억지로 일어나 맞이하여 입으로 육조(六條)의 방략(方略)을 불러주었는데, 이를 다 받아쓰자 호흡이 끊어졌다가 다시 소생하더니 하루를 넘기고 졸하였다. 향년 49세였다.

상이 이 소식을 듣고 너무도 놀라서 소리를 내어 슬피 통곡하였으며 3일 동안 소선(素膳)을 들었고 위문하는 은전을 더 후하게 내렸다. 백관의 요우(僚友)와 관학(館學)의 제생(諸生), 위졸(衛卒)·시민(市民), 그 밖의 서관(庶官)·이서(吏胥)·복례(僕隸)들까지도 모두 달려와 모여 통곡했으며, 궁벽한 마을의 일반 백성들도 더러는 서로 위로하며 눈물을 흘리면서 '우리 백성들이 복이 없기도 하다.' 하였다. 발인하는 날 밤에는 멀고 가까운 곳에서 집결하여 전송하였는데, 횃불이 하늘을 밝히며 수십 리에 끊이지 않았다. 이이는 서울에 집이 없었으며 집안에는 남은 곡식이 없었다. 친우들이 수의(襚衣)와 부의(賻儀)를 거두어 염하여 장례를 치른 뒤 조그마한 집을 사서 가족에게 주었으나 그래도 가족들은 살아갈 방도가 없었다. 서자(庶子) 두 사람이 있었다.【부인 노씨(盧氏)는 임진왜란 때에 죽었는데 그 문에 정표(旌表)하게 했다.】

이이의 자는 숙헌(叔獻)이고 호는 율곡(栗谷)이다. 나면서부터 신이(神異)하였고 확연히 큰 뜻이 있었다. 총명하여 지혜가 숙성해 7세에 이미 경서(經書)를 통달하고 글을 잘 지었다. 천성이 지극히 효성스러워 12세 때 아버지가 병들자 팔을 찔러 피를 내어 드렸고 조상의 사당에 나아가 울면서 기도하였는데 아버지의 병이 즉시 나았다. 학문을 하면서 문장 공부에 힘쓰지 않았어도 일찍부터 글을 잘 지어 사방에 이름이 알려졌다.

어머니가 돌아가시자 비탄에 잠긴 나머지 잘못 선학(禪學)에 물이 들어 19세에 금강산에 들어가 불도(佛道)를 닦았는데, 승려들 간에 생불(生佛)이 출현했다고 소문이 자자하였다. 그러나 얼마 후에는 잘못된 행동임을 깨닫고 돌아와 정학(正學)에 전념하였는데, 스승의 지도를 받지 않고서도 도의 큰 근본을 환하게 알고서 정미하게 분석하여 철저한 신념으로 힘써 실행하였다.

과거에 급제한 후에는 청현직(淸顯職)을 여러 번 사양하였으며, 그 도를 작게 쓰고자 아니하여

해주(海州)의 산중으로 물러가 살면서 강학(講學)하며 후학을 교육시켰다. 이에 은병 정사(隱屛精舍)를 세워 주자(朱子)를 사사(祠祀)하며 정암(靜菴)·퇴계(退溪)를 배향(配享)하여 본보기로 삼았는데, 나아가고 물러남과 사양하고 받아들이는 일을 한결같이 옛 사람이 하던 대로 하는 것을 스스로의 규범으로 삼았다.

어려서부터 장공예(張公藝)가 구세동거(九世同居)한 것[001] 을 사모하여 항상 그림을 걸어놓고 완미하였는데, 이때에 와서 맏형수에게 신주(神主)를 받들어 함께 살기를 청하여 모시고 아우와 자질(子姪)을 모아 의식(衣食)을 함께 하면서 세시(歲時)와 초하루 보름에는 이른 아침에 찾아 배알하는 등 한결같이 《주자가례(朱子家禮)》대로 하였다.

아래로 비복(婢僕)에 이르기까지 참알(參謁)하고 출입하는 데 모두 예식이 있었는데 별도로 훈사(訓辭)를 만들어 한글로 번역해서 가르쳤으며 규문(閨門)이 마치 관부와 같았다. 한 당(堂)에 모여 식사를 하고, 연주하고 노래하며 놀 때에도 모두 예절이 있었다. 당세에 예의를 강구하여 초상 때와 제사 때에 정성을 다한다고 이름난 사람이라도 가정교육의 예절에 있어서는 모두 따를 수가 없었다. 매양 아버지를 일찍 여읜 것을 슬퍼하여 중형(仲兄)을 아버지 섬기듯이 하여 성심과 성의를 다하고 게을리 함이 없었다. 그리고 서모(庶母)를 친어머니 섬기듯이 하여 겨울에는 따뜻하게 여름에는 시원하게 보살폈으며 저녁과 아침마다 정성으로 문안드렸다. 또 녹봉도 마음대로 처리하지 않았는데, 학자들이 그것은 예(禮)가 아니라고 하자, 이이는 말하기를,

"내 의견이 그러할 뿐인데, 본보기가 될 수는 없다."

하였다.

조정에 나아가서는 위를 섬김에 있어 갈충 진력하였으며 시골에 물러나 있을 때에도 애타는 심정으로 잊지 못하였다. 전후에 걸쳐 올린 봉장(封章)과 면대하여 아뢴 말들을 보면 그 내용이 간절하고도 강직한데, 치체(治體)를 논함에 있어 규모가 높고 원대하여 삼대(三代)의 정치를 회복하는 것으로 목표를 삼았다.

나라 형세가 쇠퇴해져 난리의 조짐이 있음을 분명히 알고는 항상 임금의 마음을 바르게 하고 풍속을 바로잡고 조정을 화합하게 하는 것을 근본으로 삼았고, 폐정을 고치고 생민을 구제하고 무비(武備)를 닦는 것으로 급무를 삼았다. 그리고 이를 반복해서 시종 일관 한 뜻으로 논계하였는데, 소인이나 속류의 배척을 당했어도 조금도 거들떠보지 않았다. 임금도 처음에는 견제를

가하였으나 늦게나마 다시 뜻이 일치되어 은총과 신임이 바야흐로 두터워지고 있는 때에 갑자기 졸한 것이다.

이이는 타고난 기품이 매우 고상한데다가 수양을 잘하여 더욱 높은 경지에 나아갔는데, 청명한 기운에 온화한 분위기가 배어나오고 활달하면서도 과감하였다. 어떤 사람이든 어떤 상황이든 한결같이 정성되고 신실하게 대하였으며, 은총과 사랑을 받거나 오해나 미움을 받거나 털끝만큼도 개의치 않았으므로 어리석거나 지혜있는 자를 막론하고 마음으로 그에게 귀의하지 않는 자가 없었다.

한 시대를 구제하는 것을 급선무로 여겼기 때문에 물러났다가 다시 조정에 진출해서도 사류(士類)를 보합(保合)시키는 것으로 자신의 임무를 삼아 사심없이 할 말을 다하다가 주위 사람들에게 꺼리는 대상이 되었는데, 마침내 당인(黨人)에게 원수처럼 되어 거의 큰 화를 면치 못할 뻔하였다. 이이는 인물을 논하고 추천할 때 반드시 학문과 명망과 품행을 위주로 하였으므로 진실되지 못하면서 빌붙으려는 자들은 나중에 많이 배반하였다. 그래서 세속의 여론은 그를 너무도 현실에 어둡다고 지목하였다.

그러나 이이가 졸한 뒤에 편당이 크게 기세를 부려 한쪽을 제거시키고는 조정을 바로잡았다고들 하였는데, 그 내부에서 다시 알력이 생겨 사분 오열이 되어 마침내 나라의 무궁한 화근이 되었다. 그리하여 임진왜란 때에 이르러서는 강토가 무너지고 나라가 마침내 기울어지는 결과를 빚고 말았는데, 이이가 평소에 미리 염려하여 먼저 말했던 것이 사실과 부합되지 않는 것이 없었다. 그래서 그가 건의했던 각종 편의책(便宜策)들이 다시 추후에 채택되었는데, 국론과 민언(民言)이 모두 '이이는 도덕과 충의의 정신으로 꽉 차 있어 흠잡을 수 없다.'고 칭송하였다.

저서로 문집과 《성학집요(聖學輯要)》·《격몽요결(擊蒙要訣)》·《소학집주(小學集注)》 개정본이 세상에 전해 온다.

[주(註) 001] 장공예(張公藝)가 구세동거(九世同居)한 것: 장공예는 당(唐)나라 수장(壽張) 사람으로 9대가 한 집에서 살았는데, 고종(高宗)이 그 집에 찾아가 한 집에서 화목하게 살 수 있는 비결을 물으니, 인(忍) 자 1백 자를 써서 올렸다는 고사가 전해 온다. 《당서(唐書)》 권195.

※ 출처: 조선왕조실록, 국사편찬위원회, sillok.history.go.kr

《선조실록》은 광해군 때 북인(北人)에 의해 편찬되었고 《선조수정실록》은 인조반정으로 정권을 잡은 서인에 의해 편찬되었다. 《선조실록》에 이이에 대한 평가가 없는 것은 처음부터 없었다기보다 사관이 쓰고 고치고, 사관들이 토론을 반복하다가 차라리 빈 공간으로 놔두자는 것으로 결론이 났을 것으로 추측된다. 자신들의 당파와 적을 지고 있었던 이이에 대해 차마 쓰지 않은 것이다. 아니 쓰지 못한 것이다. 역사가가 역사를 쓰면서 여백을 두어 역사에 맡긴 것이다. 그들이 남길 수 있었던 것은 '이조 판서 이이(李珥)가 졸(卒)하였다.'는 사실 한 줄 뿐이었다.

한 인물에 대한 평가가 당파에 따라 다를 수 있다는 것은 솔직한 것이다. 역사는 다양한 시각에서 기록되어야 한다. 너무나 큰 다행은 그래도 《선조수정실록》을 쓴 분들이 《선조실록》을 불사르지 않았다는 것이다. 둘 다 읽어보고 판단하라, 즉 역사의 판단에 맡긴 것이다. 최소한의 양심을 지킨 것이다. 이 최소한이 얼마나 어려운 일인지는 다들 알 것이다. 위대하도다! 《선조수정실록》 편찬자들이여!

제8수
민생 그리고 감수성

닦을 · 수

修자는 '닦다'나 '연구하다'라는 뜻을 가진 글자이다. 修자는 攸(바 유)자와 彡(터럭 삼)자가 결합한 모습이다. 攸자는 몽둥이로 사람을 때리는 모습을 그린 것이다. 修자는 이렇게 사람을 때리는 모습을 그린 攸자에 彡자를 더한 것으로 여기에서 彡자는 땀이나 피를 흘리는 모습을 표현하고 있다. 그러니 修자는 누군가를 피가 나도록 때리는 모습을 그린 것이라 할 수 있다. 修자는 본래 누군가를 '다스리다'라는 뜻으로 만들어진 글자였다. 그러나 어떠한 목적을 달성하기 위해 도덕이나 품행을 '기르다'라는 뜻이 파생되면서 지금은 '닦다'나 '연구하다'라는 뜻으로 쓰이고 있다.

출처 : 네이버 한자사전, [한자로드(路)] 신동윤

닦고 또 닦아야 보인다.
보일 듯 말 듯하던 민생이.

제8수 修 민생 그리고 감수성

닦을 · 수

| 예결산 분석의 수 |

황제 선보는 10만을 양병하기로 마음을 먹고 삼삼을 불렀다. 마지막으로 확인하고 싶은 것이 있었기 때문이었다.

"내가 태자시절에 말이요, 그러니까 영상이 대한국학교의 총장으로 있을 때, 영상이 **세종 황제와 장영실의 이야기**를 들려 준 적이 있는데 기억하시겠소."

"소신의 기억 속에 마치 오늘 일처럼 생생하옵니다. 당시 태자께서는 한 마디도 놓치지 않으시려고 바짝 다가와 들으시기에 제가 하도 신이 나서 장영실이 곤장 80대를 맞은 후 엉덩이를 부여잡고 어디론가 사라져 더 이상 생사를 아는 자가 없었습니다라고 웃으며 말을 맺는데……. 글쎄 제 어깨에 기대셔서 오열을 하시지 않으셨습니까. 제가 얼마나 민망하고 당황을 했던지요. 제가 무슨 말을 잘못 했던가하고 뒤돌아 생각해 보아도 그 연유를 알 수가 없으니 이러지도 저러지도 못하는데……. 울적임이 잦아드셔서 제가 여쭈어 보았죠, 무엇이 그리 슬프셨냐고? 그 때 제게 뭐라 답을 주셨는지 기억하시는지요?"

"**스승님, 장영실이 너무 불쌍하옵니다라고 답하였지**. 너무 불쌍하다고……. 이제 와서 돌이켜보니 웃고 싶을 때 마음껏 웃고, 울고 싶을 때 마음껏 울던 그 시절이 너무나 그립구려."

"소신은 폐하의 선(善)한 심성(心性)을 잘 알고 있습니다. 불쌍한 사람을 보면 **감성**이 **이성**보다 앞서는 분이라는 것을……. 더구나 그 일이 노예의 일이든, 양반의 일이든 상관하지 않으시는 분이라는 것을 말입니다."

황제 선보는 방금 꿈에서 깬 사람 같은 표정으로 삼삼에게 물었다.

"영상이 말한 **민생**이란 무엇을 의미하는 것이오?"

삼삼은 마치 준비하고 있었던 사람처럼 강한 어조로 말하였다.

"하루하루 연명하는 삶을 살아가는 백성들의 삶을 보다 인간다운 삶에 다가가게 하는 것이옵니다. 그러기 위해서는 무엇보다 백성들이 먹고 사는 문제를 풍족하게 해 주어야 합니다. 수많은 백성들이 하루 벌어서 하루살기도 벅찹니다. 그것도 나라에서 보조해 주기에 가능한 것이옵니다. 세금을 올리고 지출을 줄이면 사회적 약자인 그들은 길거리를 헤매다가 죽고 맙니다. 전쟁이 일어날지 안 일어날지 불확실한 상황에서 민생을 버리시면 설사 전쟁이 난다 해도 그 백성들이 칼이나 창을 들을 힘이나 있겠나이까, 또한 힘이 있다 한들 들으려 하겠나이까, 그 칼과 창이 적을 향한다는 보장이 있겠나이까? **성종 황제께서 숭례문에 옹성을 쌓지 않은 이유를 잊지 마십시오?**"

선보 황제는 손으로 머리를 감쌌다. 10만 양병을 하자는 의견도 옳고, 10만 양병을 하지 말자는 의견도 옳다. 둘 다 옳다. 도대체 이를 어찌해야 하는가?

1장 '민생' 예산의 참뜻

우리가 별 생각 없이 쓰는 단어 중 하나가 민생이다. 민생 예산이라고 하면 도대체 어떤 예산을 말하는 것일까? 민생 법안이라고 하면 도대체 어떤 법안을 말하는 것일까? 민생을 중시하면서도 딱히 민생이 무엇인지 제대로 답할 수 있는 사람이 없다는 모순을 다루어 보자.

1) 민생은 가슴으로 다가오는 개념이지 이성으로 분간하는 개념이 아니다. 장영실을 불쌍히 여기는 감성의 눈으로 볼 때 비로소 보이는 것이 민생이다. 장영실의 이야기를 듣고 웃는 자와 우는 자 중 누가 민생을 제대로 파악할 수 있겠는가? 어쩌면 예산분석은 우리에게 감성을 버리고 이성이 충만한 인간이 되라고 요구하고 있는 듯하다. 그러다 보니 민생, 민생 하면서도 그 안에 민(民)도 없고 생(生)도 없는 민생이 되어가는 듯하다.

2) 민생은 잘 먹고 잘 사는 것을 최우선으로 한다. 아래의 역사는 민생에 힘쓰면 나라의 힘이 강해지고 문화가 융성할 수 있음을 보여준다.

> 2년(25년) 봄 2월, 친히 시조의 사당에 제사하고 대사령을 내렸다.
>
> 5년 겨울 11월, 왕이 국내를 순시하다가 한 할머니가 굶주림과 추위에 못 이겨 죽게 된 것을 보고서 "내가 하찮은 몸으로 윗자리에 있어 백성을 잘 보살피지 못하고 노인이나 어린이로 하여금 이 지경에 이르게 하였으니 모두 나의 허물이다" 말하고, 자기 옷을 벗어 입혀 주고 자기 먹을 음식을 내어 먹이고, 유사(관리)에게 명하여 곳곳마다 방문하여 홀아비, 홀어미, 고아, 노인, 병자로서 자활할 수 없는 자를 급양(給養)하게 하였다. 이에 이웃나라 백성이 소문을 듣고 찾아오는 자가 많았다. 이 해에 백성들이 즐겁고 편안하여 비로소 도솔가(兜率歌)를 지었다. 이것이 가악의 시초였다.

《삼국사기》 신라본기 유리이사금 중에서

3) **민생**은 현세대가 잘 먹고 잘 사는 것으로 완성되는 것은 아니다. 민생은 다음 세대의 먹거리를 같이 고민해야 한다. 미래 세대를 위한 희생을 통한 축적을 할 수 있을 때 진정한 의미의 민생이다.

4) **민생**은 내실이다. 절대 보여 주기식이 아니다. 외양이나 외모가 아니라 내면의 아름다움을 볼 줄 아는 자세에서 민생은 이해될 수 있다. 1인당 국민소득이 증가한 것이 중요한 것이 아니라 그 혜택이 서민들에게까지 골고루 돌아갔느냐가 중요한 것이다.

5) 삼삼이 민생에 대해 설명하면서 "성종 황제께서 숭례문에 옹성을 쌓지 않은 이유를 잊지 마십시오?"라고 말한 부분은 성종 10년 1월 17일의 기록을 통해 확인할 수 있다.

> 상참(常參)을 받았다. 동부승지(同副承旨) 채수(蔡壽)가 아뢰기를,
> "숭례문(崇禮門)을 요즈음 중수(重修)하려고 하는데, 아울러 옹성(甕城)도 쌓는 것이 좋겠습니다." 하니,
> 좌승지(左承旨) 김승경(金升卿)은 말하기를,
> "중국(中國)은 비록 역참(驛站)이라도 모두 옹성을 쌓았습니다. 숭례문은 중국 사신이 출입하는 곳이니, 옹성을 쌓지 않는 것이 옳겠습니까?" 하고
> 우부승지(右副承旨) 유순(柳洵)은 말하기를,
> "숭례문(崇禮門)은 조종조(祖宗朝)로부터 옹성(甕城)이 없었으니, 모름지기 쌓지 않아도 될 것입니다." 하였다.
> 임금이 말하기를,
> "우리나라의 민력(民力)이 넉넉하지 못하니, 어찌 한결같이 중국과 같을 수 있겠는가? 만약 옹성을 쌓게 되면 마땅히 민가(民家)를 헐어야 하니, 빈궁(貧窮)한 자가 어떻게 견디겠는가? 도적[賊]이 이 문(門)에 이른다면 이 나라가 나라의 구실을 못할 것이니, 무슨 이익이 있겠는가? 그러니 쌓지 말게 하라." 하였다.
>
> ※ 출처: 조선왕조실록, 국사편찬위원회, sillok.history.go.kr

제8수 修 민생 그리고 감수성

역사 이야기를 더 보태자면 광해군 그리고 대원군은 궁을 짓다가 망하고 말았다. 광해군은 요승의 말을 믿고, 대원군은 왕권의 위엄을 세운다는 명분으로 궁을 지었다. 백성들이 굶주려 병들어 가는 데 민생을 저버리고 허튼 곳에 나랏돈을 쓰다가 망가진 것이다. 오늘날 우리도 어디선가 궁을 짓고 있지는 않은지 항상 주의해야 한다.[139]

6) 이런 접근을 공적 부문이 아니라 사적 부문으로 확대할 수도 있다. 세계적인 기업의 본사에 가보니 상상외로 소박한 경우에 사람들은 어떤 생각을 할까? 이 회사 엉망이구나 라고 생각할까? 검소하다, 내실 있다고 생각할까? 회사의 건물이 아니라 회사의 구성원에게 집중하는 것이 바로 민생이다. 그러면 자연스레 투자자들이 몰려오는 것, 이것이 바로 민생의 힘이다.

7) 우리는 이 사업은 민생이고 저 사업은 비(非) 또는 무(無) 민생이라고 구분짓는 기준을 알지 못한다. 물론 예산이 민생과 비 또는 무민생 둘 중 하나인 것은 아니다. 민생의 강도에 있어 차이가 있을 뿐이다. 예산분석가는 그 강도의 차이에 민감해야 한다.

8) 민생에 주력하겠다는 말은 예산분석가들의 말버릇이 되었다. 예산안 예비검토를 하는데 모 기조실장이 이번 예산안에서 중점을 둔 점은 민생이라며 자랑스럽게 이야기를 한 적이 있다. 그래서 구체적으로 어느 사업이 민생 예산이냐고 묻자, 당황한 듯 따로 정리해서 나중에 말씀드리겠다고 하더라. 추상적 민생은 말하기 쉽지만 구체적 민생은 찾기가 만만치 않다. 우리가 집중해야 하는 것은 습관적인 말로서의 민생이 아니라 실체로서의 민생이다. 민생이 아니면서 민생인 척 하는 것, 더 민생 친화적일 수 있음에도 적당히 민생적인 것 등을 분석해 낼 수 있어야 한다.

---

139) 성종의 옹성에 대한 견해는 국가 안보와 관련되어 있는 문제이다. 이에 대한 나의 대안은 《착한 조례 만들기》(유상조)를 참조하기 바란다.

예결산 분석사례

'선정 대리인 제도 안착' 사업[140]

□ 내역사업 '지방세 납세자 권익보호 사업 추진'의 내내역사업인 '선정 대리인 제도 안착' 사업의 2025년도 예산안은 130만 원(운영물품 40만 원, 참석여비 90만 원)이 편성되어 전년과 동일한 수준임. 행정안전부에 따르면, 동 예산은 선정 대리인 제도의 운영과 관련하여 지방자치단체 현장을 방문하거나, 선정 대리인 제도와 관련된 행사 추진시 필요한 물품 구매, 출장자 숙박비·교통비 지원에 활용할 예정이라고 함.

[지방자치단체 선정 대리인 제도 사업 예산]

2024년 예산	2025년 예산안
○ 130만 원 • 운영물품: 40만 원 • 참석여비: 90만 원	○ 130만 원 • 운영물품: 40만 원 • 참석여비: 90만 원

□ 지방세 납세자를 위한 선정 대리인 사업의 운영실적을 살펴보면, 제도가 실시된 2020년부터 2024년 6월까지 4년 6개월 동안 선정 대리인 신청 건수는 233건이고, 지방세 납세자의 신청에 따라 선정 대리인이 지원된 건 수는 141건(신청 대비 60.5%)이며, 선정 대리인이 지원되어 이의신청 등이 인용된 건은 4건(지원 대비 2.8%)임.

[지방자치단체 선정 대리인 제도 사업 추진 실적]

연도	2020년	2021년	2022년	2023년	2024년 6월	합계
선정 대리인 신청 건수(건)	70	51	37	59	16	233
선정 대리인 지원(건)(요건 충족)	44	25	29	28	15	141
인용(건)	1	1	-	2	-	4
기각(건)	43	24	29	26	14	136
진행중(건)	-	-	-	-	1	1
선정 대리인 미지원(건)(요건 미충족)	26	26	8	31	1	92

※자료: 행정안전부

---

140) 2025년도 행정안전부 소관 세입·세출예산안 검토보고서 참조

□ 납세자 권익보호를 위해 국세청이 실시하고 있는 국선대리인 제도와 선정 대리인 제도의 운영 실적을 비교해 보면, 2020년부터 2023년까지 국선대리인을 지원한 건수는 1,767건으로 선정 대리인을 지원한 건수의 14배 수준으로 많고, 국선대리인 지원 시 인용률은 16.4%~21% 수준으로 선정 대리인 지원 시 인용률인 0%~7.1%보다 높은 수준임.

[선정 대리인 제도와 국선대리인 제도 운영 실적(2020년~2023년)]

연도		2020년	2021년	2022년	2023년	합계
지원 건수(건)	선정 대리인	44	25	29	28	126
	국선 대리인	413	396	415	541	1,765
인용률(%)	선정 대리인	2.3	4	0	7.1	
	국선 대리인	21.0	17.0	20.3	16.4	

※ 자료: 행정안전부, 국세청 2023.7.27.보도자료(국선대리인의 2023년 연간 실적은 국세청에 유선 문의)

□ 이와 관련하여 선정 대리인 제도와 국선대리인 제도의 운영을 위한 2025년도 예산안을 비교해 보면, '국선대리인 제도 운영' 예산[141]이 1억 6,890만 원으로 선정대리인 제도 안착 예산 130만 원의 약 130배 수준임. 국선대리인 제도 운영 사업의 예산은 국선대리인 수당 1억 3,350만 원, 제도 안내 2,000만 원(포스터 2천 부, 리플릿 40만 부), 국선대리인 간담회 1,540만 원으로 구성되어 있음.

[국선대리인 제도와 선정 대리인 제도 관련 2025년도 예산안]

국선대리인 제도 운영	선정 대리인 제도 안착
○ 1억 6,890만 원 • 국선대리인수당: 1억 3,350만 원 = (716건×15만 원) + (174건×15만 원) • 제도안내: 2,000만 원 = (포스터 2천 부×2천 원)+(리플릿40만 부×40원) • 국선대리인 간담회: 1,540만 원 = (위촉장 200개×5천 원)+(간담회비용 325개×4만 원)+(감사패 7개×20만 원)	○ 130만 원 • 운영물품: 40만 원 • 참석여비: 90만 원

---

141) '국선대리인 제도 운영'은 국세청의 세부사업인 '납세자권익보호 및 성실납세지원'(3133-300)의 내역사업임.

□ 이와 관련하여 행정안전부는 지방자치단체 선정 대리인 제도가 국세청에서 운영하는 국선대리인 제도와 달리 지방자치단체에서 직접 운영하는 제도로서 자체적으로 필요한 예산을 마련해 제도를 운영하고 있으며, 각 지방자치단체의 제도 운영 여건에 맞게 예산을 책정하고 있다고 설명함.[142]

□ 선정 대리인 제도는 「지방세기본법」 제93조의2[143]에 따라 모든 지방자치단체가 공통으로 실시하는 제도로서, 행정안전부가 선정 대리인 제도의 법적 기반을 마련했다는 점에서 행정안전부는 선정 대리인 제도의 운영 실적이 낮은 원인을 분석하고, 제도 활성화 방안을 마련한 후 예산으로 뒷받침하여야 할 필요가 있음.

□ 참고로, 행정안전부는 선정 대리인 제도의 홍보와 관련해서 「지방세기본법 시행규칙」 불복 청구 서식[144]에 선정 대리인 제도 안내 문구를 추가하는 개정을 추진 중이고, 행정안전부 보도자료 발표, 행정안전부 홈페이지 및 SNS 채널을 활용하여 홍보를 하고 있음.

---

142) 참고로, 행정안전부는 2024년 10월 31일 기준 선정 대리인 제도 운영을 위한 지방자치단체의 예산 및 지출 관련 사항을 파악하지 못하고 있음.

143) 「지방세기본법」 제93조의2(지방자치단체 선정 대리인) ① 과세전적부심사 청구인 또는 이의신청인(이하 이 조에서 "이의신청인등"이라 한다)은 지방자치단체의 장에게 다음 각 호의 요건을 모두 갖추어 대통령령으로 정하는 바에 따라 변호사, 세무사 또는 「세무사법」에 따른 세무사등록부 또는 공인회계사 세무대리업무 등록부에 등록한 공인회계사를 대리인으로 선정하여 줄 것을 신청할 수 있다.
 1. 이의신청인등의 「소득세법」 제14조제2항에 따른 종합소득금액과 소유 재산의 가액이 각각 대통령령으로 정하는 금액 이하일 것
 2. 이의신청인등이 법인(제153조에 따라 준용되는 「국세기본법」 제13조에 따라 법인으로 보는 단체를 포함한다)이 아닐 것
 3. 대통령령으로 정하는 고액·상습 체납자 등이 아닐 것
 4. 대통령령으로 정하는 금액 이하인 청구 또는 신청일 것
 5. 담배소비세, 지방소비세 및 레저세가 아닌 세목에 대한 청구 또는 신청일 것
 ② 지방자치단체의 장은 제1항에 따른 신청이 제1항 각 호의 요건을 모두 충족하는 경우 지체 없이 대리인을 선정하고, 신청을 받은 날부터 7일 이내에 그 결과를 이의신청인등과 대리인에게 각각 통지하여야 한다.
 ③ 제1항에 따른 대리인의 권한에 관하여는 제93조제4항을 준용한다.
 ④ 제1항에 따른 대리인의 선정, 관리 등 그 운영에 필요한 사항은 대통령령으로 정한다.

144) 「지방세기본법 시행규칙」의 불복 청구 서식에는 [별지 제53호 서식: 과세전적부심사 청구서], [별지 제56호 서식: 이의신청서]이 있음.

'지방세 납세자 권익보호 사업 추진'이라는 사업명을 보고 돋보기가 놓쳐서는 안된다. 여러 번 언급하지만 사회적 약자에 대한 배려와 지원은 공공의 존재 이유이다. 동 사업의 하위 사업인 '선정 대리인 제도 안착' 사업은 130만 원이라는 너무나도 미미한 수준이니 당연히 현미경의 대상이 되어야 한다. 너무 예산규모가 커도 문제이지만 너무 적은 것 역시 그냥 지나칠 수 없는 이유이다. 이 제도와 유사한 국선대리인 제도를 비교해 보면 선정 대리인 제도가 말뿐인 제도임을 한 눈에 알 수 있다. 왜 이런 일이 벌어진 것일까? 행정안전부의 설명은 지방자치단체에서 직접 운영하는 제도로서 자체적으로 필요한 예산을 마련해 운영한다는 것이다. 하지만 도저히 수긍하기 어렵다. 21세기 대한에서 중앙정부가 해야할 일, 지방정부가 해야할 일을 구분하여 서로 미룬다면 그 사이에서 누가 고통을 받을 것인가? 이것은 사회적 약자에 대한 관심 부족이 초래한 예산 참사다.

예결산 분석사례
'지역사랑상품권 발행지원' 사업[145]

□ 지역사랑상품권은 1996년 처음 발행(충청북도 괴산군, 강원도 화천군)되었으며 2023년 현재는 총 12개 광역자치단체(전체 광역자치단체의 70.6%), 181개 기초자치단체(전체 기초자치단체의 80.1%) 등에서 광범위하게 발행되고 있음.

[2023년 기준 지역사랑상품권 발행 지방자치단체 현황]

구분	발행	미발행	소계
광역자치단체	12개	5개	17개
기초자치단체	181개	45개	226개

※ 자료: 행정안전부 「내고장 알리미」 홈페이지, 지역사랑상품권 현황 메뉴

---

145) 2024년도 행정안전부 소관 세입·세출예산안 검토보고서 참조

□ 또한 이에 대해 국비를 지원하는 '지역사랑상품권 발행지원' 사업은 고용·산업위기지역 지원을 위해 2018년도 추가경정예산으로 시범 도입된 이래 2023년까지 총 3조 773억 원의 예산이 편성되어 59.4조 원의 상품권 발행에 국비를 보조하였음.

[2018~2022년 연도별 지역사랑상품권 발행지원 규모 및 예산 규모]

(단위: 원)

구분	2018	2019	2020	2021	2022	2023	합계
예산규모	100억	884억 ※예비비 등	6,689억	1조2,522억	7,053억	3,525억	3조773억
발행지원규모	0.1조	2.3조	9.6조	20.2조	18.4조	8.8조	59.4조
국비지원율	10%	약 4%	2~4%	3~8%	4%	4%	-
총발행규모	0.1조	3.2조	13.3조	23.6조	27.2조	발행중	67.4조+α

주 1) 발행지원 규모: 국비지원을 받아 발행하는 지역사랑상품권 규모
　2) 총 발행 규모: 발행지원 규모 + 지방자치단체 자체발행 규모

※ 자료: 행정안전부 제출자료 등을 바탕으로 재작성

□ 다만, 이 사업을 계속 유지할지(이번 예산안 심의시 증액·반영할지) 여부에 대해서는 이견이 있는 상황임. 또한 2023년도 예산도 국회에서 3,525억 원이 신규 반영된 전례가 있어 2024년도 예산안 심의 과정에서도 관련 논의가 진행될 전망임.

이에 효율적인 심사를 위해 주요 논점을 정리하면 다음과 같음.

(1) 지역사랑상품권의 정책효과

① 국비 지원에 반대하는 측은 지역사랑상품권의 할인판매 및 제도관리를 위한 국가·지방자치단체의 비용이 지역 내 소비촉진 효과를 상쇄한다면 전체적인 사회 후생은 감소할 수 있고[146] 불법환전 등 부정유통이 발생한다면 소비촉진

---

146) 한국조세재정연구원, "지역화폐의 도입이 지역경제에 미친 영향", 2020.12.

효과가 일부 제한될 수 있다는 점[147] 등을 제시하고 있음.

② 반면, 국비 지원에 찬성하는 측은 지역사랑상품권의 회수율이 높고 법정화폐 유통 속도보다 빠르기 때문에 소비촉진 효과가 있고[148], 비대면·전자상거래의 확산으로 지역 내 자금의 역외 유출이 증가하는 상황[149]에서 지역사랑상품권이 지역내 소비를 촉진할 수 있다는 점 등을 제시하고 있음.[150]

한편, 행정안전부는 2022년 이 사업의 정책연구비(260-02)를 통해 「지역사랑상품권 정책의 효과 분석 및 발전 방향」[151] 연구용역을 수행하였으며, 그 결과물이 현재 정책연구관리시스템(PRISM)에 공개되어 있음.

(2) 차년도 경제여건

주요 기관의 경제전망을 살펴보면, 다음 표와 같이 국회예산정책처·기획재정부·한국은행 모두 실질경제성장률은 2024년이 2023년보다 개선될 것으로 전망하였음. 다만, 민간소비증가율의 경우 국회예산정책처·기획재정부는 2024년에 전년 대비 감소할 것을 전망한 반면, 한국은행은 증가할 것을 전망하였음.

---

147) 머니투데이, 與 "지역화폐 받아 현금깡" vs 野 "지역화폐 예산 삭감 부적절", 2022.10.4.
148) 여효성, "지역사랑상품권 전국 확대발행의 경제적 효과 분석", 한국지방행정연구원, 2019
149) 주민들이 지역이 아닌 대도시에 위치한 온라인 플랫폼 기업에서 소비 행위를 하는 상황을 의미
150) 한국사회여론연구소(KSOI), 지역사랑상품권 관련 지역경제 활성화에 대한 여론조사 결과 도움이 된다는 답변이 76.4%, 도움이 되지 않는다는 답변은 19.2%, 2022년 행정안전위원회 국정감사(2022.10.24.) 회의록 p.61.
151) 한국행정연구원(수행연구원 이민호), 2022.6.27.~2023.1.23. 수행

[2023~2024년 주요 경제지표 전망]

구분	실질경제성장률		민간소비증가율	
	2023년	2024년	2023년	2024년
국회예산정책처	1.1% (2023.10. 전망)	2.0% (2023.10. 전망)	2.4% (2023.10. 전망)	2.2% (2023.10. 전망)
기획재정부	1.4% (2023.7. 전망)	2.4% (2023.7. 전망)	2.5% (2023.7. 전망)	2.2% (2023.7. 전망)
한국은행	1.4% (2023.8. 전망)	2.2% (2023.8. 전망)	2.0% (2023.8. 전망)	2.2% (2023.8. 전망)

※ 자료: 국회예산정책처, 「2024년 및 중기 경제전망」, 2023.10.
기획재정부, 「2023년 하반기 경제정책방향」, 2023.7.
한국은행, 「경제전망보고서」, 2023.8.

다음으로 2023년 "소상공인시장 경기동향조사 결과"를 살펴보면, 소상공인 전망 경기실사지수(BSI)는 등락을 반복하다 2023년 9월 연중 최고치를 기록하였으나 10월에 다시 하락하는 모습을 보이고 있음. 참고로 이 지표는 100 미만일 경우 경기가 악화될 것으로 전망한 것을 의미하는데, 연중 100 이상을 기록한 달은 없었음.

[2023년 소상공인시장 경기동향조사 결과 추이]

구분		1월	2월	3월	4월	5월	6월	7월	8월	9월	10월
소상공인	체감BSI	59.8	56.2	69.9	69.4	70.3	63.9	57.3	63.6	70.5	-
	전망BSI	77.8	72.5	93.9	91.3	88.9	80.8	73.7	83.6	98.0	95.7
전통시장	체감BSI	60.0	41.4	59.7	56.9	63.2	50.9	40.7	50.5	74.7	-
	전망BSI	86.5	59.3	89.2	84.5	79.8	70.0	56.5	62.0	107.4	86.3

주) BSI는 경기실사지수(Business Survey Index)로 100은 보합, 100을 초과하면 경기는 호전, 100미만이면 악화를 나타냄.
※ 자료: 중소벤처기업부, 소상공인시장 경기동향조사 결과(e-나라지표 홈페이지)

(3) 지방자치단체 재정 여력

지방자치단체 수입 중 가장 큰 비중[152]을 차지하는 지방세 수입전망을 살펴보면, 각 지방자치단체의 정확한 추계치는 11월 중·하순[153] 이후 취합·공개되나 행정안전부에 따를 때 상당수 지방자치단체가 2024년도 지방세 수입 예산을 2023년도 전망치(재추계치) 대비 유사하게 또는 낮게 계획하고 있음.

다음 지방자치단체 수입 중 3번째로 높은 비중[154]을 차지하는 지방교부세 수입전망을 살펴보면, 2024년도 예산안은 66.8조 원으로서 2023년 대규모 국세수입 결손을 반영한 재추계 결과인 63.4조 원 대비 3.4조 원(5.4%) 가량 증가할 것으로 전망됨.

[2023~2024년 지방교부세 규모]

구분	2023		2024
	본예산	재추계결과	예산안
지방교부세	75.0조 원	63.4조 원	66.8조 원

※ 자료: 행정안전부 제출자료 등을 바탕으로 재작성

□ 이번 행정안전위원회 예산안 심사 과정에서 '지역사랑상품권 발행지원' 사업의 증액(신규 반영)이 논의된다면, 상기 논점 등을 중심으로 판단할 필요가 있을 것임.

---

152) 2023년 지방자치단체 통합재정수입의 40.3%를 차지(국회예산정책처, 「2023 대한민국 지방재정」, 2023.9, p.70.

153) 「지방자치법」에 따라 각 지방자치단체가 예산안을 지방의회에 제출하는 기한인 회계연도 개시 40일 전(기초자치단체)~50일 전(광역자치단체) 이후

154) 2023년 지방자치단체 통합재정수입의 22.2%를 차지(국회예산정책처, 「2023 대한민국 지방재정」, 2023.9, p.70.
  ※ 지방자치단체 수입 중 2번째로 높은 비중을 차지하는 국고보조금은 사용처가 제한되어 있어 분석에서 제외

국가가 **지역사랑상품권** 발행을 지원하는 사업은 민생 사업일까? 아닐까? 민생을 챙기는 사업을 반대하는 사람이 누가 있겠는가? 하지만 막상 특정 사업이 민생에 기여하는 것인지 아닌지에 대해서는 논란이 있는 경우가 많다. 지역사랑상품권도 논란이 많은 사업 중 하나다. 민생 친화적으로 발전시켜 나가야 할 대표적 사업이라고 하겠다. 다만, 지역사랑상품권 관련해서 우리가 반드시 짚고 넘어가야 할 부분이 있다. 일단 현금을 가지고 있는 사람이 지역사랑상품권을 살 수 있으니 소득 역진적인 측면이 있고, 모바일을 통한 구입은 지역사랑상품권이 판매되고 있다는 정보를 입수한 사람에게 유리하다는 측면에서 정보격차의 문제도 있다. 문제점을 보완하면서 참의 값을 찾아야 할 것이다.

예산분석가는 모든 예산이 보다 민생 친화적이 될수 있도록 최선을 다해야 한다. 예산분석가의 존재 이유이기도 하고 우리가 예산분석을 공부하는 이유이기도 하다. 예산분석가의 책무이다. 책무를 저버리면 그 일에서 내려와야 한다.

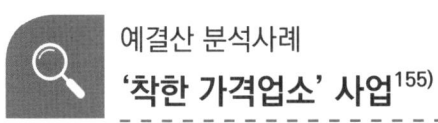

예결산 분석사례
'착한 가격업소' 사업[155]

가. 개요

☐ '지역경제활성화' 사업은 지역경제 관련 우수 정책을 발굴하여 확산시키고, 지방물가 관리 및 골목경제 활성화를 지원하며, 지방규제혁신을 통해 지역경제의 활력을 제고하고 주민생활을 개선하기 위한 사업으로, 2023년도 예산안에는 2022년도 예산 6억 9,400만 원 대비 17억 원 증액된 23억 9,400만 원이 편성되었음.

---

155) 2023년도 행정안전부 소관 세입·세출예산안 검토보고서 참조

[지역경제활성화 사업 세부내역]

(단위: 백만 원)

사업명	2021년 결산	2022년 예산		2023년 예산안(B)	증감 (B-A)	%
		본예산(A)	추경			
지역경제활성화	607	694	665	2,394	1,700	244.96
정책추진보조요원	71	79	79	80	1	1.27
지역경제정책활성화	200	233	221	233	0	0.00
지방물가안정관리와 골목상권 활성화 등 추진	44	48	48	1,647	1,599	3,331.25
지방규제혁신 추진	95	137	129	137	0	0.00
지방규제혁신 공론화과정 지원	197	197	188	297	100	50.76

나. 착한가격업소 제도 운영의 내실화 필요

☐ '착한가격업소' 사업은 저렴한 가격으로 깨끗한 시설에서 믿을 수 있는 재료로 친절한 서비스를 제공하는 업소를 지정하여, 전반적인 물가안정에 기여하고 착한가격업소로 지정된 업소들의 매출증대를 통해 서민경제를 활성화하기 위한 사업임.[156]

☐ 동 사업은 '지역경제활성화' 사업의 내역사업인 '지방물가안정관리와 골목상권 활성화 등 추진 사업'에 편성되어 있으며, 2023년도 예산안에는 착한가격업소의 활성화를 지원

---

156) 〈착한가격업소 지정 기준〉
- 가격기준 : 지역의 평균가격 미만의 품목, 가격안정을 위해 최근 1년간 가격 인하품목, 최근 6개월 이내 가격 동결 여부, 업소 내 저렴한 가격 상품 비중
- 위생 · 청결기준 : 주방, 매장 및 화장실 청결도, 청결한 위생복, 위생장갑, 위생모, 위생마스크 등 착용, 식탁 · 의자 정리, 행주등 용도별 사용, 소독용품 비치 또는 손씻기, 시설 설치, 정수기 위생관리 수준 등, 오수 악취 없도록 수세소독 및 환기 등 관리 정도, 창고, 벽 천장(조명시설 등), 환기 방충시설등 청결 관리
- 서비스 기준 : 종사자의 친절도
- 공공성 기준 : 옥외가격 및 원산지 표시제 등 각종 시책 이행 여부

〈착한가격업소 지정 절차〉
시장 · 군수 · 구청장의 지정공고→영업자 직접 또는 읍 · 면 · 동장, 소비자단체 등의 추천을 받아 신청→지방자치단체 및 민간 공동 현지실사→시장 · 군수 · 구청장의 심사 · 검토→결정통보 및 지정증 교부
(※자료 : 행정안전부, 「착한가격업소 지정 및 관리 지침」)

하기 위하여 15억 300만 원이 편성되어 있는데, 이는 전국 5,895개의[157] 착한가격업소에 업소당 85만 원씩의 한시적 지원을 그 내용으로 함.[158]

[2023년 착한가격업소 운영을 위한 예산의 세부 산출내역]

- 착한가격업소 홈페이지 유지관리 용역 : 35,000천 원×1식 = 35,000천 원
- 착한가격업소 홈페이지 기능개선 고도화 : 95,700천 원×1식 = 95,700천 원
- 착한가격업소 활성화 지원 : 5,895개소('21.12월기준)×850천 원×30%(국고보조율) = 1,503,000천 원

□ 착한가격업소로 지정되는 경우 정책혜택으로, 기획재정부 물가안정 정부 포상시 모범업소로 우선 고려되며, 행정안전부 및 지자체의 업체 홍보, 쓰레기봉투 무상 제공, 상·하수도 요금 감면, 기타 자치단체별 시설 개보수 등의 혜택을 받게 되며 최근 3년 평균 업소당 지원규모는 연 45만 원 정도임.

[지자체별 최근 3년간 착한가격업소 주요 지원실적]

(단위: 백만 원)

연번	시도	지원내역	금액	합계
계			7,939	7,939
1	서울	쓰레기봉투, 주방·위생용품 등 지급	870	870
2	부산	쓰레기봉투, 주방·위생용품 등 지급	68	68
3	대구	쓰레기봉투, 주방·위생용품 등 지급	26	26
4	인천	착한가격업소 버스 홍보('20.10.27~11.26)	15	35
		쓰레기봉투, 주방·위생용품 등 지급	20	

---

157) 〈연도별 착한가격업소 수 현황〉

연도	2011	2012	2013	2015	2017	2019	2020	2021	'22.6월기준
업소 수	2,497	6,576	6,558	6,334	5,817	5,762	5,799	5,895	6,032

※ 자료 : 행정안전부

158) 이와 관련하여 업소당 지원금액 85만 원에 국고보조율 30%를 적용하여 총 15억 3백만 원의 예산이 편성됨 (5,895개소 × 850천 원 × 30% = 1,503백만 원)

5	광주	쓰레기봉투, 주방·위생용품 등 지급	240	240
6	대전	쓰레기봉투, 주방·위생용품 등 지급	151	151
7	울산	쓰레기봉투, 주방·위생용품 등 지급	50	50
8	세종	쓰레기봉투, 주방·위생용품 등 지급	42	42
9	경기	쓰레기봉투, 주방·위생용품 등 지급	499	499
10	강원	쓰레기봉투, 주방·위생용품 등 지급	447	751
		상·하수도요금 지원	39	
		시설개선(비가림천막 설치, 환풍기 수리 등)	39	
		가전제품(냉장고, 전기밥솥 등) 지원	226	
11	충북	쓰레기봉투, 주방·위생용품 등 지급	210	248
		소규모 시설개선	38	
12	충남	상·하수도요금 지원	230	804
		소규모 시설개선	174	
		쓰레기봉투, 위생·방역 물품 등 지급	400	
13	전북	쓰레기봉투, 주방·위생용품 등 지급	578	578
14	전남	쓰레기봉투, 세제 등 물품 지급	960	1,360
		지역사랑 상품권 지급	400	
15	경북	쓰레기봉투, 주방·위생용품 등 지급	1,500	1,500
16	경남	쓰레기봉투, 주방·위생용품 등 지급	104	319
		소규모 시설개선	114	
		상·하수도요금 지원	18	
		상품권 지급	83	
17	제주	상·하수도요금 감면	207	398
		전기요금 감면	136	
		방역(소독) 지원	55	

※ 자료: 행정안전부

□ 이에 행정안전부는 최근 급격한 물가상승을 감안하여 개인서비스요금 인상 억제를 유도하기 위해 최근 3년 평균 업소당 지원규모인 연 45만 원의 2배에 달하는 연 85만 원을 국비 30%, 지방비 70%의 비율로 지원하겠다는 입장임. 이는 지자체에 대한 경상적 성격의 보조금으로 착한가격업소들의 가격인상 유인을 억제하고 이탈을 방지하여 인근 지역 내 물가 안정화에 어느 정도 도움이 될 수 있을 것으로 생각되나, 고물가 상황이 장기화될 경우 한시적 현금지원으로 지속적인 가격 안정화를 이룩하는데에 어느 정도 한계가 존재할 수 있을 것으로 보임.

□ 이러한 점을 고려할 때, 장기적으로는 경상적 성격의 보조금보다는 착한가격업소로 선정된 사실 자체가 매출 증대에 기여할 수 있도록 제도 운영의 내실화를 기할 필요가 있음. 또한, 위 사업이 시행될 경우 각 지방자치단체는 착한가격업소당 약 60만 원(지원금액 85만 원 중 지자체 분담비율 70%에 해당하는 금액)을 부담하게 되는 바 각 지자체별 상이한 재정여건도 함께 고려해야 할 것으로 보임.

□ 한편, 착한가격업소에 대한 정보는 인터넷 홈페이지를 통해 제공되는데, 행정안전부는 2023년도 예산안에 착한가격업소 홈페이지 기능개선 고도화를 위하여 9,570만 원을 신규로 편성하였으며, 향후 한국지역정보개발원(KLID) 위탁용역을 통해 홈페이지 기능개선을 위한 고도화 사업 세부계획을 수립할 계획임.

□ 최근 5년간 착한가격업소 홈페이지 방문자수의 추세를 고려할 때,[159] 홈페이지 기능개선 및 착한가격업소에 대한 홍보 강화를 통하여 홈페이지 방문자수의 증가 및 이를 통한 착한가격업소 이용객 수를 증가시키는 것이 장기적으로 착한가격업소 제도운영을 내실화할 수 있는 방안이라고 생각됨.

□ 종합하면, 행정안전부는 2023년도 예산안에 신규로 편성된 착한가격업소에 대한 지원사업 수행 시 제도 운영의 내실화를 기하기 위해 노력하여야 하며, 이와 관련하여 착한가격업소 홈페이지 기능개선 고도화 사업에 대한 철저한 세부계획을 수립할 필요가 있음.

어떻게 하면 착한가격업소 사업이 더 민생 친화적 사업이 될 수 있을까? 예산분석이란 사업을 보다 민생 친화적으로 만들어 내는 고도의 작업이 아닐까? 이 작업이 성공하면 예산분석은 예술의 경지에 이른다. 예산분석을 예술로 승화시키는 원동력은 다음에 살펴볼 감수성에서 나온다.

---

159) 〈연도별 착한가격업소 홈페이지 방문자 수〉

연도	2014	2015	2016	2017	2018	2019	2020	2021	'22.9월기준
방문자 수	-	-	81,514	97,603	132,453	145,548	75,497	86,263	57,703

※ '14년 홈페이지 구축 후 '16.1월 서버 DB 기록장치를 설치하여 '14년, '15년 방문자 수 미보유 (자료: 행정안전부)

2장 감수성: 민생 예산을 찾는 비법

감수성은 기꺼이 당신이 되어 보는 능력이다. 나의 입장이 아니라 당신의 입장에서 사안을 볼 수 있는 능력이다. 예산분석가는 반드시 예산의 이해관계자의 입장에서 예산을 분석해야 한다. 그렇지 않으면 그저 예산분석을 위한 예산분석을 하는 수준에서 머무르게 된다.

국회입법조사처 정치행정조사실장 시절 **독도**를 방문한 적이 있다. 330계단을 올라가면 독도경비대 건물이 나온다. 숨을 헐떡이며 올라가는 데 계단 중간 중간에 뚫려 있는 것이 아닌가! 이러다 경비대원들이 다칠 수도 있겠다는 생각이 들면서 미안한 마음을 억누를 수가 없었다. 독도가 우리 땅이라고 그렇게 외치고 있음에도 그곳을 지키고 있는 우리 대한의 젊은이들이 오르고 내리는 계단은 위험하기 짝이 없다. 이것은 내 아들, 딸들이 독도에서 근무한다고 생각하지 않았기 때문에 일어난 황당한 일이다. 누군가 다쳐서 사회문제가 될 때까지 기다리고 있는 현실을 보면서 21세기 대한민국의 수준이 이것 밖에 안된다고 생각하니 울화통이 터질 듯했다.[160] 나의 감수성이 살아 있는 한 나는 계속 노력할 것이다. 노력할 수밖에 없다. 감수성은 일을 성취하게 만드는 동력이다.

---

160) 독도에서 돌아와 왜 그대로 방치하고 있는지에 대해 알아보았다. 이유가 너무 황당해서 여기에 적지 못하는 점을 양해 바란다.

예결산 분석사례
북한이탈주민들을 위한 치과 설립[161]

□ 치과인테리어 및 장비구입(1억 6,000만 원)

  ○ 검토보고서

   - 통일부가 남북통합문화센터 4층 탈북민을 위한 치과시설(134.95㎡(40평))에 치과의사 1명과 치위생사 3명을 정규직으로 채용하여 탈북민 보호대상자에게 무료의 치과치료를 지원할 예정임.

   ▶ 수정제안: 1억 6,000만 원 하나재단 출연금으로 이관

   ※ 치과시설 직영에 따른 소요예산 추정: 4억 8,700만 원(1년 기준)
   • 인건비: 157백만 원(의사:76백만 원*1인, 치위생사: 27백만 원*3인)
   • 운영 및 재료비 등: 330백만 원

   ※ 하나재단 의료지원 예산: 9억 5,800만 원(2019년 예산안)
   • 의료지원 : 600×1,000명 = 600백만 원
   • 공공의료체계 지원 : 450×655명 = 295백만 원
   • 맞춤형 의료 검진비 지원 : 200×300명 = 60백만 원
   • 사업관리(현장점검, 심사비 등) : 4백만 원

이 사업은 국가에서 치과를 직영하겠다는 것이다. 이러한 접근이 과연 합당한 것일까? 치과를 다녀 본 사람은 안다. 치과가 주변에 있어야지 멀리 있어서는 곤란하다는 것을. 접근성이 중요하다는 것을. 직장 다니는 사람의 경우는 말할 것도 없다. 직장에서 치과 간다고 하루 종일 자리를 비우면 그게 받아들여지겠는가? 자꾸 이러시면 내일부터 치과로 출근하

---

161) 내가 외교통일위원회 전문위원으로 재직시 작성한 예산안 소위자료를 참조했다.

제8수 修 민생 그리고 감수성

| 예결산 분석의 수

시고 회사에는 더이상 나오시지 않아도 된다고 하지 않겠는가?

또한 과연 하루에 몇 명이나 치료할 수 있을까? 치과치료라는 것이 한 번 가서 되는 것이 아닌 경우도 많다. 얼마나 불편을 감수해야 할 것인가? 위의 자료에 나와 있지는 않지만 내 기억으로 개원시간이 평일 09~18시(주말·공휴일 휴관)이었다. 기막히지 않은가. 수요자에 대한 배려는 없지만 건물에 치과가 있으면 그럴 듯 할 것이다. 돈으로 나누어 주는 것보다 못한 사업이요, 보여주기식 사업이라는 점에서 김매기 대상이라고 본다.

더 나아가 치과의사의 이직 가능성을 고려해야 한다. 민간과 비교하여 더 많은 봉급을 지불하기 힘들다. 잘하나 못하나 봉급이 동일하다면 누가 열심히 일하겠는가? 선한 치과의사를 뽑을 수 있는 방법이 마땅치 않다. 북한이탈북민의 치과치료를 지원하기 위해서 하나원(제2하나원 포함)에 2명의 치과의사를 정원에 반영하였으나, 2018년 10월 현재 모두 공석으로 치과의사 채용에 어려움을 겪고 있다는 점을 뻔히 알면서 또 그 길을 가려 한다. 시행착오에서 배우지 못하다니 안타까웠다.

유지비도 고려해야 한다. 매년 5억이면 하나재단 의료지원 사업의 2분의 1을 넘는다. 결국 치과 인근에 사는 북한이탈주민을 위한 사업으로 전락하고 말 것이다.

왜 이런 일이 벌어졌을까? 분명 북한이탈주민의 입장에서 예산을 편성하지 않은 것이다. 예산분석가는 사업의 수요자, 즉 북한이탈주민이 되어 보아야 한다. 치통에 시달리는 북한이탈주민이 되어 보아야 한다. 감수성은 우리에게 말한다. 치과시설을 통일부가 직영 운영하기보다는 북한이탈주민에게 치료비의 일부분을 지원하는 방안으로 전환하라고!

그런데 이 글을 쓰면서 한 의원님의 말씀이 자꾸 맴돈다. "하나 정도는 있어도 괜찮은 것 아닌가?" 아직까지 내 마음 속에서 살아 있었던 이유는 북한이탈주민을 진심으로 생각하는 그분의 감수성이 나의 감수성에 영향을 미쳤기 때문일 것이다.

예결산 분석사례
'섬 발전 협력 추진' 사업[162]

가. 개요

□ '섬 발전 협력사업 추진' 사업은 열악한 정주환경 등으로 인해 인구가 감소하는 섬에 대해 생활환경을 개선하여 정주를 유도하는 사업으로, 2023년도 예산안에는 2022년 예산 91억 3,900만 원 대비 13억 8,000만 원이 증액된 105억 1,900만 원이 편성되었음.

[섬 발전 협력사업 추진 사업 세부내역]

(단위: 백만 원)

사업명	2021년 결산	2022년 예산(A)	2023년 예산안(B)	증감 (B-A)	%
섬 발전 협력사업 추진	1,298	9,139	10,519	1,380	15.1
섬의 날 행사	565	565	565	-	-
섬 마을 단위 LPG 시설 구축	-	6,174	6,454	280	4.5
연료운반선 건조지원	681	1,900	-	순감	-
소안-구도간 연도교 건설사업 타당성조사연구	-	500	-	순감	-
작은 섬 공도 방지	-	-	3,500	순증	-

나. 작은 섬 공도방지 : 섬 주민 수요를 반영한 사업선정 및 지원 섬 확대를 위한 다년도 차등지원 필요

□ 내역사업인 '작은 섬 공도방지'는 2023년 예산안 신규사업으로, 열악한 기초 인프라로 공도(空島) 위기에 처해있는 10인 미만의 작은 섬에 대하여 최소한의 생활여건을 개선하여 주민이 지속 거주하게 함으로써 공도화를 방지하는 사업으로, 총 5년간 매년 5개의 섬(총 25개 섬)에 10억 원씩(보조율 70%) 지원을 할 계획임.

---

162) 2023년도 행정안전부 소관 세입·세출예산안 검토보고 참조

[예산안 산출 근거]

작은 섬 공도방지(신규)
○ 사업대상 : 10인 미만 유인도서('21년 말 기준 : 59개)/ 총 25개 ○ 사업내용 : 10인 미만의 작은 섬에 대해 최소한의 생활여건을 개선하는 사업 진행 ○ 예산 : '22예산 0원 → '23예산안 35억원(순증) • 5개 섬×10억×70% = 35억 원

※ 자료 : 행정안전부

□ 「섬 발전 촉진법」에 따라 인구가 10인 이상인 섬은 '개발대상섬'으로 지정되어 주민소득 증대, 교통편익증진, 방파제 등 섬 주민의 소득 증대와 복지 향상을 도모하는 각종 지원을 받을 수 있으나,[163] 10인 미만의 섬은 일부 섬을 제외하고 지원 대상에서 제외되며, 지방자치단체에서도 작은 섬보다는 인구가 많이 거주하는 큰 섬 위주로 지원정책이 이루어져 작은 섬에 대한 지원이 소외된 측면이 있음.

 이에 본 사업은 지원 대상에서 소외되었던 10인 미만의 작은 섬의 열악한 기초 인프라 개선으로 섬 주민의 복지를 향상하며, 국가 차원에서는 유인도서의 공도화를 방지함으로써 해양 영토주권을 강화할 수 있다는 의의가 있음.

□ 다만, 본 사업은 신규사업으로서 아직 지방자치단체의 의견수렴 단계에 있으므로('22.10 기준), 예산의 효율적 집행을 위해 다음의 내용을 고려하여 사업계획을 구체화할 필요가 있을 것으로 보임.

---

163) 「섬 발전 촉진법」
 제4조(개발대상섬의 지정) ① 이 법의 목적을 달성하기 위하여 개발이 필요하다고 인정되는 섬을 개발대상섬(이하 "지정섬"이라 한다)으로 지정한다.
 「섬 발전 촉진법 시행령」
 제3조(지정섬의 지정기준 등) ①법 제4조에 따라 개발대상섬(이하 "지정섬"이라 한다)으로 지정할 수 있는 섬은 <u>10명 이상의 인구가 상시 거주하는 섬</u>으로 한다. 다만, 10명 미만의 인구가 상시 거주하는 섬이라도 섬의 특성을 고려하여 개발이 필요하다고 인정되는 경우에는 그 섬을 지정섬으로 지정할 수 있다.

□ 첫째, 10인 미만의 작은 섬의 특성을 고려하여 매년 5개 섬에 10억원(정액지원)씩 단년도로 지원하는 사업체계보다는, ①한도 내에서 섬 수요별 차등지원이 이루어질 수 있도록 하여 지원대상 섬을 확대하고, ②단년도 집행이 어려운 섬 LPG시설 구축, 선착장 신설 등 사업은 다년도 사업체계로 추진하여 인프라 사업의 집행률을 제고할 필요가 있음.

[작은 섬 공도방지 사업 사업체계]

	현행	개선(안)
지원대상	매년 5개 섬(총 25개섬)	한도(1년 국비지원액 35억) 내 섬 개수 확대 가능 ※ '21년말 기준 10인 미만 섬은 59개
지원기간(섬 당)	1년(**단년도** 지원)	1년 또는 2~3년(사업 성격에 따라 **다년도** 지원)
지원금액(섬 당)	**정액지원(10억 원)**	한도 내 섬 수요에 따라 **차등지원**
대상 사업(예정)	선착장 보수 및 정비, 방파제 신설 등 인프라 사업	주민 실수요에 기반한 섬별 사업유형 다양화 필요 - 급수시설, 오수처리시설 설치 - 난방시설 수리 - 노후 주택 개·보수 - 의료 및 미용 서비스

□ 행정안전부에 따르면 현재 지방자치단체에서 제출된 사업들은 대부분 선착장 연장, 방파제 신설, 마을 진입로 정비 등 인프라 구축 사업이 제출되었으며 섬별로 4억원부터 12억원까지 사업비의 차이를 보이고 있음.

[예시로 제출된 작은 섬 공도방지 사업]

연번	섬명	인구(명)	면적(㎡)	사업량	사업비(백만 원)	비고
계				20개소	15,600	
1	첨도	7	524,532	선착장 연장 L= 50m(B=7.0m), 물양장 확장L=30m, 부잔교 1식	700	고흥
2	진지내도	7	575,396	방파제 신설 L=50.0m(B=10.0m), 부잔교 1식	500	
3	대옥대도	2	158,888	방파제 연장 L=20m(B=7.0m), 보수 L=30.0m(B=7.0m), 계단 3개소, 부잔교 설치 1식	500	
4	횡도	3	240,101	선착장 확장	500	영광
5	소각시도	2	59,406	선착장 확장, 진입로 100m	500	
6	허우도	9	121,417	선착장 연장L=60.0m(B=6.0m), 물양장 설치 500.0㎡	1,000	완도

7	초완도	9	409,508	선착장 정비 및 연장 L=60.0m(B=6.0m), 물양장 설치 500.0㎡	1,000	
8	장도	1	985,715	선착장 신설 L=30.0m(B=6.0m), 물양장 설치 250.0㎡	1,000	
9	죽굴도	2	214,612	선착장 연장 L=30.0m(B=6.0m), TTP 설치 1식	1,200	
10	대제원도	1	87,272	선착장 연장 L=30.0m(B=6.0m), 마을안길 포장L=250.0m(B=3.5m), 물양장 설치 500.0㎡	1,000	완도
11	장구도	4	175,439	선착장 보수 및 연장 L=30.0m(B=6.0m), 물양장 설치 500㎡	1,000	
12	양도	4	71,405	선착장 정비 및 연장 L=60.0m(B=4.0m), 물양장 설치 1000.0㎡	1,000	
13	갈목도	3	174,447	경사식 선착장 확장 L=10.0m(B=10.0m), 물양장 확장 L=30.0m(A=250.0㎡)	400	
14	소성남도	5	264,109	T.T.P 보강(16Ton) L=20.0m, PE부잔교 설치, 선착장 보수 L=30.0m	1,000	
15	양덕도	3	204,022	선착장 연장 L=15.0m(B=10.0m), 물양장 확장 A=200㎡	500	
16	독거혈도	9	99,049	선착장 연장 L=10.0m(B=7.0m), T.T.P(32ton) 보강 L=20.0m, 물양장 확장 A=700㎡, 가드레일 설치 L=90.0m	1,000	진도
17	맹골곽도	8	170,753	선착장 확장 L=14.0m(B=14.0m), 물양장 확장 A=300㎡	500	
18	광대도	4	80,545	선착장 보수 및 연장 L=20.0m(B=8.0m)	500	
19	탄항도	3	195,633	경사식 선착장 확장 B=5.0m, 마을 진입로 정비 및 계단 설치 1식	1,000	
20	소포작도	1	370,000	노두정리 L=280m(B=2.5~3.0m), 호안 정비 L=300m	800	신안

※ 자료: 행정안전부

현재 10인 미만 섬이 59개인 점을 고려할 때, 보조금 배분 효율성을 높이기 위해 섬 수요에 따른 차등지원으로 지원대상 섬을 계획된 25개(섬당 10억 원 정액지원 시)보다 확대하는 것이 바람직할 것으로 보이며,

현재 신규사업에 대한 사업계획 수립이 마무리되지 않은 상태로 건설사업이 지연될 가능성이 있으므로, 다년도 지원을 통해 집행가능한 예산을 편성하여 집행률을 제고할 필요가 있을 것으로 보임.

□ 둘째, '10인 미만'이 거주하는 섬의 특성 및 '섬 주민의 지속적 정착'을 목적으로 하는 사업 특성을 고려할 때, 선착장 확장 외에 '급수시설 설치, 난방시설 수리, 노후주택 개·보수, 건강검진 서비스' 등 섬 주민의 실수요에 기반한 다양한 예산집행이 이루어질 수 있도록 관련 계획을 수립할 필요가 있음.

이를 위해 행정안전부는 사업선정 시, 담당 섬 주민의 의견청취 여부, 전체 섬주민 수요조사 결과(10인 미만)를 필수적으로 확인하고, 이후 사업 성과관리를 위해 섬 주민의 만족도 및 거주여부를 추적 조사할 필요가 있음.

□ 지방자치단체에서 제출된 작은 섬 공도방지 사업 예시를 살펴보면, 선착장 연장, 물양장 설치, 방파제 연장 사업이 제출되어 섬별로 사업내용에 큰 차이가 없었으며, 인구가 '1명' 인 소포작도, 대제원도, 장도 등에도 다른 섬과 같이 섬당 10억 원이 소요되는 선착장 확장, 물양장 설치사업을 제출하였음.[164]

생활여건을 개선하고 실질적으로 주민이 지속 거주하도록 하여 공도화를 방지하려는 사업 목적을 고려해볼 때, 특히 인구가 1명 또는 2명인 소규모 섬에 대한 10억원 규모의 선착장 공사 사업이 효과적인지 검토해볼 필요가 있으며, 10인 미만 섬 특성을 고려하여 해당 섬에 대한 전수조사를 실시하고 섬 주민의 실수요에 기반한 사업 내용을 다양하게 계획할 필요가 있을 것으로 보임.

□ 유사한 사업으로 전라남도는 그동안 재정여건 등으로 인구수에 따라 편의시설에 차이를 두면서 지원을 충분히 받지 못한 20인 이하 작은 섬에 대한 '작은 섬 큰 기쁨 사업'을 2016년부터 운영하고 있는데, 섬 주민이 겪는 불편사항인 '도배, 장판교체, 고장난 가전제품 및 보일러 수리, 이·미용 생활서비스' 등을 다양하게 지원하고 있음.[165]

□ 섬지역의 경우 가뭄에 따른 단수현상에 대비하기 위해 주민 식수 공급을 위한 '급수시설 및 오수처리시설의 설치',[166] '난방시설의 수리', '노후 주택 개·보수' 등 다양한 정책수요가

164)

섬명	인구	면적(㎡)	사업 내용	사업비
소각시도	2	59,406	선착장 확장, 진입로 100m	5억 원
장도	1	985,715	선착장 신설 L=30.0m(B=6.0m), 물양장 설치 250.0㎡	10억 원
죽굴도	2	214,612	선착장 연장 L=30.0m(B=6.0m), TTP 설치 1식	12억 원
대제원도	1	87,272	선착장 연장 L=30.0m(B=6.0m), 마을안길 포장L=250.0m(B=3.5m), 물양장 설치 500.0㎡	10억 원
소포작도	1	370,000	노두정리 L=280m(B=2.5~3.0m), 호안 정비 L=300m	8억 원

165) 「전남도, 작은섬 큰 기쁨사업 섬 생활불편 해소」, 전라남도청 보도자료, 2021. 3.

166) 「진도 외딴섬 외병도, 물걱정 싹 씻었다」, 전라남도청 보도자료, 2022. 6.
 - 17가구 20명이 거주하고 있는 외병도는 육지와 멀리 떨어져 있어 물 부족 문제로 지하수 개발과 급수시설 설치에 대한 수요가 높았으며, 최근 낙후지역 생활환경 개선사업을 통해 급수시설 및 오수처리시설 설치 사업을 진행

> 있으므로, 행정안전부는 신규사업으로 실시되는 본 사업의 경우 섬 주민의 실수요를 기반으로 하여 다양한 사업 유형이 실시될 수 있도록 사업체계를 마련할 필요가 있음.
>
> □ 따라서 행정안전부는 ①10인 미만의 작은 섬의 특성을 고려하여 매년 "5개 섬에 10억 원(정액지원)씩 단년도"로 지원하는 사업체계보다는, 지원대상 섬 확대 및 사업의 집행률 제고를 위해 "섬 수요별 차등지원 및 다년도"로 사업을 추진할 수 있도록 하고, ② 방파제 등 인프라 외에 '주택 개보수, 난방시설 수리 등' 섬 주민의 실수요에 기반한 예산집행이 이루어질 수 있도록 관련 계획을 수립할 필요가 있음.

여기서 중요한 점을 언급하고자 한다. 민생 예산인지 아닌지를 구분하는 기준이 무엇일까? 바로 감수성에서 해답을 찾을 수 있다는 점이다. 감수성이 어려운 것이 아니다. 나 또는 내가 너무나 사랑하는 사람을 10인 미만의 작은 섬의 거주자라고 생각해 보면 된다. 수요자가 원하는 사업을 해 주면 민생에 가까운 것이요, 수요자가 원하는 사업에서 멀어지면 역시 민생에서 멀어진다는 점이다. 여기서 한 걸음 더 나아가보자. 그저 형식적인 수요조사를 하고 이를 바탕으로 주민들의 수요를 반영한 예산사업을 수행하면 민생일까? 그렇지는 않다. 정책결정자들은 주민들의 요구보다 더 바람직한 사업이 있다면 주민들을 설득하고 이해시키는 노력을 해야 한다. 목소리 큰 사람들이 주민들의 이해관계를 다 대변하고 있는 것이 아님을 분명히 인식해야 한다. 주민들의 진정한 수요를 반영한 사업을 수행해야 한다. 그것이 진정한 민생이다.

선보 황제는 손으로 머리를 감쌌다. 10만 양병을 하자는 의견도 옳고, 10만 양병을 하지 말자는 의견도 옳다. 둘 다 옳다. 도대체 이를 어찌해야 하는가?

둘 다 옳을 수 있을까? 하나가 옳으면 다른 하나는 그른 것이 아닐까? 이에 대한 답을 다음의 글을 통해 알아보도록 하자.

참의 역도 참일 수 있다는 명제는 소크라테스의 죽음에 대해 조금씩 조금씩 알게 되면서 극적으로 재생되었다. 《법사상사》(한국방송대학교, 2000년)에는 소크라테스의 죽음에 관한 아래의 글이 나온다.

그가 아이러니(eironeia)와 문답법을 통하여 아테네적 관습에 끊임없이 이의를 제기하고, 시종일관 지성주의의 원리에 따라 민주주의에 비판적인 태도를 취했다는 점을 주목해야 한다. 또한 그의 죄목의 하나가 청년을 부패시킨 죄라는 것도 바로 이러한 정치적 연간을 의미하는 것이다. 그런데도 《변명》에서 보듯이 소크라테스는 민주주의와 배심원을 모욕하는 태도로 일관하였다. 그는 사형 대신에 추방이라는 대안도 제시하지 않음으로써 결과적으로 아테네 민주주의를 사소한 것으로 만들었으며, 그 자신 스스로 죽음을 받아들인 것이다. 재판 후에 《크리톤》에 나타난 소크라테스의 태도는 더할 나위 없이 숭고한 것이었다. 그는 제자 크리톤이 탈옥을 권유하자 다음과 같이 발언하였다.

"너는 한 나라에서 한번 내려진 판결이 아무 효력도 없고 개인에 의하여 무효가 되고 철회되면서도 그 나라가 존립하고, 파괴되지 않으리라고 생각하는가?"

그러나 무지한 대중과 악법에 의하여 소크라테스가 희생되었다는 식으로 이해하는 것만은 경계해야 한다. 역사적 사실과 동떨어진 철학적 궁리는 상상의 낭비이기 때문이다. 아마 소크라테스의 죽음과 관련하여 헤겔만큼 완전하게 해석한 사람은 없을 것이다.

'소크라테스의 운명은 더할 나위 없는 진실한 의미에서의 비극이다. 말하자면 이것은 하나의 정의가 다른 또 하나의 정의에 반하여 고개를 드는 보편적이고도 인륜적인 비극적 운명이다. 여기에서 한쪽만이 정의이고 다른 한쪽은 불의인 것이 아니라, 쌍방이 서로

제8수 修 민생 그리고 감수성

대립된 가운데 다 같이 정의로우면서 또한 한쪽은 다른 쪽과 맞부딪쳐서 부서져 버린다.'
  나는 헤겔의 해석을 읽고 전율을 느꼈다. 소크라테스는 참이고 소크라테스를 죽인 자들은 그릇됨이 아니라 둘 다 참이라는 사실. 위의 글은 육군 장교로서 휴가 나와 대학로에 있는 방송통신대학교를 지나다가 우연히 법학과에 편입한 것이 나의 일생일대에 최고로 잘한 일임을 분명히 보여주었다. 내가 옳다고 네가 틀린 것이 아닐 수 있다는 것, 우리가 옳다고 그들이 틀린 것이 아닐 수 있다는 것을 기꺼이 인정할 수 있는 마음의 자세. 참의 역도 참일 수 있다는 명제. 이것이 우리의 폭을 넓히고 그들의 폭을 줄일 수 있는 출발점이 아닐까?

《늦은 불혹의 다릿돌》 유상조 p.260-262

선보생각: GDP 무용론

"하루하루 연명하는 삶을 살아가는 백성들의 삶을 보다 인간다운 삶에 다가가게 하는 것이옵니다. 그러기 위해서는 무엇보다 백성들이 먹고 사는 문제를 풍족하게 해 주어야 합니다."

무엇보다 백성들이 먹고 사는 문제를 풍족하게 해 주어야 한다는 삼삼의 말에 전적으로 동의한다. 하지만 오늘날 대다수의 국민이 굶주림에서 벗어난 시점에서 이 말은 재고할 필요가 있다.

다음의 글을 읽어 보자.

> 미국 35대 대통령 J.F. 케네디의 동생 로버트 케네디는 1961년 형이 대통령이 된 후 법무부 장관에 올랐다. 그의 나이 35세. 케네디는 범죄와 전쟁을 선포했다. 1963년

케네디 대통령이 암살자의 흉탄에 사망한 뒤 그 역시 형과 비슷한 운명의 길을 갔다. 1968년 대선 출마를 공식 선언한 그는 LA의 한 호텔에서 연설을 하고 나오다가 괴한의 총에 맞아 생을 마감했다.

형이 그랬듯 그도 명연설을 남겼다. 인간을 바라보는 시선이 따뜻했다. 케네디의 연설 중 한 대목이다.

"GNP(국민총생산)에는 우리 인생을 의미 있게 만드는 것을 제외한 모든 게 담겨 있다. 우리가 미국인으로서 자랑스러워 해야 할 이유를 뺀 모든 것이다."

케네디는 경제성장과 함께 한 나라의 부를 측정하는 대표 지수인 GNP를 신랄하게 비판했다. 당시에는 GDP(국내총생산)보다 GNP 개념을 더 많이 사용했다.

그의 연설은 이렇게 이어진다.

"미국의 GNP에는 살인마가 사용한 권총과 칼, 아이에게 장난감을 팔기 위해 폭력을 미화하는 TV 프로그램이 들어 있다. 삼림벌목과 무질서한 도시화로 인해 없어지는 자연도 들어 있다. 반면 GNP에는 우리 아이의 건강과 교육의 질이 포함돼 있지 않다. 사회적 배려와 국가에 대한 공헌도 들어 있지 않다."

최근 이주열 한국은행 총재가 'GDP 무용론'을 꺼냈다. 이 총재는 "디지털 경제가 확산하면서 GDP 통계의 신뢰도가 떨어지고 있다"며 "새 지표 개발을 통해 한계를 보완하겠다"고 했다.

GDP 무용론은 아주 오래된 논쟁이다. 디지털경제 때문에 GDP의 한계가 드러난 게 아니다. **물질적으로 풍요로워지는데 왜 우린 예전보다 행복하지 않을까**'란 의문에서 출발했다. 최근에는 경제학 영역에서의 연구도 활발하다. 2000년대 중반부터는 경제성장과 행복과의 연관성을 연구한 논문 편수가 급증하고 있다. 덕분에 한가지 분명해진 게 있다. 물질적 부(富)의 증가와 행복 간에는 정비례 관계가 성립하지 않는다는 것이다.

폴란드 출신 유대인 사회학자 지그문트 바우만은 "1인당 GDP가 일정 선을 넘으면 행복지수와 연관성을 찾기 어려워진다"고 했다. 행복 연구자들은 보통 인간이 더 이상 행복감을 느끼지 못하는 경제 수준을 1인당 실질 GDP 기준 1만 달러 이상으로 보고 있다.

이주열 총재가 언급했듯, 니콜라 사르코지 전 프랑스 대통령은 재임 시절인 지난

2008년 노벨 경제학상 수상자인 조지프 스티글리츠 교수를 주축으로 위원회를 구성해 GDP의 대안을 마련하는 작업을 진행하고, 방대한 분량의 보고서를 만들어 발표했다. 이 보고서의 한국어판 제목은 'GDP는 틀렸다'이다.

박근혜 대통령은 취임 일성으로 '국민행복시대'를 열겠다고 했다. 취임 첫해인 2013년 4월 통계청은 청와대 업무보고에서 GDP를 보완해 삶의 질을 보여주는 '국민행복지수'를 개발하겠다고 발표했다. 그로부터 만 3년이 흘렀고 진척된 건 없다. 최근에야 'GDP를 넘어서(Beyond GDP)'를 논의할 때가 됐다는 얘기를 하고 있다. 그 동안 뭘 하다가 이제 와서 'GDP 무용론'을 다시 끄집어내는가. 한심하기 짝이 없다.

※ 헤럴드 경제, 2016-07-19

우리는 **저성장의 시대**를 살아가야 한다. 그렇다고 저성장을 숙명처럼 받아들이자는 것은 아니다. 저성장을 벗어나 경제성장을 위한 노력도 게을리해서는 안되겠지만 이제 고도성장이라는 찬란한 장밋빛 시대는 지난 것이다. 민생이 단순히 배부르고 등 따습게 해주는 것에서 멈추어서는 곤란하다. 진정한 민생이 무엇인지 진지하게 고민할 때이다. 다음의 글을 참고해 보자.

지역사회의 개발은 단순한 성장이 아니다. 경제 발전으로 인한 긍정적 결과와 부정적 결과를 구별할 수 없는 국민총생산GNP와 같은 경제성과지표를 통해 측정한 성장은 진정한 개발을 의미하지 않는다. 예를 들어, 주민들이 안전하게 걸어 다닐 수 있는 거리를 갖추지 못하여 교통사고가 증가하게 되었을 때도 교통사고 후에 발생하는 여러 가지 서비스는 국민총생산을 증가시킨다. 따라서 개발은 양적 성장뿐 아니라 지속가능한 사회를 이룰 수 있는 질적 성장을 포함해야 한다. 그러한 의미에서 지역사회 개발에 있어 가장 중요한 것은 진정한 개발에 대한 주민들의 합의와 참여, 그리고 지속가능한 사회를 만들어가고자 하는 의지이다. 미래 도시 공동체가 진정한 의미에서 지속가능할 수 있도록 개발의 개념을 새롭게 확립하는 것이 중요하다.

《팬데믹》 홍윤철 p.238-239

에필로그 Epilogue

입맛이 없어 저녁 수라상을 물리친 후 선보 황제는 창덕궁에서 창경궁으로 난 오솔길을 산책했다. 스트레스가 머리끝까지 오를 때 줄곧 산책을 나섰다. 특히 이 숲길을 즐겼다. 황제 즉위식 전날 스승과 산책을 하며 나눈 이야기가 떠올랐다.

해가 인왕산의 품으로 들어가려 할 때 발걸음을 멈춘 내일의 황제 선보가 스승께 여쭈었다.

"스승님, 어떻게 하면 임금 노릇을 제대로 할 수 있는지요?"

삼삼은 내일부터 빤히 바라볼 수 없을 어린 제자의 얼굴을 감개무량한 듯 찬찬히 바라보면서 말하였다.

"즐겁게 하시면 됩니다."

내일의 황제가 반짝이는 눈으로 스승의 눈망울을 응시하며 물었다.
"어떻게 하면 즐겁게 임금 노릇을 할 수 있을 런지요?"

"《맹자》〈양혜왕〉편을 기억하시지요. **여민해락(與民偕樂)**하시면 되옵니다."

> 맹자, 양나라 혜왕을 만났다. 왕은 호숫가에서 고니, 오리, 순록, 사슴들을 휘 돌아보고 말했다.
> "현자도 또한 이런 경관을 즐길 줄 아시는지?"
> 맹자, 대하여 말씀하시다.
> "현자인 다음에라야 이런 것을 즐길 수 있지 현자가 아니면 이런 것을 소유하더라도 즐길 수

없습니다. 《시경》, 〈대아〉, '영대'에 '영대를 지으려고 설계하고 측량하니 뭇 백성이 달려드는지라 하루도 지나지 않아 완성되었네. 측량하고 짓는 일 서두르지 말라시니 백성은 자식처럼 몰려드누나. 문왕께서 영우에 계시니 암수 사슴들 느긋이 드러눕네. 암수 사슴들 살집은 기름지고, 백조들의 깃은 깨끗하구나. 문왕께서 영소에 계시니. 오! 호수 가득 물고기들 뛰어 오르누나'라고 노래했습니다. 주나라 문왕께서 백성의 힘으로 누대를 짓고 호수를 만들었는데, 외려 백성이 기뻐하고 즐거워하여 누대를 영대라 이름 짓고, 호수를 영소라 이름 짓고서 그곳 순록, 사슴과 물고기, 자라들을 보면서 다 함께 즐겼다는 말입니다.

　옛사람은 **여민해락(與民偕樂)**, 곧 백성과 더불어 즐길 줄 아셨기에 자신도 즐길 수 있었다는 뜻이지요. 《서경》, 〈상서〉, '탕서'에 '저놈의 해는 언제나 사라질꼬! 나는 너와 같이 망하고 말겠다'라고 하였습니다. 백성이 임금과 함께 망하겠다고 들면, 설령 누대와 호수, 새와 짐승을 소유한들 어떻게 혼자서 즐길 수 있겠습니까!"

제9수

까치집을 보라

나무 · 수

樹자는 '나무'나 '심다', '세우다'라는 뜻을 가진 글자이다. 樹자는 木(나무 목)자와 尌(세울 주)자가 결합한 모습이다. 尌자는 그릇 위에 묘목을 심는 모습을 그린 것으로 '세우다'라는 뜻이 있다. 그래서 尌자는 樹자 이전에 쓰였던 글자였다. 갑골문에 나온 樹자를 보면 木(나무 목)자가 없는 尌자가 그려져 있었다. 尌자는 손으로 묘목을 심는 모습을 그린 것이었지만 소전에서는 여기에 木자가 더해지면서 이것이 나무와 관계된 글자임을 뜻하게 되었다.

출처 : 네이버 한자사전, [한자로드(路)] 신동윤

나무를 보면 우리 인간이 얼마나 분주히 움직이는지 알게 된다.
거북이가 결국 토끼를 이긴다.

제9수 樹 까치집을 보라

| 예결산 분석의 수 |

樹
나무 · 수

황제 선보는 다시 한 번 고민에 빠졌다. 이번에는 도저히 헤어 나올 수 없는 늪에 빠진 것 같았다. 어떤 방도도 없단 말인가? 답답한 마음에 동문수학한 벗 영영의 집을 찾았다. 영영은 홀수당과 짝수당에서 모두 욕심을 내는 인물이었다. 어린 시절 천재라는 소리를 듣던 영영은 성리학을 벗어난 불교, 도교, 유교, 천주교, 기독교, 천도교, 이슬람교, 힌두교, 조로아스터교, 유대교 등에도 열린 마음을 가지고 있는 시대의 대학자요, 이단아였다.

"폐하의 고민이 깊어 보입니다."

"이런 곳에서는 그냥 선보라고 하게나. 자네답지 않게 무슨 높임말을 쓰고 그래. 지난번에 봤을 때는 높임말 받으려면 얼씬도 말라고 하더니만…."

"그건 아니 되지~~요. 그럼 말 놓겠다~~요."
영영의 장난기 있는 태도에 선보 황제가 여린 미소를 지었다.

"한 쪽은 국가가 없으면 백성이 없는 것이라고 하고, 다른 한 쪽은 백성이 없으면 국가가 없는 것이라고 하니, 어찌해야 하겠나?"

그러자 영영이 손가락으로 마당에 있는 황금빛 단풍이 물든 은행나무를 가리키며 말을 이었다.

"**저기 나무 위의 까치집을 보게나.** 나뭇가지 하나하나가 촘촘히 쌓여 보금자리를 이루고 있는 모습이 기막히지 않은가? 하지만 처음부터 저런 모습을 갖추었을 리가 없지 않은가. 처음에 입으로 물어온 나뭇가지를 쌓을 때는 엉성하고 초라했겠지. 아마 어린 새끼들 볼 면목도 없었을걸. 하지만 그런 처음 모습을 거치지 않았다면 지금의 저 집이 있을 수 있겠나?"

"저 까치집의 처음 모습이라! 까치집의 처음 모습이라!! 처음 모습이라!!!"

선보 황제는 중얼거렸다. 그의 커다란 눈이 점점 빛나고 있었다.

1장 '점진주의'의 참뜻

까치집을 보라! 까치들이 자신들의 집을 완성하기까지 얼마나 많은 노력을 기울여야 했을까? 입에 물고 온 나뭇가지 하나하나가 서로를 의지하면서 보금자리가 되기까지 얼마나 많은 시행착오가 있었겠는가? 그렇다. 단번에 집을 지을 수 있는 방법은 없다. 방법은 오직 하나, 나뭇가지를 하나하나씩 물고 와 쌓는 것이다. 간혹 도둑놈 심보를 가진 못된 까치들이 집을 뺏으러 오면 이에 맞서 싸우기까지 해야 한다.

애벌레에서 나비가 되기 위해 껍질을 벗고 나오는 과정이 너무 안쓰러워 핀셋으로 살갗을 벗겨주면 나비가 되지 못하고 죽던지, 나비가 되더라도 날지 못하는 불쌍한 나비가 되고 만다. 아마 아픔이 클수록 더 아름다운 나비가 될 것이다. **점진주의**는 바로 그런 아픔 하나하나를 피하지 않고 이겨내는 과정이다. 아름다운 결실을 맺기 위해서 한발한발 꾸준히 나아가는 것이다.

예산분석은 기본적으로 미래의 불확실성이라는 실타래를 풀어나가는 시도이다. 이를 위해 하나하나 풀어나가는 것을 점진주의 모형라고 하고 단방에 풀어 헤치는 것을 **한날한시 모형**이라고 할 수 있다. 하지만 단순히 천천히 가는 것이 점진주의는 아니다. 겉보기에는 느릿느릿 가는 것 같아도 그 안에서는 계획 세우고, 집행하고 평가하면서 끊임없이 치고 받으면서 앞으로 나아가는 것이 점진주의에서 말하는 점진이다. 결국 거북이가 토끼를 따라잡고 이기듯이 점진주의는 결국 한날한시모형을 앞지르는 것이다.

2장 점진주의의 가치(1): 계획과 예산

 예산안을 마련하기 전에 계획을 세우는 것은 건물을 짓기 전에 설계도면을 그리는 것과 같다. 이 당연한 일이 생략되거나 미흡한 상태에서 사업이 추진되는 경우가 있다. 누군가 급하기 때문인데 예산분석가들이 이를 바로 잡아주어야 한다. 아래의 '벽지노선 지원' 사업에 대한 분석내용을 살펴보자.

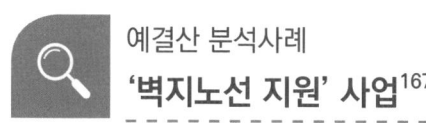

예결산 분석사례
'벽지노선 지원' 사업[167]

(가) 사업 개요

 '벽지노선 지원' 사업은 교통이 불편한 벽지(僻地) 지역 주민들의 이동권을 보장하기 위하여 벽지노선을 운영하고 있는 8개 지자체[168]에 대하여 운행손실보상금을 지원하는 사업임.

 2020년도 예산안은 287억 원으로 지자체의 벽지노선 운행손실보상금을 지원하기 위한 자치단체경상보조(330-01목) 282억 원과 벽지노선에 대한 실태조사 등 연구용역 수행을 위한 일반연구비(260-01목) 5억 원으로 구성되어 있음. 자치단체경상보조의 보조율은 30%로 설정되어 있음.

【2020년도 벽지노선 지원 예산안】

(단위: 백만 원)

구분	2018결산	2019 예산 본예산	2019 예산 추경(A)	2020 예산안(B)	증 감 (B-A)
벽지노선 지원	-	-	-	28,700	28,700

---

167) 2020년도 국토교통부 소관 예산안 및 기금운용계획안 검토보고서 초안 참조
168) 경기, 강원, 충북, 충남, 경북, 경남, 전북, 전남(특·광역시는 제외)

(나) 예산분석: 연구용역비와 지원예산의 순차적 편성 필요

사업은 지원대상 선정 및 지원기준 설정을 위한 연구용역비와 이를 토대로 실제 지자체를 지원하는 예산이 동시에 편성되어 있는데, 연구용역 결과가 나오면 이를 토대로 국비 지원규모나 방식을 검토하여 지원예산을 편성하는 것이 타당한 것으로 판단됨.

현재 벽지노선 운행에 대한 손실보상은 「여객자동차 운수사업법」 제23조[169]에 따라 이뤄지고 있는데, 동 조항에 따르면 국토교통부장관 또는 시·도지사는 운송사업자에게 벽지노선의 운행을 명할 수 있고, 운송사업자가 운행명령을 이행하면서 손실을 입는 경우 그 손실을 보상하여야 함. 즉, 국토교통부장관이 운행명령을 한 경우 국가가 손실을 보상하고, 지방자치단체의 장이 운행명령을 한 경우 지방자치단체가 손실을 보상하는 것으로 규정되어 있음.

이에 따라 지자체마다 지역특성에 맞는 기준에 따라 벽지노선을 지정하고 각각 손실보상을 하고 있는데, 국토교통부는 시·도 단위의 연간 지원규모 총액을 파악하고 있을 뿐, 어떤 노선이 벽지노선으로 지정되어 있고, 노선별로 얼마가 지원되는지를 파악하지 못 하고 있음.

국토교통부는 지원 대상으로 결정한 8개 지자체[170]의 최근 4년간 연평균 손실보상액인 937억 원에 국고보조율 30%를 적용하여 '20년도 예산안 규모를 산출하였다고 설명하고

---

[169] 「여객자동차 운수사업법」
　제23조(여객자동차운수사업의 개선명령 등) ① 국토교통부장관 또는 시·도지사(제10호의 경우 대통령령으로 정하는 운송사업에 대하여는 시장·군수를 말한다)는 여객을 원활히 운송하고 서비스를 개선하기 위하여 필요하다고 인정하면 운송사업자에게 다음 각 호의 사항을 명할 수 있다.
　　1.~9. (생 략)
　　10. 벽지노선(僻地路線)이나 수익성(收益性)이 없는 노선의 운행
② 국토교통부장관 또는 시·도지사는 천재지변 등의 사유로 노선 여객자동차나 도시철도 등의 운행이 곤란한 지역이나 노선에 긴급하게 수송력 공급을 증대시킬 필요가 있으면 운송사업자에게 노선의 연장·변경, 임시노선의 운행 등 대체교통수단으로서 여객자동차의 운행을 명할 수 있다.
③ 국토교통부장관, 시·도지사 또는 시장·군수는 운송사업자가 제1항제10호의 개선명령과 제2항의 운행명령을 이행하면서 손실을 입은 경우 대통령령으로 정하는 바에 따라 그 손실을 보상(補償)하여야 한다.

[170] 당초 국토교통부는 부처요구안(420억 원) 제출 당시 부산, 인천, 광주, 울산, 경기, 강원, 충북, 충남, 전북, 전남, 경북, 경남, 제주, 세종 등 14개 지자체를 지원하는 것으로 계획하였으나, 기획재정부가 정부안을 편성하는 과정에서 부산, 제주 등 준공영제 시행지역과 벽지노선의 비중이 낮은 광역시와 특별자치시를 지원대상에서 제외함에 따라 8개 지자체로 지원대상이 축소되었음.

있으나, 구체적으로 어떤 노선에 대하여 어떤 기준으로 지원할 것인지 결정하지 못한 상태임.

　동 사업에 편성된 연구용역비 5억 원으로 벽지노선의 일반현황에 관한 기초조사를 수행하고 이를 토대로 벽지노선 지원기준 및 적정보전액 산출방법을 도출할 계획인데, 실제로 지자체에 보조금이 지원되는 것은 동 사업의 연구용역이 완료되는 7월 이후가 될 것으로 보임.[171] 따라서 지자체의 연평균 손실보상액을 토대로 예산안 규모를 책정한 것은 과다편성으로 판단됨.

　다음으로 동 사업은 지자체가 운행명령을 한 운송사업자에 대한 손실보상 비용을 국가가 지원하려는 것인데, 이에 대한 법적 근거가 명확하지 않음.

　앞서 살펴본 바와 같이 현행 「여객자동차 운수사업법」 제23조에 따르면 국가가 운송사업자에게 벽지노선 운행을 명령한 경우에는 국가가, 지방자치단체가 운행을 명령한 경우에는 지방자치단체가 손실보상을 하는 것으로 규정되어 있음.

　국토교통부는 동 사업의 법적 근거를 「여객자동차 운수사업법」 제50조제1항제2호[172]라고 설명하고 있으나, 동 조항은 "수익성이 없는 노선의 운행"에 관한 국고지원의 근거규정으로 "벽지노선"의 운행에 관한 직접적인 근거조항은 아닌 것으로 보임[173]

　또한 「대중교통의 육성 및 이용촉진에 관한 법률」 제3조 및 제4조[174]에 따라 국가 및 지

---

171) 국토교통부에 따르면 "2020년 벽지노선 지원 사업 운영방안 및 기준 마련 연구" 과업기간은 6개월로 계획되어 있으므로 용역 수행기관을 결정하고, 연구결과를 토대로 지원기준을 마련하는 한편 지자체로부터 보조금 교부신청을 받는 등의 절차를 감안하면 상반기에는 집행이 어려울 것으로 예상됨.

172) 「여객자동차 운수사업법」
　제50조(재정 지원) ① 국가는 여객자동차 운수사업자가 다음 각 호의 어느 하나에 해당하는 사업을 수행하는 경우에 재정적 지원이 필요하다고 인정하면 대통령령으로 정하는 바에 따라 그 여객자동차 운수사업자에게 필요한 자금의 일부를 보조하거나 융자할 수 있다.
　2. 수익성이 없는 노선의 운행

173) 「여객자동차 운수사업법」 제23조제1항제10호는 "벽지노선"과 "수익성이 없는 노선"을 구분하여 규정하고 있음.

174) 「대중교통의 육성 및 이용촉진에 관한 법률」
　제3조(국가 등의 책무) ①국가 및 지방자치단체는 모든 국민이 편리하고 안전하게 대중교통을 이용할 수 있도록 대중교통을 육성하고 지원하기 위하여 다음 각호의 사항에 대한 정책을 수립하고 이를 시행하여야 한다.

제9수 樹 까치집을 보라

| 예결산 분석의 수 |

> 방자치단체는 오지·도서 및 벽지 등의 지역에 대한 대중교통서비스의 강화에 대한 정책을 수립하고 시행하여야 하나, 이러한 조항이 벽지노선에 대한 국비 지원의 직접적인 근거 규정이라 보기는 어려움.
>
> 지자체가 벽지노선을 지정하고 이에 대하여 손실보상을 하는 과정에서 국토교통부와 어떠한 협의도 하지 않고 있으며, 국가가 지자체 지정 벽지노선에 대한 지원을 하게 되면 지자체가 해당 노선을 벽지노선에서 제외하지 않는 한 손실보상은 지속적으로 이뤄지게 됨.
>
> 국비를 지원할 수 있는 근거가 불명확한 상태에서 국가가 관여하지 않는 지방자치단체의 행정행위에 대한 손실보상 비용의 일부를 국가가 부담하는 것은 권한과 책임이 불일치하는 문제가 있음.
>
> 이러한 문제점을 감안했을 때 '20년에는 연구용역만 수행하고, 그 결과를 토대로 어떤 노선에 대하여 어떤 기준으로 지원하고, 국가와 지방자치단체의 권한과 책임은 어떻게 배분할 것인지에 대하여 결정한 후에 지원 예산을 편성하는 것이 바람직한 것으로 판단됨.

예산과 관련하여 계획을 바라보는 시각에는 두 유형이 있다. 하나, **계획 유용론**으로 계획을 철저히 세우고 나서 예산을 편성하고 집행해야 한다는 것이다. 계획이 예산에 선행해야한다는 것이다. 둘, **계획 무용론**으로 계획을 아무리 철저히 세운다고 하더라도 계획대로 되는 일은 없다는 입장이다. 계획에 너무 많은 시간과 자원을 투자할 필요가 없다는 것이다. 그리고 보면 계획을 세우다가 한 발자국도 나아가지 못하는 것도 문제요, 계획 없이 일단 앞으로 돌진해 나가고 보는 것도 문제라고 하겠다.

  1.~5. (생 략)
  6. 오지·도서 및 벽지 등의 지역에 대한 대중교통서비스의 강화
  7·8 (생 략)
 ② (생 략)

제4조(국민의 권리와 의무) ①모든 국민은 대중교통서비스를 제공받는데 있어 부당한 차별을 받지 아니하고, 편리하고 안전하게 대중교통을 이용할 권리를 가진다.
②모든 국민은 국가 및 지방자치단체의 대중교통정책에 협력하고 공공의 안전과 이익에 부합되도록 대중교통을 이용하여야 한다.

계획과 예산과의 관계에서 고려해야 할 점을 정리해 본다.

하나, 서둘지 말자는 것이다. 계획을 세우는 것은 인간의 원초적 본능(basic instinct) 중 하나다. 본능을 누르면서까지 하려는 것이 있다면 의심받아 마땅하다. 차분해져야 한다.

둘, 예산의 비가역성이다. 한 번 예산이 주어지면 잘못된 예산편성과 집행이었다고 하더라도 다시 처음으로 돌아가기는 만만치 않다. 무엇보다 제1막의 이해관계자들에서 보았듯이 감히 또는 차마 돌아갈 수 없는 것이다.

셋, 예산을 짜 놓고 거기에 맞추는 계획은 있으나 마나한 계획이다. 위에서 누군가 하라고 해서 허겁지겁 세운 계획은 계획이 아니라 예산을 따내기 위한 술수에 불과하다. 계획이 제 역할을 하기 위해서는 충분한 시간과 자율성하에서 짜여져야 한다.

넷, 계획대로 되지 않는다는 것은 계획을 세우지 말라는 이유가 아니라 계획을 더 치밀하게 세우라는 의미이다. 그래서 평가가 필요한 것이다. 예산은 계획의 손을 떠나 평가를 통해 다듬어져야 한다.

마지막으로 한 마디만 추가하겠다. 앞에서는 계획의 치밀성을 강조했지만 계획과 예산을 다룸에 있어 주의할 점이 있다는 것을 잊지 말자. 일반적으로 계획이 예산에 선행한다. 그렇다고 계획이 한 번 세워지면 불변인 것은 아니다. 불변이어서도 안된다. 계획과 예산은 서로 영향을 주고 받으며 환경변화에 적응해야 한다. 주먹구구식의 계획에 기반을 둔 예산이 제대로 집행되기는 어렵다. 당연히 계획은 현재와 미래 가용한 자원을 최대한 반영하여 치밀하게 세워져야 한다. 하지만 계획이 환경의 변화를 반영하는 유연성은 미래의 불확실성을 고려할 때 계획의 본질상 피할 수 없는 일이다. 공기 단축을 통해서라도 일정 등 계획에 맞추려는 예산집행의 경직성은 부실공사의 가능성을 높일 수 있다. 가끔 공약을 지키는 정치인이 공약을 어기는 정치인보다 무서울 때가 있다. 유연성이 경직성보다 나을 수도 있음을 기억하자.

3장 점진주의의 가치(2): 평가와 예산

사업이 단년도에 끝나는 경우가 아니라 수 년에 걸쳐서 계속되는 사업이라면 반드시 평가를 거쳐야 한다. 평가가 계획에 반영되어 계획의 현실성을 높여주어야 하고 계획을 고려한 예산편성 및 집행이 이루어져야 할 것이다. '지역통일센터' 사업을 통해 점진주의의 가치를 구체적으로 살펴보도록 하자.

예결산 분석사례
'지역통일센터' 사업[175]

□ 지역통일센터의 개요
- 각 지역별로 산재한 통일 관련 사업을 통합하여 대국민 One-stop 서비스를 제공하기 위한 사업
- 대통령 공약사업 및 국정과제 사업으로 통일부가 운영하는 지역 통일교육센터, 지역 통일관, 하나센터를 하나의 공간으로 통합하여 지역 통일의 허브로써 통일 관련 서비스 종합지원, 민간-정부간 소통·협력의 지역거점 기능을 수행할 예정
- 2018년 예산에는 통일센터 1개소 설치 예산 15억 원이 반영

□ 지역통일센터의 계획
- 실수요 측면과 정책적 측면을 종합적으로 고려하여 우선순위가 높은 지역에 먼저 설치할 계획
- 추후 지속적으로 확대하려는 사업으로 1차 설치 지역의 통일센터 운영결과를 보아가며,

---

[175] 지역통일센터 사업에 관한 내용은 외교통일위원회 전문위원으로 재직시 검토한 내용을 요약한 것임을 밝혀둔다.

광역 지자체별로 확대 ['18년 1개소(1) → '19~'20년 4개소(5) → '21~'22년 12개소(17)]하여 총 17개의 지역 통일센터를 설치 및 운영할 계획으로, 2018년도 <u>시범사업</u>으로 7월에 1개소 개관을 목표로 하고 있음.

☐ **지역통일센터의 집행: 계획의 변경**

지역통일센터는 각 지역별로 산재한 통일관련 사업을 통합하여 대국민 One stop 서비스를 제공하기 위한 사업으로, 2018년에는 예산액 8억 원의 56.8%인 4억 5,400만 원을 집행하였음.

당초 통일부는 지역 통일교육센터(18개소), 지역 통일관(12개소), 하나센터(25개소)를 하나의 공간으로 통합하여 지역 통일의 허브로서의 지역통일센터를 설치하여 통일관련 서비스 종합지원, 민간-정부간 소통·협력의 지역거점 기능을 수행할 예정에 있었음.

그런데 통일관은 하나센터 및 통일교육원에 비해 비교적 규모가 크기 때문에 통합 비용이 많이 든다는 점과 통일관을 통일체험 교육 기능으로 특화하여 기존의 역할을 수행하고자 하는 지자체의 의견 등을 감안하여 당초 <u>계획을 변경하여 통합대상에서 통일관을 배제하였음</u>.

이는 지역 통일의 허브로서 통일관련 서비스를 종합적으로 지원한다는 지역통일센터의 당초 설립목적에 비해 기능이 일부 축소되었다고 볼 수 있음.

☐ **지역통일센터의 평가**

또한 지역통일센터의 설치 계획은 2018년에 시범센터를 1개소 설치(인천통일+센터)하고[176] 2019년과 2020년에 추가로 각각 2개소를 설치한 후 2021년과 2022년에 12개소를 설치하려는 계획을 세웠으나, 당분간은 시범센터인 인천통일+센터의 성과 창출에 주력한 후 그 성과 등을 살펴보고 추가 설치 여부를 검토하는 것으로 계획을 변경하였는바,

---

176) 인천통일+센터는 지역통일관을 통합대상에서 제외하고 지역 통일교육센터와 하나센터를 통합하여 2018년 9월부터 시범운영 중에 있음.

> 사전에 면밀한 사업계획 수립의 미흡으로 인해 당초 17개 광역시도 전체에 지역통일센터를 설치하려던 구상을 계획대로 추진하는 것도 불투명한 상황임. 따라서 통일부는 인천통일+센터의 시범운영 결과 사업의 성과 등을 면밀히 분석하여 지역통일센터의 전국적 설치 여부 등의 추진방향을 결정하여야 할 것임.

기존의 계획과 변경된 계획을 비교하면 다음과 같다.

구분	기존 계획	변경 계획	변경사유
통합 대상	지역 통일교육센터: 18개소 하나센터: 25개소 지역 통일관: 12개소	지역 통일교육센터: 18개소 하나센터: 25개소 지역 통일관: 12개소 **제외**	통합에 따른 예산 규모, 지자체의 의견 등을 고려
통합 일정	'18년 1개소(1) → '19~'20년 4개소(5) → '21~'22년 12개소(17)	당분간은 시범센터인 인천통일+센터의 성과 창출에 주력→ 그 성과 등을 살펴보고 추가 설치 여부를 검토	시범사업의 성과 등 평가 후 추진

무엇보다 대통령 공약사업, 국정과제임에도 불구하고 평가 후 천천히 가기로 결정하였다는 점이 신선한 충격을 넘어 감동이다. 예산분석가들은 알 것이다. 대통령의 공약사업을 변경한다는 것이 얼마나 어려운 일인지를 말이다. 계획이 자주 바뀌는 것도 문제지만 전혀 바뀌지 않는 것도 상당히 위험한 것이다. 환경은 급변하고 있음에도, 평가 결과가 그 길로 가면 안 된다고 경고함에도 불구하고 그대로 밀고 나가면 그 결과는 뻔한 것이다. 공약이 지켜져야 한다고 고집부리는 것은 공약을 지키지 않는 것보다 결과적으로 더 무서운 결과를 초래할 수 있는 점을 다시 한 번 강조해 두고자 한다.

여기서 우리가 반드시 인지해야 할 점은 **시범사업**의 성과를 확인하기에는 시간이 필요하다는 점이다. 시범사업의 목적은 사업을 운영해보고 미흡한 점을 보완하여 완성도를 높여나가는 것이다. 그 높아진 완성도를 증명해 보임으로써 시범사업은 떳떳하게 본사업으로 진출할 수 있는 것이다. 성과 없이는, 성과에 이르는 길을 보여주지 않는 한 시범사업은 시범사업일 뿐 본사업이 될 수 없다.

사전에 면밀히 계획수립을 못한 것은 작은 문제이다. 면밀히 계획수립을 못했음에도 앞으로 나아가는 것이 큰 문제이다. 지역통일센터 사업은 작은 문제의 잘못을 인정하여 계획의 유연성을 통해 큰 잘못을 피한 우수사례라고 하겠다.

예결산 분석사례
'스마트 건널목' 사업[177]

□ 추진배경) 최근 5년간('15~'19년) 건널목 수가 9%(1058→959) 감소하였으나, 건널목 사고가 감소하지 않고, 답보상태를 유지*(11건/년)
 * 특히, 차단기돌파·우회, 일시정지 무시로 인한 사고가 71%(44건) 발생
 ㅇ 경보기, 차단기 등 기존방식에서 탈피, 첨단기술을 활용한 건널목 구축

□ 주요내용) 센서 정보를 기반하여 시설물을 제어하고, 기관사·운전자에게 위험 상황을 효과적으로 알려줄 수 있도록 건널목 안전설비 고도화 추진
 ㅇ (차량검지) 건널목 지장물을 사각지대 없이 검지, 기관사에게 정보 제공
 ㅇ (차량갇힘 방지) 차단기 하강직전에 차량이 진입하는 경우 자동으로 출구쪽 차단이 조정되도록 하여 차량 갇힘으로 인한 사고예방
 ㅇ (차량높이 검지) 차량이 제한높이를 초과할 경우 운전자에게 경고 표시
 ㅇ (열차진입 정보) 스마트조명, 안전로고 표시기 등의 기술을 적용해 실시간 열차접근 정보 및 진입 전 일시정지 알림

---

177) 2020년도 국토교통부 소관 추가경정예산안 관련 자료 참조

제9수 樹 까치집을 보라

| 예결산 분석의 수 |

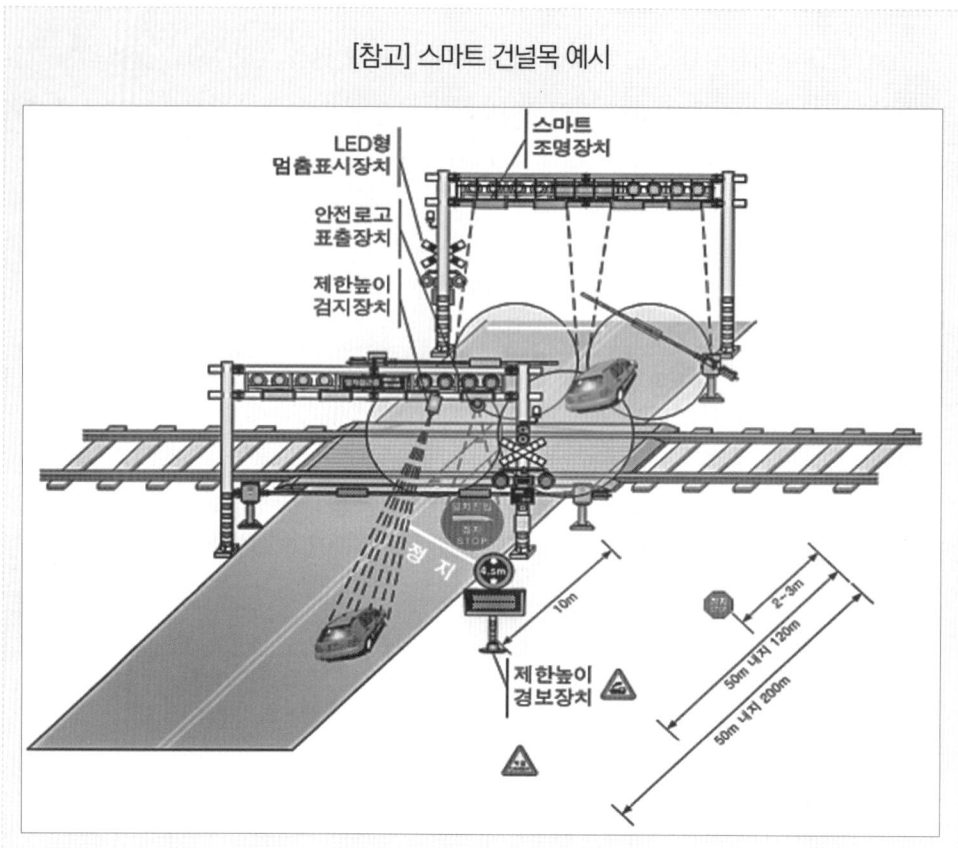

[참고] 스마트 건널목 예시

□ **추진계획)** 건널목 707개소(국가관리) 중 사고 다발개소, 일일 건널목 통행량, 열차 운행 횟수 등을 종합적으로 검토하여 우선 순위 선정

(단위: 개소, 억 원)

구분	총소요		기 시행		'20년		'20년 추경		'21년		22년 이후	
	수량	금액	수량	금액	수량	금액	수량	금액	수량	금액	수량	금액
스마트건널목	200	1,000	-	-	5	25	15	75	10	50	170	850

* (소요예산) 개소당 @ 5억 원

추진계획을 통해 스마트건널목 사업은 2020년에 신규로 추진되는 사업이었고 2020년 추경에 추가된 사업임을 알 수 있다. 신규사업이니 돋보기의 대상이 되는 중점 분석 대상사업이 될 것이고 현미경으로 겉과 속이 모두 스마트한지 분석해야 한다.

이 사업의 근본적 문제점은 얼마나 안전에 기여하는지 등 성과를 검증한 후 본사업에 들어가야 함에도 불구하고 추경에서 기존 사업량보다 더 많은 사업을 추진하고 있다는 점이다. 점진주의는 아래의 그림 중 좌측의 모습이 우측의 모습보다 합당하다는 것을 보여준다. 화살표로 나아가는 과정에서 끊임없이 평가받아야 한다. 더 효율적인 길을 찾기 위해서! 더 효과적인 길을 찾기 위해서!! 더 나은 길을 찾기 위해서!!!

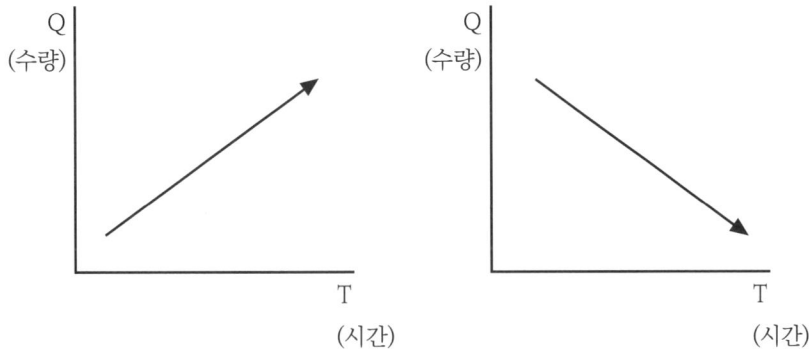

4장 점진주의의 가치(3): 지방분권과 예산

지방분권은 자기 책임하에 지방에 있는 자원을 활용하여 보다 나은 지역공동체를 만들어 가기 위한 제도이다.[178] 지방분권이 예산분석을 함에 있어 어떤 가치를 가질 수 있을까를 생각해보고자 한다.

예결산 분석사례
'인구감소지역 기업이전 활성화 지원' 사업[179]

□ '인구감소지역 기업이전 활성화 지원' 사업은 수도권 기업의 지방 이전을 위한 제도개선 사항 발굴 및 컨설팅 지원 등 기업이전 지자체 활성화 및 역량 강화 지원을 위한 사업으로, 2024년 예산안에는 2023년도 예산 2억원 대비 3억 5,000만 원 증액된 5억 5,000만 원이 편성되었으며, '기업이전 활성화 지원 연구용역'을 위해 2023년에 일반연구비로 2억 원이 편성되었으나 2024년에는 컨설팅을 중점적으로 추진하기 위해 일반용역비로 변경하여 5억 원을 편성하였음.

[인구감소지역 기업이전 활성화 지원 내역사업 세부내역]

(단위: 백만 원)

사업명	2022년 결산	2023년 예산(A)	2024년 예산안(B)	증감 (B-A)	%
인구감소지역 기업이전 활성화 지원	-	200	550	350	175.0
일반수용비(210-01)	-	-	23	23	순증

---

178) 지방분권에 대한 자세한 내용은 《착한 조례 만들기》 제2강 조례의 위상: 지방분권과 조례의 가치(유상조)를 참조해 주기 바란다.

179) 2024년도 행정안전부 소관 세입·세출예산안 검토보고 참조

일반용역비(210-14)[180]	-	-	500	500	순증
국내여비(220-01)	-	-	21	21	순증
사업추진비(240-01)	-	-	6	6	순증
일반연구비(260-01)[181]	-	200(신규)	-	△200	순감

['인구감소지역 기업이전 활성화 지원' 예산안 산출 근거]

인구감소지역 기업이전 컨설팅 용역 예산	
○ '23예산 200백만 원(신규) • 컨설팅 연구 : 200백만 원 　　(10개 지자체 × 20백만 원) ※ 계획변경 : 10개 지자체 → 4개 지자체	→ '24예산안 500백만 원(300백만 원 증액) • 컨설팅 : 500백만 원 　　(10개 지자체 × 50백만 원) * 사업확대 : '23년 시범운영(4개)을 거쳐 10개 지자체로 확대

※ 자료: 행정안전부

□ 인구감소지역 기업이전 활성화 지원 사업은 2023년에 신규로 편성되어 수도권 집중 및 지역 불균형이 심화되면서 기업의 지방이전 촉진을 통한 균형발전 기반 마련이 필요함에 따라, 행정안전부는 2023년 3월부터 기업 이전을 희망하거나 완료한 지자체를 대상으로 컨설팅을 실시할 예정이었으나 일정 지연으로 2023년 10월에 연구용역을 위한 발주를 한 상황임.

[인구감소지역 기업 이전 활성화 지원 사업 추진계획(2023년)]

■ 추진 배경

○ 인구·생산·고용 등이 수도권에 집중되고 지역 불균형이 심화되면서, 기업 등 지방 이전 촉진을 통한 균형발전 기반 마련 필요

---

180) **일반용역비(210-14)** 기관의 업무추진 과정에서 전문성이 필요한 행사운영, 채용, 구매 등의 일반업무를 용역계약을 통해 대행시키는 비용

181) **일반연구비(260-01)** 국가로부터 학술, 기술, 평가, 자문 및 시운전, 실태조사, 전산개발, 임상연구 등 지식기반의 업무에 대한 용역 비용

○ 현재 일부 지자체는 지방소멸대응기금 활용 방안으로, 기금 투자계획 수립 시 기업 지방이전 추진 사업을 반영하는 등 관심 표출

  ⇨ <u>지역주도 균형발전을 위한 기업 지방이전 지자체 대상 컨설팅 추진</u>

■ **세부 추진방안**

○ **대상)** 민간기업의 이전이 완료되었거나, <u>이전(유치)을 희망하는 지자체</u>

  ※ 지방소멸대응기금과 연계하기 위해 인구감소지역·관심지역 지자체 대상 컨설팅

○ **내용)** 기업 이전을 위해 거쳐야 하는 규제·인허가 절차, 세제 등 지원책 등 전반에 대해서 해당 지자체에 컨설팅 실시

  - (이전 완료 지역*) 이전기업의 원활한 지역 정착을 지원하기 위해 기업-지자체 간 의견 수렴 및 관계부처와 협의 등을 지원

    * 예) 충북 보은 : 제조·식품 등 수도권 기업 3개 이전('15년)강원 춘천 : 서울 소재 건강식품 기업 '뉴메드' 이전 예정(~'24년)

  - (이전 희망 지역) 지역 산업단지 입지경쟁력 강화, 우수인재 양성 및 정주여건 개선 등 기업 이전 촉진 방안에 대해 컨설팅

○ **예산)** 일반연구비 200백만 원

  ※ 컨설팅 연구 200백(=10개 지자체 × 20백만 원)

■ **향후 계획**

○ 기업을 대상으로 인센티브 규모별(재정·세제 지원 규모 등) 비수도권 투자(본사 이전, 공장 신·증설) 의향 조사를 위한 설문조사 실시(~'23.2월)

○ 기업 이전 완료 또는 희망 지자체 대상으로 컨설팅 실시('23.3월~)

※ 자료: 행정안전부

□ 또한, 올해 4개의 지자체를 대상으로 컨설팅을 추진할 예정이나 컨설팅 희망 지자체 선정을 위한 수요조사도 컨설팅 업체를 선정한 후 해당 업체를 통해 실시할 예정인 점 등을 고려하면, 실질적인 컨설팅 용역은 2024년 상반기 중에 실시될 것으로 보임.

⟨컨설팅 업체 사업추진절차⟩

컨설팅 지자체 선정 ⇒ 투자유치 현황조사 ⇒ 지역 투자환경 평가 ⇒ 컨설팅 제공 ⇒ 우수사례 확산

※ 자료: 행정안전부

☐ 이와 관련하여, 행정안전부는 컨설팅 대상 선정 방법, 컨설팅 분야 확정 등 연구용역 세부과업 구체화 과정에서 일부 지연이 있었으나 연구용역 추진을 진행 중이며, 내년에 계획 중인 10개 지자체를 대상으로 하는 컨설팅도 내년 상반기 중에 발주하여 2024년도 내에 완료하겠다는 입장임.

☐ 그러나, 당초 올해 시범운영을 통해 도출된 컨설팅 용역의 성과를 바탕으로 2024년도에 사업 확대를 추진할 예정이었으며, 올해 연구용역은 지자체 컨설팅 외에 기업이전 활성화 지원을 위해 필요한 현황 분석(비수도권 지자체 투자유치 현황 조사 등) 등 연구의 비중이 높은 반면, 2024년도 사업의 경우 자문단을 활용한 컨설팅 제공 위주로 진행되는 점 등을 고려할 때, 2024년도 사업은 올해 추진 사업의 용역이 끝난 이후 이에 대한 타당성 평가 등을 통해 보완하여 추진할 필요가 있음.

☐ 따라서, 2023년 사업이 지연되어 실질적으로 2024년에 추진되는 점, 해당 용역 결과에 대한 평가를 도출하여 이를 반영한 추가 사업을 추진하기 위해서는 시일이 더 소요될 예정인 점 등을 고려할 때, 인구감소지역 기업이전 활성화 지원 사업의 증액 요청에 대해서는 면밀한 검토가 필요할 것으로 보임.

☐ 이에 대해 행정안전부는 용역에 대한 사전준비가 되어있기 때문에 2023년 사업을 상반기 내에 마무리 한 후, 이에 대한 타당성평가 및 보완을 거쳐 2024년도 사업을 2024년 하반기까지 모두 마무리 할 수 있다는 입장임.

중앙집권 대신 지방분권에 방점을 두면 행정안전부의 역할이 재조명되어야 한다는 것을 어렵지 않게 알 수 있다. 행정안전부는 지방정부를 고객으로 모셔야 하는 부처이지 지방정부 위에 군림하는 부처가 아니다. 그런 면에서 '인구감소지역 기업이전 활성화 지원' 사업은 의의가 있겠다. 문제는 이유 없이 서두르고 있다는 점이다.

점진은 우리에게 분명히 말한다. 서두르지 말라! 1년 늦춘다고 인구감소지역이 바로 소멸되지는 않는다. 오히려 1년 서두르다가 예산을 낭비하고 사업을 망칠 수 있다. 기한 내 마무리가 중요한 것이 아니라 실질적인 해결 방안을 찾는 것이 중요한 것이다. 점진의 목소리를 듣지 못하고 달려가거나 누군가 점진의 목소리를 듣지 못하게 귀를 막고 달려가게 한다면 예산분석가들 외에 누가 점진의 이름으로 그들을 멈추게 할 수 있겠는가!

다음의 신문기사를 통해 **정책실험(policy-lab)**의 개념을 살펴보자.

> 나라 살림을 총괄하는 기획재정부는 모든 가구에 지급하는 긴급재난지원금 추진 과정에서 수난을 겪었다. 기재부는 '소득 하위 70%'에 대한 선별지원이 긴급성, 효율성, 형평성, 재정 여력 등을 종합적으로 고려할 때 가장 바람직하다는 입장을 일관되게 피력해왔다. 선별지원이 보편지원보다 소비 촉진과 경기 회복 효과가 크다는 확신도 있었다. 하지만 "기재부가 정치를 한다" "재정건전성 강박증이 있다"는 모욕을 들어가면서 여론의 지지를 얻는 데 실패했다. 70% 기준이 100%보다 얼마나 더 정책 효율성이 높은지 국민을 설득하는 데 논리와 근거가 부족했기 때문이다. 이 같은 전례를 되풀이하지 않기 위해 앞으로는 재난기본소득, 개학 연기, 착한 임대인 운동과 같이 그동안 시도해보지 않았던 새로운 사회정책을 도입하기 전에 다양한 실험을 통해 정책 효과를 명확히 검증하는 '정책실험(폴리시랩)' 방식이 활용될 전망이다. 말 그대로 과학자들이 실험실에서 여러 변수를 통제하며 인과관계를 철저히 규명하듯 효과가 검증된 정책만을 실행에 옮기겠다는 것으로 기존 예비타당성조사의 한계를 보완할 수 있을지 주목된다.

기재부는 6일 새로운 사회정책을 도입하기 전에 사업 타당성을 검증하기 위한 정책실험 도입 방안을 연구한다고 밝혔다. 기재부는 "사회정책 신규사업 도입 및 시범사업 지속·확대의 타당성을 검증하는 수단으로서 정책실험(Policy-Lab) 도입 방안에 대한 연구를 추진하고자 한다"며 "한국 사회정책 예타 운영 성과와 한계에 대해 연구하고 해외 정책실험 제도운영 사례를 분석해 향후 우리나라에서 사회정책의 타당성 검증시 정책실험을 활용하는 방안을 도출하는 게 목표"라고 밝혔다. 기재부에 따르면 현행 사회정책 예타는 법적·국가정책적 부합성 평가 등 비계량적 분석 가중치가 50~70%로 높아 평가의 정확도가 떨어진다. 이에 사회 분야에서 신규사업 도입 시 해당 사업이 의도한 효과를 가져오는지, 동일한 목적을 달성하기 위한 다양한 정책 중 어떤 정책이 가장 효과적인지 등에 대해 실험적 증거를 활용해 사전적으로 평가하는 체계를 구축할 수 있을지 들여다볼 계획이다.

정책실험이란 정책 대상자를 무작위로 실험군과 대조군으로 나누고, 실험군에만 정책을 시행해 일정 기간 이후 두 집단 간 차이를 비교해 정책 효과를 판단하는 연구방법론이다. 자연과학에서 널리 활용되는 무작위 통제실험을 사회과학 분야인 정책 평가에 응용한 개념으로 최근 핀란드 정부가 시행한 기본소득 실험이 대표적인 사례다. 핀란드 정부는 기본소득 정책 효과를 과학적으로 평가하기 위해 2017년부터 무작위로 선정된 실업자 2000명에게 기본소득을 지급하는 정책실험을 실시해 기본소득이 근로 의욕 고취, 실업률 제고 등 긍정적 효과를 확증하기 어렵다는 연구 결과를 발표한 바 있다. 전문가들은 사회정책 분야 예타를 보완하는 방안으로서 정책실험에 주목하고 있다. 박윤수 한국개발연구원(KDI) 연구위원은 "예타는 사전 검증 성격을 지니는데 국가재정법은 정책 추진이 시급한 경우 시간 관계상 예타를 생략할 수 있도록 허용하고 있다"며 "그러나 정책실험은 사후 평가 성격이라 시급한 정책의 경우에도 얼마든지 적용 가능하다"고 말했다. 요컨대 사후 정책 효과를 객관적으로 파악할 수 있다는 점에서 향후 정책을 개선하는 데 중요한 근거로 활용될 수 있다는 얘기다.

※ 매일경제 2020.05.06

제9수 樹 까치집을 보라

먼저 긴급재난지원금을 지급 결정한 것은 지자체들이었다. 중앙보다 빨랐다. 중앙의 답에서 인상적인 부분은 다음과 같다.

> 민주당 이낙연 코로나19국난극복위원회 위원장은 이날 국회에서 열린 코로나19 대응 당정청 회의 후 브리핑을 통해 "지자체가 하는 것이 중앙정부가 준비하는데 필요한 시범 실시과정의 의미도 있다"면서 "그런 점에서 지자체의 결단에 대해 저희는 환영하며 내일 대통령 주재 비상경제회의가 열리면 거기서 많은 논의가 이뤄지고 결정이 나오길 기대한다"며 이같이 밝혔다.
>
> 그는 또 2차 추경 문제와 관련, "시기는 논의하지 않았으나 2차 추경을 전제로 한 대화가 있었다"면서 "예를 들어 지자체가 긴급 지원하고 거기에 중앙 정부의 보전이 필요하면 추후 추경을 통해 도와드릴 수 있는 것 아니냐는 발언이 정부 측에서도 나왔다"고 말했다.
>
> 이어 2차 추경에 재난기본소득이 포함될지에는 "그렇게 빨리 본궤도에 편입될 수 있을까 싶다"면서 "일단 지자체들이 앞서서 진행하는 시범 실시 과정으로 평가하겠다. 그러나 어느 쪽도 가능성을 닫아두고 싶지는 않다"고 말했다. (이하 생략)

※ 연합뉴스, 당정청 "지자체 재난기본소득 바람직…2차추경서 부담보전 검토"(종합), 2020. 3. 18.

지방분권은 점진주의를 실현할 수 있는 좋은 제도이다. 우리가 지방분권을 강화해야 하는 근거 중 하나가 바로 점진주의이다. 처음 가는 길을 모든 국민에게, 모든 지역에게 한날한시에 하자고 하는 것은 위험천만한 일이다. 지방분권은 그 위험을 분산해 줄 수 있다.

4대강 사업

국정감사에 ○○○ 전 국토부 장관이 증인으로 출석하여 답변하는 것을 본 적이 있다. 질의와 답변의 취지는 다음과 같다.

- ○○ 위원: "왜 4대강 사업을 동시에 진행했습니까?"
- ○○○ 전 장관: "우리나라는 국토균형발전의 요구가 강해서 어느 한 지역을 먼저 할 수 없었습니다."

과연 그럴까? 나는 4대강 사업을 보면서 점진주의의 가치를 생각해 본다. 만약 영산강이나 낙동강 등 가장 4대강 사업이 필요한 곳을 골라서 진행했다면 어땠을까? 정치적으로는 다른 지역에서 우리도 해달라고 난리를 쳤을 것이다.

그래서 수질에는 어떤 변화가 있는지, 홍수를 어느 정도 예방하는지, 환경에는 어떤 영향을 미치는지, 농업에는 얼마나 도움이 되는지, 관광자원으로서의 효용이 있는지 등등을 평가한 후 본격적으로 4대강 사업을 진행했다면 지금 저 자리에 ○○○ 전 장관이 앉아 있을까? 하는 생각을 지울 수 없었다.

제8막 민생에서 살펴본 광해군, 대원군의 사례도 마찬가지다. 하나하나 궁을 복원하고 세워나갔다면 그렇게 쉬이 망가지지는 않았을 것이다.

분명한 사실은 서둘면 누군가는 다친다는 점이다.
사회적 약자가 누군가가 될 가능성이 높고 누군가에는 국가도 포함된다. 혹시 몰라서 분명히 해둔다.

I: 에필로그 Epilogue

다음 날 일찍 선보 황제는 병조판서 이이와 영의정 삼삼을 포함한 모든 대신들을 훈련도감 앞마당으로 모이도록 명했다.

"짐은 10만 양병에 대한 경들의 타협할 줄 모르는 논쟁을 지켜보면서 한 편으로 마음이 아팠으나 다른 한 편으로는 매우 흡족했다. 누군가의 뒤에 숨어서 은근슬쩍 묻어 갈 생각이나 하는 비겁한 자들보다 자신의 의견을 강력히 피력하는 기개 있는 선비들을 높이 평가한다. 모름지기 선비는 **모서리**를 내보여야 하는 것이다."

황제의 눈빛이 이이와 삼삼을 오갔다.

"짐은 다음과 같이 결정한다. 내년에 1만의 정예군을 양성할 것이다. 이이와 삼삼은 그 구체적 계획을 세우고 이를 반영한 예산안을 편성하도록 하라. 이를 면밀히 평가하여 10만의 정예군 양성 여부는 추후 결정할 것이다."

〈참고〉 기개와 모서리

> 정조는 각 당파가 화합할 것을 유도하는 동시에 제 목소리를 분명하게 낼 것을 요구했다. 영조가 신하들에게 당파의 이해를 떠나 국왕에게 귀의하라고 요구한 것과는 달리, 정조는 신료가 당파와 의리를 고수하는 것을 인정하면서 그 위에서 탕평을 추구했다. 신료에게 그러한 태도를 요구했을 뿐만 아니라 스스로도 남과 다른 주장을 굽히지 않았다. 또 각을 세우는 행위를 비판하기보다는 오히려 치켜세웠다. "내 평생 정국 운영에서 모가 나지 않고 쓸데없는, 골동품 버릇과 기상을 몹시 증오했다"고 밝히며 모가 나게 행동하는

> 정치적 자세를 두둔했다.
>
> 　이러한 태도는 정조실록과 홍재전서 여러 곳에서 찾아 볼 수 있다. 정조는 1789년 신하들과 더불어 세상의 풍토가 어지러운 점을 화제로 대화하면서 "그대들은 모두 나약한 사람들이다. 자신을 오늘날 조정에 세워놓았다면 마땅히 준엄한 상소문을 지어 시사時事를 통렬하게 따져서 험난함을 돌아보지 말아야 한다. 그렇지 않으면 관모를 벗고 떠나가야지. 어째서 용렬하고 못나게 대오를 뒤따르기만 하는가? 라고 질책했다. 복지부동하고 부화뇌동하는 관료집단의 병폐를 통렬하게 비판하고 각자가 모서리를 세워 일하라고 요구했다.
>
> 　심환지의 정적인 채제공을 높이 평가한 기준도 이렇게 모가 나게 처신하는 기상이었다. 우의정 채제공이 공격을 받고 물러나려 상소를 올리자 "내가 경에게서 취한 장점은 기개"라고 평가하고 나라와 군대에 용기를 주고 모가 나지 않은 버릇과 기상을 하루아침에 바꿔놓아 조정을 상고 시대로 회복시킬 사람은 바로 기개가 있는 채제공이라고 치켜세웠다.
>
> 　정조는 특별히 노론 벽파와 심환지에게 정국 현안을 처리하면서 적당한 타협이나 부드러운 화합보다는 선명하게 모서리를 드러내어 강경하게 대처할 것을 요구했다.

《정조의 비밀편지》 안대회

○○○ 신임 금감원장을 임명한 지 1주일이 되는 날 발표된 문재인 대통령의 입장문을 읽어보자.

> 　○○○ 금융감독원장의 과거 국회의원 시절 문제되고 있는 행위 중 어느 하나라도 위법이라는 객관적인 판정이 있으면 사임토록 하겠습니다. 피감기관 지원 해외출장이 당시 국회의원들의 관행에 비추어 도덕성에서 평균 이하라고 판단되면, 위법이 아니더라도 사임토록 하겠습니다.
>
> 　국회의원의 피감기관 지원 해외출장이 위법 여부를 떠나 국민의 눈높이에 맞지 않다는 국민들의 비판은 겸허하게 받아들입니다. 그러나 당시 국회의 관행이었다면 야당의 비판과 해임 요구는 수긍하기 어려운 점이 있습니다.
>
> 　궁극적으로 국민들의 판단에 따라야 하겠지만, 위법한지, 당시 관행이었는지에 대해

제9수 樹 까치집을 보라

> 먼저 확인할 필요가 있을 것입니다.
>
> 이 기회에 인사 때마다 하게 되는 고민을 말씀드리고 싶습니다.
>
> 논란을 피하는 무난한 선택이 있을 것입니다. 주로 해당 분야의 관료 출신 등을 임명하는 것입니다. 한편으로 근본적인 개혁이 필요한 분야는 과감한 외부 발탁으로 충격을 주어야 한다는 욕심이 생깁니다.
>
> 하지만 과감한 선택일수록 비판과 저항이 두렵습니다.
>
> 늘 고민입니다.
>
> 2018년 4월 13일
> 대한민국 대통령 문 재 인

관료의 한 사람으로서 가장 가슴을 파고드는 말은 무난한 인사의 대표적 대상에 관료가 예시되어 있다는 점이었다. 하지만 수긍이 가는 것은 웬일일까? 관료는 개혁의 대상이지 주체가 될 수 없다는 말에 가슴이 아프고 창피하다. 일은 일대로 하고서 욕은 욕대로 먹는 격이다. 관료적 합리성이 더 이상 시대의 요구를 담아내지 못하는 것은 아닌지 반성해보아야 할 때이다. 관료로서 이렇게 물을 수도 있을 것이다. 누가 우리를 이렇게 무난하게 만들었단 말인가? 아무튼 기개가 있는 관료, 모서리가 있는 관료가 그리워지는 시대다.

제10수

예결산 분석의 정도(正道)

壽

목숨 · 수

壽자는 '목숨'이나 '수명', '장수'라는 뜻을 가진 글자이다. 壽자는 士(선비 사)자가 부수로 지정되어 있지만 '선비'와는 아무 관계가 없다. 왜냐하면, 壽자의 금문을 보면 밭을 가리키고 있는 노인이 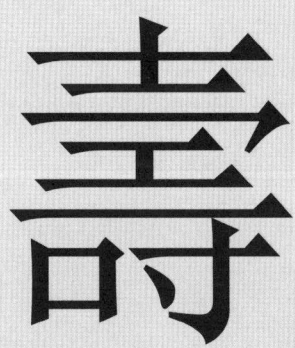 그려져 있었기 때문이다. 이것은 밭에 나와 이것저것을 참견하던 노인을 표현한 것이다. 壽자는 나이가 많은 노인을 뜻하기 위해 만든 글자로 본래 의미는 '노령'이나 '노인'이었다. 그러나 후에 노인과 관련된 뜻이 확대되면서 지금은 '목숨'이나 '수명', '장수'라는 뜻으로 쓰이고 있다.

출처 : 네이버 한자사전, [한자로드(路)] 신동윤

선비는 나라를 위해 목숨을 내 놓을 수 있어야 한다.
그게 선비의 정도이다.

제10수 壽 예결산 분석의 정도(正道)

목숨 · 수

황제 선보는 과연 1만의 정예병들이 어떻게 훈련을 받고 있으며 예산은 적정한 규모인지에 대한 보고를 **지속적으로** 받았다. 적지 않은 **시행착오**가 있었다. 이이는 10만 양병을 위해서는 보다 극적인 방법이 필요하다는 것을 아뢰면서 마키아벨리의 **《군주론》**을 바쳤다.

《군주론》을 쭉 훑어보던 황제는 접혀진 편지가 담긴 쪽에서 멈추었다. 이이의 글이 있었다.

'주저하지 마십시오. 일일 장군 다음에는 제 차례입니다.'

황제는 다음 날 장군 일일을 비밀리에 불렀다. 문경새재에서 군사훈련에 집중하고 있던 일일은 밤새 도성으로 말을 몰았다. 일일은 왜적을 소탕하고 여진의 땅을 밀고 들어간 당대 최고의 명장이었으며 선보는 일일의 지지를 얻어 황제의 자리에 오를 수 있었다.

황제는 자신의 거처로 들어선 일일을 등지고 날카로운 단검을 들어 왼 손바닥을 깊게 미끄러지듯 쭈욱 그었다. 선반에 술잔을 놓고 왼손의 주먹을 쥐자 붉은 핏물이 주르륵 술잔에 떨어졌다. 김이 올라오는 뜨거운 술을 따르자 핏물이 열기를 타고 술잔을 휘돌아 소용돌이 치듯 퍼졌다. 술잔을 일일에게 건넸다.

두 손으로 술잔을 건네 든 일일이 고개를 젖히고 단숨에 들이키는 모습을 본 후 황제가 말문을 열었다.

"짐은 **차마** 인간으로서 할 수 없는 일을 할 것이다. 짐은 무슨 꼬투리를 잡아서라도 너의 죄를 물을 것이다."

황제는 흐느끼듯 말문을 겨우 이어갔다.

"너의 가족들은 걱정 말거라. 너의 딸 유리수는 태자의 처가 되어 너의 피가 황가의 혈통을 잇게 할 것이고, 너의 아들 무리수는 나의 딸의 지아비가 되어 자손만대에 부귀영화를 누릴 것이다. 저승에서 마음껏 나를 원망하거라. 나는 너를 죽이고 나라를 살릴 것이다."

황제의 눈에서 눈물이 떨어져 일일의 손에 떨어졌다.

"폐하, 황제로서의 역할을 하십시오. 제 소원이 있다면 국가를 위해 죽는 것이었사옵니다. 폐하께서 제 소원을 들어주시는 것이옵니다."

다음 날 일찍 황제는 전국의 장수들에게 문경새재로 모일 것을 명했다. 그리고 방어 훈련을 명하였다. 훈련은 완벽에 가까웠다. 황제는 속으로 되뇌었다.

'역시 일일이로다.'

다른 장군들도 당연히 황제가 상을 내릴 것으로 예상하고 있었다. 하지만 황제의 말은 그들이 **감히** 상상할 수도 없는 것이었다.

"이곳 문경새재는 최후의 방어선이다. 이곳이 무너지면 도성이 무너지고 모든 것이 무너진다. 당연히 약간의 틈도 용서받을 수 없는 것이다. 여기에 모여 있는 장군들은 똑똑히 들어 두시오. 그대들은 나와 일일 장군이 친형제와 다를 바 없다는 것은 잘 알고 있을 것이오. 일일 장군의 성품과 능

제10수 壽 예결산 분석의 정도(正道)

력 또한 누구보다도 잘 알 것이오. 그럼에도 불구하고 나는 일일 장군의 죄를 죽음으로 물을 것이오. 그대들은 명심 또 명심하기 바라오. 훈련이 실전과 다르다고 생각하는 순간 그대들의 목숨도 부지하기 어려울 것임을 명심하시오. 짐은 곧 또 다른 곳을 **불시**에 보러 갈 것이고 그에 합당한 상과 벌을 내릴 것임을 밝혀두는 바이오."

황제는 자신의 피가 묻어 있는 단검을 꺼냈고 일일은 두 손으로 받아 들었다. 일일의 눈이 황제의 눈을 찾았으나 황제는 눈을 감았다. 황제가 눈을 떴을 때는 이미 단검이 일일의 심장에 박힌 후였다.

예산분석의 **정도(正道)**란 무엇일까? 正道는 正과 道의 합성어다. 정의 뜻과 도의 뜻을 살펴보면 다음과 같다.

> 正자는 '바르다'나 '정당하다'라는 뜻을 가진 글자이다. 正자에서 말하는 '바르다'라는 것은 '옳을 일'이라는 뜻이다. 正자는 止(발 지)자에 一(한 일)자가 결합한 모습이다. 그러나 갑골문에 나온 正자를 보면 止자 앞에 네모난 모양이 그려져 있었다. 이것은 성(城)을 표현한 것이다. 그러니 正자는 성을 향해 걸어가고 있는 모습을 그린 것이라 할 수 있다. 사실 正자는 성을 정복하러 가는 모습을 표현한 것이다. 전쟁을 일으키는 데는 정당한 명분이 있어야 한다. 그래서 正자는 자신들이 적을 정벌하러 가는 것은 정당하다는 의미에서 '바르다'라는 뜻을 갖게 되었다.
>
> 道자는 '길'이나 '도리', '이치'라는 뜻을 가진 글자이다. 道자는 辶(쉬엄쉬엄 갈 착)자와 首(머리 수)자가 결합한 모습이다. 首자는 '머리'라는 뜻이 있다. 道자는 길을 뜻하는 辶자에 首자를 결합한 것으로 본래의 의미는 '인도하다'나 '이끌다'였다. 그러나 후에 '사람이 가야 할 올바른 바른길'이라는 의미가 확대되면서 '도리'나 '이치'를 뜻하게 되었다. 그래서 지금은 여기에 寸(마디 촌)자를 더한 導(이끌 도)자가 '인도하다'라는 뜻을 대신하고 있다.

《네이버 한자사전》 한자로드(路)

정과 도는 모두 바르다는 뜻을 함축하고 있다. 예산분석의 정도란 예산분석의 바른 길이라고 하겠다. 지금까지 우리는 정도를 찾기 위한 이이와 삼삼의 논쟁을 살펴보았다. 여기서 정도에 한 걸음 더 다가가 보고자 한다. 직감적으로 쉽지 않은 일임을 느낄 것이다. 황제 선보가 장군 일일에게 한 것처럼 잔인할 정도로 지독해야만 도달할 수 있는 경지이기 때문이리라.

제10수 壽 예결산 분석의 정도(正道)

1장 예산의 효율적·효과적 집행: "예산과 인력이 충분하지 않아서…?"

다음의 사례를 살펴보자.

> 공무원 A는 연간 1,000곳의 공장을 현장 방문하여 오폐수 처리시설을 조사하여야 한다.
> 하지만 하루에 1곳을 방문하는 것도 벅차다. 예산은 30일치의 출장비만 계상되어 있다.
> 이런 경우 A는 어떻게 해야 하는가?

우리는 장마철에 오염물질을 방출하는 업체를 제대로 적발하지 못한다는 이야기를 듣곤 한다. 언론에 나온 그 지역 공무원은 너무나도 떳떳하게 이런 말을 하는 것을 보곤 한다.

"이 정도의 예산과 인력으로 어떻게 지역 전체를 감시할 수 있나요? 불가능합니다."

우리는 위의 사례를 분석함에 있어 다양한 정책의 제약 또는 한계를 고려해야 한다.[182] 당연히 전부 감시하는 것은 불가능하다. 매일 감시하는 것도 불가능하다. 누가 그걸 모르냐 이 말이다. 뭐 잘한 것이 있다고 당당한가 이 말이다. 한마디로 웃기는 소리요, 속 뒤집히는 역겨운 소리다. 그렇다면 묻겠다.

"편성된 예산은 불가능한 일을 시키는 것이니 전액 불용해야 맞는가? 충분한 예산을 편성하지 못할 거면 편성 자체를 하지 않는 것이 맞는가?"

예산부족 문제를 예산 증액으로 풀고, 인력부족 문제를 인력 충원으로 푸는 식은 그야말로

---

[182] 법적 한계, 사회·문화적 한계, 기술적 한계, 예산의 한계 등이 있을 것이다.

유치한 해법에 불과하다.[183] 고차방정식을 1차방정식으로 자기 멋대로 바꾼 후 답이라고 내놓은 것이다. 예산은 풍족할 수가 없다. **기회비용**의 개념을 다시 한번 생각해보라. 감히 단언컨대 풍족하다면 잘못 짜여진 예산이다. 밥도 소식해야 건강에 좋듯이 예산도 부족한 듯 편성해야 효율성이 높아진다. 예산은 그 한도 내에서 가장 효율적이고 효과적으로 사용하라는 의미이다. 오염물질 방출업체는 누가 버렸는지 모를 때 즉, 장마철과 같은 폭우가 쏟아지는 때에 불법을 저지르려는 유혹에 빠지게 된다. 현장에 출장 가서 감시해야 할 때는 비 한 방울 내리지 않는 맑은 날이 아니라 바로 비가 불법을 유혹하는 날인 것이다. 우리나라 기후로 볼 때 한 달 정도의 예산이라면 충분할 것이다.

그래도 부족하다고? 그렇다면 선보 황제가 보여준 극적 방법을 쓸 수밖에 없다. 가장 사랑하는 이, 가장 아끼는 이를 치라는 것이다.

오늘날 오염물질 방출업체의 사례로 보자면, 지역에서 제일 잘 하고 있는 업체를 불시에 들이닥쳐 엄벌에 처하라는 것이다. 눈치 보는 어정쩡한 기업들에게 저렇게 잘해도 엄벌을 받으니 정말 제대로 안 했다가는 큰일 나겠다는 인상을 심어 주라는 것이다. 어쩌면 단 한 번의 제대로 된 조사로 충분할 수도 있다. 예산이 부족해서 일을 완수하지 못했다는 공무원이 있거든 오염물질 방출업체를 조사할 것이 아니라 그 자를 조사해야 한다. 그 지역 업체들이 그 공무원을 얼마나 우습게보고 있는지를 조사해야 한다. 예산의 효율적·효과적 집행이란 바로 이런 것이다.

---

183) 유사한 사례가 바로 '더 내고 덜 받자'가 개혁의 요지인 연금개혁방안이다. 이런 개혁은 누구나 할 수 있는 것이다. 누구나 보다 아무나가 더 적합하겠다. 이런 사례들을 보면 공부는 왜 하는지 모르겠다. 나만이 할 수 있는 차별적 방법을 제시할수 있어야 공부한 자가 추진하는 개혁이다. 누구나, 아무나가 할 수 있는 것이 어찌 개혁일 수 있겠는가!

생각의 한계

우리 사회에서 문제를 해결함에 있어 가장 큰 한계는 예산의 한계나 법적, 기술적, 사회·문화적 한계가 아니라 **생각의 한계, 즉 관성**이다. 해보지도 않고 안 된다고 생각하는 것, 바로 그것이 가장 큰 한계다. 할 수 있다는 생각을 가져야 해결책이 나올 수 있다. 그래야 불가능한 일이 어렵지만 가능한 일로 탈바꿈할 수 있다.

2장 현장조사: "Veni, Vidi, Vici (왔노라, 보았노라, 이겼노라)"

현장조사는 예산분석의 마지막 과정이다. 하지만 현장조사를 통해 예산분석은 다시 새롭게 시작된다는 점에서 첫 시작일 수도 있다. 현장을 담지 않은 보고서는 조사관의 게으름의 증표다. 부끄러운 줄 알아야 한다. 예산분석 업무에 종사하는 사람은 현장에 내려가 **만나야 하고, 들어야 하고, 보아야 한다.** 북한이탈주민을 만나보지도 않고서 북한이탈주민들에 관한 예산을 분석한다면 그게 제대로 된 것일 수 있겠는가? 다시 한 번 강조한다. 현장조사 없이 책상에 앉아서 혼자 밤늦게까지 코피 흘려가며 쓴 예산분석 보고서는 잘 해봤자 그럴듯한 소설에 불과하다.

다음의 글을 통해 19세기 후반 뉴욕의 어느 공동 주택으로 가보자.

> 루스벨트가 소속한 위원회에 공동 주택에서 담배를 제조하는 걸 금지하는 법안이 올라왔을 때도 그는 리더로 성장할 가능성을 유감없이 보여주었다. 법안이 처음 상정됐을 때, 루스벨트는 노동시간을 제한한다는 이유로 최저임금 법제화에 반대했듯, 이 법안도 반대하려고 생각했다. 특권계급 출신인 데다 대학에서 자유방임경제를 배운 탓에 루스벨트는 "노동자의 사회경제적 조건을 향상하기 위한 모든 정부 정책"을 반대하는 경향을 띠었다. 그는 공동 주택 소유자가 제조업자라면 자신의 재산으로 무엇이든 할 수 있는 권리가 있다고 생각했다. 하지만 노동자 대표 새뮤얼 곰퍼스(Samuel Gompers)에게서 수천 가구가 함께 거주하며 담배를 가늘게 찢고 말리고 싸는 열악한 환경에 대해 듣고 난 뒤, 그곳을 직접 둘러보았고, 두 눈으로 목격한 현장에 아연실색해 생각을 바꾸었다. 담배 제조 금지법의 적극적인 대변자가 된 것이다. 30년 후에도 루스벨트는 한 가정의 처참한 상황을 생생히 기억하고 있었다. 어른 다섯과 서너 명의 어린아이가 골방에 앉아 하루에 16시간씩 일해야 했다. 게다가 그들 모두 이민자로 영어를 거의 말하지 못했다.

제10수 壽 예결산 분석의 정도(正道)

> 담배가 먹을 것과 뒤섞인 채 잠자리 옆에 차곡차곡 쌓여 있었다. 루스벨트는 현장을 직접 살펴봄으로써 의혹의 그림자를 걷어내고, "공동 주택에서 담배를 제조하는 걸 허락한다면 사회와 산업과 위생 등 모든 면에서 사악한 짓을 저지르는 것"이라 확신할 수 있었다.
>
> 이 사건은 루스벨트의 공감 능력이 향상된 증거로 여겨진다. 링컨의 공감 능력은 생득적 능력인 듯하지만, 루스벨트는 그전까지 방문한 적도 없고 이해하려고 노력한 적도 없던 곳을 직접 둘러보며 다른 사람의 관점과 의견을 포용하는 능력을 서서히 늘려갔다. 제이 컵 리스는 "삶의 현실이 그의 의식에 점점 파고들었다."고 평가했다.

《혼돈의 세상, 리더의 탄생》, 도리스 컨스 굿윈

루스벨트가 담배 제조 현장을 찾아가 보지 않고 그저 학교에서 배운대로 정책결정을 했다면? 끔찍한 곳에서 사람들은 끔찍한 일을 하다가 끔찍하게 죽어갔을 것이다. 이래도 현장에 가보지 않고서도 예산을 제대로 분석할 수 있다고 믿는가! 시간이 없다고? 술 마시고 노닥거리는 시간을 조금만 줄여도 된다. 서울에서 부산까지 2시간 30분이면 가는 세상이다.

다음의 글을 통해 21세기 초반 서울의 시위 현장으로 가보자.

> 〈앵커〉: ○○단체가 오늘(4일) 다시 청와대 앞에서 집회를 열었습니다. 소음 때문에 불편을 호소하는 주민들과 맹학교 학부모들이 이들을 가로막아섰습니다. ○○○ 기자가 현장 다녀왔습니다.
>
> 〈기자〉: 청와대 방면으로 행진하던 보수단체 집회 참가자들과 이에 항의하던 인근 주민이 도로 한가운데서 뒤엉켰습니다. 주말마다 계속된 시위에 소음과 불편을 호소하며 거리로 나선 주민이 보수단체의 행진 길목을 막고 항의한 겁니다. 서울맹학교 졸업생과 학부모들은 차로에 주저앉거나 드러누우며 행진을 막으면서 위험한 상황이 벌어지기도 했습니다. 시위대는 주민을 향해 고성과 욕설을 퍼부었습니다.

> (중략)
>
> 물리적 충돌은 없었지만, 경찰이 양측을 떼어놓을 때까지 15분 정도 거친 언쟁이 이어졌습니다. 경찰의 금지 처분 후 집행정지 신청으로 집회를 다시 허락받은 문재인하야범국민투쟁본부도 청와대 인근에서 집회를 이어갔습니다. 집회가 주민 사생활이나 학생들의 학습권을 침해한다고 볼 수 없다며 집회를 허락한 법원 결정에 대해 일부 주민은 불만을 나타냈습니다.
>
> [○○○/인근 주민]: 애국하겠다는 생각이 없어질 정도로 애국가를 심하게 소리 높여서 틀어요. 인왕산이 아주 무너져라 하고. **판사가 한 번이라도 와서 현장을 보고 판결을 했었으면 좋았겠단 생각이 들어요.**]
>
> 사랑채 옆 도로를 점거한 범투본 천막을 철거하라고 명령했던 서울시는 물리적 충돌을 우려해 대집행 대신 자진철거를 권유하고 있습니다. 도심 보수단체 집회와 별도로 서울 서초동 대검찰청 주변에서는 검찰 개혁을 촉구하는 집회가 열렸습니다.

※ 출처 : SBS 뉴스 2020.01.04

"판사가 한 번이라도 와서 현장을 보고 판결을 했었으면 좋았겠단 생각이 들어요."라는 말이 나에게는 '전문위원이 한 번이라도 와서 현장을 보고 검토보고서를 썼다면 좋았겠단 생각이 들어요.'라고 들렸다.

"공무원이 한 번이라도 와서 현장을 보고 **예산편성**을 했었으면 좋았겠단 생각이 들어요."
"공무원이 한 번이라도 와서 현장을 보고 **예산심의**를 했었으면 좋았겠단 생각이 들어요."
"공무원이 한 번이라도 와서 현장을 보고 **예산집행**을 했었으면 좋았겠단 생각이 들어요."

예산분석 업무에 종사하는 분들에게는 모두 자기에 맞게 들리는 무엇이 있을 것이다.

현장을 찾아 나서는 것은 시간적 여유가 있을 때 부수적으로 하는 행위가 아니라 없는 시간을 만들어서라도 반드시 수행해야 할 예산분석가의 책무이다.

예결산 분석사례
'새마을운동지원' 사업[184]

가. 개요

□ '새마을운동지원' 사업은 새마을운동의 지속적인 추진을 위한 새마을지도자 교육 및 홍보, 새마을 지역공동체 실현운동, MZ세대의 새마을운동 활성화를 위한 봉사단을 운영하는 사업으로, 2023년도 예산안에는 2022년 예산 10억 400만 원 대비 1억 4,700만 원이 감액(△14.6%)된 8억 5,700만 원이 편성되었음.

[새마을운동지원 사업 세부내역]

(단위: 백만 원)

사업명	2021년 결산	2022년 예산(A)	2023년 예산안(B)	증감 (B-A)	%
새마을운동지원	2,320	1,004	857	△147	△14.6
새마을지도자 교육 및 홍보	600	520	520	0	0
새마을 지역 공동체 실현운동	128	122	122	0	0
새마을운동지원 운영	72	72	65	△7	△9.7
탄소중립실천 국민운동 전개	-	140	-	△140	△100
MZ세대와 함께하는 새마을운동	-	150	150	0	0
청소년 생명살림 교육시설 확충보수	1,520	-	-	-	-

184) 2023년도 행정안전부 소관 세입·세출예산안 검토보고서 참조

나. MZ세대와 함께하는 새마을운동 : 미체결 업무협약을 전제로한 예산편성 문제

☐ 'MZ세대와 함께하는 새마을운동'은 새마을운동에 대한 세대 간 인식의 차이를 극복하고 국민적 관심을 높이기 위한 홍보활동 등을 적극 추진하는 사업으로, 2023년도 예산안에는 2022년도 예산과 동일한 1억 5,000만 원이 편성되었음.

☐ 2023년도 예산안에 반영된 사업 내용으로는 MZ세대의 새마을운동 활성화를 위해 경연대회를 개최하고, 대학생 새마을 봉사단(국내, 해외)를 운영하며, 새마을 대학생 아이디어를 공모하는 사업을 진행하며, 이를 위해 새마을운동중앙회와 대학 간 MOU를 체결하여 대학 내 새마을 동아리를 결성하였음.

[예산안 산출 근거]

MZ세대와 함께하는 새마을운동
○ 사업기간 : '23.3 ~12월 (연중)
○ 사업내용 - MZ세대의 새마을운동 활성화를 위한 경연대회 개최 - 새마을 봉사단(국내, 해외) 운영 - 새마을 동아리 대상 당면문제 해결과 동아리 회원들의 참여·역할에 대한 연합회 회의 추진

'22예산 1억 5천만 원	'23예산안 1억 5천만 원(전년동)
· 전국 새마을동아리연합회 구성 및 발대식 · 전국 새마을동아리 지도교수 워크숍 · 전국 새마을동아리 공모사업 및 홍보	· 국내봉사활동 : 40백만 원(80개 대학×0.5백만 원) · 해외봉사활동 : 100백만 원(20명×5백만 원) · 동아리 콘테스트, 평가대회 운영·시상 : 10백만 원

※ 자료: 행정안전부

☐ 예산안 산출 내역을 살펴보면, '23년 예산안에는 ①80개 대학 새마을동아리를 대상으로 한 국내봉사활동, ②대학새마을동아리 해외봉사 공개모집 후 지구촌새마을운동을 추진하고 있는 라오스 등 10개국 42개 시범마을에서 수행하는 해외봉사활동, ③동아리 평가대회 등 운영비가 편성되었음.

□ 그러나, '22년 10월 기준으로 업무협약이 체결된 대학은 65개로 15개 대학은 업무협약이 미체결된 상태이며, 업무협약이 체결된 대학 중 새마을동아리가 결성된 대학은 55개에 불과하여 미체결된 업무협약을 전제로 예산을 편성한 문제가 있는 등 '23년 예산편성에 대한 사업 준비가 미흡한 것으로 나타남.

□ 행정안전부에 따르면 당초 80개 대학과 MOU체결을 목표로 추진하였으나 비대면 수업 전환 등으로 대학교와의 업무협력에 어려움이 발생하였다고 설명함.

□ 그러나 **첫째**, 2022년 1학기 기준 대학 대면수업 비율이 70%에 달하는 등 대면교육 중심으로 학사운영이 추진되었다는 점을 고려할 때, 원활한 사업수행을 위해 2022년 상반기까지 업무협약을 완료했어야하나 이를 완료하지 못하는 등 2023년 예산편성을 위한 사전준비가 미흡했던 것으로 보이며,

둘째, 본 사업은 '대학 내 새마을동아리'를 기반으로 추진되는 사업으로, 대학과의 업무협약 및 새마을동아리가 조성되지 않을 경우 '23년 3월부터 시행될 새마을동아리 봉사활동의 원활한 추진이 어려워지는 문제가 있음.

□ 따라서 행정안전부는 2023년 편성된 예산의 원활한 집행을 위해 최대한 '22년 내로 미체결된 15개 대학과의 업무협약이 체결될 수 있도록 하고, 업무협약이 체결된 대학 내 새마을동아리가 조속히 결성될 수 있도록 사업 준비를 철저히 할 필요가 있음. 특히 대학생을 대상으로 하는 사업 특성상 방학기간(12~2월)에는 대학 내 신규 동아리의 결성 및 인원모집이 어려워지므로 동아리 사전준비를 위해 조속히 업무협약을 추진할 필요가 있을 것으로 보임.

새마을운동은 대한민국의 자랑거리이다. 지긋지긋한 가난에서 벗어날 수 있다는 대한민국의 저력을 보여준 운동으로 전 세계 개발도상국에서 어떡해서든지 배우고자 하는 운동이다. 하지만 어찌된 일인지 새마을운동을 확대·발전시켜야 하는 대한의 젊은이들은 새마을운동을 잊어가고 있다. 그러기에 'MZ세대와 함께하는 새마을운동' 사업은 신규사업이 아님에도 예산이 증액되지 않았음에도 그 자체로 돋보기의 대상이 될 정도로 가치가 높은 사업이다.

현미경으로 들여다 보면 동사업의 특징은 대학교의 새마을동아리의 결성을 전제로 하고 있다는 점이다. 당연히 사업담당자들은 동아리 결성을 위해 노력하고 그 수가 예상보다 적은 경우에는 그에 맞추어 예산을 편성해야 한다. 단순히 숫자에 맞추는 것을 넘어 더 좋은 사업 내용을 추가할 수도 있을 것이다. 예를 들어, 국내봉사 활동 지원금을 증액하거나 해외봉사 활동 참여인원을 확대하는 등 소수의 동아리에 집중 지원할 수도 있었을 것이다. 하지만 동아리가 결성되지 않았음에도 동아리가 결성되는 것을 전제로 예산을 편성했다. 이는 현장과 예산이 격리된 경우로 예산분석의 정도를 벗어난 것이다.

더 나아가 예산분석가는 사업담당자들이 새마을운동에 관심이 있는 대학생들을 만나 보았는지, 새마을운동 동아리는 찾아가 보았는지 확인해야 하고 부족한 부분이 있다면 직접 나서서 만나야 한다. 현장에서 준비가 안 된 예산을 밀어 붙이면 반드시 사고가 난다. 현장의 사정을 정확히 알고 이를 반영하여 예산을 편성하고 예산을 집행하여야 한다. 그것이 예산분석의 정도이다.

현장조사: 관심과 격려의 여민정치(與民政治)

현장조사는 예고형과 불시형으로 나눌 수 있다.

예고형 현장조사	불시형 현장조사
• 대상 기관: 준비 시간↑ → 사전부담	• 대상 기관: 준비 시간↓ → 사후부담
• 정확한 설명 → 충분한 이해 • 꾸며진 현장	• 현장 종사자와의 살아 있는 면담 • 그대로의 현장

현장조사는 예고형이 대다수이다. 하지만 제1막에서 선보 황제가 병조판서 이이가 알지 못하게 병조를 방문하거나 종로에 가서 쌀 가격을 물어보듯 불시형 현장조사를 통해 현장의 민낯을 볼 수 있어야 한다. 현장조사가 특별한 행사가 되기 보다는 일상에서 자연스레 이루어 질 수 있도록 하여야 한다. 그래야 현장조사가 관심과 질책의 **위민정치(爲民政治)**가 아니라 관심과 격려의 **여민정치(與民政治)**로 가기 위한 수단이 될 수 있을 것이다.

3장 예산결 분석에서의 중용(中庸): 검이불루(儉而不陋), 화이불치(華而不侈)

제7막에서 우리는 삼삼의 집을 **검이불루, 화이불치**로 묘사했다. 《삼국사기》의 저자들[185]은 온조왕 15년(기원전 5년)에 건설한 새로운 궁궐을 '검소하지만 누추하지 않고, 화려하지만 사치스럽지 않았다'는 평가를 옮겨 실었다. 어떤 경지가 '검소하지만 누추하지 않고', '화려하지만 사치스럽지 않은' 것인가? 도대체 어떤 경지인가? 고을과 집을 전공하는 나로서는 이 질문에 대한 참을 찾아내야 한다. 너무나 알고 싶다. 2000년을 훌쩍 뛰어 넘은 그 옛날 우리가 두 발로 서 있는 바로 이곳에서 삶의 터전을 가꾼 선조들의 지혜를 어떻게 되살릴 수 있을까? 온조왕이 지었다는 궁궐의 모습, 참 많이 보고 싶다. 설계자를 만나 심층면접을 하고 싶다. 과연 우리는 후손들이 보존할 가치가 있는 개성 있는 멋스러운 집을 짓고 있는 것인지? 아니면 공장에서 공산품 만들 듯 집도 찍어 내고 있는 것인지 모르겠다.[186]

하지만 이 문장을 단순히 건설현장에서만 실현되어야 할 가치로 볼 것은 아니다. 예산분석가들이 반드시 숙지하고 있어야 할 예산분석의 기준점, 바로 '**중용**'을 함축하고 있기 때문이다.

여기서 중용과 구분하여야 할 개념이 바로 '**중립**'이다. 중립은 이도저도 아닌 어설픈 중간을 의미한다. 누가 이길지 눈치를 살피는 모습이다. 소신이 부재된 상태이다. 적을 만들지 않으려 하는 애씀이다. ~하는 척하며 요리조리 어려운 장애물을 피해가는 삶의 기술이다. 중립이 참이 안 되는 이유이다. '지옥의 가장 뜨거운 자리는 위기의 시대에 중립을 지킨 자들을 위해 예약되어 있다'는 말은 이를 두고 하는 말이다.[187]

---

185) 일반적으로 《삼국사기》를 김부식의 단독 저술로 알고 있지만, 사실 김부식 외 10인 이상이 참여한 공동저술로 보는 것이 맞다는 점을 밝혀둔다.

186) 유상조, 《늦은 불혹의 다릿돌》 다릿돌 21) 우륵(于勒): 참이란 무엇인가?

187) 앞의 책과 같음

예산분석가로서의 나의 삶을 돌아보니 중용보다 중립이었던 적이 꽤 있었다는 것을 인정하지 않을 수 없다. 어떤 때는 모르고서 그랬고 어떤 때는 알면서도 그랬다. 앞으로 그러지 않아야 한다고 하기에는 예산분석가로서의 삶이 그리 오래 남지 않은 것 같다. 놓을 때가 되니 보이는가 보다.

예결산 분석사례
'중앙지방협력회의 운영' 사업[188]

□ '중앙지방협력회의 운영' 내역사업은 「지방자치법」 제186조[189] 및 「중앙지방협력회의의 구성 및 운영에 관한 법률」에 따른 중앙지방협력회의 운영을 위한 사업으로, 2024년 예산안에는 2023년도 예산 9억 5,900만 원 대비 3억 3,800만 원 증액된 12억 9,700만 원이 편성되었음.

['중앙지방협력회의 운영' 내역사업 예산안 편성 세부내역]

(단위: 백만 원)

구분	2022		2023('23.7월말)		2024 예산안
	예산액	집행액	예산액	집행액	
계	839	293	959	393	1,297
일반수용비(210-01)	8	6	16	6	6
임차료(210-07)	16	2	16	3	160
국내여비(220-01)	6	1	7	1	16
사업추진비(240-01)	6	5	4	3	15
일반용역비(210-14)	805	283	916	380	1,100

188) 2024년도 행정안전부 소관 세입·세출예산안 검토보고서 참조

189) 「지방자치법」
 제186조(중앙지방협력회의의 설치) ① 국가와 지방자치단체 간의 협력을 도모하고 지방자치 발전과 지역 간 균형발전에 관련되는 중요 정책을 심의하기 위하여 중앙지방협력회의를 둔다.
 ② 제1항에 따른 중앙지방협력회의의 구성과 운영에 관한 사항은 따로 법률로 정한다.

□ 이 중 임차료는 2023년 1,600만 원에서 2024년 1억 6,000만 원으로 10배 증액되었는데, 이는 회의 개최 1회당 임차료 단가를 400만 원에서 4,000만 원으로 변경하였기 때문임.

[중앙지방협력회의 운영 임차료 예산 세부 편성내역]

구분	2023년	2024년
임차료(210-07)	1,600만 원 = 400만 원 × 4회	1억 6,000만 원 = 4,000만 원 × 4회

□ 이에 대해 행정안전부는 지난 제2회 및 제3회 중앙지방협력회의 논의 경과에 따라 중앙지방협력회의가 '제2국무회의'의 역할을 할 수 있도록 지방 순회개최를 실시하고 법정구성원[190] 외 관련 부처의 국무위원까지 회의 참석인원을 확대할 예정이며, 확대된 참석인원을 포함하여 대통령 행사를 개최할만한 청사 내 공간이 없는 시·도에서 행사를 개최하려면 임차료 증액이 필요하다는 설명임.

□ 「2024년도 예산안 편성 및 기금운용계획 작성 세부지침」은 각종 시험 및 교육을 위한 교실 임차, 회의장 및 행사장의 임차는 각급 공공기관의 시설을 최대한 활용토록 하고, 행사장의 경우 호텔 등 호화로운 장소의 임차는 지양하도록 정하고 있음.

□ 중앙지방협력회의는 일회성 행사가 아닌 분기별 1회씩 정기적으로 개최되는 회의이므로, 필요성에 따라 일부 예산을 증액하는 경우에도 회의장 임차료 등 일회성·소모성 경비는 적정 수준으로 편성하여 회의의 지속가능성 및 예산의 합리적·효율적 집행을 도모할 필요가 있음.

---

190) 법정 구성원은 대통령(의장), 국무총리 및 시·도지사협의회의장(공동부의장), 기획재정부장관, 교육부장관, 행정안전부장관, 국무조정실장, 법제처장, 전국 17개 시·도지사 및 시장군수구청장협의체 대표자, 시도의회의장협의체 대표자 및 시군구의회의장협의체 대표자, 지방시대위원회 위원장 등 총 28명임.

□ 행정안전부는 부산광역시 벡스코에서 개최된 제4회 중앙지방협력회의의 사례를 참고하여 2024년 중앙지방협력회의 회당 임차료 단가 4,000만 원으로 설정했다는 설명임.

[중앙지방협력회의 개최 현황]

구분	장소	일시	인원(명)	임차료	임차기간
제1회	청와대 영빈관 2층	2022.1.13.(목) 10:40~11:50	34 (참석 29, 배석 5)	-	-
제2회	울산광역시청 2층 대회의실	2022.10.7.(금) 16:00~17:50	31 (참석 27, 배석 4)	-	-
제3회	전북도청 4층 대회의실	2023.2.10.(금) 11:00~12:30	35 (참석 28, 배석 7)	-	-
제4회	벡스코 제2전시장	2023.4.6.(목) 15:30~17:30	39 (참석 28, 배석 11)	3,750만 원*	4. 3. ~ 4. 6.

*부산광역시비로 지출

※자료: 행정안전부 바탕으로 재작성

□ 그러나, 제4회 중앙지방협력회의는 2030세계박람회 부산유치를 지원·홍보하기 위해 기획된 일회성·홍보성 행사로, 해당 사례를 통상의 회의 개최를 위한 예산안 편성에 참고하기에 적절하지 않은 측면이 있음.

□ 제4회 중앙지방협력회의는 부산광역시가 정부에 국제박람회기구(BIE) 부산현지실사 기간 중 부산에서 협력회의를 개최하여 줄 것을 건의하고, 2030세계박람회 부산 유치 의지를 강력하게 보여주고 전국적으로 유치 분위기를 확산하기 위해 정부가 이를 수용하여 개최[191] 된 것으로, 지방자치분권 및 지역균형발전에 관한 전반적인 안건을 논의해온 통상의 회의와는 차이가 있음.

---

191) "- 세계박람회 유치에 힘 보탠다, 「제4회 중앙지방협력회의」 부산에서 개최 -", 부산광역시 보도자료, 2023. 4. 6.

[중앙지방협력회의 안건 현황]

구분	의결안건	보고안건
제1회	- 중앙지방협력회의 운영방안	- 지역경제 활성화 방안 - 초광역협력 추진현황 및 향후계획 - 자치분권 성과 및 2.0시대 발전과제
제2회	- 중앙지방협력회의 운영방안 개정안	- 지방시대 실현을 위한 주요법령 및 법령정비 체계 구축방안 - 「지방분권법」, 「균형발전법」 통합법 제정 추진 - 지역주도 일자리 창출을 위한 지역고용 활성화 계획
제3회	- 중앙지방협력회의법 시행령 개정계획 - 지방소멸대응기금 개선방안	- 중앙권한 지방이양 추진계획 - 지방정부 자치조직권 확대 방안
제4회		- 2030부산세계박람회 유치 지원계획

※ 자료: 행정안전부 바탕으로 재작성

□ 또한 제4회 중앙지방협력회의 당시 회의 진행 및 대기실, 환담장 등 마련을 위해 벡스코 제2전시장 3층 5A홀과 인근 7개 회의장(320호~326호) 등이 임차·사용되었는데, 회의가 진행된 5A홀의 규모는 면적 2,016㎥(가로×세로×높이, 42m×48m×10m)로 수용인원은 600명~1500명 수준이었음.[192]

[본회의장 및 환담장·대기실 등 공간 개요]

구분	목적	면적(가로×세로×높이)	수용인원
5A홀	협력회의 개최	2,016㎥ (42m×48m×10m)	600명~1500명
320호	내빈실	203㎥	(ROOM1) 15석 (ROOM2) 18석
321호, 322호	환담장	252㎥ (14m×18m×5m)	112명~300명
323호~326호	경호 등	126㎥ (14m×9m×5m)	56명~150명
121호, 122호	수행인력 대기		

※ 자료: 벡스코 인터넷 홈페이지 및 행정안전부 바탕으로 재작성

---

192) 벡스코 인터넷 홈페이지 시설개요(검색일 2023. 10 .17.) https://www.bexco.co.kr/organizer/CMS/Contents/Contents.do?mCode=MN031

□ 반면, 제4회 회의의 참석인원은 총 39명으로, 경호 등 추가적인 수행인력소요를 감안하더라도 제4회 회의는 참석인원에 비해 상대적으로 큰 규모의 장소에서 개최되었던 것으로 보임. 참고로, 제3회 중앙지방협력회의가 개최된 전북도청 4층 대회의실의 면적은 562㎡로 5A홀의 약 28% 정도였음.

□ 그럼에도 통상의 회의와 달리 일회성·홍보성 행사의 성격이 강하고, 참석인원에 비해 매우 큰 규모로 개최된 제4회 중앙지방협력회의 사례를 바탕으로 2024년 임차료 예산액을 과다하게 편성되었으므로, 제4회 중앙지방협력회의가 아닌 다른 합리적인 사례·기준에 따라 적정 수준의 임차료 예산액을 편성할 필요가 있겠음.

□ 참고로, 행정안전부는 향후 중앙지방협력회의는 제4회 회의와 같은 규모로 진행할 예정이며, 예산액이 감액될 경우 정부가 주관하는 대통령 주재 행사인 중앙지방협력회의의 원활한 진행을 위해 시·도에 임차료 예산을 부담시키는 상황이 발생할 수 있고, 일반회의 보다 그 중요성이 크고, 향후 제2국무회의, 메가회의 플랫폼으로서 중요성이 더욱 커질 예정이며, 그에 따라 안전 관련 중앙부처 장관 및 그 수행원의 참여도 확대될 것으로 기대되는 중앙지방협력회의 특수성을 고려할 때 임차료 예산액의 원안유지가 필요하다는 입장임.

중앙지방협력회의는 「지방자치법」 제186조에 근거를 둔 대통령이 주재하는 법정 회의체이다. 회의체의 위상과 중요성을 고려할 때 돋보기의 대상이 되기에 충분하다. **현미경**으로 살펴보니 임차료 예산이 급증했고 그 이유가 호텔 등 개최장소 임차를 위한 것이었다. 지자체 청사에서 못할 정도로 지자체 청사가 좁은 것도 아니고, 호텔에서 해야 행사의 성과가 좋아지는 것도 아니고, 도대체 무슨 이유로 임차료를 이리도 많이 올린 것일까?

사람을 평가함에 있어 외모보다는 인격을 중시하여야 하듯이 행사를 함에 있어 눈에 보이는 것보다는 내실이 중요한 것이다. 임차료의 대폭 인상은 중앙지방협력회의의 지방 순회 개최라는 좋은 뜻을 왜곡할 수도 있다. 행사의 품격을 유지하되 낭비적 요소가 있다면 당연히 김매기의 대상이 될 것이다. 그 기준은 **검이불루, 화이불치**라 하겠다.

 ## 군주론

황제 선보가 《군주론》에서 편지를 꺼낸 쪽에는 다음과 같은 내용의 글이 있었다.

알렉산데르 6세가 통치하는 기간에, 오래전부터 고아가 된 페르모의 올리베로토는 그의 외삼촌인 조반니 폴리아니에 의해서 양육되어 청년 시절 일찍이 파올로 비텔리 밑에서 군무를 익히기 위해 보내졌고, 그의 지도 아래 훈련받아 군대에서 다소 높은 자리에까지 오르게 되었다. 파올로가 죽은 후에는 그의 형인 비텔로초 밑에서 싸웠고, 타고난 기지와 활기찬 정신과 체력을 통해 단시간 안에 군대에서 최고의 지도자 자리에 오르게 되었다. 그러나 다른 사람을 섬기는 일이 보잘것없는 일이라 여겨지자, 그는 페르모의 자유보다는 노예사회를 선호하는 일부 페르모 시민들의 도움과 비텔로초의 지원을 받아 페르모를 장악하기로 결심했다. 그리고 조반나 폴리아니에게, 여러 해 동안 집을 떠나 있어서 외삼촌과 고향을 방문하고 싶고 그가 받을 유산이 어느 정도인지 살펴보고 싶다는 편지를 보냈다. 또한 비록 자신은 명예를 제외한 그 어느 것도 손에 넣으려 애쓰지 않았지만, 자신이 허송세월하지 않았다는 것을 시민들에게 보여주기 위해 자신은 명예로운 방식으로 돌아오길 바라며 이에 친구들과 부하들로 구성된 100명의 기병들과 함께 갈 것이라 했다. 그는 이 모든 것이 단순히 자신의 명예뿐 아니라 자신을 길러준 조반니 그 자신의 명예를 위한 것도 되는 것이므로, 페르모 시민들이 자신을 명예롭게 영접하도록 주선해주기를 조반니에게 간청했다.

그리하여 조반니가 그의 조카를 위해 그 어느 것 하나 주의를 기울이지 않는 것이 없었고, 조카가 페르모 사람들에게 명예롭게 환영받도록 했다. 그리고 조카를 자신의 집에 머물게 했다. 그곳에서 며칠을 지내며 올리베로토는 그의 사악한 계획을 위해 만반의 준비를 갖추고 성대한 연회를 열어 조반니 폴리아니와 페르모의 지도자들을 초대했다. 성찬과 이러한 연회에서 늘 따르는 모든 여흥이 끝나자, 올리베로토는

제10수 壽 예결산 분석의 정도(正道)

> 교묘하게 어떤 심각한 담론을 이야기하기 시작했고, 알렉산데르 교황과 그의 아들 체사레의 탁월함과 그들의 과업에 대해 이야기하자, 조반니와 다른 사람들이 이에 대해 호응했다. 그러나 그는 별안간 일어나서, 그런 문제들은 은밀한 장소에서 논의해야 한다고 말하면서 다른 별실로 들어갔고, 조반니와 다른 시민들도 그의 뒤를 따라 들어갔다. 그들이 자리에 앉자마자 비밀의 장소에서 군인들이 뛰쳐나와 조반니와 다른 모든 사람을 살해했다. 이렇게 살육을 끝낸 후 올리베로토는 말에 올라타고, 곧장 마을로 들어가 궁 안에 있는 고위 관리들을 포위하고, 사람들을 두려움에 떨게 하여 그를 따르도록 하여 자신을 군주로 하는 정부를 세웠다. 그는 그에게 위해를 입힐 수 있는 모든 불평분자를 죽였고, 새로운 민법과 군법으로 자신의 권력을 굳건히 했으며, 이러한 방법으로 그가 국가를 지배했던 일년 동안 페르모에서 기반이 확고해졌을 뿐만 아니라, 인접한 국가들에게 두려움의 대상이 되었다.
>
> 《군주론》, 마키아벨리 지음, 쎄라 강 옮김, 인물과사상사

무시무시한 책이다. 현명한 군주를 말하지만 실상은 무지막지한 군주를 말한다. 정치와 도덕의 결별을 두려워하지 말라고 태연스럽게 말한다. 원래 같이 갈 수 없는 것이라고 말한다. 그럴 수도 있겠다 싶은 그저그런 무덤덤한 문장을 부들부들 떨리는 사례를 들어 정당화하니 온몸에 전율이 흐른다. 저런 놈이 인간인가 싶은데 그래도 된다고 말한다. 아니 더 나아가 지도자는 그래야 된다고 말한다. 군주론에서 이상화한 지도자가 나라를 이끈다면 우리나라는 어떻게 될 것인가? 정치를 하되 올리베로토처럼 하고 싶지 않다면 저런 거지 같은 인간상들을 완벽히 누를 수 있는 통찰력과 결단력을 갖추어야 한다. 자신 없는가? 그럼 정치 근처에 얼씬도 하지 마라.

: 에필로그 Epilogue

그로부터 10년 후 도요토미 히데요시가 보낸 간자들이 왜로 돌아가 한결같이 말했다고 한다. 그 요지는 이렇게 전해진다.

'조선 침공은 자살행위입니다. 각 지역의 요지에 마치 오늘 당장이라도 전쟁이 터지기를 바라는 굶주린 늑대 같은 군인들이 자리하고 있어 난공불락의 땅이옵니다. 군의 수에 있어서도, 군의 사기에 있어서도 우리가 넘보는 것은 불가하옵니다.'

토요토미 히데요시는 거짓으로 보고하는 것이라며 목을 쳤지만, 간자들의 한결같은 보고에 별 수 없었다. 포기하는 수밖에.

오늘날 대한이 중국, 일본, 러시아, 미국 등 세계 강대국이 감히 넘볼 수 없는 국가로 당당히 자리 잡은 것은 실로 황제 선보와 영영, 일일, 이이, 삼삼 등 그 시대를 살아간 명 신료들의 끊임없는 토론과 소통에 힘입은 바가 크다. 그 때 1만 양병으로 시작하지 않았다면 10만 양병이 불가능했을 것이고 결국 임진년 쯤 왜란으로 국토가 초토화되고 말았을 것이다. 오늘날 대한은 다시 한번 선보 황제가 역사에 등장하여 대한을 도약시켜 주기를 간절히 바라고 있다.

지금 우리가 당장 할 수 있는 것, 그리고 당장 해야 하는 것은 황제 선보와 이이, 삼삼의 자세로 예결산을 분석하는 것이다. 그러다보면 우리의 바람이 실현되는 날이 반드시 올 것이다.

나가며: '수'의 참뜻

예결산 분석의 수

황제 선보가 나이 들어 태자와 같이 문경새재를 걷고 있었다. 일일 장군이 쓰러진 곳에서 발걸음을 멈추었다.

"이곳이 어떤 곳인지 아느냐?"

"……"

태자는 아비와 장인 간에 있었던 비극적 이야기를 알고 있었으나 차마 답할 수가 없었다.

"이곳은 내 심장에 내가 검을 꽂은 곳이다."

허연 눈물이 눈자위를 돌다가 굵은 방울이 되어 땅으로 뚝 떨어졌다. 땅 빛이 붉은 색으로 변했다.

도성으로 돌아오는 길에 태자가 황제의 안색을 살피며 조심스레 물었다.

"아버지께서는 홀수를 좋아하십니까? 아니면 짝수를 좋아하십니까?"

"그것을 왜 묻느냐?"

"소자가 어느 수와 같이 해야 성군이 될 수 있을 런지요?"

"아비에게 홀수나 짝수는 다 수(數)일 뿐이었다. 아비는 존재감이 없어 보이는 수, 땀을 흘리는 수, 조금만 도와주면 잠재력이 폭발할 것 같은 수, 그런 수를 위해 나의 수(壽)를 바쳤다."

백성들의 노래 가락이 바람을 타고 다가와 머물렀다.

"위 증즐가 대평성대(大平盛大)"

감사의 글

지금까지 글을 씀에 있어 재미나게 써 왔지만 이번 책은 참으로 재미나게 썼다. 하지만 나 혼자 신나게 쓴 글을 책으로 엮는 것은 또 다른 수고임을 다시 한번 실감했다. 이 여정을 무사히 그리고 즐겁게 마칠 수 있었던 것은 많은 분들의 도움 덕분이다.

이 책을 쓰면서 비로소 깨달았다. 내가 지금까지 쓴 책들의 원초적 동력은 책이 나올 때마다 어느 누구보다도 자랑스러워하시는 어머니로부터 나왔다는 사실. 선보 황제의 어머니께서 그러셨듯이 나의 잠재력을 타오르게 한 분이 바로 어머니셨다는 사실. 내 모든 책의 원 저자는 어머니라는 사실에 감사드린다.

고민고민하면서 예결산 검토보고서의 초안을 써준 후배 입법조사관들에게 고마움을 전한다. 이 책에서 다룬 사례들은 그들의 땀방울이 찾아낸 결과물이다. 고맙다.

이 책을 읽으면서 예결산 분석의 철학을 공유하자는 속임수에 기꺼이 속아 준 행정안전위원회 후배 입법조사관들에게 고마움을 전한다. 그 과정에서 오히려 내가 많이 배울 수 있었다. 나를 겸손하게 만드는 역할은 매번 후배들의 몫이었다. 선배보다 더 나은 후배가 되기를 진심으로 바란다. 이 책을 다듬는 과정에서 그 가능성을 느낄 수 있어 고마웠다.

시간의 물레 권호순 대표, 그리고 편집을 담당해준 진현수 실장께 진심으로 감사드린다. 글이 책이 되어 세상에 나가도록 기다려주시고 정성을 다해 다듬어 주셨다. 대박 나시기를 기원한다.

내 자신에게도 한 마디 하고 싶다.

"선보야, 차별적으로 잘 나이들고 있어 고맙다."

예결산 분석의 수

초 판 1쇄 2025년 04월 28일
초 판 2쇄 2025년 05월 22일
저　　자 선보 유상조
발 행 인 권호순
발 행 처 시간의물레
등　　록 2004년 6월 5일
주　　소 경기도 파주시 숲속노을로 150, 708-701
전　　화 031-945-3867
팩　　스 031-945-3868
전자우편 timeofr@naver.com
블 로 그 http://blog.naver.com/mulretime
홈페이지 http://www.mulretime.com
I S B N 978-89-6511-489-5 (03320)
정　　가 33,000원

* 이 책의 저작권은 저자에게 출판권은 시간의물레에 있습니다.
* 잘못된 책은 바꿔드립니다.